Momenti Rock

Collana diretta da
Ezio Guaitamacchi

Magic Bus

Diario di una rock girl

di Eleonora Bagarotti

Prima edizione: ottobre 2001

Via Alberico II, 33 - 00193 Roma
www.editoririuniti.it
Fax verde: 800 677822
ISBN 88-359-5110-0

Direttore editoriale:
Ezio Guaitamacchi
Redazione editoriale:
Claudio Todesco, Paolo Vites
Progetto grafico:
Roberto Monesi
Impaginazione:
Liliana Guaitamacchi
Copertina:
Valter Minelli

ringraziamenti

THANK YOU, DRIVER, FOR GETTING ME HERE...

Ripensando ai 20 anni narrati in questo diario, sarebbero davvero tantissime le persone entrate a far parte delle memorie di viaggio sul «magic bus». Purtroppo, non riuscirò a citarle tutte.

In particolare, sento di dover ringraziare coloro che mi sono stati accanto durante la stesura di questo libro:

la mia famiglia e il gatto Pippo, che ne fa parte;

una band inglese chiamata The Who (the fire still burns);

Nicola Joss, una delle donne più straordinarie del pianeta (thank you, Nic!);

Ken Russell e Bob Geldof, per aver accettato di approfondire gli argomenti relativi a *Tommy* e Live Aid;

l'amico Francesco Cabras, regista di grande talento (never let go the coat...);

Bono Vox, Elvis Costello, Steve Nieve e tutti i personaggi direttamente e indirettamente nominati nel libro, alcuni per aver concesso interviste bellissime e altri molto di più...;

il musicista e produttore Tony Face Bacciocchi, per la gentile concessione di informazioni preziose e per aver pubblicato il primo, bellissimo tributo italiano agli Who (*Who Are Them?*, Face Records 1991);

alcuni componenti della straordinaria *Who family* (Paul T., Irish Jack L., Alan e Susan McMullan, Frances, Matt, Giuseppe M., Kathy, Brian, Alan McKendree e «NYC wizard» David);

a mysterious beautiful drummer;

Carlo Filippelli, per aver trascorso un'intera estate in telefonate notturne attraverso l'Italia a parlare di musica rock fino all'alba;

Mariachiara e il bambino che nascerà, Jenny e anche Henry, Massimo e papà perché, da subito, mi hanno ispirata e amata incondizionatamente (non è da tutti);

specialmente grazie ai colleghi Claudio Todesco e Paolo Vites (in ordine di tempo, letti, stimati, conosciuti e umanamente apprezzati) per il loro indispensabile contributo e, non ultimo, per la simpatia espressa nei miei confronti;

ma questo libro non sarebbe venuto alla luce senza la fiducia e il sostegno di Ezio Guaitamacchi (la seconda persona, dopo Townshend, ad avermi offerto una possibilità nella vita) e per questo motivo non esistono parole sufficienti ad esprimere la mia gratitudine.

Infine, la timida ragazza con l'ombrello ringrazia l'incredibile musicista sulla riva del fiume e che le allungò più volte la mano lungo il percorso.
Questo libro è dedicato a lui (*Now and then, I'll come back...*).

Eleonora

indice

the girl is alright

L'idea di un libro in lingua italiana che parli dei miei progetti solisti e delle recenti performance degli Who mi è sembrata ottima fin da quando Eleonora mi ha scritto per dirmi che le era stato proposto.

Recentemente mi è stato chiesto se la relazione con i miei fan abbia avuto qualche tipo di impatto nella mia vita e nella mia professione. Ad essere sincero, questa questione mi ha spesso causato parecchie ansie. Oggi sento molta più gratitudine perché so di essere un artista nella misura in cui il pubblico mi riconosce in tale veste. Da quando ho aperto un sito web ho realizzato di avere meno fan di quanto credessi. Ma quelli che ho sono veri amici. Non voglio dire che ci gioco insieme a golf, ma che esiste una comunicazione di affetto incondizionato.

Non ricordo il nome di tutti ma, in alcuni casi, il rapporto si è evoluto.

All'inizio degli anni '90, Eleonora mi ha detto di voler fare la giornalista e mi è sembrata un'ottima notizia e quando *Tommy, The Musical* debuttò con una compagnia teatrale italiana, ho richiesto la sua opinione sull'andamento dello spettacolo. Si trattava di una *second hand production* e lei aveva assistito all'allestimento originale di Broadway e del West End, traducendo per la prima volta in italiano e in francese l'inedita *I Believe My Own Eyes*. Da allora, ho ricevuto le traduzioni di tutta la rassegna stampa e, successivamente, ho letto le sue recensioni scritte per la stampa italo-spagnola di ogni concerto degli Who al quale ha assistito e le ho apprezzate tutte.

A lei va la mia fiducia per qualunque utilizzo dei miei testi e messaggi.

Mi ha anche riferito che il pubblico italiano si chiede se gli Who registreranno un nuovo album. Sarebbe bello avere nuove canzoni per la band, ma parlare troppo di un'idea può essere controproducente al naturale evolversi di un progetto al quale si sta lavorando.

Per quanto riguarda la mia carriera solista, ho da poco ultimato *Scoop 3*, un album contenente nuovi demo e pezzi rari, e conto di proseguire gli intenti del progetto *Lifehouse*. Eleonora mi ha dato il suo affetto, la sua attenzione e si è impegnata a sostenerlo. Ha tradotto in italiano il copione della commedia radiofonica, scritta in collaborazione con Jeff Young, che contiene le idee per la realizzazione di una futura collaborazione musicale interattiva tra me e altri musicisti nel mondo (*Lifehouse – The Method*).

La ringrazio anche per aver sempre rispettato i miei spazi e i miei movimenti.

Una volta le ho scritto che mi sembrava di vederla seduta al suo posto lungo la riva del fiume anche quando non c'era, perché quel posto è in qualche modo suo.

Penso che lei sia un angelo.

Pete Townshend

a bordo del magic bus

Non so se, come ha affermato il suo amico Pete Townshend, Eleonora sia davvero un angelo. Io so che a me è simpatica. E mi incuriosisce.

La prima volta che l'ho incontrata è stato circa un anno fa. Lei era venuta nel mio ufficio perché aveva appena iniziato a collaborare con il mensile JAM, che dirigo: ha parlato ininterrottamente per circa due ore sfornando aneddoti e racconti spesso ai confini della realtà.

«Se non è una mitomane», ho pensato, «e se pure solo il 50% di quello che dice è vero, le propongo di scrivere un libro».

Già, perché, al di là della sua (per così dire) esuberanza verbale, Eleonora trasmette immediatamente una grande passione per le cose che fa. Una passione che ne ha condizionato la vita, nel bene e nel male. E che le è spesso costata l'incomprensione di amici e parenti. Una passione che invece chi, come lei, ama la musica comprende benissimo, una passione che supera persino gli steccati anagrafici e culturali: vi basti pensare che, quando Eleonora è nata, i suoi amatissimi Who erano già degli idoli, Townshend aveva cantato l'inno della «sua generazione», i Beatles avevano superato il trip indiano e l'Estate dell'Amore si era da poco conclusa. Jimi e Janis stavano in cima al mondo, gli

Stones flirtavano con il diavolo e i Doors «accendevano il loro fuoco».

Insomma, il rock stava per travolgere il pianeta. Con un'energia talmente dirompente che anche vent'anni dopo era in grado di stregare una ragazzina italiana di buona famiglia, convincendola a seguire le strade che il suo cuore le indicava. E che la portavano a Londra, Dublino, New York, Los Angeles e nelle altre capitali della musica internazionale. Con il desiderio un po' infantile di «vedere i suoi idoli da vicino», ma anche con la consapevolezza più matura di volerne capire di più.

E così Eleonora è salita sul Magic Bus e da allora non ne è più scesa.

Questo libro è la storia della sua passione per la musica. Ma, seppure in modo meno ricco di esperienze, potrebbe essere la storia di tutti noi rock fan che quel Bus lo conosciamo bene. Perché si ferma ancora oggi ogni giorno sotto casa nostra aprendo le sue porte in attesa di nuovi passeggeri.

Ezio Guaitamacchi

c'era una volta un sogno

And I want my voice
To cut over mountains
And I want my soul
To gush up like fountains
To where you reside, wherever you are
And I don't even know who you are...

E voglio che la mia voce
Trapassi le montagne
E voglio che la mia anima
Sgorghi come le sorgenti
Fin dove tu vivi, ovunque tu sia
E non ti conosco nemmeno...

Pete Townshend, *The Shout*

Siete mai stati a Piacenza? Mio padre Nello, giornalista e scrittore, la descrisse nel '58 in un suo romanzo, introdotto da Elio Vittorini. Quel romanzo s'intitola *Il pollaio* e ben riassume ciò che ancora oggi può offrire questa piccola città di provincia, posizionata nel nord padano sul nebbioso confine tra la Lombardia e l'Emilia Romagna, senza sentirsi appartenente né all'una né all'altra, chiusa in se stessa, diffidente e tuttora poco soggetta ad aprirsi alle novità culturali. Dunque, per forza di cose, il passatempo preferito da alcune persone che qui risiedono e che non hanno nient'altro da fare è il pettegolezzo.

Ma non si doveva parlare di rockstar? Che mai potrà c'entrare Piacenza col mondo del rock oltremanica e oltreoceano?

Facciamo un passo indietro.

Sono nata a Piacenza il 31 dicembre dell'anno 1967. L'anno successivo, il '68, sarebbe stato l'inizio di un periodo indimenticabile e ancora oggi molto discusso, del quale ogni tanto risuona l'eco della rivoluzione culturale e musicale, la nostalgia per lo spirito di aggregazione dei movimenti pacifisti e studenteschi, la libertà e la trasgressione – quest'ultima, talvolta, effetto collaterale della prima.

Chi era nato prima di me e aveva già raggiunto l'età minima della ragione, conosceva certamente i Beatles. Gli appassionati avevano già ascoltato *Sgt. Pepper's* e non solo quello. Probabilmente avevano nostalgia di Dylan e ne attendevano, dopo il suo brutto incidente motociclistico, la rentrée musicale. Già esistevano quelli schierati pro Rolling Stones, mentre in Italia iniziavano a far sentire la loro poetica ribellione molti cantautori, in prima linea quelli appartenenti alla cosiddetta scuola genovese.

Pete Townshend, chitarrista e «mente» del gruppo inglese The Who, stava elaborando la rock opera che un giorno si sarebbe chiamata *Tommy* e avrebbe ottenuto un enorme successo mondiale.

Tutto questo, e molte altre cose, io non potevo ancora saperlo.

Sarei cresciuta come una bambina piuttosto vispa e intuitiva, insofferente a causa di una situazione familiare difficoltosa e irregolare, pur avendo due genitori molto moderni e stimolanti, per certi aspetti, anche nella loro latitanza.

I primi anni della mia vita li ho trascorsi a giocare nel cortile di mia nonna paterna. Da mio padre, uomo di grande cultura e amante della bella vita, avevo ereditato una fervida passione per la lettura, la scrittura e una certa curiosità nei confronti della bellezza del mondo.

Da mia madre, cantante lirica che non aveva avuto l'opportunità di emergere nel mondo dello spettacolo come avrebbe desiderato, avevo ereditato un discreto talento naturale e una forte passione per la musica.

Quando avevo quattordici anni, studentessa di liceo e alunna della classe di arpa al Conservatorio, mio padre iniziò ad avere problemi di salute piuttosto gravi, che lo avrebbero poi condotto a morte prematura. Mia madre era stata, fino ad allora, una figura piuttosto assente nella mia esistenza e ricordo quel periodo con infinita tristezza. Tornando alla mia città, Piacenza, nutrivo una forte intolleranza nei confronti di maldicenze e banalità che, con una certa frequenza, sentivo attorno a me e alla mia famiglia. I miei insostituibili compagni di allora erano la lettura, la scrittura e la musica, in particolare quella rock.

Conoscevo a memoria tutte le canzoni dei Beatles ed ero rimasta letteralmente *incantata*, da bambina, guardando la versione cinematografica di *Tommy*, certamente non ancora in grado di carpirne a fondo il messaggio ma identificandomi perfettamente in quel bambino che, un po' come me, urlava silenziosamente «See me, fell me, touch me, heal me» («Guardami / Sentimi / Toccami / Guariscimi»).

Da allora i miei scaffali si erano riempiti, anche e soprattutto, di dischi e spartiti degli Who e di Pete Townshend, la cui musica e – mio grande privilegio – la cui storia personale sarebbero state, negli anni a venire, collegate alla mia vita fino a rappresentare, in certi momenti, la chiave di volta delle mie scelte di carattere personale e professionale.

Ciò che mi auguro di riuscire ad esprimere, raccontando la mia esperienza prima di fan, poi di «gypsy» (così amavamo definirci negli anni Ottanta, conclusa la stagione d'oro del rock con il suo contorno di ragazze precedentemente denominate «groupie»), talvolta di affettuosa amica e infine di giornalista «press agent», sono gli incontri emozionanti, gli episodi più o meno fortuiti, gli aneddoti curiosi e la spontanea intimità che spesso è venuta a crearsi nelle conversazioni con alcuni grandi personaggi. L'evocazione di questo clima culturale, che non corrisponde affatto al mio luogo di appartenenza dalla nascita, è stato visto e vissuto attraverso i miei occhi con stupore fin dal primo momento, quando pian piano sono entrata a far parte di un mondo incredibile e per me nuovo, nel quale mi sono sempre spinta con vivace curiosità ed entusiasmo. Gli stessi che continuo a provare oggi.

* * *

Devo ringraziare la mia famiglia perché, pur essendo stata per certi aspetti un po' *disattenta*, ha adottato per me un'ottica molto più ampia rispetto alle consuetudini della vita di provincia e mi ha concesso lunghissime vacanze-studio londinesi, dandomi il permesso di soggiornare in Inghilterra per quattro interi mesi ogni anno, dai tredici anni fino alla maggiore età. La prima volta che andai a Londra venni affidata a un gruppo di educatrici, tutte più o meno maggiorenni, le quali avevano una caratteristica in comune: erano tutte iscritte al Beatles' Fans' Club In Italy.

Pur essendo la «piccola» del gruppo, ebbi modo da subito di sfruttare gli argomenti in comune e fu così che, in pratica, mi ritrovai a trascorrere alcuni pomeriggi in piena Soho Square, in attesa che Paul McCartney uscisse dagli uffici della McCartney Productions Limited, oppure fuori dalla tenuta di Ascot, dove Ringo Starr viveva ancora all'epoca e che era la stessa in cui John Lennon concepì e registrò *Imagine*.

Incrociammo brevemente svariate volte sia Paul che Ringo, ma io propendevo fortemente per John Lennon che, come tutti sanno, è purtroppo stato assassinato nel dicembre del 1980 e non avrei mai potuto incontrare nel corso della mia vita. Incrociammo anche George Harrison a Henley-On-Thames mentre entrava e usciva – quasi sempre in macchina, per la verità – dalla sua tenuta di Friar Park (la stessa in cui un pazzo maniaco è riuscito ad introdursi un paio di anni fa, arrivando quasi ad ucciderlo con numerose coltellate al petto e alla gola).

Tutto questo rappresentava ancora per me una specie di *gioco*. Avevo portato a casa qualche bella foto, autografi, dischi inediti acquistati a Camden Town e tante emozioni, probabilmente dilatate da un'ottica in parte ancora infantile.

Eppure, tutti quei ricordi parevano aiutarmi durante il freddo e nebbioso inverno padano di studio, che puntualmente trovavo ad attendermi nel momento del mio rientro italiano. Qualche volta organizzavo delle *mini-fughe* e prendevo il treno per andare a Milano a trovare qualcuna delle ragazze che abitava là.

Nella mia stanza continuava imperterrita a riecheggiare la musica di Pete Townshend. Lessi una biografia degli Who scritta in lingua inglese, che avevo acquistato a Londra presso la mitica Music Boutique, un negozio di libri e spartiti musicali che oggi non esiste più, nato sul finire degli anni Sessanta e gestito da Patty Boyd, moglie prima di George Harrison e poi di Eric Clapton. Man mano che mi addentravo nella conoscenza della storia e dell'opera di Pete Townshend, sentivo come se avessimo avuto parti di sensibilità comuni, a partire dalla storia delle nostre rispettive famiglie, entrambe piuttosto *disturbate*, e rispetto a un certo intenso *modus vivendi* relativo alle molte tristezze del mondo, che già balenavano anche davanti ai miei occhi adolescenti.

Potrà suonare piuttosto banale ma, in realtà, è avvenuto che tornassi a Londra e cercassi di incontrare Townshend proprio mossa da quelle prime sensazioni. In effetti, io non ero un maschio come la stragrande maggioranza degli estimatori degli Who e l'epoca mod era finita da un pezzo, non avevo velleità chitarristiche e Pete non era, in quel periodo, più considerato sulla cresta dell'onda come il leader di una band che incantò Woodstock né, tanto meno, appariva sui mass media come uomo dotato di quel fascino indiscusso che musicisti più giovani ostentavano in quel periodo (i Police, tanto per fare un esempio). Senza contare che gli Who, in territorio italiano, non avevano riscosso né mantenuto quel successo enorme come fu per altri gruppi – non mi riferisco tanto ai Beatles o ai Rolling Stones, che rappresentano comunque due casi eccezionali, quanto ai Led Zeppelin, ai Genesis o a qualsivoglia altro gruppo di pari risonanza.

Ma era Pete Townshend l'alter ego di *Tommy* che cantava «You feel me coming / A new vibration / I'm a sensation / I'm a sensation» («Sentimi arrivare / Una vibrazione nuova / Sono una sensazione / Sono una sensazione»). Io avevo ascoltato e colto il messaggio alla lettera.

Nella biografia acquistata alla Music Boutique l'estate precedente, lessi un primo indirizzo: quello del cantante degli Who, Roger Daltrey. Decisi che sarei necessariamente approdata in quel luogo appena possibile. Da qualche parte, in qualche modo, sarei arrivata a conoscere l'indirizzo di Townshend.

Giunse il momento di ripartire per Londra. Come spesso accade a una certa età, parte del gruppo della vacanza londinese dell'anno precedente era andato frantumandosi e io stessa avevo avuto una piccola lite per via di un giovane fidanzato di passaggio, che era parente di una delle ragazze di Milano. Fu così che mi ritrovai a partire da sola con un'unica scritta di riferimento sul certificato di identità e relativa a un college di Tufnell Park Road. Ci arrivai e feci tutto ciò che mi ero ripromessa di fare durante l'inverno precedente, tra il solco di una canzone e una versione di latino.

* * *

Se oggi ripenso a quel periodo, provo davvero molta tenerezza nei confronti di quella ragazzina che ero: timida, parecchio silenziosa e quasi sempre nascosta da lunghi capelli.

A spingermi c'era sicuramente, oltre a una buona dose di incoscienza e desiderio d'avventura, il profondo bisogno di colmare un vuoto esistenziale che provocava un forte dolore alla mia vita di adolescente. E forse, a muovermi, c'era anche un pizzico di disperazione. Il dover fare comunque i conti con quella libertà un po' troppo *anticipata* rispetto alla norma, mi aveva fatto comprendere da subito che avrei dovuto cercare di essere il più possibile amica di me stessa per trovare la forza, il coraggio e l'abilità nelle situazioni che avrebbero potuto rivelarsi meno benevole.

Forse non ce l'avrei mai fatta se non avessi incrociato sul mio cammino le persone che, negli anni a venire, avrebbero fatto parte della mia vita, talvolta proteggendomi, altre volte incoraggiandomi a scoprire anche i lati più insoliti dell'esistenza, incarnando una sorta di *famiglia acquisita*, per lo più composta da *sorelle maggiori*.

Arrivai all'indirizzo dove abitava Roger Daltrey e lì conobbi Jennifer.

Nel bellissimo film di Jeff Stein sugli Who intitolato *The Kids Are Alright*, durante uno show dal vivo organizzato appositamente, una bionda fanciulla si precipita sul palco e abbraccia Roger subito dopo le note finali di *Won't Get Fooled Again*, poco prima della sigla di chiusura *Long Live Rock*.

Quella ragazza era Jennifer, Jenny per gli amici.

Aveva otto anni più di me e fatto di tutto per conoscere Roger Daltrey entrando, per così dire, nelle sue grazie. Jenny aveva seguito gli Who in tournée dal 1976 ed era stata una groupie per qualche anno. Le groupie erano quelle ragazze, nessuna delle quali necessariamente faceva la cantante o la musicista né l'attrice o la fotomodella, che accompagnavano le rock band durante i tour offrendo ai musicisti una sorta di *presenza affettiva* nel momento in cui si trovavano lontani da casa. Ovviamente le «mansioni» spesso non si esaurivano qui, ma è senz'altro vero che le groupies più famose erano anche le ragazze addette a cucinare le uova al bacon nei momenti di pausa, a consigliare il tocco raffinato dell'ultimo minuto sull'abito di scena e ad ascoltare il musicista preferito – che poteva anche non essere sempre la stessa persona – nel momento in cui qualcosa non andava per il verso giusto e l'ansia raggiungeva livelli insostenibili.

Le groupie, che hanno fatto per così dire storia nel corso degli anni Settanta, erano altresì fortemente animate da impulsi sessuali – alcune di esse in modo particolare – ma si mostravano sempre piuttosto docili, femminili e soprattutto veloci nel defilarsi al momento opportuno, qualora in una delle tappe del tour qualche moglie o fidanzata ufficiale raggiungeva, dopo mesi di lontananza, il proprio marito o compagno. Mi rendo conto di quanto appena scritto possa, in qualche modo, scandalizzare i *benpensanti* e mi consola l'idea che questo libro, ad ogni modo, non venga scritto a questo scopo. Nella realtà dei fatti, poteva addirittura capitare che tra mogli ufficiali e groupie si instaurasse un silenzioso patto, tutto sommato sopportabile e supportato dal fatto che ognuna, in linea generale, sapeva mantenere il proprio ruolo senza causare reciproco disturbo ma, anzi, arrivando talvolta a sanare una data situazione formando uno strano equilibrio che alla resa dei conti pareva funzionare.

Roger Daltrey nutriva molta simpatia per Jenny e la assunse come babysitter per l'ultimogenito nato in casa Daltrey, il piccolo Jamie.

Jenny mi si avvicinò la prima volta mentre mi trovavo di fronte a casa Daltrey, forse rivedendosi un po' più giovane, con lieve timore e pensando mi fossi messa in testa strane idee nei confronti di Roger. Da lontano, mi aveva perfino scambiata per una ragazza inglese, cosa che mi capita piuttosto di frequente a causa dei miei colori tutt'altro che mediterranei. Quando le parlai dicendole che ero arrivata fin lì dall'Italia la incuriosii molto e soprattutto dal momento in cui le dissi che ero alla ricerca di informazioni su Pete, iniziai ad esserle simpatica. In realtà, avevo già incrociato Roger qualche giorno prima ma fortunatamente, visti i rapporti non propriamente *friendly* che all'epoca intercorrevano tra lui e Pete, fui talmente intimidita che non ebbi modo di chiedergli direttamente informazioni su Townshend. Nonostante l'immediata gentilezza che Daltrey mostrò nei miei confronti invitandomi ad entrare in casa sua per cercare una foto da autografare, senza nemmeno che io gliela chiedessi, ricordo che in quel momento continuavo a pensare di trovarmi in una stanza da sola in compagnia di Tommy e la cosa mi faceva un certo effetto dal punto di vista emotivo.

Fu Jenny a darmi tutte le informazioni necessarie per incontrare Townshend. Disse anche che, purtroppo, non poteva aiutarmi direttamente poiché Pete era una persona con la quale lei aveva avuto poco a che fare, essendo sempre stata «a disposizione» di Roger. Tuttavia parlammo parecchio di Townshend, di dove e di come viveva.

Nel frattempo visitai il giardino della bellissima tenuta dei Daltrey e conobbi Jamie, che era un bellissimo bambino biondo, sorridente e piuttosto mansueto. Jenny mi raccontò di aver sostituito un'altra babysitter che aveva compiuto dei furtarelli dentro casa esasperando Heather, la moglie di Roger. Così Daltrey propose a lei il lavoro, chiedendole spesso di rimanere a dormire e a vivere in una delle stanze della sua stessa dimora. Jenny mi confidò di aver prima riflettuto sui problemi che si sarebbero potuti eventualmente creare con la moglie di lui, ma infine aveva accettato senza porsi troppi problemi. Pur essendo molto giovane, non ero certo una moralista e riflettendoci, se mi fossi trovata negli stessi panni con Pete, avrei fatto la stessa identica scelta. Glielo dissi e questo fece nascere da subito una certa complicità. Presi dallo zaino la mia inseparabile guida *London A To Z* e lei mi aiutò a cercare una via al confine di un sobborgo fuori città, dove avrei trovato sia la casa che gli Studios di Pete Townshend.

Io e Jenny saremmo diventate molto amiche, negli anni a venire: lei è stata non solo il mio pass partout per la porta dorata del mondo delle rockstar, ma soprattutto un punto di riferimento affettivo. Aveva adottato il ruolo di sorella maggiore e, dall'anno successivo, mi avrebbe ospitata nel suo appartamentino di Kensington, la qual cosa avrebbe gratificato molto entrambe poiché ambedue necessitavamo, al di là degli interessi che ci accomunavano, di una compagnia che ci facesse sentire vicendevolmente preziose l'una per l'altra.

Quell'estate frequentai parecchio la casa dei Daltrey, dove giungevo dalla stazione londinese di Waterloo cambiando due treni e camminando per circa un'oretta a piedi, e prendevo il tè insieme a Jenny, talvolta anche a Roger e ai bambini. Ricordo delle straordinarie passeggiate per la campagna del Sussex attorno al lago artificiale dove Daltrey si recava a pescare o vicino alle stalle bovine che lui stesso curava.

Una volta trovai lì anche Paul Young, una delle giovani leve della canzone inglese, insieme a una ragazza italiana che era la sua fidanzata all'epoca. Young, che era già stato membro delle band Kat Kool & The Kool Kats e Street Band, avrebbe incrementato la sua fama nell'82 sfornando alcune canzoni di successo come solista, tra le quali *Love Of The Common People* e *Wherever I Lay My Hat*. Anni dopo, Paul Young avrebbe duettato con Zucchero Fornaciari in una fortunata versione della canzone *Senza una donna*.

In quell'occasione mi mostrai particolarmente loquace: parlare la mia stessa lingua con la ragazza italiana di Paul mi faceva sentire più sicura di quello che dicevo e meno emozionata. Fui riaccompagnata a Londra in macchina, con Roger alla guida del suo Range Rover (possedeva anche una Ferrari e un Maggiolone). Mi pare pigiasse parecchio il piede sull'acceleratore mentre continuava a chiacchierare amabilmente per tutto il tratto di strada. Quella sera, mentre rincasavo nella piccola stanzetta del mio college, iniziai a sentirmi perfettamente a mio agio in quel di Londra ed ero molto felice anche se non c'era nessuno, in quel momento, con cui poter condividere il mio stato d'animo.

Fin da allora – e dopo vent'anni ribadisco tranquillamente la stessa opinione – Roger Daltrey era, in privato, una persona estremamente amichevole e generosa con tutti. Curava molto il suo fisico e coltivava hobby come la pesca, il giardinaggio e l'allevamento dei bovini. Amava particolarmente la vita di campagna e la sua tenuta anche se spesso, per progetti cinematografici ai quali aderiva sempre volentieri, si trasferiva in America per lunghi periodi. Roger era un vero estimatore delle donne e tra le rockstar – secondo un sondaggio condotto dalla rivista *NME* basato su parecchie e avvalorate interviste – era risultato quello che aveva «collezionato» il maggior numero di avventure con le groupie arrivando a battere sia Robert Plant che Rod Stewart. Roger amava molto la sua famiglia, in particolar modo i suoi quattro figli (uno dal primo matrimonio e tre da quello con Heather). Quando venne a conoscenza, a distanza di alcuni anni, di essere padre di altri due bambini sparsi in altrettanti continenti, si fece immediatamente carico di tutte le responsabilità, sia dal punto di vista economico-legale che cercando di frequentare, anche se in modo piuttosto irregolare, la prole aggiuntasi.

Personalmente, posso dire che Daltrey è una persona schietta, spontanea e amabile anche se, nel corso degli anni, non ho continuato a frequentare la sua casa con assiduità. Ci siamo spesso incrociati nei backstage e durante i momenti pre e post concerto, quasi sempre di fretta o mentre lui stava preparandosi per uno dei suoi consueti massaggi energetico-rilassanti. Durante la tournée dell'anno duemila, in particolare negli USA, l'ho visto sempre circondato da un altissimo numero di donne. Credo che uno dei suoi segreti stia nel fatto di guardare ogni donna – e quando dico «ogni donna» intendo dire «tutte le donne» indipendentemente da età, razza o da eventuali interessi sessuali che potrebbe più o meno nutrire – con molto languore e attenzione. Senza eccedere in sfrontatezza, Roger fa leva sulla sensibilità femminile facendo sentire una donna come fosse, almeno in quel momento, un essere meraviglioso e unico al mondo. Posso confermare che uno dei motivi per cui Roger Daltrey è stato e continua ad essere molto amato sta proprio in questo suo «amore» nei confronti di tutte le donne, cosa che senz'altro non corrisponde a una *bieca* tattica – una rockstar non ne ha affatto bisogno – bensì a una naturale *propensione del suo animo maschile.* E già solamente per questo motivo mi è stato, da subito, molto simpatico.

* * *

In quel periodo, Pete Townshend e Roger Daltrey stavano vivendo una forte crisi.

La morte del batterista Keith Moon, al di là del notevole abbattimento morale che toccò in modo particolare

Townshend, aveva anche posto qualche dubbio circa la sopravvivenza degli Who. Si fecero alcune audizioni per trovare un nuovo batterista, alle quali parteciparono anche Phil Collins e Ginger Baker.

L'ex Small Faces Kenney Jones ebbe la meglio, ma Keith Moon non era un personaggio facilmente sostituibile, sia per un discorso di immagine che di relazioni all'interno della band. Era rimasto radicato un profondo senso di colpa e di impotenza rispetto al modo con cui Keith aveva posto termine alla propria esistenza – ingoiando, più o meno involontariamente, alcune decine di pillole curative contro l'alcolismo e morendo nel sonno.

I rapporti con Kenney Jones, che era a sua volta un tipo parecchio nervoso, furono inevitabilmente tesi, nonostante fosse già uscito il suo primo album con gli Who intitolato *Face Dances* e il tour recentemente concluso avesse comunque riscosso successo, accompagnato, tuttavia, da un'inevitabile ondata di critiche e, soprattutto, dal tragico episodio dei fan morti schiacciati all'interno dello stadio di Cincinnati.

A Roger Daltrey Kenney non piaceva per niente. John Entwistle, il bassista degli Who, era rimasto come sempre particolarmente silenzioso rispetto all'argomento, ma Jenny mi aveva confidato che era a sua volta parecchio insofferente.

A Townshend, per il momento, pareva che le cose stessero bene così. Soprattutto, Kenney Jones non occupava il primo posto nella lista delle sue preoccupazioni, considerando la tragedia di Cincinnati – della quale continuava a sentirsi drammaticamente responsabile - quando undici ragazzi morirono soffocati e insanguinati gli uni sopra gli altri prima che gli Who, proprio nel corso della loro prima tournèe con Kenney Jones alla batteria, salissero sul palco per esibirsi.

Le problematiche erano palpabili e nonostante si vociferasse l'uscita di un imminente nuovo album, il gruppo era inattivo anche perché Townshend aveva iniziato a fare uso eccessivo sia di alcol che di cocaina e si sarebbe ritirato per qualche tempo presso una comunità terapeutica che gli avrebbe fornito il supporto medico e psicologico necessario per disintossicarsi.

Questo centro, piuttosto noto tra i personaggi del mondo del rock, veniva gestito dalla Dottoressa Meg Patterson e si trovava in California.

Per me, era giunto il momento di muoversi nel tentativo di avvicinare Pete prima della partenza.

La prima volta che arrivai ai suoi Studios, dopo lunga e solitaria camminata nella periferia di un sobborgo, con tanto di tratto autostradale percorso rigorosamente a piedi non potendo permettermi di utilizzare un taxi, notai con gioia l'esistenza di una zona d'ombra lungo il fiume Twickenham, seppur con baldanzosa abbondanza di zanzare. Tornai lì nei successivi giorni scoprendo l'unica compagnia che avrei potuto avere mentre attendevo che Townshend arrivasse in quel luogo sperduto: il suono di qualche chiatta di passaggio lungo il fiume, nel tentativo di salutarmi un po' da lontano, e l'altrettanto irregolare ma preziosa sosta di un camioncino per la vendita di gelati confezionati Well's.

Pete arrivò dopo una decina di giorni. Prima c'era stato un qualche viavai di macchine, ma nessuno si era mai fermato. Sapevo dove si trovava la sua abitazione, ma avevo decisamente optato per gli Studios per non disturbare la sua privacy, anche in virtù di alcune informazioni avute da Jenny.

Gli Studios consistevano in una casa di legno piuttosto larga e bassa, circondata da un muretto, il cui cancelletto era tuttavia sempre spalancato. All'epoca il tutto appariva un po' trasandato anche se, fino a pochi anni prima, Townshend vi aveva addirittura abitato. La sala di registrazione dava direttamente sul fiume e in quel punto si trovava anche un attracco per barche. In futuro avrei scoperto che qualche volta Pete giungeva fino a lì con la sua chiatta personale e parzialmente adibita a mini-studio di registrazione. Le piccole finestrelle bianche degli Studios apparivano intasate da demotape. Mi chiedevo, osservandole dal di fuori, se questa non fosse una cosa voluta puramente per una questione di privacy cosicché nessuno avrebbe eventualmente potuto spiare dentro alla casa oppure il segno di una semplice propensione al disordine. Negli anni ho capito che la risposta esatta era la seconda.

In un paio di occasioni, qualcuno aveva spaccato il vetro di qualche finestrella e rubato a Pete dei demotape. Io rimanevo addirittura seduta sull'altro lato del marciapiede, quello opposto alla casa, con un bel po' di libri e di acqua nello zaino, direttamente per terra.

Il giorno in cui Pete venne e per la prima volta si fermò,

ricordo di averlo salutato stringendogli la mano senza spiccicare parola. Non gli chiesi un autografo perché non me ne importava nulla. Stessa cosa per quanto riguardava la richiesta di foto e comunque non possedevo alcuna macchina fotografica. Tutto ciò che desideravo era ascoltarlo suonare – desiderio che riuscii tranquillamente a realizzare restando lì mentre lui componeva qualcosa all'interno e senza mai chiedermi di andare via – e comunicare con lui. Tutto ciò accadde per quattro o cinque volte nel corso di quell'estate.

In quei giorni Pete arrivava quasi sempre in Mercedes nel primo pomeriggio accompagnato dal suo autista, che poi tornava a riprenderlo anche dopo molte ore. Ero stupita dal fatto che non ci fosse una segretaria o qualcuno che rimanesse sempre all'interno degli studi. In un'occasione realizzai che, un paio di volte la settimana, qualcuno arrivava per controllare se tutto andava bene e ritirare la posta.

Ogni volta che Pete arrivava si fermava ad osservarmi, un po' stupito e incuriosito, prima di entrare nella casa. Qualche volta arrivava sulla porta per fumare una sigaretta e accennava a un saluto con la mano oppure metteva fuori la testa da una delle finestrelle per vedere se ero sempre lì, nonostante il tipico andirivieni del meteo inglese. Io ricambiavo il saluto, timidissima, rimanendo imperterrita e fissa sulla *mia* zona di marciapiede. Ad eccezione del passaggio delle chiatte e del camioncino per la vendita dei gelati, lì c'eravamo soltanto io e lui. Se ripenso a quei giorni di allora – col rammarico, oggi, di aver scritto molte poesie, pensieri e racconti, ma di non aver mai tenuto un diario dettagliato su quello che facevo – mi pare di rivedermi, col mio viso all'acqua e sapone, in blue jeans e scarpe comode per via della camminata che ero costretta a fare per arrivare fin lì, il mio zaino contenente *di tutto e di più* e un enorme cappello di paglia utile a ripararmi dal sole, lo stesso cappello che oggi sta dormendo nel buio dello sgabuzzino di casa mia.

Decisi di scrivere a Townshend una lettera nel tentativo di spiegare alcune cose di me stessa e della mia vita, ciò che la sua musica – compresa quella *inedita* e *live* che avevo potuto ascoltare nei giorni precedenti attraverso le pareti – rappresentava per me e il fatto che non avevo intenzione di causargli alcun disturbo. Aggiunsi anche che mi sarebbe piaciuto conoscerlo meglio e continuare a rimanere lì altre volte per ascoltarlo suonare. Tutto qui e senza alcun accenno *amoroso* né specifica richiesta. Dentro di me – confidenzialmente, in queste righe – posso ammettere tranquillamente che, fin dal primo passaggio, Pete Townshend sembrava l'uomo più bello che avessi mai visto. Gli avevo guardato i due immensi occhi azzurri cogliendo quella sua tipica espressione, sempre in bilico tra la tenerezza e la malinconia. Avevo notato da subito le sue mani e quanto queste fossero robuste e bianchissime e i suoi abiti di stoffa leggera – dei completi di lino bianchi e blu, se la memoria non m'inganna – che apparivano sempre molto stropicciati e parevano indossati senza particolare cura. Mi piaceva anche il modo col quale camminava entrando in casa, con la testa sempre un po' reclinata da un lato, la schiena piuttosto curva e le lunghe braccia che penzolavano. Ovviamente, in quel periodo, abbondavo di sogni erotici attorno al personaggio. Probabilmente stavo proiettando su Pete un complesso edipico mal risolto e da allora ho sentito bisogno di avere figure maschili più adulte al mio fianco con una certa frequenza. Pete rappresenta tuttora per me, anche dal punto di vista fisico, un ideale maschile.

Lasciai la mia lettera sotto la porta degli Studios prima di tornare in Italia.

Ricevetti ad ottobre la sua risposta, che mi giunse direttamente dall'America e con tanto di indirizzo. Da allora sono passati due decenni e io e Pete, anche nei periodi in cui ci vediamo di persona, ci scrìviamo sempre con cadenza regolare, quasi a voler mantenere la grazia di un'abitudine che ci rassicura negli anni.

In quei giorni inviavo a Pete i miei primi scritti e le mie poesie, talvolta chiedendogli un commento e gli parlavo delle letture che stavo facendo o dei brani di quell'autore che faceva impazzire le mie dita sulle corde dell'arpa. Ricevevo sempre risposte attente e sensibili. Tutto questo mi aiutava anche a trovare la fiducia necessaria per rimettermi a studiare, anche se a Piacenza tutto mi appariva sempre più estraneo e difficile. Finalmente il liceo pubblico della mia città offrì un nuovo ramo di specializzazione linguistica e, se non altro, potei, dopo il ginnasio, cambiare classe. In Conservatorio coltivavo alcune amicizie, ma non potevo raccontare a nessuno le mie esperienze estive perché i miei coetanei avevano interessi totalmente diversi e la mia narrazione si sarebbe esaurita in tre parole.

Nel frattempo mio padre, forse a causa del proseguimento di una malattia nervosa che gli stava completamente rovinando la vista, ebbe un brutto incidente e trascorse molti mesi in ospedale. Comunicavo con lui soprattutto attraverso uno scambio di libri: mi consigliò di cercare alcuni titoli nelle sue fornitissime librerie – di cui era stato fino ad allora gelosissimo, impedendomi di prendere i libri senza il suo permesso – e fu così che scoprii Baudelaire, i poeti Beat, Salinger e lessi in pochi mesi quasi tutto Hemingway commentandolo insieme a papà e rileggendo per lui alcuni passi durante le mie visite in ospedale.

Da quelle letture nascevano dentro di me molte domande relative all'esistenza e ulteriori spunti di argomentazione per le lettere inviate a Townshend.

london calling

So I'm back, to the velvet underground
Back to the floor, that I love
To a room with some lace
And paper flowers
Back to the gypsy
That I was
To the gypsy…
That I was

Così sono tornata, al velluto clandestino
Tornata alla terra, che io amo
Ad una stanza con alcuni pizzi
E fiori di carta
Tornata ad essere
La zingara che sono stata
La zingara…
Che sono stata

Stevie Nicks/Fleetwood Mac, *Gypsy*

Dal 1983 al 1986 divisi con Jenny il suo piccolo appartamento a Kensington Church Street. In quel luogo, che ancora oggi è impresso nella mia memoria attraverso ricordi nitidi, teneri e vivaci, si aggregarono in quegli anni alcune delle persone più strane e originali che io abbia incontrato finora. Persone – e, a loro modo, *personaggi* – di passaggio, talvolta ospitate per un periodo di tempo più o meno lungo, altre volte solo per un weekend o poco più. Nell'arco di quei lunghi mesi continuavo praticamente ad alternarmi nelle mie *due vite*, quella italiana, che poteva essere definita normale, e quella londinese, che proprio nella norma non poteva del tutto definirsi.

Durante il mio primo soggiorno estivo a Kensington Church Street, la radio inglese proponeva continuamente la canzone *Gypsy* di Stevie Nicks, interpretata dai Fleetwood Mac, dei quali era appena uscito l'ultimo disco, *Mirage*. Quella canzone divenne immediatamente una specie di portabandiera per noi ragazze.

Stevie Nicks mi piaceva molto. Io e Jenny eravamo pettinate come lei e sceglievamo i vestiti ai mercatini dell'usato ricercando guantini di pizzo traforati come i suoi, calze a rete bianche, gonne lunghissime e top molto aderenti e scollati. Ci divertivamo moltissimo a fare acquisti e, anche se avevamo pochi soldi, vincevamo sempre la sfida riuscendo ad acquistare con poche sterline un insieme gradevole, possibilmente dal tocco un po' sexy.

Anticipando uno degli appuntamenti di carattere professionale che ho avuto la fortuna di realizzare circa 18 anni dopo, ammetto di aver intervistato Stevie Nicks a Los Angeles mentre stava registrando il suo album *Trouble In Shangri-La* e di averle brevemente raccontato quanto *Gypsy* fu importante nell'esistenza di un gruppo di giovani scalmanate, quante e quali ispirazioni lei dette ai nostri acquisti tra i banchi di quei mercatini londinesi di vestiti usati. Stevie Nicks, il cui look è stato un punto di riferimento per molte altre adolescenti in tutto il mondo, sorrise e si mostrò sinceramente incuriosita da tutta la storia.

Sebbene l'appartamento di Jenny fosse un bilocale tutt'altro che enorme, lì l'ospitalità era un vero e proprio credo, tanto che oggi non riesco sinceramente a ricordare tutti coloro che ho incontrato in quegli anni. Non ricordo nemmeno i nomi di alcuni. Diciamo però che esisteva un *giro fisso* di persone che ruotavano attorno alla casa di Kensington, di cui io stessa facevo parte, e che rappresentò per me un'esperienza di grande complicità e solidarietà al femminile. Le mie prime stuzzicanti scoperte e iniziazioni all'avventura partirono tutte da lì.

Le più *anziane* del gruppo erano Kate e Lena. Entrambe sulla trentina, abitavano fuori Londra e soggiornavano ogni mese per alcuni giorni in Church Street. Entrambe erano state, alla fine degli anni Sessanta, quelle ragazze denominate Apple Scruffs ai tempi della società Apple, che i Beatles fondarono al numero 3 di Savile Row.

Sui gradini dell'ingresso principale di quell'edificio, che fu immortalato grazie al breve live show tenuto dai Beatles sul tetto per essere poi registrato e filmato nel celeberrimo *Let It Be*, sostavano praticamente ad ogni ora del giorno e della notte alcune ragazze. Dato che «apple», il nome della società dei Beatles, in inglese significa «mela», queste ragazze furono soprannominate «apple scruffs» ossia «torsoli di mela». Una delle dediche più belle che si possano ricordare spulciando tra le canzoni di quell'epoca, la scrisse per loro l'ex Beatles George Harrison.

Nel 1970 Harrison fece uscire il suo bellissimo triplo album solista intitolato *All Thing Must Pass*, all'interno del quale inserì la canzone *Apple Scruffs*, nella quale descrisse amorevolmente proprio quelle ragazze: «I've watched you sitting there / Seen the passers by all stare / Like you have no place to go but there's so much they don't know about Apple Scruffs. / You' ve been stood around for years / Seen my smile and touch my tears / How it's been a long long time, and how you've been on my mind my Apple Scruffs» («Vi ho viste sedute lì / Ho visto gente di passaggio mettervi in imbarazzo / Come se non aveste nessun altro posto dove andare / Ma ci sono tante cose che loro non conoscono delle Apple Scruffs. / Siete rimaste lì anni / Guardato i miei sorrisi e toccato le mie lacrime / Come è stato lungo lungo lungo il tempo, e quanto vi ho tenute nella mia mente mie Apple Scruffs»).

Appena terminata la registrazione del brano, George invitò le ragazze nello studio perché ascoltassero il suo tributo a loro e si narra di molti abbracci e lacrime legate a quell'episodio, che tra l'altro segnava, in un modo o nell'altro, anche lo scioglimento del gruppo e, insieme, la fine di un'epoca straordinaria.

Dato che i Beatles avevano smesso di fare tournée fin dal 1966, praticamente il giro di ragazze si era organizzato in modo diverso, alternandosi tra le soste a Savile Row e i famigerati studi di registrazione della EMI ad Abbey Road. Ovviamente nacque qualche storia tra alcune di loro e qualche membro del gruppo o i musicisti e i collaboratori che facevano parte di quello stesso entourage.

Lena era rimasta, dopo anni, buona amica di George Harrison. Aveva avuto una lunga relazione con Mal Evans, che era stato prima il road manager e, successivamente, il «general assistant» dei Beatles. Mal, descritto amorevolmente da Lena come un uomo robusto ma dal carattere dolcissimo, conobbe i Beatles nel 1961 a Liverpool, quando lavorava come buttafuori al mitico Cavern, lo scantinato dove i Beatles suonarono per la prima volta dopo il loro rientro dalla Germania e poco prima del grande successo. Purtroppo, Mal Evans fu ucciso a Los Angeles nel 1975 con un colpo d'arma da fuoco sparato per errore dalla polizia.

Anche se Lena aveva mantenuto l'amicizia solo con George Harrison, era praticamente a conoscenza di ogni nuovo evento legato a personaggi del mondo della musica pop londinese in quanto si occupava dell'organizzazione di fiere e congressi inerenti al business discografico e musicale, fungendo praticamente da sovrintendente alle cosiddette *assistenti congressuali*. Grazie a lei, noi ragazze potevamo quasi sempre essere invitate nei posti giusti al momento giusto per incontrare rockstar e musicisti in genere, che poi era la cosa alla quale eravamo interessate. Quantomeno, a me e a Jenny dei soldi e del business non era mai fregato nulla. Una delle prime domande che feci a Lena era se conosceva Pete Townshend. Lo chiesi anche alle altre, ma la cosa incredibile era che Pete, schivo e timido, pur nella sua attività musicale e, probabilmente, nel vivere le sue trasgressioni pareva non frequentare troppo, almeno in quegli anni, l'ambiente dei suoi colleghi. Se da un lato pensavo che ciò fosse un peccato, per certi aspetti, ai miei occhi parevano ancora più preziose tutte quelle piccole confidenze che avevo scambiato con lui e che proseguivano regolarmente con le mie visite ai suoi studi di registrazione e, soprattutto, attraverso il nostro scambio epistolare. Insomma, dal mio punto di vista, il tutto appariva anche molto romantico.

Lena era una donna intelligente, ambiziosa nei confronti del suo lavoro ma non spietata. Quando arrivava da Liverpool, la sua città, e si fermava a dormire da noi, qualche volta si lasciava andare ricordando con intensa nostalgia i giorni in cui i Beatles componevano, registravano, litigavano, amoreggiavano o fuggivano dalla pressione dei media, specialmente nel periodo in cui il gruppo si sciolse. Lena frequentava la casa degli Harrison fin da quando George era ancora sposato con la sua prima moglie, Patty Boyd. Era spassoso sentirla raccontare di quella volta in cui prepararono insieme una torta fatta con l'erba per poi dedicarsi agli inni Hare Krishna, saltellando per ore ed ore intorno ad una delle piante della tenuta di Henley-On-Thames. La cosa più spassosa di tutte era, per l'appunto, il suo mimare lo stile ballerino e, in quell'occasione, «fumato» di Harrison.

Lena e Kate si erano conosciute mentre aspettavano i Beatles davanti alla Apple. Kate, che era una rossa piuttosto bella, pareva tra l'altro aver condiviso il letto con John Lennon. Nel 1983 Kate nutriva ancora un fortissimo astio nei confronti di Yoko Ono. Sosteneva che Yoko soggiogava Lennon facendo continui ricatti morali e pressioni psicologiche sul lato fragile e insofferente della sua eclettica, complessa e, al tempo stesso, insofferente personalità e ci diceva che John iniziò a fare un ampio uso di eroina subito dopo aver conosciuto la Ono. Personalmente, non credo che Lennon vada ricordato solo per questi aspetti, peraltro più volte estratti dal cappello di più o meno accreditati biografi in tutto il mondo. Tra l'altro ho avuto modo, alcuni anni fa, di apprezzare sinceramente l'estro e la creatività di Yoko Ono come artista nel corso della visita ad alcune sue mostre alla Biennale di Roma e al Moma di New York, eppure devo ammettere di aver ascoltato numerose testimonianze che combaciano su questi aspetti sadomasochistici che pare caratterizzassero la sua relazione con Lennon.

A differenza di Lena, Kate non lavorava. Conduceva una vita piuttosto appartata in una casa vittoriana fuori Londra e quando la vidi per la prima volta ebbi l'immediata impressione che si fosse fatta ritoccare qua e là dal bisturi per via di un insieme di lineamenti che sembravano, nell'insieme, eccessivamente simmetrici e poco naturali. «Non fare mai accenni all'argomento», mi avvertì Jenny sottovoce mentre stavamo preparando il tè in cucina. Non li feci. Naturalmente Kate vestiva in maniera molto signorile e, ciò nonostante, veniva spesso a trovare noi *ragazze* sbracandosi, come si suol dire, sul divano e sospirando per i bei tempi perduti. Aveva finito per sistemarsi definitivamente sposando un musicista canadese trasferito a Londra – privo di talento, tutt'altro che noto ma molto ricco –, un tizio che conobbi una volta e mi parve sinceramente poco interessante. Lui l'aveva conquistata con una teoria riguardante le loro precedenti esistenze, convincendola che il loro incontro fosse inevitabilmente scritto nel destino di entrambi. «Originale», pensai mentre lo raccontava. Questo, almeno, era ciò che sosteneva presumibilmente per non far pesare troppo a noi altre i suoi capi firmati e gli accessori perfettamente coordinati e probabilmente per farsi, nello stesso tempo, una ragione della noia di quel suo matrimonio.

Kate non mi era affatto antipatica, semplicemente percepivo la distanza caratteriale tra noi poiché ai miei occhi ancora adolescenti rappresentava la tipica «rassegnazione femminile» che non desideravo mi appartenesse, vogliosa com'ero di avventure e totalmente disinteressata a diventare una futura «signora bene».

Fu proprio grazie a Kate che riuscii a sapere dove, almeno in quell'anno, si trovava l'urna con le ceneri di John Lennon. Per quanto possa sembrare macabra la questione, Lennon era ed è tuttora – per me come per moltissime altre persone in tutto il mondo – un uomo il cui messaggio è stato assolutamente puro e semplicemente universale. Andare a posare un mazzo di fiori su un pezzetto di terra fu perciò un gesto vissuto con grande commozione e sincera partecipazione.

Ricordo che ci andai verso il tramonto. Un grandissimo cimitero di Liverpool, diviso in quattro sezioni, dove era seppellita l'amatissima madre di Lennon, Julia, morta in un incidente davanti alla sua casa mentre lui, ancora bambino, la stava salutando con la mano. Nonostante – a seguito dell'abbandono del marito – Julia preferì non occuparsi personalmente di John affidandolo da subito alle amorevoli cure della famigerata zia Mimi, ella seppe assecondare lo spirito creativo che il figlio già mostrava di possedere fin dalla tenera età imprimendogli un fortissimo anche se, al tempo stesso, tragico ricordo. La madre di John spesso riecheggiò in molte delle sue canzoni con i Beatles, tra cui *Julia*, ballata contenuta nel *White Album*, e come solista con *Mother* e *My Mummy's Dead*, entrambe contenute nell'album *John Lennon/Plastic Ono Band.*

So con certezza che John non si trova più a Liverpool. Davvero, non so dove si trovi oggi. Personalmente, credo non sia poi così importante sapere dove sia, non tanto importante quanto il messaggio che ha lasciato impresso in tutti i nostri cuori.

* * *

In Kensington Church Street vennero ad abitare altre tre persone: due ragazze di poco più vecchie di me, Debbie e Paula, ed Henry, un ragazzo omosessuale col quale intrecciai un'amicizia molto bella. Io continuavo ad essere la più giovane di tutti e ogni tanto emergeva una sorta di istinto protettivo nei miei confronti. Henry riusciva, in tal proposito, a riequilibrare i ruoli e una delle sue frasi ricorrenti era «Little Italy is ok». Little Italy era il nomignolo con cui usava chiamarmi per via delle mie origini e della mia altezza.

Henry era un ragazzo moro piuttosto snello, atletico e fisicamente somigliava un po' a uno di quei ballerini classici messi tutti in fila. La sua era una famiglia benestante di Cheltenham, che non aveva mai accettato quel figlio «diverso» e durante i due anni di vita in comune non accadde mai che qualcuno dei suoi gli telefonasse o che ricevesse da loro un biglietto d'auguri in occasione del suo compleanno. Henry era una persona un po' malinconica ma molto intelligente e coltivava i più svariati hobbie. A volte mi accompagnava da Salvi, un negozio di spartiti e strumenti musicali in Hopton Street, dove era possibile noleggiare un'arpa per alcune ore e poter suonare nel retrobottega. Io ci andavo ogni tanto per suonare e per non perdere completamente la tecnica durante l'estate, cosa che avrebbe compromesso i miei studi al Conservatorio e, soprattutto, il rapporto con i miei genitori. Lui era completamente rapito dal suono dell'arpa e dalle movenze delle mie mani sulle corde e ricordo che una volta arrivò a commuoversi mentre stavo suonando. «Devo proprio aver suonato in modo terribile se ti ho fatto piangere!», gli dissi. «No», rispose lui. «Dovresti suonarla anche davanti a Townshend».

Henry aveva un carattere sensibile ma era dotato di un incredibile *sense of humor* e una volta, con un camioncino, mi aiutò a trasportare per davvero un'arpa fuori dagli Eel Pie Studios di

Pete. Dato che, talvolta, la fortuna premia gli audaci, Pete arrivò e io suonai per lui, anche se con qualche giorno di ritardo, una versione romantica di *Happy Birthday*. Fu in quel momento, credo, che Townshend si rese realmente conto dell'imprevedibilità della sottoscritta e, da allora, nessuno dei miei gesti lo colse veramente di sorpresa.

Di Henry ricordo i suoi gusti in fatto di vestiti, che erano incredibilmente originali, tanto che oggi, se mi capita di osservare tra le pagine di qualche rivista patinata gli abiti dell'ultimo stilista di grido, be', mi sembra di intravederci un po' il suo tocco, che era evidentemente in anticipo di vent'anni.

Henry si era trasferito a Londra da cinque anni e aveva appena chiuso una relazione piuttosto burrascosa. Frequentava a sua volta il mondo della musica insieme a una schiera di ragazzi gay. In realtà, erano tutti gestiti da una vera e propria organizzazione che lavorava nella zona di Earl's Court, dove c'erano parecchi hotel «specializzati» in tal senso e garanti di assoluta privacy. Uno dei clienti fissi era il cantante George Michael, che ancora non si era ufficialmente dichiarato gay ed essendo un idolo delle ragazzine era costretto a vivere clandestinamente i suoi incontri particolari sia con Henry che con gli altri ragazzi. A George Michael piaceva che si presentassero travestiti da idraulici, meccanici e garagisti, con tanto di cassetta degli attrezzi contenente guantoni, fili, chiavi inglesi e cacciaviti di ogni misura. Ricordo come risero tutti quanti la volta in cui, candidamente, chiesi come mai avessero dato proprio a George Michael una stanza d'hotel col bagno rotto.

Yorgos Kyriatou Panayioutou, meglio conosciuto come George Michael, divenne famosissimo a 19 anni col duo Wham!, di cui faceva parte insieme ad Andrew Ridgeley. La formula era un miscuglio di soft/rap unito a pop melodico e, talora, a lente ballate. Nonostante alcune canzoni – per la verità musicalmente prive di qualsivoglia consistenza – ottennero un successo clamoroso in tutto il mondo (*Wake Me Up!, Last Christmas*), la vera attrazione la esercitava l'immagine sexy del duo, in particolare quella di Michael. Successivamente, nel 1986, il duo si sciolse e George Michael, che a mio avviso possiede una delle voci più incredibili nel mondo del *british pop* dopo quella di Freddy Mercury, divenne un cantante-icona degno di massima considerazione, in particolare durante tutti gli anni Novanta. Dichiarò di essere gay e, in pieno successo, venne arrestato a Los Angeles per aver tentato di addescare un poliziotto travestito da omosessuale in un bagno pubblico. Si trattò chiaramente di un adescamento appositamente predisposto, che tuttavia deve far riflettere su quanto ancora certi pregiudizi riguardanti la scelta sessuale di una persona in piena capacità e libertà di intendere e di volere siano purtroppo presenti nella nostra società – nonostante l'uomo sia già arrivato sulla luna da un pezzo.

George Michael, le cui scelte musicali sono andate facendosi sempre più sofisticate nel tempo (ricordiamo gli album solisti *Faith*, *Listen Without Prejudice* e *Older*) ha recentemente rilasciato una dichiarazione, riferendosi chiaramente alla sua esperienza musicale coi Wham!, nella quale attacca l'industria discografica inglese sottolineando come la sua filosofia impedirebbe al vero talento di realizzarsi promuovendo giovani di bell'aspetto e facilmente gestibili dai mega-colossi di produzione. Sono d'accordo con lui.

Una volta chiesi a Henry perché preferisse vivere con noi ragazze invece che con qualcuno dei suoi amici omosessuali e mi rispose: «I maschi mi piacciono solo per farci certe cose insieme, per il resto sono così banali... voi ragazze, invece, mi intrattenete anche senza accorgervene e, soprattutto, non mi fate del male». Nel tentativo di tirargli un po' su il morale, ribattei: «Oh, andiamo Hen... non essere così cinico! Cosa c'è di tanto terribile negli uomini?». «Niente», rispose lui, «a parte il fatto che gli uomini sono come una mousse al cioccolato senza che ci sia il cioccolato dentro. Ad eccezione di Townshend, naturalmente, Little Italy».

Mentre scrivo questo libro, mi tornano alla mente alcune delle sue bizzarre filosofie e mi rendo conto di sentire la sua mancanza.

Non tutte le avventure, infatti, hanno un lieto fine. Henry raccontava poco delle sue cose più intime, ma ci aveva confidato di essere sieropositivo. È morto nel 1990, dopo brevi ma intense sofferenze.

Poco prima, lo andai a trovare in una casa di cura della sua città natale, Cheltenham, dov'era tornato a curarsi. Purtroppo ebbi la sensazione che, oltre ad essere troppo debole per rispondermi, non riuscisse a capire bene tutte le parole che gli dissi durante la mia visita. In quell'occasione, chiesi a un'infermiera se la famiglia di Henry stesse o meno accanto a lui in quel drammatico frangente e fui in qualche modo sollevata dal ricevere una risposta vagamente positiva.

Tempo dopo ricevetti una lettera di Jenny che mi annunciava di essere stata al suo funerale. Io purtroppo mi trovavo in Italia e non feci a tempo ad essere presente, ma quel che è peggio è che non fu presente nessuno della sua famiglia presumibilmente data la situazione, per non «esporsi» pubblicamente. Questa è una delle ragioni che fanno scaturire in me una forte intolleranza nei confronti di tutti i moralisti.

Jenny aggiunse che George Michael inviò da Londra per Henry i fiori più incredibili che lei avesse mai visto.

* * *

A Debbie e Paula, le altre due ragazze che dividevano con noi l'appartamento, era capitato di lavorare come hostess in alcuni dei congressi organizzati da Lena.

A Debbie piaceva molto Paul McCartney, con il quale si era intrattenuta durante uno dei congressi, e lì aveva conosciuto anche Mick Jagger mentre a Paula, dotata di una bella voce, capitava ogni tanto di lavorare come corista insieme ad alcuni nuovi gruppi della scena pop inglese, tra cui i Duran Duran – che in me non suscitavano alcun interesse – e i Soft Cell, dei quali avevo invece apprezzato gli album *Non-Stop Erotic Cabaret* e *The Art Of Falling Apart*, rispettivamente del 1981 e del 1983.

I Duran Duran debuttarono nel 1981 con un album omonimo e riscossero un enorme successo tra le teenager di tutto il mondo. Se dovessi pensare a come definire la loro musica mi viene in mente un miscuglio terminologico del tipo genere soft-pop-rock-elettronico. Come qualcuno forse ricorderà, il cantante del gruppo era il biondo Simon Le Bon, mentre al basso c'era l'altrettanto bellissimo e ambito John Taylor, alla chitarra Andy Taylor, alle tastiere Nick Rhodes e alla batteria Roger Taylor.

Il secondo album del gruppo uscì nel 1982 e si intitolava *Rio*. Il disco vendette moltissimo anche in Italia, dove il gruppo veniva spesso e volentieri, e le trasmissioni televisive dedicavano ai cinque ragazzi inglesi un larghissimo spazio. Era l'epoca in cui cominciavano a vedersi i primi videoclip e attorno a questo nuovo fenomeno nacquero vere e proprie trasmissioni, nonché le prime emittenti televisive basate interamente su questo genere. Nella scena della musica pop inglese, gruppi come i Duran Duran nascevano proprio con l'intento di unire ai brani musicali l'impronta della propria immagine e così sfornavano video per quasi la metà dei brani che componevano i loro album, cioè praticamente in continuazione. Per certe canzoni, avevo addirittura l'impressione che la musica e, soprattutto, i testi nascessero già «pilotati» in tal senso. Per me, che iniziavo ad appassionarmi fortemente a Bob Dylan e a Leonard Cohen, tutto questo rappresentava qualcosa di veramente povero. Nel periodo in cui Paula frequentava i Taylor e Le Bon, essi registrarono *Seven And The Ragged Tiger* e, anno dopo anno, *Arena, So Red The Rose,* e *Notorious.* Intravidi i Duran Duran di sfuggita solo un paio di volte e mi parvero tutti dei ragazzotti inglesi molto alla buona come Paula, del resto, li aveva sempre descritti.

I Soft Cell li andai a vedere esibirsi dal vivo trovandoli piuttosto accattivanti, anzi meglio che su disco. Due erano i componenti: Dave Ball e Marc Almond, quest'ultimo dotato di grande carisma e di una voce sensuale che esercitò in quegli anni una forte influenza su tutti quei musicisti dediti al genere elettropop un po' torbido. Il duo sbarcò in America ottenendo anche là un meritato successo; poco dopo Paula si trasferì a sua volta negli Stati Uniti e non tornò più.

A mio avviso, ancora oggi l'influenza dei Soft Cell si può riscontrare in gruppi come i Pulp e i Placebo.

Debbie all'epoca occupava già un posto di rilevo in una banca della City e nel 1991 fu assunta da Paul McCartney entrando così a far parte del numeroso gruppo di persone dedite a badare alle finanze della sua società, la McCartney Productions Limited. E da allora, essendo Paul uno dei miliardari più ricchi del Regno Unito, credo proprio che lei abbia un'incredibile mole di lavoro. Parecchio tempo prima che ciò avvenisse, Paul chiese a Debbie di partecipare al video della sua canzone *Press,* interamente girato negli interni del «tube» londinese. Lei naturalmente accettò cosicché apparve accanto a Paul in alcuni momenti del video, tra l'altro con atteggiamenti piuttosto intimi e naturalmente l'evento fu degnamente festeggiato da noi tutti nell'appartamento di Kensington Church Street.

Nel 1984 fui invitata insieme a Debbie alla prima del film

Give My Regards To Broad Street, scritto e interpretato da Paul McCartney e diretto da Peter Webb. Nel film, che non riscosse un particolare successo di pubblico ad eccezione degli affezionatissimi «beatlefan», McCartney interpreta se stesso alle prese con l'enigma relativo alla possibile fine del suo ultimo nastro registrato, sparito nel nulla poche ore prima dell'uscita del disco. Il cast include John Bennett, Bryan Brown, Ringo Starr e la moglie Barbara Bach, Tracy Ullmann e l'immancabile Linda McCartney. La colonna sonora originale riprende fedelmente le tre nuove canzoni scritte da McCartney e interamente suonate nel film più alcuni brani dei Beatles re-interpretati da Paul per l'occasione, tra cui *For No One, Long And Winding Road, Good Day Sunshine* un medley contenente *Yesterday/Here, There And Everywhere* e una versione riveduta della toccante *Eleanor Rigby*. La sigla del film, *No More Lonely Nights*, divenne un ennesimo hit di McCartney. Personalmente non trovai affatto brutto il film nel suo insieme anche se quella sera ero parecchio frastornata e tutto pareva girare troppo velocemente attorno a me. La gente era davvero tantissima e stipata all'interno della sala, per non parlare della fila che attendeva fuori l'arrivo di Paul, Linda, Ringo e Barbara con le loro rispettive famiglie e quello di alcuni degli attori del film, tra cui la percussionista Jody Linscott e il chitarrista David Gilmour dei Pink Floyd, che in futuro avrei rivisto suonare in molti degli show di Townshend.

Avevo incontrato McCartney in situazioni meno confuse accompagnando qualche volta Debbie agli uffici di Soho Square o a Cavendish Avenue, dove ancora Paul abitava quando soggiornava a Londra fin dai tempi della beatlemania, e lì capitava di fermarci a chiacchierare piacevolmente con sua moglie Linda.

Linda Eastman, sulla quale molti scrissero aneddoti terribilmente affini a quelli riguardanti Yoko Ono circa i motivi scatenanti che avrebbero spinto i Beatles a sciogliersi, era in realtà una donna estremamente schietta, gentile e misuratamente distaccata dall'incredibile e pesantissima fama del marito.

Linda, che era una nativa americana appassionata di rock e fotografia, si trasferì a Londra quando era già madre di una bambina piccola e senza alcun marito al fianco. All'inizio si introdusse nell'ambiente musicale a sua volta come groupie e furono piuttosto note le sue avventure con Jimi Hendrix ed altre rockstar – molte delle quali immortalate nel suo primo libro fotografico *Linda's Pictures* – tra le quali figurava anche Pete Townshend. Nel giro di ragazze queste cose si conoscevano piuttosto bene e, forse anche in virtù del suo passato, lei si mostrava sempre particolarmente gentile con noi tutte che, numerosissime, gironzolavamo insistentemente attorno a suo marito, incluse quelle poche che riuscivano a spingersi fin dentro alla tenuta dei McCartney a Rye, nel Sussex.

Questo fatto, ai miei occhi, rendeva molto più simpatico Paul, che è stato spesso dipinto come un genio indiscusso ma anche un po' come se fosse un essere praticamente perfetto, quasi un «uomo di gomma» – se mi è concessa la battuta – e che invece scelse una donna estremamente aperta e leale con tutti nonché disposta, ogni tanto, anche a «chiudere un occhio».

Inoltre, tutte quelle che lo avevano avvicinato descrivevano Paul come un tipo estremamente passionale e anticonformista. Comunque sia, l'impressione di noi tutte era che l'equilibrio e la perfetta organizzazione della vita familiare quotidiana dei McCartney (Paul ebbe da Linda tre figli oltre ad aver adottato Heather, la primogenita di lei, che poi non è altri che la bambina bionda in braccio a Paul nel film *Let It Be*) si reggesse principalmente sulla forza della donna che rimase tutta la vita al fianco di McCartney sostenendolo e accompagnandolo sempre anche nel suo lavoro.

Nel 1998, quando Linda morì, ripensai a quanto avesse incarnato il punto di arrivo ideale per noi ragazze, all'eleganza con la quale riusciva a stare vicino a quel marito certamente fantastico ma un bel po' «ingombrante», tra miriadi di pettegolezzi e splendide ragazze che lo circondavano, ad esempio alle sue segretarie personali alla MPL, che sembravano provenire direttamente dal concorso per Miss Universo. Ripensai anche a come la si vedeva arrivare in jeans, maglietta e borse della spesa da tutte le parti, col cane al guinzaglio e uno dei bambini che la strattonava a destra e a manca e al suo impegno in favore degli animali. A come, soprattutto, si rivolgeva a noi ragazze chiedendoci sempre chi fossimo e cosa facessimo a Londra, trattando ognuna di noi come persona *alla pari* mentre Paul, in effetti, pareva seguire regolarmente una specie di cliché – del resto, inevitabilmente costretto dagli eventi – consistente in «Hey, gente, volete un autografo? Occhei! Yuu». Foto – *gentilmente* – sorriso e *sguish*... via velocemente, mentre a Linda era concesso di parlare effettivamente con maggior tranquillità.

La morte di Linda avvenne in Arizona, dopo lunghe ed estenuanti sofferenze causate da un incurabile cancro al seno. Successivamente Paul organizzò a Londra una cerimonia funebre maestosa in memoria di lei, che nella vita privata era stata una persona estremamente semplice e, per questo motivo, ancora più preziosa.

Debbie era presente, così come George e Ringo.

In fondo alla chiesa di Trafalgar Square c'era anche un commosso Pete Townshend.

* * *

Nel nostro appartamento poteva crearsi un'atmosfera piuttosto intima e spontanea. Ricordo che giravamo praticamente tutte nude, compreso Henry al quale, come già accennato, le donne non facevano né caldo né freddo, e la cosa veniva considerata assolutamente normale da tutti. Devo ammetterlo: nei momenti in cui eravamo insieme era molto divertente sentirsi parte di una specie di *gruppo di lavoro* che discuteva sulle varie tecniche e sui possibili accorgimenti per sconvolgere i sensi di qualcuno, talvolta inscenando vere e proprie esibizioni live inerenti al tema.

Prima si dava inizio a un vero e proprio rito preparatorio all'evento, durante il quale ci aiutavamo vicendevolmente strappandoci a turno la ceretta (compreso Henry che, essendo un uomo, possedeva uno strappo magnificamente deciso) e poi ci massaggiavamo l'un l'altra i corpi nudi. Quindi si sceglievano gli abiti, le scarpe, il trucco e perfino il profumo.

E allora si poteva dare inizio al gioco del «fai finta che lei/lui sia Mister X» (la X stava al posto del tipo che, di volta in volta, interessava, ad esempio nel mio caso Pete Townshend) e poi arrivava il momento del «datti da fare!».

Il «darsi da fare» consisteva, in pratica, nel sostenere una o più prove di seduzione, durante le quali la giuria – che poteva arrivare ad essere anche parecchio eccitata o crudelmente severa – impartiva critiche, modifiche e suggerimenti oppure, se rimaneva in silenzio, be', allora *l'adepto* di turno aveva fatto scacco matto. In quel frangente imparai alcune cose relative alle altrui esperienze, ma soprattutto relative alle zone d'ombra che mi appartenevano nel profondo e delle quali ero la prima a stupirmi. Questo libro non vuole descrivere attitudini erotiche particolari: le situazioni che accaddero in tal senso nella mia esistenza, prima nella casa e poi al di fuori, furono spontanee e intense, ognuna a suo modo. Avevo la sensazione di stare imparando una cosa particolarmente importante per me, a quei tempi: la seduzione era un impegno. Non era bellezza naturale ma bellezza ricercata ed estratta dal profondo per poter successivamente raccontarsi. Non era solamente attrazione spontanea – o, comunque, non la era quasi mai –, ma richiamata, ridestata, distillata e dischiusa per inebriare. Soprattutto, non seguiva percorsi netti o scontati, per cui le nostre esibizioni – che andavano dallo strip fatto di fronte a un gruppo sempre più allargato poiché, via via, invitavamo anche degli amici che potevano scegliere di unirsi a noi o restare in disparte a guardare – arrivarono ad essere proposte in un locale dove il pubblico era formato quasi esclusivamente da musicisti e addetti ai lavori. Se c'è qualche musicista vissuto a Londra nel 1983 e 1984, sicuramente ricorderà di aver quantomeno sentito nominare questa «cosa di gruppo delle *gypsies*» che non era nemmeno uno spettacolo vero e proprio ma una specie di «Living Theatre interattivo dell'erotismo». Il gioco poteva anche proseguire con qualcuno in particolare ma ciò non era obbligatorio e sottolineo una cosa: tutto questo rappresentava per noi divertimento e piacere.

L'unica volta che io e Jenny approfittammo, per così dire, di una di queste occasioni e la trasformammo a nostro vantaggio fu quando scoprimmo che il padrone di casa voleva aumentarci l'affitto. Ricordo che prima di invitarlo ad una delle nostre esibizioni riflettemmo parecchio perché rischiavamo di venir giudicate male ed essere sbattute in mezzo alla strada in men che non si dica e trovare un appartamento a poco prezzo a Londra non è mai stato uno scherzo. Non avevamo però alternative, così prendemmo il coraggio a due mani e fortunatamente tutto andò liscio: il padrone di casa, una volta ricevuto l'invito, desistette dal partecipare in prima persona, vinto da un probabile moto di vergogna, ma in compenso ci chiese se potevamo scostare le tende del bagno ogni qualvolta facevamo la doccia. «Tutto qui?», pensammo. «Ok!».

Tuttavia mi resi conto di come, purtroppo, le fantasie sessuali spesso cadessero nell'ovvietà, specialmente se confrontate con la mia ricerca interiore di allora che sperava di riscontrare un grado di sensualità sempre più unica e profonda nella propria e altrui personalità. Ad ogni modo, io e Jenny inaugurammo il nuovo «contratto di affitto» scostando le tendine alla prima occasione e facendo la doccia insieme. Alla fine ridevamo come pazze e sebbene non riuscissimo a vederlo, pensammo che anche il padrone di casa dovesse essersi divertito parecchio.

Dunque iniziai a vivere e a sperimentarmi in situazioni piuttosto strane, abbandonando definitivamente il mio ruolo di silenziosa osservatrice insieme alle ultime reminiscenze infantili. Fui anche pronta ad accettare uno dei «groupie pass» per qualche concerto insieme a Jenny e agli altri.

* * *

La mia prima occasione arrivò «unplugged»: nessuna Arena grandiosa, niente grossi nomi del rock sul palcoscenico. In compenso, il locale era non troppo grande; un ambiente piuttosto gradevole in cui girava davvero tantissima *roba* e quella sera – trattandosi di un'esibizione locale considerata à la page – era prevista la presenza di alcuni ospiti piuttosto importanti. Chissà che Pete Townshend non facesse parte del pubblico. Lo ammetto, avevo sempre il mio *chiodo fisso*, ma in realtà ero molto contenta di potermi dedicare a qualche altro evento che non fosse andare regolarmente agli Eel Pie Studios ad aspettare che Pete arrivasse – cosa che continuavo a fare regolarmente ogni settimana.

Ero già stata a concerti e a feste ma non mi era ancora accaduto nessun incontro «fatale». Sapevo che non avrei mai fatto nulla di ciò che non mi andava, nello stesso modo in cui non avrei mai rinunciato a qualcosa che invece avrei desiderato fare.

Tra l'altro, a dispetto dei «nomi» che presenziavano alle feste dopo i concerti, non c'era sempre di che divertirsi. Una volta, un tizio che faceva il produttore o qualcosa del genere mi puntò, probabilmente in virtù della mia giovane età, ma era evidente che a me non andava. Visto che non accettò di buon grado il fatto, proprio mentre stava per darmi uno strattone al braccio urlandomi una serie di frasi sudice, Jenny balzò in un lampo e si mosse in mia difesa contro al tizio piantandogli con forza una zoccolata in piena fronte. Quando lui cadde sul divano, noi fuggimmo via dalla festa a gambe levate.

Quella sera invece, dopo l'esibizione di una vocalist americana di colore, davanti al catering incrociai qualcuno che mi colpì.

Quando ho deciso di scrivere questo libro, ho chiesto a tutte le persone coinvolte direttamente nella mia storia, compresi i proprietari di alcuni locali, il permesso di nominarle. Qualcuno ha risposto «no» e dunque non sarà nominato, qualcun altro mi ha chiesto di utilizzare un nome fittizio e così sarà.

Il tizio in questione era un pianista molto bravo che chiamerò Stuart.

Stuart era altissimo e sfiorava, a occhio e croce, la quarantina mentre io, nell'estate dell'84, dovevo ancora compiere diciassette anni. Stuart, il cui stile pianistico si divideva tra una base chiaramente classica ed un tocco di reggae, si è spesso esibito in giro per il mondo come accompagnatore di un cantante dal nome parecchio altisonante. Lo trovavo molto carino anche se pareva quasi più timido di me. Oppure, chissà, disinteressato per via della mia giovane età o, più semplicemente, alla mia persona. Decisi di spostarmi e di fare un giro per la sala. Dato che né io né le ragazze facevamo uso di sostanze stupefacenti, ordinai, in mancanza di bibite, un bicchiere di birra chiara. Per istinto, ho sempre cercato di colpire l'uomo che suscitava il mio interesse con la provocazione. L'attesa e la pazienza non fanno per me. Tutti mi offrivano continuamente cocaina mentre osservavo veri e propri fiumi di birra scorrere nei bicchieri altrui, fino a traboccare e gocciolare abbondantemente sul pavimento.

Come ad ogni «english party» che si rispetti, anche quella sera si presentarono alcune situazioni-tipo: l'entrata in ritardo di qualche moglie sottobraccio al marito ricco e famoso (in quell'occasione Paula Yates, seminuda e sottobraccio a Bob Geldof), qualche fan rimasto dentro a festeggiare per puro caso che si beveva il proprio bicchiere di birra ancora incredulo ed estasiato dalla situazione, e alcune ragazze che, ad un certo punto della serata, ballavano flirtando a destra e a manca e tra di loro. Non volendo tornare a sedermi accanto al carino ma taciturno Stuart, mi inserii nel ballo e la musica e i movimenti del gruppo agevolarono il lasciarmi andare, anche senza l'uso di droghe o schifezze simili. Una delle sensazioni che ricordo di quei momenti e che mi è accaduto più volte di riprovare nelle stesse situazioni, è quella di mani che scivolano addosso e allora, se chiudi gli occhi e dimentichi qualunque tipo di pensiero, il rischio è quello di perdere velocemente la coscienza del sapere con chi veramente ti stai toccando e baciando lì in mezzo, nel semibuio della pista.

Quando aprii gli occhi, dopo un po', notai qualcuno che mi osservava non troppo lontano e capii che Stuart si era mosso per vedere cosa stavo combinando. Benissimo... Ce la misi tutta e non ci volle molto. Il tempo di strusciarmi un po' con un tipo a caso capitato al mio fianco, lasciando che mi sbaciucchiasse un po' sul collo, tenendo gli occhi fissi su Stuart e avevo già il suo braccio che mi stava tirando a sé. Ricordo che uscimmo, salimmo in macchina e iniziammo a baciarci e a fare ogni altro tipo di cosa incompatibile con la guida. Arrivammo a casa sua. Chiusa la porta, ci baciammo scivolando lungo tutte le scale e per tutto il corridoio prima di sprofondare nel letto.

Tornai a Kensington una sera tardi, dopo quattro interi giorni trascorsi a dormire e a fare l'amore, spettinata e con lo stesso vestito da sera e le scarpe col tacco. Debbie aprì la porta e scoppiò a ridere, Jenny fece capolino dal bagno e chiese se stavo bene mentre Henry ribadiva seduto sul divano «Little Italy is ok!».

Non ho scritto il vero nome di Stuart perché ero ancora minorenne anche se ero consenziente e partecipai a tutto quanto con grande trasporto. Ci incontrammo qualche altra volta e conservo un bellissimo ricordo di lui. Naturalmente, gli chiesi se conosceva Townshend, ma mi disse di non conoscerlo personalmente.

Ho incontrato di nuovo Stuart per intervistarlo dopo un concerto a Bologna nel 1997. Dopo esserci riconosciuti, abbiamo chiacchierato un paio d'ore cercando di riassumere i particolari della vita dell'uno e dell'altra avvenuti negli ultimi tredici anni. Poi mi chiese di accompagnarlo in albergo.

* * *

Nel frattempo Pete Townshend era tornato dalla comunità terapeutica californiana, disintossicato e in ottima forma. Nel giugno del 1982 uscì il suo nuovo album dal titolo curioso *All*

The Best Cowboys Have Chinese Eyes, liberamente ispirato ai personaggi interpretati dall'attore Clint Eastwood. L'album era dedicato alla dottoressa della comunità californiana, Meg Patterson, e «a tutte le teenager innamorate» e conteneva canzoni davvero belle. Alcune di esse risultavano particolarmente complesse da un punto di vista compositivo e magnificamente arrangiate (un esempio per tutti l'assolo di chitarra, l'uso delle percussioni e degli effetti nel ponte di *The Sea Refuses No River*).

Se è vero che Townshend aveva già ampiamente dimostrato le sue doti compositive, *Chinese Eyes* rappresentò – come lui stesso dichiarò in alcune interviste promozionali per l'album – una forte testimonianza della sua identità come solista e senza gli Who. I testi del disco erano soprattutto raffinati e malinconici (in *Slit Skirts* Townshend esprimeva la sua tristezza per l'inevitabile scorrere degli anni). La canzone d'apertura, *Stop Hurting People,* venne da lui interpretata in forma di *recitativo* e pareva un'occasione per cantare nuovamente il desiderio di rinnovare il suo matrimonio con Karen: «May I be matched with you again / I know the match is bad / But God help me – May I be matched with you again – without your match there is no flame» («Che io possa essere ancora scottato da te / So che scottarsi fa male / Ma che Dio mi aiuti – Che io possa essere ancora scottato da te – senza il tuo fiammifero non c'è fiamma»).

In *Exquisitely Bored,* Pete ripercorreva il periodo trascorso in comunità mentre in canzoni come *Communication* e l'autobiografica *Somebody Saved Me* faceva ricorso a un ampio uso del pianoforte, grazie alla collaborazione della cognata Virginia Astley, pianista e già collaboratrice di David Sylvian. Pete collaborò spesso coi membri della famiglia di sua moglie (che faceva la casalinga e non aveva compiuto particolari studi in campo musicale), con la di lei sorella Virginia Astley, diplomata in pianoforte, il cognato Jon, fonico, ed il suocero Edwin, che era da tempo uno stimato professionista e noto *maestro* degli arrangiamenti musicali.

Nonostante l'uscita dell'album solista di Townshend, a settembre dello stesso anno gli Who sfornarono il loro ultimo album ufficiale, *It's Hard,* seguito da una lunga tournée invernale che attraversò l'Europa e l'America. Alle tastiere c'era il bravissimo John Bundrick – praticamente il quinto membro della band, anche se mai «ufficializzato» – soprannominato Rabbit (coniglio) per via dei suoi denti anteriori sporgenti. Se è vero che le esibizioni del gruppo dal vivo, sempre con Kenney Jones alla batteria, riempirono interi stadi, è altrettanto vero che l'album fu accolto tiepidamente dalla critica e a tutti fu chiaro che Townshend scrivesse ormai brani di notevole spessore più per se stesso che per il gruppo. Egli stesso ammise di trovarsi in difficoltà, in tal senso, nel dover fare nuovamente i conti col suo ruolo negli Who, ruolo che ormai sentiva non appartenergli più autenticamente.

It's Hard, tuttavia, si occupava anche di temi politici e non solo intimisti (la bellissima *Eminence Front*) e legati all'olocausto (*I've Known No War*) e il pensiero centrale in esso contenuto si articolava lungo la difficoltà ad affrontare il presente e a continuare a fare duramente i conti con il proprio passato, inteso anche storicamente.

Durante i mesi invernali, io ero tornata alla mia vita «italiana» mentre Jenny seguì le tappe principali del tour insieme a Roger. Mi riferì di alcune discussioni piuttosto accese tra Roger e Pete e tra Roger, Pete e il batterista Kenney Jones. «Tentavano continuamente di giustificare la mia presenza al pubblico», dichiarò quest'ultimo, «e questo non solo mi causò dispiacere ma, alla resa dei conti, non fece nemmeno funzionare meglio le cose».

Nel corso di un'intervista, Roger dichiarò: «È come se Pete vivesse tutto il tempo in un mondo tutto suo e si capisce che pensa costantemente ai suoi problemi. Il fatto è che crede di non avere più alcun motivo per rivolgersi al nostro pubblico – al pubblico degli Who e a quello della nostra generazione –, mentre vorrebbe rivolgersi alle nuove generazioni. Ma questo è difficile e, dal mio punto di vista, pericoloso e deludente perché in questo modo la nostra identità come gruppo va a farsi friggere».

Che Townshend fosse, per così dire, pressoché «assente» durante il tour corrispondeva senz'altro a verità e nonostante fosse tornato in salute dopo la terapia farmacologica e psicologica di Meg Patterson, ancora una volta i mesi trascorsi in giro per il mondo rappresentavano, da un lato, quella forte esperienza di cui ancora sentiva il bisogno e, dall'altro, quello stress emotivo che lo faceva ripiombare con regolarità nel baratro dei suoi eccessi e della sua depressione.

Jenny mi telefonava ogni tanto per tenermi aggiornata su

tutto ma ciò che, per il momento, riuscivo a fare era continuare a scrivere a Pete, nell'attesa che lui trovasse le mie lettere e i miei pensieri al suo ritorno a Londra.

Finché un giorno, finalmente, mi arrivò una lettera, nella quale scriveva: «Dear Eleonora, I've read all your sweet messages and I thank you so much. Even though they came after I left for America, it was nice to come home and read them all. I promise you I'll try to keep smiling – with you on my side it's hard not to. I love you too, Pete» («Cara Eleonora, ho letto ognuno dei tuoi dolci messaggi e ti ringrazio molto. Sebbene siano arrivati dopo la mia partenza per l'America, è stato bello tornare a casa e leggerli tutti quanti. Ti prometto che cercherò di riprendere a sorridere – con te al mio fianco sarebbe difficile non riuscirci. Anch'io ti voglio bene, Pete»).

Il 16 dicembre del 1983 Pete Townshend lasciò ufficialmente gli Who.

* * *

Tornata a Londra, l'estate dell'anno successivo, ebbi modo di trovare alla Boathouse non solo Townshend in piena fase di registrazione, ma anche vari musicisti coi quali Pete evidentemente collaborava o ai quali semplicemente prestava semplicemente i suoi studi di registrazione. Molti mi chiedevano cosa ne pensassi di un ritmo o di un assolo mentre rimanevo lì fuori ad ascoltarli. Uno di loro era Mick Jagger, che venne a Twickenham per registrare alcune canzoni che l'avrebbero lanciato come solista il successivo anno, con l'album *She's The Boss*.

Mick Jagger, che più tardi avrebbe a sua volta acquistato un'intera *mansion* nella zona circostante Richmond, arrivava insieme ad alcuni musicisti che collaboravano ad alcune canzoni dell'album, tra cui Jeff Beck, che poteva andare avanti a suonare la chitarra anche da solo per dieci ore senza mai interrompersi – posso garantirlo perché c'ero e l'ho cronometrato. Jeff Beck è considerato uno dei migliori chitarristi in circolazione ed il suo stile, consistente in una miscela di blues, rock, jazz con elementi soul, cattura consensi da parte di un pubblico affezionato e in cerca di particolari suoni ed emozioni.

Sono davvero poche le cose originali che potrei scrivere su Mick Jagger e sui Rolling Stones e mi limiterò a confermare che, in effetti, la sola sua presenza o quella sua strana faccia, rugosissima e sensuale, incute effettivamente un'immediata scossa attraverso i cinque sensi. In fondo, il mito è mito.

Ad alcune delle ragazze era capitato di incrociarlo nella nostra zona perché in quel periodo viveva in una casa nella zona di Kensington. Io avevo solo assistito ad alcuni concerti dei Rolling Stones durante la tournée seguita all'album *Tattoo You* e mi trovavo a Torino domenica 11 luglio 1982 – accompagnata da mio padre che in quel periodo stava bene e si divertì moltissimo – la sera in cui l'Italia vinse i mondiali di calcio (vittoria che Jagger annunciò dal palco prima che fosse avvenuta facendo letteralmente impazzire un pubblico già scalmanato).

Jagger, che era già un *salutista*, una volta giunse agli Studios in bicicletta da corsa, con tanto di guanti, caschetto e borraccia. E, nello stesso modo, poche ore dopo se ne andò.

Né Jagger, né nessun altro mi rivolse mai particolari domande, né si lamentò riguardo alla mia costante presenza lì fuori. Ormai sembrava che tutti quelli di passaggio supponessero che, in qualche modo, io mi trovassi lì col benestare di Townshend e, dato che quella era pur sempre una sua proprietà, nessuno osò scacciarmi.

Quell'estate, lo stesso Pete suonò la chitarra insieme a Jeff Beck nelle due canzoni più famose dell'album di Jagger, *Lonely At The Top* e *Hard Woman,* che ormai avevo imparato a memoria e mi piacevano molto. Tuttavia, il 45 giri che uscì al lancio del disco fu *Just Another Night,* canzone dal sapore leggermente dance.

Dall'inizio, le mie soste di fronte agli Studios avevano compiuto alcuni progressi: non stavo più costantemente parcheggiata sul marciapiede all'altro lato della strada ma seduta su uno degli scivoli che davano sul fiume e confinavano esattamente col muro della stanza insonorizzata da dove, data la vicinanza, riuscivo comunque a sentire un discreto suono. Ma era quando Pete suonava o lavorava ai suoi demotape che il tempo per me smetteva veramente di esistere.

L'inverno precedente ero salita a Londra per trascorrervi le vacanze di Natale e fu allora che Pete mi invitò per la prima volta a bere un tè all'interno degli Studios. Forse mi vide al freddo, forse con quel gesto voleva ringraziarmi dei doni che gli avevo portato dall'Italia. Forse non era solo quella la ragione.

In quel periodo, Townshend stava terminando di sistemare *Scoop*, la sua prima doppia raccolta di demotape.

Ricordo che entrai piuttosto imbarazzata, rimanendo infagottata nella mia giacca a vento con la tazza di tè tra le mani, mentre lui azionò un nastro che mi chiese di ascoltare in anteprima. Partirono i primi accordi di *You Came Back*, una canzone che tratta il tema della reincarnazione e contiene una strofa e un ritornello a me tuttora molto cari: «That girl with the umbrella used to be a fella / He used to be my very good friend / Now I recall in the mistery of things / I've been here before and done million things / If it's alright with you, I'll remember you, too / But I won't tell you who you were last time... You came back, you came back / And I'm glad you begged my time / You came back, you came back / And by the mischievous look in your eye / I'd said before long / If I'm not wrong / You'll be back / You'll come back again» («Quella ragazza con l'ombrello una volta era un amico / Era un mio caro amico / Ora mi torna in mente nel mistero degli accadimenti / Ero già stato qui e fatto milioni di cose / Se va bene per te, anch'io ti ricorderò / Ma non ti dico chi sei stata l'ultima volta... Sei tornata, sei tornata / E son contento che hai richiesto il mio tempo / Sei tornata, sei tornata / E con l'occhiata maliziosa del tuo sguardo / L'avrei detto molto prima / Se non sbaglio / Tu sarai di ritorno / Tu tornerai di nuovo»).

Riuscii a spifferare un debole «thank you» mentre sentivo le guance paonazze e mi sforzavo di trattenere la commozione. Ci salutammo in silenzio con un abbraccio (casto e primo di una lunga serie).

Ripercorsi al buio e al freddo tutta la strada di ritorno, piangendo lungo il cammino. Rimasi incurante delle lacrime anche una volta seduta sulla metropolitana mentre qualcuno mi osservava chiedendosi cosa avessi.

Per me fu difficile raccontare ciò che provai, perfino a Jenny.

E mi è difficile descriverlo oggi e quando raramente ho provato a raccontarlo a qualcuno ho sempre avuto un'impressione distaccata dell'ascoltatore rispetto all'emozione che ancora oggi provo. Ho sempre pensato a quel pomeriggio come a uno di quei momenti della vita che si affacceranno ai miei occhi ancora una volta prima di morire.

Entrare in confidenza con Townshend – intendo dire il riuscire a frequentarlo anche solo amichevolmente – non fu tuttavia qualcosa di immediato e dovettero trascorrere ancora anni da allora.

L'estate seguente vidi un'altra donna – e per di più italiana – giungere agli Studios.

Clara, che aveva un'età indefinita, si tratteneva qualche volta la sera tardi e dedussi che tra lei e Pete ci fossero dei «lavori in corso». Poi, così come venne se ne andò e non la vidi mai più. Lo stesso successe alcune altre volte con qualcun'altra.

In quei frangenti, io ero molto discreta e me ne andavo via appena capivo l'antifona.

Poi, rispecchiando fedelmente il ritornello di *You Came Back*, tornavo di nuovo.

live aid:
perché il mondo sia una cosa sola

Only people know just how to talk to people
Only people know just how to change the world
Only people realize the power of people
A million heads are better than one, so come on, get it on!

Solo la gente sa come parlare alla gente
Solo la gente sa come cambiare il mondo
Solo la gente capisce il potere della gente
Un milione di teste sono meglio di una sola, dunque datevi una mossa, fatelo!

John Lennon, *Only People*

Il singolo *Do They Know It's Christmas?*, che in Gran Bretagna vendette in assoluto il maggior numero di copie nel decennio compreso tra gli anni Ottanta e Novanta e che contribuì a spalancare ulteriormente le porte della solidarietà da parte dell'intero mondo del rock in favore dell'Africa, è scaturito dal fatto che Bob Geldof, una sera, si trovò seduto nel salotto di casa sua a guardare la televisione. Il primo canale della televisione di stato BBC stava trasmettendo un documentario girato in

Etiopia. Bob Geldof, dublinese dal passato ribelle, esordì con la sua band chiamata Boomtown Rats a metà degli anni Settanta ottenendo successo sia come musicista che come attore di alcuni film, in particolare *The Wall*, diretto da Alan Parker, la cui sceneggiatura prese vita dalla musica dei Pink Floyd.

A quel tempo Bob Geldof non era ancora divenuto ambasciatore di pace, figura apolitica ma, al tempo stesso, primo promotore di una nuova politica della solidarietà. Era l'ottobre del 1984 quando rimase scioccato dalle scene trasmesse alla televisione, scene che mostravano, senza ipocrisia, le condizioni disumane di povertà della popolazione etiope.

«Fin dai primi secondi», dichiarò il musicista, «fu evidente che si trattava di un orrore su scala monumentale. Le immagini mostravano persone talmente magre e rugose per la fame da sembrare esseri di un altro pianeta. Braccia e gambe erano sottili come bastoni, i corpi affusolati. Le loro vene apparivano oltremodo gonfie e gli enormi occhi fissi e vacui sporgevano dalle teste raggrinzite. La telecamera vagava in mezzo a loro come un osservatore ipnotizzato, soffermandosi ogni tanto su una persona, così che quella guardava direttamente me, seduto nel mio confortevole soggiorno, circondato dai fronzoli della vita moderna che noi occidentali consideriamo necessari. I loro occhi guardavano dritti dentro ai miei occhi».

«C'era una donna emaciata, troppo debole per riuscire anche solo a tenere fiaccamente la sua creatura morente tra le braccia. Accanto a lei, c'era un uomo scheletrico che tendeva un fagotto avvolto in tela di sacco in modo che qualcun altro lo prendesse e lo aggiungesse ad altri messi in fila; sembrava un sacco che avvolgeva vecchi bastoni tenuti stretti insieme, ma era il corpo disseccato della sua creatura. E c'erano bambini dappertutto, più morti che vivi, nei loro corpi fragili e vulnerabili come neonati prematuri, ma con la consapevolezza di quello che stava loro accadendo che baluginava debolmente nei loro occhi. Tutt'intorno c'era un mormorio di morte, come un rauco sussurro o come il ronzare delle mosche...».

«C'erano decine di migliaia di persone nel campo in Etiopia dove erano state effettuate le riprese e un pugno di europei volontari che distribuivano una quantità miserabile di cibo. Una giovane infermiera aveva il compito atroce di selezionare le poche centinaia di persone che sarebbero state nutrite. Queste erano sedute all'interno di un recinto delimitato da un basso muro e aspettavano il cibo. Di fuori, migliaia di loro compagni stavano fermi a guardare. Erano stati condannati a morte e adesso rimanevano a guardare i pochi cui era stata data una piccola probabilità di temporanea sopravvivenza. Non c'era ira sui loro visi, né amarezza, non chiedevano niente. C'era solo l'irreale dignità di aspettare la morte giungere in silenzio. Fin dai primi secondi fu chiaro che si trattava di una tragedia di cui il mondo era in qualche modo riuscito a non rendersi conto fino a che non aveva raggiunto proporzioni tali da costituire uno scandalo internazionale dell'umanità. La vergogna, la vergogna, la vergogna».

Sull'ondata emotiva, nella mente di Bob Geldof iniziarono a farsi strada alcune idee tanto importanti quanto ambiziose e utopistiche.

«Le immagini continuavano a passarmi e a ripassarmi nella mente. Che cosa avrei potuto fare? Potevo mandare un po' di soldi. Naturalmente, potevo mandare un po' di soldi. Ma non sembrava sufficiente. Le dimensioni stesse di tutta quella storia non esigevano forse qualcosa di più? Si trattava di una carestia di proporzioni bibliche», proseguì Geldof, «e c'era qualcosa di terribile nell'idea che, 2000 anni dopo Cristo, in un mondo di moderna tecnologia si lasciasse accadere qualcosa di questo genere, come se la capacità dell'uomo di influenzare e dominare l'ambiente non fosse cambiata di una virgola. Un orrore come quello non poteva verificarsi se non con il nostro consenso. Avevamo permesso che accadesse e adesso che sapevamo che stava accadendo permettere che continuasse sarebbe stato l'equivalente di un delitto di proporzioni bibliche. Avrei mandato un po' di soldi, avrei mandato più soldi. Ma non bastava. Per essere veramente liberi da qualsiasi complicità in questo peccato bisognava dare qualche cosa di se stessi. Mi sentivo con le spalle al muro. Dovevo ritirare il mio consenso. Che altro potevo fare? Ero solo un cantante pop. E neppure più un cantante pop di successo, ormai. Non potevo aiutare l'uomo barcollante a portare il suo fardello. Tutto quel che potevo fare erano i dischi che nessuno comprava. Ma questo l'avrei fatto, avrei dato tutti gli incassi del prossimo disco dei Boomtown Rats alla Oxfam. A che cosa poteva servire? Sarebbe stata una misera somma. Ma sarebbe stato sempre più di quanto avrei potuto mettere insieme semplicemente attingendo al mio misero conto in banca. Forse un po' di gente l'avrebbe comprato solo perché gli incassi sarebbero stati devoluti alla Oxfam...».

«Infine», proseguì Geldof, « ho pensato di fare un disco per raccogliere soldi per l'Etiopia. L'unica cosa era che, se l'avessero fatto solo i Boomtown Rats, non avrebbe venduto molto. Perciò pensai di chiedere a qualcun altro di mettersi con noi».

* * *

Fu così che – dopo vari giorni spesi in visite e telefonate esplicative – Bob Geldof si ritrovò una lunga serie di adesioni, molte delle quali immediate, spontanee e amichevoli: Midge Ure degli Ultravox, Sting, Simon Le Bon dei Duran Duran, Gary Kemp degli Spandau Ballet, Boy George dei Culture Club, i Frankie Goes To Hollywood, Paul Young, Phil Oakey degli Human League e Kool And The Gang.

Con la certezza di questi altisonanti nomi del mondo della musica pop al suo seguito, Geldof realizzò di essere sulla buona strada e iniziò a comprendere che tutto questo stava per diventare più di un semplice gesto di solidarietà.

Non perse tempo e fissò una riunione con quattro pezzi grossi della Phonogram: Brian Shepherd, direttore generale, John Watson, consulente legale, Tony Powell, direttore del marketing e John Waller, product manager. Furono tutti d'accordo. Per la copertina Geldof chiamò Peter Blake, il pittore inglese che negli anni Sessanta creò il logo grafico con la freccia e il bersaglio degli Who e fece la copertina di *Sgt. Pepper's Lonely Hearts' Club Band* dei Beatles. Blake accettò.

Una mattina, Midge Ure registrò un ritornello mentre faceva colazione tenendo la tazza del tè al latte in una mano mentre con l'altra mano cercava accordi su una minitastiera Casio. Erano le note destinate a diventare il coro finale della canzone: «Feed the world / Do they know it's christmas?» («Nutrite il mondo - Loro lo sanno che è Natale?»).

Poi Ure telefonò a Geldof: «Bob, come ti sembra? Mi pare suoni un po' natalizia». Geldof lo raggiunse nella sua casa di Chiswick e portò con sé una chitarra acustica. Trovarono subito il titolo e i principali accordi della canzone, che prima fu scritta in La e poi trasportata al Do.

Le telefonate di Bob ad altri colleghi del music business non erano ancora finite. George Michael degli Wham! aderì a sua volta al progetto. Bob parlò con Bono Vox che, con lo spirito che da sempre contraddistingue l'impegno degli U2 in simili iniziative, non se lo fece dire due volte e così anche gli U2 si unirono. L'elenco era destinato ad allungarsi ancora: Eurythmics, Bananarama, Thompson Twins, Marilyn, Heaven 17, Sade e Status Quo.

Nonostante Bob Geldof e Paul Weller si stessero vicendevolmente sulle scatole da anni addietro (Weller dette ai Boomtown Rats degli incompetenti quando divise con loro, insieme al suo primo gruppo, i Jam, il palco del Festival di Bilsen e, per tutta risposta, gli fu risposto che «è sempre meglio che guadagnarsi da vivere con cattive imitazioni di Pete Townshend» e ci fu una vera e propria zuffa tra i componenti delle due band, che vennero tutti quanti alle mani), Geldof si fece coraggio e gli telefonò. Non dovette neppure spendere troppo tempo in spiegazioni: Weller, che sapeva già tutto, lo interruppe quasi subito dicendo «Sì, ci sto. Ci saremo». E così si aggiunsero anche gli Style Council, secondo gruppo capitanato da Weller dopo i Jam.

Infine, il progetto prese vita il 25 novembre 1984 a Londra, quando la canzone *Do They Know It's Christmas?* venne registrata negli studi di registrazione della casa di Chiswick di Midge Ure.

Alcuni musicisti che non potevano essere presenti – David Bowie, Paul McCartney e i Frankie Goes To Hollywood – registrarono un messaggio parlato che venne incluso sul lato B del singolo. Phil Collins suonò la batteria, Sting e John Taylor dei Duran Duran suonarono insieme il basso e andò a finire che Paul Weller suonò magistralmente la chitarra sulla base anche se, alla fine, la sua parte non venne utilizzata poiché il risultato cozzava col resto della base elettronica di Midge Ure. Qualche giorno più tardi, arrivarono tutti gli altri cantanti per cantare prima le parti singole e i duetti e poi il coro finale. Il risultato fu una giustapposizione di stili e atteggiamenti dei vari artisti presenti –cui si erano aggiunti anche Adam Clayton, Steve Norman, Chris Cross, Tony Hadley, Glenn Gregory, Simon Crowe, Keren, Martin Kemp, Jody Watley, il pittore Peter Blake, Martin Ware, John Keeble, Gary Kemp, Roger Taylor, Sarah, Siobhan, Peter Briquette, Francis Rossi, Robert 'Cool' Bell,

Dennis Thomas, Andy Taylor, Jon Moss, Rick Parfitt, Nick Rhodes, Johnny Fingers e Holly. L'esperienza fu molto affascinante nel suo insieme.

«Ci chiamammo Band Aid», spiegò successivamente Bob Geldof, «ma Band Aid era anche qualcosa in più del nome della nostra band nel suo insieme: si trattava di un concetto morale che divenne un fenomeno e un impegno nei mesi che seguirono. Ce la mettemmo tutta – musicisti ma anche tecnici del suono e chiunque lavorasse al progetto, indipendentemente dal ruolo che occupava nella Phonogram – e fu un'esperienza incredibile. Dalla prima messa in onda del disco alla radio in poi, venivamo continuamente trasmessi su tutte le frequenze e nel giro di poche ore apparivamo su tutti i giornali e in tutti i telegiornali del mondo. Il disco era fantastico».

Ovviamente, l'eco di *Do They Know It's Christmas?* aveva già raggiunto gli Stati Uniti.

Bob Geldof ricevette ben presto una chiamata da Los Angeles. Era Ken Kragen, manager di molti noti artisti pop americani tra cui Lionel Ritchie e Kenny Rogers. Kragen si era trovato, in primo luogo, con Harry Belafonte e i due avevano pensato a mettere in piedi una versione di Band Aid americana.

Geldof partì per assistere alla registrazione che, a suo dire, «fu tuttavia, ahimè, in spirito un po' troppo hollywoodiano rispetto a quello che aleggiava invece negli studi di Londra». La canzone si intitolava *We Are The World* (Noi siamo il mondo) ed era stata scritta da Michael Jackson e Lionel Ritchie. Quincy Jones era il produttore.

La risposta americana a Band Aid prese il nome di USA For Africa ed era composta dagli stessi Michael Jackson e Lionel Ritchie, Cyndi Lauper, i Cars, Hall & Oates, Huey Lewis, Kenny Loggins, James Ingram, Kim Carnes, Billy Joel, Daryl Hall, Bette Midler, Lindsey Bickingham, Steve Perry, Al Jarreau, Diana Ross, Tina Turner, Dionne Warwick, Stevie Wonder, Smokey Robinson, Ray Charles, Willie Nelson, Paul Simon, Bob Dylan e Bruce Springsteen.

We Are The World ottenne a sua volta un successo immediato. Insieme al singolo, venne realizzato un album contenente alcune canzoni interpretate singolarmente da Steve Perry, Bruce Springsteen, Northern Lights, Chicago, Pointer Sisters, Tina Turner, Huey Lewis & The News, Kenny Rogers e Prince.

Com'era prevedibile, il tutto ottenne a sua volta successo e clamore.

Il messaggio di cui Geldof si fece portavoce venne recepito dal mondo intero e lo pervase.

* * *

Nell'estate del 1985 io ero tornata a Londra.

L'anno scolastico appena trascorso era stato molto più difficile da superare per me. Mi avviavo alla maturità classica e avevo sostenuto il VII esame della classe di arpa al Conservatorio, il che aveva fatto sì che la mia esistenza fosse consistita, più del solito, in studio e nulla più. Apparivo apparentemente sempre più asociale coi miei coetanei e polemica, soprattutto nei momenti delle assemblee scolastiche, nelle quali ero costantemente mischiata ai maschi più «ribelli» ed ero, naturalmente, piuttosto aggressiva nei confronti degli insegnanti e delle figure del mondo adulto borghese che, in generale, mi circondavano.

La mia fortuna, allora, fu quella di innamorarmi follemente di un collega giornalista di mio padre, un uomo maturo, sensibile e intelligente col quale, negli anni a venire, avrei stabilito uno dei pochi legami affettivi duraturi nel corso della mia intera esistenza. Naturalmente lo scelsi perché era l'unica figura che risultasse stimolante in quella nebbia padana. Soprattutto, condivideva con me un concetto di coppia che non necessariamente faceva rima con prigionia, lasciandomi vivere la mia vita e le mie esperienze fino in fondo. In più, le condizioni di papà si erano aggravate in modo allarmante: era iniziato definitivamente il percorso sulla via del non ritorno. Ciò nonostante – e proprio per questo motivo – sentivo il richiamo di Londra più forte che mai.

Ricordo di aver fatto le valige la sera stessa dell'esame. La mattina successiva ero già oltre Manica. Mi ritrovai a vivere nello stesso appartamento, con gli amici dell'anno precedente e lo stesso spirito.

Durante quei giorni d'estate, a Londra non si parlava d'altro che del fenomeno «Band Aid – Feed The World». In particolare, si vociferava di un possibile mega-concerto rock in collegamento satellitare, a cui avrebbero partecipato attivamente tutte le rockstar e tutti i cantanti pop esistenti sulla faccia del pianeta, in numero ancora maggiore rispetto a quelli che parteciparono alle registrazioni di *Do They Know It's Christmas?* e *We Are The World*. Il tutto, naturalmente, stava per avvenire grazie al coraggio e all'incoscienza dell'ormai inarrestabile Bob Geldof.

Il mega-concerto si sarebbe svolto, in contemporanea, sia in Inghilterra che negli Stati Uniti e si sarebbe chiamato Live Aid. Quest'idea rappresentava la logica conclusione delle mosse precedenti. Il Natale era passato da un pezzo, ma quel messaggio era ancora più forte che mai, soprattutto tra gli appassionati di musica ed in particolare tra i giovani.

«Volevo che tutto si svolgesse esattamente allo stesso tempo nello stesso modo, in Inghilterra e in America», raccontò Geldof a concerto ultimato. «Si potevano collegare i due concerti dal vivo via satellite, alternandoli tra loro, in modo che la gente su una sponda dell'Atlantico poteva vedere quelli che si trovavano sull'altra sponda, nel momento stesso in cui cantavano. E volevo che ogni paese avesse un collegamento via satellite perché questo concerto doveva riunire il mondo intero. Quando lo dissi ad Harvey Goldsmith, che era il promoter generale di Live Aid, sospirò incredulo dicendo che la prossima volta avrebbe apprezzato se qualcuno lo avesse avvertito prima che mi venisse una nuova idea, in modo che sarebbe partito per una vacanza. A parte l'ironia, il tutto risuonava, in effetti, di difficilissima attuazione e io stesso non potevo immaginare, nemmeno dopo i successi di Band Aid e USA For Africa, che Live Aid si sarebbe rivelato il più grande concerto della storia, il più grande avvenimento televisivo e il più grande avvenimento per la raccolta di fondi».

Questo fu ciò che successe esattamente perché, di fatto, per un intero giorno e un'intera notte tutto il mondo si fermò per cantare insieme a Geldof contro quella insostenibile vergogna. Ciò che accadde in tutto il pianeta, presumo non debba essere stato molto diverso da quello che avvenne tra chi, come me, fece parte dei componenti di un intero Wembley Stadium in un abbraccio universale con il sottofondo di una straordinaria colonna sonora.

* * *

Quello del 13 luglio 1985 è un giorno che non dimenticherò

mai. Io, Jenny e le altre eravamo in fibrillazione già da un pezzo. Appena la data del concerto fu ufficializzata, decidemmo alcune importanti cose da fare. Prima fra tutte, nessuna di noi – anche chi avrebbe presumibilmente avuto modo, come Jenny, di entrare facilmente insieme all'uno o all'altro gruppo o cantante – si sarebbe astenuta dall'acquisto del biglietto perché Live Aid era, prima di tutto, un impegno morale e civile. Non ultimo, era inevitabile che ci sentissimo eccitatissime all'idea di ritrovarci, possibilmente, dietro le quinte con tutte le rockstar inglesi viventi.

Io andai in fibrillazione da quando Pete Townshend aveva annunciato che gli Who si sarebbero riuniti ancora una volta per partecipare a quell'evento straordinario. Sembrava piuttosto scontato che Jenny avrebbe seguito facilmente Roger nel backstage, ma non era così facile rimediare altri pass proprio perché la manifestazione avrebbe avuto dimensioni eccezionali e bisognava considerare miriadi di figure extra (fotografi, giornalisti, cineoperatori) che avrebbero a loro volta sicuramente creato un ulteriore limite per un possibile permesso d'entrata. Non ultimo, erano previsti ospiti d'eccezione come il Principe Carlo e la Principessa Diana Spencer con relative guardie del corpo al seguito e, dunque, era presumibile che i controlli si sarebbero moltiplicati oltremisura.

Nonostante tutto, cercavamo insieme di pensare a una qualsiasi soluzione possibile, escamotage compresi. Tutti mi invitavano a recarmi a Twickenham per chiedere direttamente a Pete un'entrata, cosa che non volevo assolutamente fare sia perché, fino ad allora, non gli avevo mai chiesto alcunché e, ne ero quasi certa, proprio per questo motivo gli ero risultata da subito benaccetta, sia perché non mi andava di specificare o, come più facilmente sarebbe avvenuto, lasciargli indirettamente intuire che il mio ruolo tra quelle che si potevano, in un modo o nell'altro, definire ancora groupie tornate alla carica per cavalcare la scia di un evento grandioso era ormai pressoché ufficiale dall'anno precedente.

Mi consolavo sapendo che non avrei mai voluto avvicinare Pete in quel modo e ciò nonostante l'idea di ottenere un pass per il Live Aid mi appariva tanto desiderabile quanto irrealizzabile. Pete, per me, rappresentava ormai qualcosa di più umano e di diverso da tutto il resto, però l'idea di vedere gli Who ancora una volta sul palco mi toglieva un bel po' di sonno la notte.

Sicuramente sarebbero entrate Lena, Jenny e Paula, che avrebbero eventualmente fatto tutto il possibile, una volta dentro, per favorire l'entrata degli altri del «gruppo dei coinquilini di Kensington». In totale saremmo stati in otto, compreso l'amico del cuore di Henry – ci mancava anche lui ad aumentare le fila, stavolta, accidenti! Fino all'ultimo, restai ottimista pensando che sarebbe stato già un indiscusso privilegio essere lì tra il pubblico del concerto di Londra. E, in effetti, fu davvero un privilegio.

Il 13 luglio ci recammo talmente in anticipo allo Stadio di Wembley che, poco prima dell'apertura delle porte, mi sentii quasi svenire. Credo di non aver mai corso così velocemente in tutta la vita. Era necessario farlo, non solo perché, in questo modo, le altre nel backstage mi avrebbero facilmente localizzata, in caso di miracolosa possibilità di accesso, ma anche perché volevo posizionarmi esattamente di fronte a Townshend nel momento in cui gli Who avrebbero fatto la loro entrata in palcoscenico. La cosa buffa, ripensando alla corsa che feci sgomitando a più non posso, è realizzare come, in caso di necessità, anche la più assoluta mancanza di allenamento sportivo di qualsiasi genere non rappresenti più un ostacolo quando, per alcuni istanti, è il tasso di adrenalina più alto che detta vittoria su tutto il resto.

E, per un po', mi considerai vittoriosa.

Prima dell'inizio del concerto, voltandomi, realizzai di trovarmi in prima linea di quella che intuivo essere la più incredibile fiumana nella quale avrei mai potuto immaginare di essere. Il fruscio si faceva via via sempre più forte, fortissimo... L'eccitazione sul viso delle persone accanto a me era evidentissima. Non riuscivo a vedere dov'erano finiti gli altri eppure, a occhio e croce, non dovevano trovarsi molto più indietro rispetto a me. Il guaio è che eravamo tutti in piedi, ammassati l'un altro sul prato come tante sardine sudate. Mi resi conto di aver perso una scarpa durante la corsa. Il cuore mi batteva ancora moltissimo.

Quella non era la mia prima esperienza. Avevo assistito, anche in Italia, a concerti di notevoli dimensioni: ero rimasta per diverso tempo sotto la grandine e appoggiata a terra su un ginocchio solo per più di tre ore, a Verona, per vedere e ascoltare Bob Dylan un anno prima e lo avevo perfino atteso fuori da una conferenza stampa per passargli alcune miei poesie – il coraggio dell'innocenza! Poi, altri tre o quattro concerti in giro per l'Italia, un paio di volte fugando la scuola e facendo l'autostop da sola e mischiandomi a un notevole numero di simpatici, appassionati fuori di testa come la sottoscritta. Ma tutto ciò che stava accadendo quel giorno, davvero, non me lo sarei mai potuto immaginare.

Visto che avevo lo stomaco completamente schiacciato contro la transenna sotto il palco, iniziai a sorridere ad alcuni roadie, ma ottenni solo un po' d'acqua e l'invito a ripassare per di lì a concerto finito. Capirai... Quanto poteva interessarmi tornare lì a concerto finito? Il fatto curioso fu che uno dei roadie che gironzolavano, per la verità indaffaratissimi, sopra e sotto il palco di Wembley quel giorno, sarebbe un giorno diventato un mio fidanzato. Solo che – accidenti a lui! – in quell'occasione non mi notò.

Nel frattempo, potevo osservare le immagini che giungevano via satellite sugli schermi dall'altra parte dell'oceano, proprio come Bob Geldof aveva desiderato fin dall'inizio.

Una simile calca di persone che mostravano la nostra stessa eccitazione si trovava in contemporanea nello Stadio JFK di Philadelphia, dove si sarebbe svolta tutta la parte relativa al concerto americano, il cui straordinario promoter era Bill Graham.

A Londra stavano per suonare i seguenti musicisti: Status Quo, Style Council, Boomtown Rats, Adam Ant, Ultravox, Spandau Ballet, Elvis Costello, Nik Kershaw, Sade, Sting, Phil Collins, Howard Jones, Bryan Ferry, Paul Young, Alison Moyet, U2, Dire Straits, Queen, David Bowie, The Who, Elton John, Kiki Dee, Wham! e Paul McCartney.

A Philadelphia: Bernard Watson, Joan Baez, The Hooters, The Four Tops, Billy Ocean, Ozzy Osbourne, Black Sabbath, Run DMC, Rick Springfield, REO Speedwagon, Crosby, Sills & Nash, Judas Priest, Bryan Adams, The Beach Boys, George Thorogood And The Destroyers, Bo Diddley, Albert Collins, Simple Minds, The Pretenders, Santana, Pat Metheney, Ashford And Simpson, Teddy Pendergrass, Madonna, Tom Petty, Kenny Loggins, The Cars, Neil Young, The Power Station, Thompson Twins, Eric Clapton, Phil Collins, Robert Plant, Jimmy Page And John Paul Jones, Duran Duran, Patti LaBelle, Hall And Oates, Eddie

Kemdricks, David Ruffin, Mick Jagger, Tina Turner, Bob Dylan. Keith Richards, Ron Wood.

Poco prima che il concerto iniziasse, a Wembley eravamo più di 70mila persone e si poteva sentire il battito del cuore di tutti quanti. Io mi trovavo in una posizione da dove era impossibile riuscire a vedere gran parte di quello che accadeva alle mie spalle e tutt'attorno.

Riuscivo a percepire il tipico odore di canna fumata in qualsiasi prato in occasione di qualunque concerto rock però l'odore arrivava con un'intensità quadruplicata rispetto alla consuetudine. Inoltre, il caldo era infernale e arrivava anche un fortissimo odore di urina proveniente dai bagni dello stadio o, forse, non solo da quelli. Sicuramente, tutto questo disagio avrebbe perso importanza non appena le prime note avrebbero riecheggiato in apertura della manifestazione.

Finalmente, a mezzogiorno in punto, alcuni strumentisti si presentarono coi loro strumenti a fiato e suonarono l'inno *God Save The Queen*, in onore degli ospiti membri della famiglia reale. Poco dopo, gli Status Quo attaccarono con *Rocking All Over The World*, rompendo il ghiaccio con la stessa immagine rock molto standard che li caratterizzava. Seguirono gli Style Council, con improvvisa grazia e stile.

Quando arrivò il momento dei Boomtown Rats, il fatto stesso che Geldof comparisse in palcoscenico fece sì che il boato di tutte le persone presenti fosse talmente alto e unanime che si poteva scommettere tranquillamente sulla possibilità che lo si sentisse fino a Piccadilly Circus. Geldof era visibilmente in adrenalina. Come lui stesso ebbe modo di dichiarare, da Band Aid in poi il suo lavoro fu talmente incessante che si rese conto di non aver mai veramente dormito un numero di ore sufficienti negli ultimi mesi fino a quel pomeriggio. Fu lui a sovrintendere l'andamento di tutte le performance da dietro le quinte e a controllare gli appelli che venivano fatti regolarmente alla televisione. Inoltre, quella era l'occasione per cui i Boomtown Rats, che come gruppo in quel momento non godevano propriamente di ottima reputazione, si sarebbero potuti riscattare di fronte al mondo intero. Così fu.

Quando Geldof cantò, con un'enfasi tutta particolare, la strofa «And the lesson today is how to die» («E oggi la lezione è come morire») accadde una sospensione che ha un sapore miracoloso: nei secondi che seguirono tutto lo stadio era improvvisamente in silenzio totale e non si sentiva volare una mosca.

Il concerto proseguì con Adam Ant e con un video degli INXS, che in quel momento si trovavano a Melbourne in tournée. La stessa cosa accadde per altri musicisti che si trovavano in giro per il mondo: Loudness, Opus, B.B. King, Yu Rock Mission, Autograph, Udo Linderberg e David Bowie che, insieme a Mick Jagger, presentò il video *Dancing In The Street*.

Una delle migliori performance di Live Aid la fecero i Queen.

In quel momento avevo iniziato a fare amicizia con un ragazzo di colore, al quale ero rimasta appiccicata fin dall'inizio. Era altissimo e dotato di spalle incredibili. Mi chiese, se volevo, di salirgli sopra. Stavano per arrivare gli Who e non me lo feci ripetere due volte. Quando salii, mi voltai e realizzai che lì c'era davvero un mare di persone. Riuscii a vedere perfettamente per tutto il tempo Freddy Mercury, che avrebbe desiderato rimanere sul palco più del previsto mentre, per ognuno dei singoli e dei gruppi partecipanti, era previsto un tempo rigorosamente prestabilito anche in virtù dei collegamenti. Mentre Freddy scivolò dietro le quinte con aria piuttosto contrariata, la sottoscritta, poco prima che suonassero gli Who, iniziò a scivolare in orizzontale sopra la testa di tutte le persone. Non so cosa accadde esattamente. Sicuramente, qualcuno si era mosso un po' troppo e mi aveva spinta giù dalla mia posizione privilegiata, fin sopra le altre teste sulle quali stavo scivolando senza volontà alcuna. La gente era talmente stipata che fu impossibile per me cadere e sentivo decine di mani e di braccia che mi prendevano per spostarmi da qualche altra parte mentre io, impotente, perdevo anche una seconda scarpa e mi strappavo un pezzetto di abito prendisole. Non fui troppo sfortunata, considerando il fatto che in quel modo avrei potuto ritrovarmi direttamente fuori dallo stadio o quasi. Mi fermai esattamente quando gli Who entrarono e mi ritrovai, più o meno, di fronte al bassista John Entwistle, sul lato opposto rispetto a quello dove suonava Pete Townshend.

Ad ogni modo, la performance degli Who fu eccezionale e, per quell'occasione, Pete scrisse una nuova canzone intitolata *After The Fire*, che il gruppo suonò insieme ad alcuni successi molto noti, tra cui l'immancabile *My Generation*. A metà della loro performance ci fu un notevole trambusto sopra e sotto il palco poiché, per alcuni minuti, il collegamento via satellite saltò e sembrava definitivamente fuori uso.

Mentre gli Who finirono di suonare, tutti quanti correvano avanti e indietro in preda al panico. Fortunatamente, il guasto si risolse dopo pochi minuti.

Durante quei momenti vidi Jenny che gironzolava sotto il palco cercando di capire dove mi trovassi. Urlai più volte il suo nome finché, a un certo punto, mi vide e mi venne incontro sorridente appiccicandomi un pass all'altezza del seno mentre, tra le corse dei tecnici sotto al palcoscenico, mi aiutò a scavalcare la transenna e ad entrare. La abbracciai. Com'era stato possibile che avvenisse il miracolo?

Una del gruppo – non farò il nome preciso – aveva contrattato uno scambio di favori con qualche pezzo grosso della security. Nella fattispecie, gli aveva fatto un paio di pompini e fu così che altri pass miracolosamente si materializzarono.

Peccato che, in questo modo, non riuscii a vedere gli Who fino alla fine. Ma ero entrata e questa era la cosa più importante.

Dietro al palco, l'Hard Rock Cafè aveva allestito un bar ristorante dove molti artisti sostavano. Un numero imprecisato di Tir e di macchine si trovavano in coda mentre parecchi vigili a piedi e a cavallo cercavano di rendere il più possibile agevole l'entrata e l'uscita di alcune automobili su un'unica corsia rimasta libera.

Nello stadio c'era una stanza dall'accesso proibito dalla quale Bob Geldof entrava ed usciva continuamente perché, al suo interno, si trovava una cabina regia con la bellezza di quaranta differenti schermi.

Nello spazio restante, c'erano circa cento persone indaffarate che andavano avanti e indietro spostando strumentazioni e chitarre. Alcuni di loro arrotolavano e srotolavano fili e spingevano lampade su per le transenne e direttamente nelle braccia muscolose di alcuni ragazzi molto belli col petto scoperto. Che io fossi scalza, spettinata e con un pezzo di vestito strappato all'altezza dell'inguine lì, veramente, poco importava e sapevo, in quel momento, di trovarmi esattamente *a casa mia*.

L'unico neo, in tutto ciò, era il fatto che il resto delle performance di tutti i musicisti che seguirono a ruota le vidi di striscio, sbirciando tra i teloni sulla destra del palco ma spostandomi spesso e volentieri per il continuo passaggio dei tecnici che lavoravano incessantemente. Una volta entrati nel bar, si poteva seguire il tutto direttamente da un paio di schermi televisivi anche se, per lo più, si chiacchierava con qualcuno degli artisti che si fermavano per bere qualcosa in attesa del loro turno.

Vidi Pete Townshend uscire velocemente da lontano, per rientrare solo più tardi per il finale insieme a Paul McCartney, Bob Geldof e gli altri. Jenny sparì, non so dove. Entwistle andò a raggiungere la ragazza con la quale, all'epoca, conviveva sedendosi su una delle sedie destinate alla *stampa*. Lei gli aprì un cestino contenente dei tramezzini fatti in casa, bottigliette di birra scura e un termos con del tè. Ancora oggi, Entwistle mangia spuntini preparati artigianalmente dopo ogni concerto. Accanto a lui c'erano David Bowie ed Elton John. Il principe Carlo e consorte se ne erano già andati, assistendo solo all'apertura e ai primi tre gruppi che si erano esibiti. Molti altri se ne andavano via velocemente e sarebbero rientrati solo per il finale.

Dietro le quinte, a turno, gli operai versavano fiumi di birra e, ogni tanto, qualcuno di loro veniva e abbracciava qualcuna di noi – eravamo circa una ventina. Capitava anche che qualcuno, passando, ci sfiorasse un orecchio coi polpastrelli o il collo con le labbra appena. Io andai a bere un caffè con un tipo veramente carino e, più tardi, fummo raggiunti da un suo amico, un tecnico del suono di cui non ricordo nemmeno il nome, ma ricordo bene che ci fu uno scambio di reciproche «affettuosità» in uno degli spogliatoi dello stadio. In fondo, quella era una giornata speciale e lo stato di sovreccitazione era presente in ognuno di noi.

I musicisti che riuscii a vedere quel giorno furono Elvis Costello, che intonò *All You Need Is Love* dei Beatles, e Sting, che cantò *Every Breath You Take* insieme a Phil Collins, prima che quest'ultimo saltasse su un Concorde e raggiungesse il palco di Philadelphia per cantare anche là.

Gli U2 furono annunciati dall'attore Jack Nicholson, che si trovava negli USA sul palco del JFK a Philadelphia, ma uscirono dai tendoni di Wembley ed eseguirono, tra le altre, una toccante versione di *Sunday Bloody Sunday* seguita da *Satellite Of Love*.

Il finale del concerto americano fu affidato a Bob Dylan, che si esibì insieme a Ron Wood e a Keith Richards dei Rolling Stones eseguendo tre dei suoi classici, tra cui *Blowin' In The*

Wind, visibilmente ubriaco e parecchio fuori tempo. Da quel palco, tuttavia, Dylan diede il via al concerto Farm Aid, che si tenne poco più tardi e che servì a raccogliere fondi per i coltivatori americani.

A Wembley, l'ultima voce fu quella di Paul McCartney, seduto al pianoforte per un'interpretazione di *Let It Be* senza che il microfono funzionasse. Eppure quello fu l'anticipo del momento più toccante. Di lì a poco, tutti i musicisti sarebbero saliti sul palco per intonare *Do They Know It's Christmas?* e ognuno di noi – tutti quelli rimasti fino ad allora nel backstage: ragazze, tecnici, roadie – scese sotto al palco per cantare tutti insieme agli altri 70mila presenti. Rimasero solo poche persone indispensabili, mentre una coda lunghissima di musicisti si spingeva fin al centro del palco. Noi eravamo appena scesi quando Paul McCartney e Pete Townshend alzarono Bob Geldof sulle spalle, prima di intonare il coro finale.

70mila voci cantavano e piangevano e quel coro non voleva finire più. La stessa cosa stava accadendo a Philadelphia, dove tutti i musicisti americani si trovavano insieme sul palco per intonare le note di *We Are The World*.

Le lacrime continuarono per un bel pezzo, le luci si spensero ma il boato continuò per un bel po' di tempo. Stavamo continuando a cantare e non ci muovevamo di un centimetro, anche dopo che tutti i musicisti avevano lasciato il palcoscenico e Bob Geldof uscì un altro paio di volte, da solo, per salutare il pubblico. Si era creato un incredibile senso di unità generale. La gente sembrava non volerne proprio sapere di uscire, e comunque, dopo più di un'ora, il flusso di gente si trovava ancora lì, come un drago cinese lento e lunghissimo.

I musicisti erano già tutti spariti. Noi ragazze sapevamo che nel centro di Londra, in qualche pub, ci sarebbero stati un paio di party ma non era chiaro esattamente chi vi avrebbe partecipato.

Io decisi di tornare a casa e salutai Jenny. A parte la stanchezza, ero ancora carica di adrenalina e, soprattutto, di commozione. Era stata un'esperienza forte.

Me ne tornai a casa, sola, per un tratto in taxi e per un altro a piedi, scalza e in piena notte, reggendomi sulle gambe un po' barcollanti. Non mangiavo da quasi due giorni. Mentre camminavo, venne da chiedermi: «Cosa ho visto, esattamente, oggi?».

E mi veniva un po' da ridere se pensavo a tutta la confusione iniziale, al fatto che Pete lo vedevo molto meglio direttamente agli studi di Twickenham, ma ero molto felice perché, più che vedere, sentivo di aver vissuto l'evento, una sensazione che certamente mi accomunava a tutti quelli che erano stati lì, quel giorno, indipendentemente da dove si trovassero, perché lo spirito di quel concerto fu unico e universale. Per le strade del centro di Londra si incontravano ancora gruppetti di giovani che continuavano a canticchiare il coretto finale. Era come se quella notte fosse destinata a non finire mai. Un messaggio di musica e di solidarietà circolava di strada in strada, come se avesse preso tutte le linee della «tube» e fosse sceso ad ogni fermata per riecheggiare nel buio dell'intera città.

Ricordo di essermi tuffata sotto la doccia e, poi, di essere crollata sul mio letto coi capelli completamente bagnati e avvolti da un asciugamano. Nessun altro era ancora rientrato. Le orecchie continuavano a ronzare e le tempie pulsavano molto forte. Ascoltai per un po' il mio battito cardiaco e caddi subito in un sonno profondo lungo un'intera giornata.

Oggi, il ricordo quell'esperienza è come un'immensa emozione che ancora vola rinchiusa dentro la mia anima come un'enorme mongolfiera su nel cielo.

* * *

Nonostante il successo di Live Aid e la notevole cifra del ricavato ottenuto per la beneficenza (circa 150 milioni di sterline), ci volle del tempo prima che i soldi andassero in Etiopia. Bob Geldof dovette scontrarsi coi problemi legati al fisco, problemi dovuti all'allora Primo Ministro del Governo Inglese Signora Margaret Thatcher che, nel frattempo, aveva in programma di spendere dieci milioni di sterline per disfarsi dell'eccedenza di burro CEE mentre una parte del mondo stava morendo di fame. «La vergona, la vergona, la vergogna».

* * *

Mentre iniziavo a scrivere questo capitolo, ho cercato un contatto con Bob Geldof, che oggi ha ottenuto la carica di Sir ma non sembra dargli alcuna importanza.

Nonostante non sia riuscita a incontrarlo personalmente, lo ringrazio per la disponibilità concessami e riporto fedelmente alcune sue riflessioni, a sedici anni di distanza dall'esperienza di Band Aid e di Live Aid: «La cosa bella che mi è rimasta da quell'esperienza, oggi, è la facilità con la quale riesco a contattare i più importanti politici e capi di Stato, in caso di necessità. Mi sto occupando, insieme a tanti altri, sia della campagna per la cancellazione del debito dei paesi del Terzo Mondo che dei problemi legati al forte incremento dell'AIDS tra la popolazione africana. Al momento, il 20 per cento degli abitanti, in gran parte bambini, è infetto. Sono in contatto col Presidente Mbeki e con Nelson Mandela, col quale ho di recente realizzato un documentario per la televisione. Credo che Band Aid sia stato un evento unico e di per sé miracoloso e che abbia dato il via ad un periodo in cui altre manifestazioni musicali, per i più disparati scopi benefici, fiorivano in ogni paese del mondo. In un certo senso, Live Aid è stato l'apogeo di un'epoca».

«Oggi, l'Africa, deve fare ancora i conti con moltissimi problemi e il mondo occidentale continua ad essere in gran parte cieco e complice di molte situazioni di ingiustizia. Credo sia giusto continuare a parlarne e continuo a pensare che gli artisti debbano svolgere un ruolo chiave nel sensibilizzare il pubblico su questioni come queste, di fondamentale importanza. Una lotta pacifica ma incessante deve proseguire e porsi, prima di tutto, lo stesso obiettivo di sempre: quello della dignità umana».

morso fatale alla grande mela

5,000 light years from Birdland
But I'm still preachin' the rhythm
Long-gone, uptide years from Birdland
An' I'm still teachin' it with 'em…

Oh!

In the middle of that hub
I remember one jazz club
Where we went to pat feet
Down on fifty-secon'street

5,000 anni luce da Birdland
Ma sto ancora tenendo il ritmo
Tantissimi anni trascorsi da Birdland
E sto ancora impartendolo da lì…

Oh!

Nel mezzo di quel centro città
Mi ricordo di un jazz club
Dove entravamo con passo ritmato
Giù nella cinquantaduesima

Manhattan Transfer, *Birdland*

All'incombere della stagione fredda del 1985 accaddero alcuni eventi di notevole importanza nella carriera musicale e nella vita di Pete Townshend.

Il primo, inusuale, riguarda il ruolo che assunse in qualità sia di editore che di scrittore presso la prestigiosa casa editrice inglese Faber & Faber – fondata da T.S. Eliot – di cui Townshend è potenzialmente ancora oggi uno dei soci editori (l'ultima raccolta da lui curata personalmente vide l'inserimento di un romanzo scritto dal collega compositore e «sperimentatore sonoro» Brian Eno). In qualità di scrittore, Pete pubblicò una raccolta di racconti – genere letterario, quello del racconto, al quale approdò con naturalezza canzone dopo canzone – dal titolo *Horse's Neck* (Collo di cavallo).

Il riferimento a quell'animale in particolare torna spesso e volentieri nelle tredici novelle scritte da Pete, in cui il cavallo è una figura simbolica: immagine che si allontana da Pete fanciullo lasciandolo triste e solo oppure si avvicina spaventandolo, ma rappresentando al tempo stesso una sfida. Cavalli che appaiono in sogno, ma anche descritti in ambientazione reale, tipicamente anglosassone, che vagano nella sua memoria fino a ricondurlo a un'immagine di una madre bellissima e dai lunghi capelli fluttuanti nell'aria, ma fredda e distante nei confronti del figlio, di una moglie amatissima ma angelicata a tal punto da non esercitare più alcun richiamo sessuale, di un avvicendarsi di donne al cui fascino Pete non riesce e non vuole resistere.

La raccolta, che è stata pubblicata in lingua italiana dalla Minimum Fax nel 1998 con titolo *Fish & Chips e altri racconti*, presenta una scrittura dallo stile prettamente letterario e strettamente legato alla parola, scevro, anche solo da un punto di vista fonologico, di qualunque enfatizzazione sonoro-linguistica. E la scrittura di Pete in lingua originale è, ancora di più, essenziale ed evocativa dell'impronta onirica che fa leva sulla psicologia del personaggio, di volta in volta protagonista, che è quasi sempre lo stesso Townshend, se non il suo alter ego che prende forma in veste più o meno realistica nella narrazione di un pensiero dal chiaro taglio analitico, espresso in tono ironico ma sempre amaro. È proprio in questi racconti che si può scorgere quel filo conduttore con i testi delle sue canzoni, soprattutto quelle di *Tommy* e *Quadrophenia*: una malinconica, passionale rabbia scaturita da quella sorta di onnipresente spina nel fianco che Eugenio Montale definì il *male di vivere*. Tra i racconti spicca *Tonight's The Night*, che riprende figure femminili di groupie, fan, amiche-amanti, innumerevoli amori consumati nell'arco di brevi o lunghi periodi ma sempre vissuti intensamente e per lo più ricordati con struggente nostalgia. In *Ropes* (Corde) non vi sono riferimenti alle corde di chitarra bensì a quelle che legano e limitano la nostra anima, metafore di quei vincoli che dall'esperienza dei primissimi anni della nostra infanzia ci ritroviamo a vivere in una coazione a ripetere che spesso caratterizza, anche in senso negativo, le nostre azioni nel corso di tutta la vita.

Un'altra novella s'intitola *Winston* e narra del primo anniversario dalla morte di John Lennon, trascorso come ospite a cena in un'atmosfera assurda dove nessuno sapeva o voleva spezzare il silenzio, finché qualcuno non lo rompe ricordando l'assassinio e il racconto finisce senza un perché. Un paio di episodi descritti in *Pancho And The Baron* (Pancho e il Barone) sono sufficienti a riportare lo stato di frenesia temporale e il frivolo avvicendarsi degli incontri in tempi di tournée.

In alcuni racconti sono presenti, in maniera piuttosto cruda, specifici riferimenti alla dipendenza dalle droghe e dall'alcol, in altri le sensazioni di colpa e inadeguatezza nei confronti del suo ruolo di marito e padre. Nel bellissimo *The Plate* (Il vassoio), racconto a sfondo giallo e di notevole spessore psicologico, Pete è il detective protagonista che a furia di spiare la presunta assassina, una ragazza grassoccia, trasandata, malaticcia e quasi certamente colpevole, riesce pur sempre a spiarne l'anima dalla luce dei suoi occhi chiari fino a vederla bellissima e ad innamorarsene. Lascerà il lavoro, la casa, tutto per lei anche se l'amore, proprio nel momento in cui verrà ricambiato, è già chiaramente destinato a una fine. A questo proposito, ecco un brano rivelatore: «The pain of my love for her is beyond all words. It is the most unbearably delicious sensation, but agonizing and despicable. My chest feels pitted as though by the boot of a Cossack; my face burn-scarred by the iron of an inquisitor. There is no torture I have not endured, none I would refuse to undergo, in order to remain close to her. If a miraculous potion was forced to my lips that made me forget her forever, that flooded me instead with a conventional ecstasy, that made me feel as though I sat at her feet of God Himself, surrounded by hosts of angels, bathed in celestial music, if I was released from pain, than ironically I would scream forever. I would know intuitively that I had lost something more precious than an eternity of bliss: the exquisite pain of separation from some unknown object of my desire, more attractive than the gravity of the center of the universe itself».

(«Il dolore del mio amore per lei va oltre le parole. È la più incredibilmente deliziosa delle sensazioni, e insieme una meschina agonia. Mi sento il petto trapassato come dal tacco d'acciaio di un cosacco, il viso ustionato come dai ferri di un inquisitore. Non c'è tortura che io non abbia sopportato, o a cui rifiuterei di sottopormi, per restarle vicino. Se mi venisse versata a forza tra le labbra una pozione miracolosa capace di farmela dimenticare per sempre e che, al contrario, mi inondasse di un'estasi convenzionale, che mi facesse sentire come seduto ai piedi di Dio in persona, circondato da schiere di angeli, immerso in una musica celestiale, se venissi liberato da questo dolore, allora, ironicamente, non la smetterei più di urlare. Saprei d'intuito d'aver perso qualcosa di più prezioso di un'eternità di beatitudine: il dolore squisito della separazione dallo sconosciuto oggetto del mio desiderio, il cui potere d'attrazione è maggiore di quello della forza di gravità al centro stesso dell'universo.»)

Quindici anni dopo, in data settembre 2000, il regista Francesco Cabras si è fatto portavoce della casa editrice romana Minimum Fax riguardo all'invito che la stessa inoltrò a Townshend relativamente a una sua possibile presenza in Italia con presentazione e lettura dei suoi racconti.

Pete mi ha recentemente ribadito il suo vivere quei racconti in maniera ormai distaccata, lontana nel tempo. Ciò nonostante, il sogno di un possibile «acoustic gig» italiano in qualità di solista, senza gli Who, aleggia nei cuori dei suoi (pochi ma fedelissimi) fan italiani.

Nonostante alcuni teatri e università abbiano approvato un progetto specifico, esso appare di difficile realizzazione perché Townshend si concede preferibilmente in città e luoghi a lui familiari (Londra e New York, dove ha abitato e coltiva amicizie e preziose collaborazioni, e le principali città californiane, zone in cui il suo collaboratore fisso Des McAnuff possiede una serie di circuiti teatrali). Inoltre innumerevoli e grandiosi sono i progetti solisti ai quali, in tempi recenti, egli si sta dedicando, primo fra tutti il progetto interattivo universale che prevede collaborazioni musicali ad ampio raggio virtuale, *The Lifehouse Method*. Maggiori probabilità sono quelle legate alla speranza che molti fan coltivano ormai da decenni e cioè quella di assistere a un concerto degli Who in Italia o, quantomeno, appena al di là dei confini.

* * *

Alternando la pubblicazione dei suoi racconti, scritti dal 1979 al 1984, a quella di alcuni articoli autobiografici apparsi sul *Mail On Sunday* nei quali Pete mette in guardia dagli inganni e dai pericoli derivanti dall'assunzione di alcol e di sostanze stupefacenti, il 1985 è l'anno in cui Townshend produce un cortometraggio intitolato *White City* con relativo album contenente le sue nuove canzoni utilizzate come colonna sonora.

Il film, della durata di 45 minuti, fu girato in 35mm ed è interpretato dallo stesso Pete nel ruolo di se stesso. L'ambientazione è quella di uno dei quartieri londinesi più poveri nel quale vivono intere comunità di immigrati giamaicani, africani, irlandesi e nomadi: lo Shepherd's Bush, poco lontano dai sobborghi dove Townshend trascorse la sua infanzia.

La narrazione ruota principalmente attorno alla storia di una coppia in crisi, Alice e Jim, di cui Pete è amico. La maggior parte delle scene sono state girate, oltre che nei tipici sobborghi del quartiere, presso la piscina, dove Pete alla fine si esibisce con la sua band e che rappresenta l'unico luogo di aggregazione per gli abitanti della zona. La storia sfiora problematiche legate non solo alla vita di coppia ma alla disoccupazione e a un'esistenza in salita, colma di stenti.

Nonostante le speranze iniziali, né il film né il disco ottennero larghi consensi.

Quando Townshend, che credeva molto in quel progetto, venne a promuoverlo a Milano nello stesso periodo, ci incontrammo per la prima volta in territorio italiano e trascorsi un'intera serata insieme a lui e alla sua assistente personale, Nicola Joss, che conobbi per la prima volta in quell'occasione e che oggi considero una delle persone a me più care.

Eppure l'album *White City* non solo conteneva alcune canzoni bellissime (la trascinante *Give Blood, Face The Face*, ispirata da un poema di T.S. Eliot, in cui il rock si mischia al jazz in un turbinio di fiati finali, e la caraibica *Hiding Out*, espressione appunto della presenza di più comunità nel quartiere di Shepherd's Bush), ma vide il contributo di musicisti di ottimo livello: Dave Gilmour, chitarrista dei Pink Floyd, l'armonicista Peter Hope-Evans, il batterista Simon Phillips e il tastierista John Rabbit Bundrick oltre che un'intera sezione di strumentisti con gli ottoni e ad alcune coriste di colore. La band si chiamò Deep End.

La maggior parte di questi musicisti sarebbe stata destinata a collaborare ancora con Townshend e l'occasione si presentò con un evento piuttosto straordinario e relativo ai due magnifici concerti che ebbero luogo presso la Brixton Academy di Londra durante i primi due giorni del mese di novembre. Furono eseguite *Mary Ann With The Shaky Hands, Won't Get Fooled Again, A Little Is Enough, Secondhand Love, That's Allright, Behind Blue Eyes, The Shout, Harlem Shuffle, Barefootin, After The Fire, Love On The Air, Midnight Lover, Blue Light, I Put A Spell On You, I Am One, Driftin' Blues, Magic Bus, Save It For Later, Eyesight To The Blind, Walkin', Stop Hurting People, The Sea Refuses No River, Boogie Stop Shuffle, Face The Face, Pinball Wizard, Give Blood, Nighttrain.*

Quelli furono, obiettivamente, due momenti di grande respiro ed enfasi musicale della carriera solista di Townshend. E lo furono a tal punto che, senza preavviso, decise di far uscire sia un disco, *Deep End Live*, contenente, purtroppo, solo una minima parte delle canzoni eseguite, che un'omonima videocassetta. In diretta, per la televisione italiana, vi fu uno speciale sull'evento con la giornalista Kay Sandwick.

* * *

Io non lo vidi, quello speciale. E il motivo è che ero lì a vedermi i due concerti in prima fila. Li vidi da sola perché, dalla fine di settembre, l'appartamento di Kensington Church Street era stato sgomberato. Paula era partita per l'America per proseguire la sua carriera di corista e Jenny aveva trovato un compagno, un tizio che successivamente seguì in una sperduta città del nord Inghilterra e che, di lì a poco, divenne suo marito e il padre dei suoi figli. Debbie ed Henry avevano trovato ognuno un altro appartamento.

Dunque, dopo l'esperienza del Live Aid, non avevo alcun pass per entrare, nemmeno per una delle due sere. Anni dopo, conobbi un fan italiano che avvicinò Pete e fu inaspettatamente invitato al party che, dopo il concerto, ebbe luogo presso l'Hard Rock Cafè. Questo è un gesto tipico di Townshend: è capace di slancio e generosità, soprattutto è favorevole a chi appare più giovane, intimidito e non fa richieste per primo. Gesti come questo li ho visti fare – oltre che vissuti personalmente – nei confronti di moltissimi altri giovani fan e se da un lato si potrebbe pensare che costino poco, dall'altro mi sono resa conto di come molte altre rockstar, a differenza degli Who, tendono a circondarsi di un entourage esclusivo (apparentemente...) ma rappresentativo di ottima immagine – ne sono un esempio i Rolling Stones che, soprattutto negli ultimi anni, invitano esclusivamente stilisti, attori e fotomodelle.

Non che vi sia nulla di vergognoso in questa scelta, semplicemente denota che Pete – ma anche Roger Daltrey e John Entwistle – sono grandissimi musicisti che, però, hanno saputo rapportarsi con le persone come persone, a differenza di tanti altri loro colleghi che ho avuto modo di avvicinare nel corso degli anni a venire.

Tornando al party dell'Hard Rock Cafè, lo stesso fan italiano si ricordò, anni dopo, di una bionda fanciulla che, invece, attese imperterrita fuori Pete al freddo prima che lui la riconoscesse e sostasse per parlare un po' con lei. Cosa che, ovviamente, feci con gioia nonostante la sosta mi costò una lunga bronchite nei giorni successivi.

Come già specificato, era ancora lungo il percorso temporale che mi separava dalla facilità di ottenere un pass o, comunque, di riuscire a richiederlo senza sentirmi come una fastidiosa rompiballe. E così Pete, che sembrava contento della riuscita live di Brixton – in cui si esibì, tra l'altro, insieme alla figlia primogenita Emma, che cantò insieme a lui alcune strofe di *Face The Face* – finì per infilarsi, come al solito, dentro a una macchina insieme a tre bionde signorine (da me parecchio invidiate durante tutta l'intera successiva notte).

Il pubblico dell'Accademia di Brixton rispose caldamente alle bellissime performance live di Pete, che non si esibiva dal concerto di Live Aid. Parte del pubblico era, tra l'altro, composta da molti giovani di colore. Sottolineo questo fatto perché ai concerti degli Who è rara la presenza di persone di colore per un discorso di senso di appartenenza e di genere musicale legato a una parte di gioventù anglosassone, che ebbe le proprie radici nel movimento mod. Se è vero che Brixton è un quartiere di Londra molto popolare, è anche vero che *White City*, pur non avendo ottenuto grande eco, aveva in sé caratterizzato una moltitudine di stili che si rifacevano a più razze, comprese quelle afroamericane. È stato dunque vissuto dal popolo di colore londinese e, ovviamente, da molti giovani residenti nei quartieri della zone di Shepherd's Bush con interesse e, probabilmente, anche come una sorta di «omaggio».

* * *

Col trascorrere dei due seguenti anni, ci fu una pausa nella mia esistenza nomade. Mi rendo conto di quanto questi dettagli della mia vita possano apparire meno interessanti delle vicende legate all'ambiente musicale, ma ricordo di aver dedicato tempo ed energie al raggiungimento di alcune tappe esistenziali per me importanti e obbligatorie.

Mi sono iscritta all'università e, nel frattempo, ho iniziato a lavorare prima come segretaria part time presso un ufficio legale, poi come supplente temporanea di educazione musicale presso scuole di sperduti paesini nella provincia della mia città, alzandomi alle cinque e mezza del mattino per arrivare in tempo a fare lezione a un totale di nove alunni.

Trovai un piccolo appartamento, decisa a rendermi autonoma nonostante mio padre fosse morto da tempo – cosa che, inevitabilmente, suscitò un iniziale malessere tra i miei conoscenti e familiari.

Sono certa che mia madre nutrisse alcune speranze nei miei confronti che, dal suo punto di vista, apparivano urgenti e prioritarie per il mio benessere, tra cui la mia frequentazione di alcuni luoghi legati alla cosiddetta «Piacenza bene», con baldi giovanotti di buona famiglia e di ottima istruzione al fine di un giusto coronamento matrimoniale. Inutile spiegare che mi trovavo lontana anni luce da questa visuale e, in compenso, iniziai a gettarmi a capofitto in un'attività di volontariato presso una comunità terapeutica per il recupero dei tossicodipendenti iniziando a coltivare alcune amicizie e conoscenze difficili e per nulla affini all'idea materna della «Piacenza bene». Ciò nonostante, imparai moltissimo da alcune persone che conobbi in quel periodo e delusi mia madre. Da un lato, questo un po' mi dispiace, ma dall'altro sono convinta ancora oggi che non si possa né si debba sviare troppo dalla propria indole, visto e considerato che la vita appartiene solo a noi e per ben poco tempo rispetto all'infinito.

Un giorno accadde, come un'onda improvvisa, che un'idea folle arrivasse a rimbombare con urgenza nella mia testa. In fondo ero maggiorenne, avevo terminato il ciclo di studi musicale e quello universitario a un ritmo velocissimo laureandomi con un anno abbondante di anticipo, per non parlare della frequentazione di svariati corsi serali per abilitarmi praticamente in qualunque categoria di insegnamento – lavoro che mi lasciava parecchio tempo libero a disposizione. Soprattutto, ero ferma in Italia da quasi tre anni e, in quel momento, mi trovavo disamorata e piuttosto disillusa a causa della noia e della disaffezione che, nel tempo, la quotidianità aveva apportato a due tentativi di carattere affettivo con due degli uomini più importanti che avevo incontrato fino a quel momento.

Desideravo allontanarmi da casa e desideravo spingermi ancora più in là, molto più in là.

Tornai in Inghilterra una sola volta e il motivo principale fu una visita ad Henry, che si trovava in ospedale con una grave polmonite allo stadio terminale e che lo portò via nell'arco di alcuni mesi. A Londra non era rimasto nessuno dei miei vecchi amici, cosa che spesso accade una volta superato il periodo delle vicissitudini adolescenziali.

A quel punto, la questione era: «Potevo lasciarmi sfuggire la possibilità di una lunga vacanza a New York?»

* * *

New York è stata per me come conoscere qualcuno di cui ci si innamora follemente. È una cosa accaduta a molte persone e, quando accade una cosa del genere, non si tratta tanto di un colpo di fulmine ma di un amore eterno che brucia dentro come una febbre inarrestabile.

John Lennon elesse New York a sua città ideale e scelse di viverci. Nonostante proprio lì egli abbia trovato la morte sul portone del Dakota Building, il palazzo dove viveva, io sono convinta che anche dovendo scegliere il luogo in cui morire, Lennon avrebbe ribadito la sua scelta con convinzione e coerenza, le stesse che contraddistinsero tutta la sua opera ed esistenza intera.

New York è il mondo: un intero universo di razze, arti e musica. Non un genere, una specificità, ma un «tutto».

A New York, per chi come me ha sete di novità e desidera l'imprevisto, non c'è che da vivere e tutto accade e se è già accaduto, qualcosa di nuovo e di incredibile sta sempre lì dietro l'angolo, nell'attesa che il tuo passo svolti e se ne accorga. A New York non occorre andare in cerca di sorprese perché sono loro a venirti incontro.

Mi rendo perfettamente conto di quanto sia difficile descrivere New York senza cadere nell'ovvietà di cose già narrate. Credo che, a maggior ragione, possiate immaginare la sottoscritta che, da una piccola provincia del nord Italia con tutte le sue caratteristiche positive e negative come il lentissimo scorrere della nebbiosa e lunga stagione invernale, trascorsa a chiedersi quando finalmente nelle sale della propria città arriverà un'attesa pellicola ormai vecchia di un anno e mezzo, si ritrovò al centro della Grande Mela, travolta dal suo ritmo e dal suo genere di vita con un impatto talmente forte da sembrare, a tratti, sconvolgente. Amo New York più di qualsiasi altra cosa al mondo, ne sono sottomessa, ne sento costantemente la forte mancanza e devo tornarci spesso per sopravvivere come fosse una sorta di ossigeno. La mia deve essere una specie di malattia incurabile ma New York è in assoluto il luogo in cui mi sono sentita più ricca, anche senza tanti soldi in tasca, e felice, anche solo per il fatto di essere lì.

Partii con un alloggio, senza conoscere esattamente le esperienze che avrei vissuto. Da allora, una volta scesa dall'aereo al JFK, appena il taxi si avvicina alla skyline di Manhattan, smetto di essere un po' Eleonora e divento una regina. Il mio regno consisteva di semplici uscite mattutine per un caffè appena passato il Guggenheim, dove Robert De Niro possedeva i suoi Tribeca Studios e per questo motivo non di rado lo bevevo in sua compagnia. Per non parlare delle mie passeggiate attraverso il Central Park, dove una volta riconobbi l'attore Kenneth Branagh, nascosto sotto un cappello informe e seduto su una panchina, così mi avvicinai e finii per ricavare da quella conversazione un'intervista che pubblicai con mia grande soddisfazione.

Dal punto di vista dello spettacolo, se è vero che nel 1989 erano lontani i tempi del famigerato CBGB's, non esisteva più lo Studio 54 ed essendo morti John Lennon e Andy Wharol la città si dipingeva, per certi aspetti, di intensa nostalgia e non solo di modernità, è altrettanto vero che infinitamente deliziose erano le camminate per le stradine del Greenwich Village, apparentemente un po' nascoste e attorcigliate prima di lasciar sbucare sul ciglio del marciapiede fila di musicisti spesso sconosciuti e bravi da far accapponare la pelle. Qualcuno di loro, se ha fortuna, inizia a salire qualche scalino della celebrità finendo scritturato in qualche cantina ammuffita durante le ore notturne e talmente affollata per le sue dimensioni che a volte nessuno riesce a sedersi e i camerieri, come nei migliori film, devono alzare il vassoio ben al di sopra delle teste degli spettatori, i cui corpi appiccicati tengono il ritmo. A New York non importa il genere musicale, né se si desidera optare per il jazz, il folk, il funk, il grande nome o lo sconosciuto. Si trova tutto, per non parlare della musica classica e del balletto. Tornando al Village, mi sono ritrovata spaparanzata lungo i tavoli di formica di una profumatissima pasticceria italiana a osservare Lou Reed scendere dal suo appartamento in tarda mattinata o a vederlo entrare in un negozio di Vintage Records ed uscire con strati di vinile sotto il braccio.

Durante il primo periodo, si può dire che vissi della città e della sua musica. Quell'estate fu caldissima ma la notte, vista dal Queensboro Bridge, portava la brezza più accattivante che avessi mai assaporato sulla pelle, mischiata a quello strano profumo di oceano che non si riesce più a scordare mentre, a due passi, un sassofonista regala il paradiso per una manciata di spiccioli nel cappello. In quel periodo vissi emozioni talmente forti che, forse, solo un viaggio sulla luna potrebbe ridestare nel mio animo. E probabilmente, tra me e la città è scoccata la scintilla perché la musica e la città, a un certo punto, sono la stessa cosa.

La musica è ovunque. Ricordo i pomeriggi seduta sulle fioriere della piazzetta a lato del Lincoln Center, trascorsi ad ascoltare gruppi che si avvicendavano per ore ed ore, oppure i giovedì sui gradini nel cortile del MOMA sorseggiando limonata ghiacciata mentre straordinari jazzisti facevano svolazzare le loro dita a pochi centimetri dai miei occhi. E ricordo le mie incursioni domenicali a Washington Square dove, tra un prestigiatore e un campione di skateboard, vecchi bluesmen di colore, che ai miei occhi sembravano tutti fratelli tanto si somigliavano fisicamente gli uni con gli altri, si sedevano su sgabelli traballanti e poco consoni alla loro mole ma incantavano a tal punto che ogni passante era costretto a una sosta finché la loro musica non finiva, come se ci fossero stati incantatori al posto dei musicisti e noi altri ipnotizzati come serpenti. Mi capitò di trascorrere alcune serate in locali storici come il Birdland – sui quali non mi soffermerò per non correre il rischio che questo libro diventi una guida turistica – dove, da tempo immemore, i più incredibili interpreti di ogni genere musicale salgono su un palco, magari rosso, stretto e un po' traballante come quello del Vanguard, e da lì scagliano l'incantesimo che si leverà come una stella cometa per ricoprire di meraviglie l'universo intero.

* * *

Tra le sorprese che mi vennero incontro a New York, ce n'era una che non avevo considerato. A dispetto delle grandi dimensioni della città, a furia di bazzicare luoghi in cui si faceva musica, conobbi alcune persone tra cui David, uno dei roadie più importanti nel mondo del rock. David era lo stesso che vidi a Londra, quattro anni prima, sul palco di Wembley in occasione del mega-concerto Live Aid.

Ebbi una relazione con lui e così mi ritrovai automaticamente introdotta, senza particolari difficoltà, nei backstage di moltissimi concerti rock.

Uno dei ricordi più entusiasmanti dal punto di vista emotivo è legato al Paul McCartney World Tour del 1989, che David seguì ed io con lui, ovviamente solo per alcune tappe americane. Qualche tempo dopo, rividi Paul dal vivo a Liverpool, dove il concerto fu indescrivibile rispetto a tutti gli altri ai quali avevo assistito per via dell'energia presente tra il pubblico e dell'emozione che lo stesso Paul fece trapelare durante tutte le esecuzioni. Come molti ricorderanno, a farla da padrone in tutti quei concerti erano le canzoni che Paul scrisse coi Beatles, brani come *Got To Get You Into My Life, The Long And Winding Road,*

Fool On The Hill, Sergent Pepper, Good Day Sunshine, I Saw Her Standing There, Eleanor Rigby, Back In The USSR, Can't Buy Me Love, Let It Be, Hey Jude, Golden Slumbers / Carry That Weight / The End, Yesterday, Get Back, Birthday. McCartney fu talmente soddisfatto che ripropose un tour analogo qualche anno dopo. Quando si trovò a Liverpool e introdusse un omaggio finale a Lennon, Paul riuscì a fare piangere sul serio un numero indefinibile di persone abbracciate lungo tutto il Mersey.

Durante il tour mondiale del 1989 – probabilmente il migliore che McCartney fece da solista, senza i Wings – c'erano anche moltissimi filmati e alcune scene tratte da documentari storici trasmesse in contemporanea al concerto su uno schermo enorme dietro al palcoscenico. David divenne uno dei protagonisti del video *Good Day Sunshine*, insieme ad altri conoscenti e lavoranti. A testimonianza del McCartney World Tour uscì il disco *Tripping The Live Fantastic* e *Get Back*, un film contenente le immagini più belle della tournée, diretto da Richard Lester, regista che diresse i Beatles nei film *A Hard Day's Night* e *Help!* e John Lennon in *How I Won The War* (*Come vinsi la guerra*).

In America, si avvicendavano a salutare Paul moltissimi personaggi del mondo musicale, capitati lì per caso o appositamente. Vennero sia Mick Jagger che Keith Richards, che abbracciarono McCartney e si commossero fino alle lacrime e quello fu uno di quei momenti in cui avrei voluto possedere una cinepresa anche se, ripensandoci, sarebbe stata di troppo in un momento così. Ricordo anche gli U2, un gruppo che avrei avvicinato a Dublino solo alcuni anni dopo, che vennero tutti insieme dietro le quinte e furono simpatici, brillanti e coinvolgenti. Bono Vox, come i suoi compagni, è un grandissimo bevitore e lo ricordo assolutamente su di giri in compagnia. A New York, tutte le rockstar sopraccitate soggiornavano, come di consuetudine, all'Hotel Plaza.

Il personale del Plaza è talmente abituato ai musicisti rock che, per lo più, è lì che si organizzano tutti i backstage party e non dietro le quinte del Madison Square Garden, da dove tutti, dopo aver suonato, escono velocemente per raggiungere l'albergo. Mick Jagger e la sua ex moglie Bianca vi hanno addirittura abitato per alcuni anni in pianta stabile e quando Mick iniziò la relazione adulterina con la modella Jerry Hall, destinata a diventare la sua seconda moglie (nonostante oggi, periodo in cui Jagger e la Hall stanno procedendo in una costosissima battaglia legale per ottenere il divorzio, si stia discutendo per capire se il tipo di rito balinese sia o meno valido dal punto di vista giuridico oltre che simbolico), continuarono a vivere lì tutti insieme, ma in due differenti suite. Gruppi come gli U2 o i Rolling Stones, questi ultimi ormai residenti americani a tutti gli effetti, a New York sono assolutamente idolatrati e nonostante ciò, la città permette loro, in qualche modo, di muoversi con maggior scioltezza rispetto a Londra o ad altre città europee. Nel 1989, a parte il loro entourage di fotomodelle ormai standard al seguito, c'erano ancora parecchie ragazze simil groupies, alcune delle quali giovanissime, che sembravano svolgere una vera e propria professione attorno a gruppi come gli Stones, gli Aerosmith o gli U2 – all'epoca quasi tutti sposati, eppure ribadisco il concetto che vede, nell'ambiente dello spettacolo, un netto spostamento dei consueti «parametri morali» – ammesso che in realtà, oggi come oggi, ne esistano di fissi anche in altri ambienti.

Al di là del fatto che, coi miei 23 anni, rientravo ormai nella categoria «senior» rispetto alla media, conobbi alcune ragazze del giro e stavolta realizzai che il «gioco» era più duro del previsto. Rispetto a Londra, a New York il mondo delle groupie era strettamente correlato all'uso di droghe, talvolta a un vero e proprio abuso. Ricordo un bellissimo transessuale, ben conosciuto tra le quinte del Madison Square Garden e ai party all'Hotel Plaza, che però non resse alla stagione invernale. E questo fu uno dei motivi principali per cui, rispetto a quanto avrei potuto, mi limitai ad accettare l'invito ad alcuni party finendo un paio di volte per trascorrere la notte con una sola delle rockstar sopraccitate – di cui non rivelo il nome data l'impossibilità di contattarlo nel momento in cui sto scrivendo questo libro.

In qualità di spettatrice, invece, non mi feci sfuggire praticamente nulla: vidi in concerto Paul Simon, Elton John, David Bowie, Eric Clapton ed Elvis Costello e qualsiasi altro nome di passaggio. Ho un ricordo molto positivo di Paul Simon, che a New York stava preparando alcune esecuzioni per la sua prossima entrata alla Rock And Roll Hall Of Fame insieme ad Art Garfunkel, e terminando la registrazione del suo imminente album *The Rhythm Of The Saints*. Per Paul Simon, un perfezionista della musica, le prove consistevano praticamente quasi in un anticipo dell'intero spettacolo. Avevo visto Simon dal vivo in Italia quando si esibì insieme ai Ladysmith Black Mamabazo e a Miriam Makeba in occasione del Graceland Tour e avevo avuto la stessa impressione nell'assistere alle prove del suo show al Palatrussardi di Milano. Scambiare alcune frasi con Paul Simon è quasi una benedizione perché è un uomo molto perspicace, acuto e mostra attenzione al parere degli spettatori. Oltre ad apprezzare moltissimo le sue produzioni soliste, ammetto di aver sempre nutrito una forte speranza per una nuova reunion con Art Garfunkel perché possa ripetersi la magia accaduta nel bel mezzo del Central Park, vent'anni or sono.

Elton John, reduce dall'uscita di *Sleeping With The Past*, in concerto mostrò un'incredibile energia e il suo carisma sul palcoscenico era parso equivalente a quello di un campione di pesi massimi in mezzo al ring; all'epoca aveva molti problemi per via dell'uso di cocaina – dipendenza dalla quale oggi sembra essere fortunatamente guarito – e ho un vago ricordo di una gran confusione dietro le quinte di una sua performance newyorchese, quando avvenne una specie di zuffa tra persone della security ed alcuni amici del cantante. David Bowie, del quale non ho perso un concerto da che ho raggiunto l'età della ragione, sarei stata destinata a conoscerlo e a intervistarlo solo dieci anni più tardi, verificando da vicino quanto fascino e galanteria gli appartengano, oltre alla sua fantasia artistica e al suo ben noto talento.

Eric Clapton, che presentava i pezzi del suo nuovo album *Journeyman* oltre ad alcuni pezzi blues sempreverdi, avrebbe potuto esibirsi con una benda sugli occhi e appeso a testa all'in giù riuscendo a rendere con la sua chitarra lo stesso strabiliante risultato. È stata la rockstar che, in assoluto, in quel periodo, trascorreva la maggior parte del tempo con più ragazze e davvero gli piacevano moltissimo le donne – bianche, nere, alte, basse, magre, formose, rosse, more o bionde – ed era di conseguenza sempre molto disponibile e gentile con noi tutte.

Della musica di Elvis Costello mi sarei follemente innamorata a Dublino, qualche anno dopo, forse scoprendo la sua genialità musicale un po' in ritardo ma assaporandola a fondo, come avrò modo di descrivere in uno dei capitoli successivi di questo libro.

* * *

Nello stesso periodo in cui mi trovavo a New York, i giornali di tutto il mondo stavano diffondendo la notizia circa una presunta omosessualità di Pete Townshend.

Dato che, spesso e senza motivo, è stata rivolta a me personalmente questa domanda, mi limiterò ad accennare ad alcune osservazioni che lui stesso ammise attorno all'argomento. A partire da una sua biennale condivisione di appartamento col manager dichiaratamente omosessuale, Keith Lambert, all'epoca in cui gli Who esordirono – sulla quale sono già state scritte miriadi di allusioni –. Pete non ha mai negato questo fatto né ha mai ritenuto opportuno fornire particolari. Un'allusione esplicita all'omosessualità, pur condita di ironia e giochi di parole, si ritrova nel testo di *Rough Boys*, canzone d'apertura del suo primo e più fortunato album solista, *Empty Glass* del 1980. La canzone, che Townshend dedica sia alle sue bambine che ai Sex Pistols, contiene le seguenti frasi incriminate: «Rough boys / Don't walk away / I very nearly missed you / Though Boys / Come over here / I wanna bite and kiss you» («Ragazzi turbolenti / Non scappate via / Vi ho mancati per pochissimo / Però ragazzi / Venite qua vicino / Voglio morsicarvi e baciarvi»).

Si tornò a parlare della canzone quando il *Sun*, in un articolo, scrisse che Townshend avrebbe avuto un'esperienza omosessuale con un giovane ragazzo mentre si trovava ubriaco fradicio nella toilette di un pub.

Secondo l'opinione diffusa presso i media è piuttosto facile che una persona come Townshend – non solo per il ruolo di mito della musica rock ma anche per alcuni evidenti aspetti contraddittori legati alla sua personalità – abbia «attraversato molte ombre», specialmente durante i suoi periodi di dipendenza da alcol e da sostanze stupefacenti. Può darsi. Per quanto mi riguarda, se nella realtà le ha attraversate, solo lui può saperlo, e qualunque sia la risposta credo anche che siano affari suoi. Senz'altro sono stata testimone, attraverso gli anni, di una sua piuttosto evidente propensione nei confronti del sesso femminile. A proposito degli articoli sulla sua ipotetica omosessualità, Pete rispose con una delle sue tipiche frasi mai esplicite: «Esiste una latenza omosessuale in ogni essere umano anche se ammettere apertamente questo, per alcuni uomini, equivarrebbe a tradire la propria immagine virile. Mi ha fatto piacere ricevere molte lettere da ragazzi omosessuali che mi ringraziavano per aver espresso questi stati d'animo. Credo che abbiano capito bene però non ne sono sicuro».

Pettegolezzi a parte, alla fine degli anni Ottanta e dopo l'insuccesso di *White City*, Pete visse nuovamente alcuni momenti difficili anche se, per certi aspetti, meno traumatici di quelli legati al periodo successivo alla morte di Keith Moon: si trasferì per un periodo in un locale in King's Road dove, per entrare, si doveva praticamente passare attraverso la bottega di un calzolaio, suo padre si ammalò gravemente di tumore e morì e inoltre, a parte il matrimonio con Karen, visse una vera e propria relazione con un'altra donna che però finì malamente. In un'intervista del 1986, egli dichiarò al giornalista Bill Flanagan: «In realtà, negli ultimi due anni sono stato innamorato di una donna che non conoscevo. La vedevo passare per andare al lavoro e ho iniziato a curare i suoi orari e i suoi spostamenti, chiedendo al mio autista di inseguirla. Una donna comune, che faceva un lavoro impiegatizio e viveva una vita piuttosto noiosa che mi aveva colpito a tal punto che stavo malissimo e ne ero ossessionato. A un certo punto, il mio autista mi disse: 'Senti, Pete, ma perché non ti presenti e non cerchi di conoscerla?'. Non me la sono mai sentita. Per amore ho sofferto moltissimo, arrivando a pensare al suicidio ogni volta che finiva una storia, magari anche di poco conto. Spesso mi rendo conto che le persone non sono davvero interessate a me ma a quello che rappresento e, forse, io stesso non sono così bravo a gestire le mie situazioni di vita personali. Sono uno che tende al coinvolgimento e il mio ego è molto fragile. Comunque, molte delle mie canzoni nascono da questa condizione».

Quando Pete tornò con sua moglie, con la quale decise di avere un terzo figlio, paradossalmente i due scelsero di vivere ancora in case separate anche se contigue.

Che Townshend, nel frattempo, continuasse a frequentare altre donne era un fatto piuttosto noto, tanto che molti supposero che la terza gravidanza di Karen fosse avvenuta, anche per questioni di sicurezza legata alla sua non più giovane età, tramite fecondazione artificiale. A parte tutto, la nascita del terzogenito Joseph rappresentò – e rappresenta tuttora – una delle gioie più grandi per Townshend, che visse una paternità più matura e cosciente rispetto alle precedenti. Townshend ha un bellissimo rapporto con le sue due figlie femmine, Emma e Aminta, entrambe attorno alla trentina d'anni, ma il suo lavoro lo ha portato ad essere un padre assente o problematico. Fatto che, ancora oggi, lui spesso dichiara con dispiacere, assieme a quello per il fallimento definitivo del suo matrimonio, che nell'arco dei trent'anni ha vissuto decine di separazioni più o meno lunghe e ufficiose.

Anche la mia storia con David fallì, non solo il matrimonio di Townshend. Successivamente, conobbi a New York un architetto romano e rientrai con lui in Italia. Nel ripercorrere a ritroso la strada che mi portava all'aeroporto Kennedy, lasciando Manhattan alle mie spalle, mi misi a piangere.

il mare non rifiuta nessuno

When eyes meet in silence
A pact can be made
A life-long alliance
That won't be betrayed
Won't be betrayed…
Be friendly, befriend me now

Quando in silenzio gli sguardi s'incontrano
Si può fare un patto
Un'alleanza per l'intera vita
Che non verrà tradita
Non verrà tradita…
Sii amichevole, sii mio amico adesso

Pete Townshend, *A Friend Is A Friend*

Musicalmente, il 1989 portò nell'esistenza di Townshend due episodi che meritano di essere approfonditi. Il primo riguarda *The Iron Man, The Musical by Pete Townshend*. È il suo nuovo album, scritto basandosi interamente sulla storia di un libro per bambini scritto dallo stimatissimo poeta inglese Ted Hughes. Pete diventa grande amico, oltre che estimatore, del poeta, che vive ancora un grosso dolore in fondo all'anima.

Penna geniale, amante dell'avventura amorosa, Hughes fu marito dell'altrettanto nota poetessa Sylvia Plath, suicidatasi nel febbraio del 1963 dopo aver rinchiuso i figli avuti con Ted nella loro cameretta, lasciandogli latte e biscotti per poter fare colazione in attesa che qualcuno scoprisse il suo cadavere. La Plath, giovane donna, incredibile poetessa e moglie infedele, lascia dietro al suo gesto anni e anni di fiumi d'inchiostro da parte di alcuni giornalisti e critici letterari, che tentano approfondimenti psicologici di ogni sua frase, nel tentativo di carpirne un segnale che annunci anticipatamente il tragico gesto. Sylvia tenta di suicidarsi per ben tre volte prima di riuscirvi, la sua scrittura è drammatica e tagliente, la sua fine ne enfatizza il mito. In tutto questo, sarà la vita di Ted Hughes – che per anni curerà egli stesso l'edizione di scritti postumi della moglie – a venire sezionata, giudicata, violentata. E così, quando Pete Townshend compone le canzoni di *Iron Man,* è a Sylvia Plath che pensa come Space-Bat-Angel-Dragon (un orribile drago) ammettendo di sentirsi troppo affezionato a Ted per essere obiettivo nei confronti di lei.

La storia – che piacque moltissimo a Pete ed ispirò successivamente il film cartoon *The Iron Giant,* con alcune delle sue musiche – narra, in parole povere, dell'amicizia tra un ragazzino di nome Hogarth e un Gigante mangia metallo che diventerà un eroe dopo aver sconfitto il terrificante Drago.

Definita da Pete una «favola rock», la narrazione di *The Iron Man* ribadisce elementi in qualche modo contenuti già in *Tommy* e in *Quadrophenia*: la paura, la deprivazione e l'isolamento vissuto dai bambini. Tuttavia il classico finale di Ted Hughes, col bene che trionfa sul male, qui compone quell'armonia universale che Townshend va ricercando, anche musicalmente, da tutta la vita. Lo stesso concetto di armonia universale che riprende nel prologo della sua opera-capolavoro *Lifehouse*: «One note is best!» («Un'unica nota è la migliore!»).

Al di là della bella narrazione di Hughes e delle interessanti musiche di Townshend, che seguì per *Iron Man* il suo classico percorso di ouverture, recitativi e parti musicali equivalenti ad arie, con suggestivi corali che subentrano qua e là, gli artisti che collaborarono al musical sono musicisti di un tale spessore che il risultato non poteva che essere eccellente: Hogarth (il fanciullo) è interpretato dallo stesso Pete, The Vixen (la sua coscienza) da Deborah Conway, The Iron Man (il gigante robot che diverrà amico del bambino) dall'incredibile bluesman John Lee Hooker, The Space Dragon (il Drago Spaziale) dall'infinitamente grandiosa Nina Simone. E non è tutto. Oltre al coro, che incarna alcune creature dei boschi e comprende i cantanti Chyna, Nicola Emmanuel, Billy Nicholls, Cleveland Watkiss e Simon Townshend, uno dei fratelli minori di Pete, a sua volta chitarrista, c'è Roger Daltrey che interpreta il padre del giovane Hogarth. Se tutto ciò non bastasse, gli Who appaiono come special guest per interpretare due canzoni dell'album, *Dig* e *Fire*.

Ho scelto di aprire questo capitolo ricordando una di queste canzoni, intitolata *A Friend Is A Friend* (Un amico è un amico), nella quale Pete inserisce anche un coro di voci bianche, The Children Of St. Stevens And Orleans Schools (La Scuola di musica per bambini di St. Stevens e Orleans), perché è una canzone che ha un tema importante, quello dell'amicizia. È una canzone che segna l'amicizia tra Townshend e Hughes, nello stesso modo in cui diventano amici Hogarth e il Gigante – sarebbe interessante scoprire a quale dei due personaggi Pete paragonasse se stesso e a quale Hughes ma è molto probabile che Pete sia il fanciullo e Ted il gigante eroe – e che lui canterà durante un concerto dopo la sua scomparsa, dedicandogliela.

«A friend is a friend / Nothing can change that» («Un amico è un amico / Nulla può cambiare ciò»). È una canzone che mi ha canticchiato anni dopo mentre portavo in uno dei camerini dell'Arena di Wembley un pacco più grande di me, facendolo ridere.

Ogni volta che qualcuno riesce a strappare una risata a Townshend, la sua consueta timidezza si scioglie in una comunicazione scherzosa. Molti «Who fans» ricorderanno le scene confidenziali del film sulla band *The Kids Are Alright*, curato tra l'altro dal regista Jeff Stein (a sua volta un fan che avvicinò gli Who dopo un concerto proponendo l'idea di un film e ottenendo in cambio un «sì», il che la dice lunga sulla disponibilità della band) in cui Pete parlotta con Keith Moon, colui che, per eccellenza, riusciva sempre a smuoverne le difese con una risata, coinvolgendolo al di là di ogni radicata timidezza e scontrosità, caratteristiche tipiche della sua personalità. *A Friend Is A Friend* è perciò una delle tante canzoni della colonna sonora di questo diario.

* * *

Il secondo episodio musicalmente importante nel 1989 fu il venticinquennale degli Who, che si riunirono per l'occasione e lo fecero chiamando il bravissimo Simon Phillips alla batteria. Quando la band si esibì per alcune date nell'America del nord e in Inghilterra, la risposta del pubblico fu molto positiva. Gli Who entrarono a far parte della Rock And Roll Hall Of Fame e Townshend, che si rendeva conto di quanto *The Iron Man* fosse un musical sul quale avrebbe desiderato lavorare ancora e proporlo a una grande pubblico, dichiarò amaramente: «Mi rendo conto che per suonare di fronte a una grande audience sono costretto ad esibirmi con gli Who. Non vogliono che faccia altri cazzi all'infuori di questo!».

Non a caso ebbe modo di ribadire spesso ai giornalisti: «Questa è davvero l'ultima volta che gli Who si esibiscono dal vivo, mai più».

Sappiamo tutti che questa dichiarazione non corrisponde mai alla verità, anche se ogni volta fa irritare Roger, fa fare spallucce a John e fa rimanere sulla corda chi teme il tono serio col quale Townshend porta avanti la questione.

C'è chi dice che siano i soldi a smuovere le acque e a fargli cambiare idea ma non è così. È un dato di fatto che, solo nell'anno 2000, la tournée degli Who ha guadagnato mediamente poco se si considerano le numerosissime apparizioni totalmente benefiche e la scelta di esibirsi in piccole venue – ad eccezione del Madison Square Garden di New York – ha ridotto di moltissimo le cifre. E questo va paragonato con i guadagni di altri gruppi rock – gli Stones ne sono un fulgido esempio – che hanno tra l'altro abbandonato la Gran Bretagna per evitare di pagare le tasse sui propri introiti (i concerti dal vivo, in Inghilterra, arricchiscono in modo spaventoso le finanze pubbliche).

Io ho una mia opinione, in gran parte legata a certi aspetti caratteriali, che credo di conoscere, di Pete, il quale a tratti rinnega il suo ruolo con gli Who per vari e validi motivi e, per altri aspetti, ne ha bisogno. Un bisogno atavico, vitale, costantemente battagliero e contraddittorio. Quel bisogno *psico-fisico* di salire sul grande palco e suonare musica rock con la sua band per ricreare una magia. Ho osservato brillare gli occhi di Pete poco prima di salire sul palco, ho visto gironzolare Roger lungo l'intera fila dei camerini per stringere le mani di tutti i vecchi amici e collaboratori e perfino John Entwistle fa una sua passeggiatina fischiando dietro le quinte prima di uscire là fuori... L'ho visto decine e decine di volte. Ogni volta, la magia si è ripetuta fuori e sopra il palco.

I concerti del tour '89, della durata di tre ore e mezza, culminarono al Radio City Music Hall di New York e alla Royal Albert Hall di Londra con musicisti come Elton John, Patty Labelle, Billy Idol e Phil Collins che interpretavano *Tommy*. Esiste in commercio una registrazione ufficiale del concerto tenuto allo Universal Amphitheatre di Los Angeles, con gli special guest sopraccitati.

* * *

Dopo aver visto gli Who a New York, tornai per un paio d'anni in Italia.

In quel periodo perse la vita un uomo del quale ero profondamente innamorata e lo ricordo come un periodo buio e difficile. Avevo iniziato a proporre alcune collaborazioni musicali ma – «nemo profeta in patria» – trovavo spesso le porte chiuse o quantomeno disattente. Avendo ancora molti contatti, capitavano, con largo anticipo, occasioni molto interessanti, ma venivano prese poco in considerazione dalle redazioni, che preferivano spesso ricorrere a ripetitive notizie Ansa o ad interviste telefoniche. Credo di aver capito di essere una persona «solida» proprio in quel momento perché mi sono rialzata e ho insistito, a riprova che le esperienze difficili hanno uno strano, ma necessario modo di metterci alla prova.

Nel 1991, oltre al progetto per un allestimento teatrale di *Tommy*, Pete lavorava assiduamente a *Psychoderelict*, un concept album con tanto di sceneggiatura radiofonica che sarebbe stato inscenato successivamente.

Io decisi di trasferirmi a Londra.

A dire il vero, questa scelta fu presa per ragioni più globali e profonde rispetto a quelle di un tempo. Desideravo migliorare il mio inglese e, possibilmente, riuscire a collaborare da lì con vari servizi giornalistici di carattere musicale, che è poi la cosa che più amo fare nella vita. Sapevo bene che Piacenza non mi sarebbe mancata.

Pete Townshend non incarnava più la mia intera esistenza ma, senza dubbio, era stato e continuava ad essere una parte essenziale di questa. Così, un giorno tornai agli Studios.

Rimandando brevemente i lettori ai primi capitoli di questo diario, si potrebbe metaforicamente pensare a una di quelle pellicole cinematografiche in cui, nell'arco di pochi minuti, si vedono scorrere i fotogrammi del decennio precedente.

La protagonista del film era una ragazzina timida e testarda che gironzolava senza posa attorno a una «boathouse» dove un musicista, come un angelo sceso dal cielo, compiva i suoi miracoli con le note del pentagramma.

Non ero più così timida e sprovveduta, avevo 25 anni e trascorsi di vissuto già piuttosto pesanti. Realisticamente, non solo il periodo delle «gypsies» era finito da un pezzo ma non rientravo più nella fascia d'età idonea, ammesso di volermi ulteriormente candidare. Saggiamente, e soprattutto grazie a lui, avevo continuato a coltivare un piacevole scambio di lettere con Townshend, ma desideravo rivederlo.

Scelsi un pomeriggio soleggiato tardo primaverile e percorsi ancora una volta il lungo tratto a piedi verso la «boathouse» perché mi erano mancati gli alberi e le rive rosicchiate dall'acqua. Appena svoltai la strada vidi alcuni mobili accatastati davanti al garage e i muri completamente scrostati. Mi stavo già chiedendo se, per caso, Pete non si fosse trasferito ed ero già pronta ad azionare una rete investigativa ad ampio raggio quando incrociai suo fratello Paul, che si occupava della ristrutturazione dell'edificio. Paul mi disse che Pete aveva trasportato sulla sua chiatta alcuni materiali per la registrazione dei suoi demo e sarebbe capitato di lì, prima o poi. Dovettero trascorrere una decina di giorni. Poi, un giorno, arrivò.

In confidenza, credo di aver capito per la prima volta che quell'uomo mi emozionava e mi piaceva davvero, indipendentemente dal suo mestiere. Non dissi «I came back!» ma il senso della mia presenza era senz'altro una ripresa dello stesso «tune». Non disse niente nemmeno lui.

Poteva essere che le mie visite ci avessero inevitabilmente

resi un po' familiari l'un l'altra, ma poteva più semplicemente essere che fosse giunto il momento per riuscire a conoscere meglio Pete e io avrei colto l'occasione al volo.

Per alcuni giorni fui ospite sulla sua chiatta-studio, che scorreva lentamente lungo le zone limitrofe del fiume senza compiere lunghi percorsi. Lì ebbi il grande onore di osservare e ascoltare Townshend mettere mano ad alcune idee e registrazioni destinate a *Psychoderelict*.

* * *

Il progetto era iniziato nel 1990. Nel settembre del 1991, Townshend aveva già scritto e ultimato cinque o sei canzoni e la sua idea era quella di terminare e lanciare il progetto all'inizio del nuovo anno ma era in ritardo per alcune ragioni personali, tra cui la separazione dalla moglie Karen e il trasferimento in una casa attigua a quella di lei e dei suoi figli, e due incidenti, alla mano e al braccio, che ne avrebbero impedito la prevista messa in scena.

È accaduto su una chiatta lungo il fiume, in questa particolare atmosfera, che Pete mi parlasse di *Psychoderelict*, facendomi ascoltare alcuni demo con le canzoni già composte. Per prima cosa mi disse da dove nacque l'idea e come si sarebbe potuta evolvere. Mi mostrò un libro, *Heart Of Darkness* (Cuore di tenebra) dello scrittore inglese Joseph Conrad. La storia venne ripresa da Orson Welles come commedia radiofonica ambientata in tempi moderni e successivamente utilizzata a Hollywood per un grande capolavoro cinematografico: *Apocalypse Now*.

Tutto ciò aveva rappresentato lo spunto all'idea di Townshend per *Psychoderelict*: un progetto musicale sviluppato di pari passo a una commedia radiofonica e non a un semplice album. Pete prese in considerazione un suo racconto del 1989 intitolato *Ray High And The Glass Household*. Lo stava rileggendo e trasformando ancora, pensando nel contempo alle musiche.

«IT'S GONNA BE A FUCKING CONCEPT ALBUM!» («Diventerà un fottuto concept album!»), disse usando queste precise parole aggiungendo, nello specifico, altri aggettivi difficilmente traducibili (e nella stessa lingua inglese decisamente bizzarri, tipicamente «Townshend-style», se avete presente il gioco di parole *Coolwalkingsmoothtalkingstraightsmokingfire-*

stoking, ritornello della canzone *Misunderstood*, scelto come titolo della raccolta dei suoi maggiori successi): «Psychoderelict è un CD-rama; Headrock; Rockertext; Cock-o-text; Pop-o-scope; Cuberopera; Yobbogram; Grid-o-gram; Vertigram; Matrix-o-gram; Gramodream; Talkup; Poptalking-Dream-o-gram».

Insomma, tutto chiaro no?

Secondo Pete, le canzoni sarebbero servite a chiarire meglio il concetto di base della commedia nello stesso modo in cui la musica degli Who svolgeva il proprio ruolo di base e di rinforzo nelle scene del film *Quadrophenia*.

I tre personaggi che ruotano nella storia della novella, scritta da Pete e completata in collaborazione con l'amico biografo Richard Barnes, vennero descritti come metaforici in riferimento a persone reali.

Ray High, il protagonista, è un musicista rock che, in effetti, oltre ad esprimersi ancora una volta come alter ego di Townshend, incarna ipoteticamente molti altri musicisti nel panorama della musica rock.

Ruth Streeting è una donna ambiziosa, falsa e arrivista. Il suo personaggio rappresenta la stampa, l'establishment politico ma anche il pubblico e la critica insieme. Non ultimo e più importante, si rifà ad alcune caratteristiche di figura materna che appare un po' crudele, altera, tollerante e, allo stesso tempo, amorevole. Anche quest'ultimo personaggio incarna un tipo di femminilità che è stata dipinta svariate volte nelle variegate vicissitudini delle storie di Townshend e *Tommy* lo testimonia con chiarezza.

Un altro personaggio-metafora ben noto è Rastus Knight. Egli incarna in *Psychoderelict* un *padre simbolico*, quasi sempre assente – anche quando è fisicamente presente ma non è in grado di rispondere alle alte aspettative dei suoi familiari, pur amandoli alla sua maniera – ed è a sua volta una figura ambiziosa, sciocca ma fondamentale al sostentamento familiare. Non ultimo, Rastus Knight è un uomo stanco e che deve a sua volta fare i conti coi propri bisogni e, in fondo, non è cattivo, ma sta solo facendo del suo meglio.

Trova spazio nella storia, presentandosi attraverso una nuova canzone, una figura che si delinea più che come vero e proprio personaggio – nel copione non è fisicamente presente ma viene evocata – come un alone, un soffio leggiadro e femminile di gioventù, un aiuto spirituale, un amore a distanza: una ragazza, presumibilmente una fan, scrive a Ray alcune toccanti lettere, talvolta sorprendendolo e, attraverso una certa curiosità tramutatasi a mano a mano in intimità e in empatia, lo incoraggia e gli risponde con dolcezza e dedizione. Tra i due si crea, attraverso le lettere e nonostante la lontananza, un forte legame di carattere emotivo.

Questa figura evocata è Rosalind Nathan, la giovane fan che scrive a Ray poesie, lettere dolci ed appassionate e gli invia delle sue foto, talvolta anche molto provocanti. È una ragazza con interessi musicali, che scrive a lui i suoi sogni e probabilmente le piacerebbe diventare a sua volta un'artista ma le sue parole sono scevre da un mero egotismo. Ray riconosce qualcosa di tenero e di particolare in lei. Inizia così una fitta corrispondenza tra i due. Ray aiuterà se stesso leggendo le lettere di Rosalind e aiuterà a sua volta la ragazza incoraggiandola a farsi strada nella vita.

Questa storia suona un po' familiare, vero? Sarebbe facile, tra le righe, asserire verità assolute e invece non ne ravvedo l'urgenza. La stragrande maggioranza degli artisti prende ispirazione dai fatti della vita, dalle persone e, mai come nel caso di Townshend, dalle emozioni.

Presumo di non essere stata l'unica donna a salire su una barca con Pete, so con certezza di non essere l'unica al mondo a spedirgli lettere. Inevitabilmente sento che una piccola parte di me appartiene a Rosalind come un pezzetto di puzzle contribuisce a formare un'immagine.

Rosalind viene così descritta: «Lei è irruente ma in modo innocente, fragile ma determinata, giovane ma con una personalità piuttosto complessa, si presenta in modo semplice e spontaneo ma poi, improvvisamente, mostra lo sbocciare di una forte sensualità».

È certamente autobiografico il senso di impotenza vissuto da Rastus come padre. In quell'anno, Pete arrivò a pubblicare su un quotidiano le sue scuse pubbliche alle figlie Emma e Aminta «per essere stato un cattivo padre, tutto sommato incapace di fare di meglio». Emma e Aminta gli risposero nello stesso modo, pubblicando una lettera sullo stesso giornale che diceva «Papà, perché pensi sempre di sapere tutto? Non è vero, non sei stato un cattivo padre».

Un altro riferimento a figure femminili contraddittorie ha contribuito, per l'ennesima volta, a darlo l'anziana e alcolista madre di Pete, che improvvisò uno striptease sul bancone di un pub di Soho con successivo intervento della polizia e pagamento di una multa salata da parte del figlio famoso. Quando, in quel frangente, un giornalista chiese a Pete: «Cosa si prova ad avere una madre così?». Lui rispose: «Invece di farmi questa domanda, pensate a cosa si prova ad essere la madre di Pete Townshend».

Io non ho chiesto nulla di molto personale a Pete, nemmeno in quei giorni. Qualunque confidenza sui suoi stati d'animo in proposito, se è giunta, lo ha fatto spontaneamente. E a volte attraverso la musica. Le prime note di *Now And Then* (Di quando in quando) presero forma una sera, mentre lo osservavo seduta imbracciare una Gibson acustica. Gli piaceva la melodia del coretto iniziale cantato in falsetto, che aveva pensato all'inizio del '91, stranamente prima della melodia vera e propria: «Now and then you see a soul and you fall in love. You can't do a thing about it» («Di quando in quando osservi un'anima e ti innamori. Non puoi farci nulla»).

Il canto si leva su un leggiadro giro di note, gli accordi sono piuttosto semplici, in Do Maggiore. Con le parole, divenne una poesia melodica e raffinata sul gioco forza di un basso continuo. «In you I saw someone that I recognized. Had no idea what was in your mind. I met your eyes and I was hypnotized. I let our lives become entwined. I feel so badly, darlin' all the time. I have tortured you so long but I am helpless in this pantomime. I am aware that I was wrong» («In te ho visto qualcuna che ho riconosciuto. Non avevo idea di cosa ti balenasse per la testa. Ho incontrato i tuoi occhi e sono stato ipnotizzato. E lascio mischiare le nostre esistenze. Ho un tale bisogno urgente di te, tesoro, per tutto il tempo. Ti ho torturato a lungo. Ma sono talmente debole in questa pantomima. Mi rendo conto di aver sbagliato»).

Sulla chiatta c'erano un paio di Gibson acustiche (a un anno dall'incidente la fisioterapia al braccio proseguiva e da allora non suonava più la chitarra elettrica), microfoni, numerosi nastri, fogli, penne, un paio di cuffie, casse e un mixer non troppo grande collegato a un apparecchio. Non sono mai stata esperta in tecniche di registrazione anche se, dopo un paio di tournée, ho imparato a conoscere meglio qualche strumentazione. Fin da allora, però, capivo che sulla barca Pete teneva lo stretto indispensabile per trattenere le sue composizioni e che queste nascevano per lo più in modo estemporaneo. Per quanto lo conoscevo e lo conosco, potrei scommettere che molti dei suoi capolavori sono nati e sono stati registrati con queste semplici strumentazioni o poco più. Ennesima riprova che Townshend è un genio e, musicalmente, non gli serve molto di più di qualche nastro, un paio di chitarre, magari un sintetizzatore e quello che trova in se stesso.

È difficile spiegare esattamente cosa provavo ad osservarlo suonare. So di aver vissuto finora i momenti più intensi della mia vita su quella chiatta e certe emozioni non riescono – e non devono – essere espresse nei particolari.

Ribadisco che Townshend è un grandissimo compositore, paragonabile, anche solo attraverso un minimale approfondimento armonico, ai classici del Cinquecento e del Barocco Seicentesco. Molte delle sue opere rock e dei suoi progetti sono nati da suoi innamoramenti wagneriani, da incursioni in Bach e nei ricami contrappuntistici di Britten. Ciò che caratterizza la sua musica resta più di tutti l'aspetto emotivo, mischiando a quanto detto una buona dose di blues e abbondanza di quel genere che, con sole quattro lettere, ha rivoltato l'intero pianeta: il rock.

In *Psychoderelict* la storia prosegue quando il rapporto tra il cantante e la sua fan, per quanto *atipico* e solamente narrato attraverso alcune canzoni, viene sfruttato da Ruth e gettato in pasto alla stampa scandalistica. A questo proposito, rammento di essere stata io stessa, in un'occasione, avvicinata da un giornalista che mi diede il suo numero di telefono chiedendomi se potevo informarlo su chi frequentasse Townshend, cosa facesse e qualunque altra informazione privata che io stessa avessi ritenuto raccontargli. Mi offrì una somma di denaro e lo mandai al diavolo.

Non capivo assolutamente perché un certo tipo di stampa, prima del successo riscosso con l'ultima versione teatrale di *Tommy* alla fine degli anni Novanta, fosse molto accanita nei confronti di Pete dipingendolo come un incrocio tra una persona crudele e un imbecille. Alcuni giornali inglesi erano talmente crudeli che io stessa ci rimanevo male. È per questo che nacque

English Boy (Ragazzo inglese), la canzone che apre e chiude *Psychoderelict* e si snoda riprendendo fedelmente la personalità del personaggio di Ray, il suo alter ego. Nel testo, Pete si dichiara comunque «orgoglioso di essere qui» e rivendica la sua provenienza dalla classe operaia inglese e si schiera dalla parte di tutti gli «english boys» che hanno avuto come casa e scuola di vita semplicemente la strada.

Attraverso alcune strofe significative, si assapora una certa vena politica: «I'm an English boy, I was brought up right. Hold me down and I will bite. I know no fear, I serve with joy. I'm proud to be here, an English boy.

«I feel like a stray dog, blurred like a movie. You say you've come to arrest me but you're just trying to test me. I'm bored with your prejudice spreading like a fever. Your promises to train me are just attempts to restrain me.

«I'm an English boy, precisely made. Pin me down, I am not afraid. I show no fear, I will serve with joy. I'm proud to be here, an English boy.

... I'm a lost soul. I read about myself in the newspapers. I'm a pig, I'm a thug. I've got nowhere to go but down».

(«Io sono un ragazzo inglese, sono stato ben allevato. Abbattimi e stringerò i denti. Non so cosa sia la paura, rendo la pariglia con gioia. Sono orgoglioso di stare qui, un ragazzo inglese.

«Mi sento come un cane randagio, sfuocato come un film. Dici di essere venuto ad arrestarmi ma stai solo mettendomi alla prova. Ne ho piene le balle dei tuoi pregiudizi che attaccano come una febbre. Le tue promesse di educarmi sono solo tentativi per dominarmi.

«Sono un ragazzo inglese, costruito con precisione. Costringimi pure, non ho paura. Non mostro nessun timore, ti renderò la pariglia con gioia. Sono orgoglioso di stare qui, un ragazzo inglese.

...Sono un'anima persa. Leggo di me sui quotidiani. Sono un maiale. Sono un delinquente. Non ho nessun altro posto dove andare se non giù al fondo»).

Quando Pete mi fece ascoltare il demo di questa canzone, che aveva in precedenza registrato, mi disse che una frase era destinata alla stampa e che si rifaceva, in un contesto nell'insieme assai diverso da *Jools And Jim*, alla morte di Keith Moon:

«Kicking at a dead man, cut pieces to pieces» («Prendere a calci un uomo morto, sezionarlo pezzettino per pezzettino»).

English Boy mi piacque da subito moltissimo, probabilmente per quel puro stile chitarristico che emerge fin dal riff introduttivo, che va ripetuto successivamente, eseguito con un suono distorto acido. Quando Townshend registrò la seconda versione come finale di *Psychoderelict* vi inserì un lunghissimo e accattivante assolo in omaggio a Carlos Santana.

Il fatto curioso è che in Italia *Psychoderelict* uscì in larga parte solo come compact disc contenente la commedia radiofonica; poche persone conoscevano l'esistenza del più raro *Psychoderelict – Music Only* che è la testimonianza musicale di tutto quello che sto dicendo.

Una canzone composta su due piedi mentre ci trovavamo nell'atmosfera insolitamente soleggiata sulla chiatta, Gibson acustica al braccio, fu successivamente intitolata *Early Morning Dreams* (Sogni di primo mattino): «This is the dream that I wake up dreaming. Lovin'my lover under dawn-pink skies. Perfect design that I wake up scheming. What I recall when I first open my eyes... You feel so tender – you feel so wet. You feel so secure – so deep in love and yet... Early morning dreams come true» («Questo è il sogno che mi risveglia sognando. Facendo l'amore con la mia amante sotto cieli albeggiati di rosa. Un piano perfetto che mi sveglia progettando. Ciò che ricordo appena apro i miei occhi... Sei così morbida – sei così bagnata. Sei così certa – così profondamente innamorata e pure... Sogni di primo mattino diventano reali»).

La magia di questa canzone piuttosto breve sta nella sua semplicità. In fase di registrazione andò caratterizzandosi grazie ad un coro di voci miste che ne esaltavano con assoluta leggerezza l'orecchiabile e non scontata melodia.

La canzone più amara di *Psychoderelict* è la stupenda *I Am Afraid* (Mi dispiace) in cui frasi come quelle dell'ultimo reprise si riferiscono alla separazione dalla moglie Karen: «I am afraid. As I stand beside you I have denied you, I am afraid. I stand beside you, I face the future. I'll admit to you, I am afraid» («Mi dispiace. Tanto quanto esserti accanto. Ti ho rifiutata, mi dispiace. Ti resto accanto, affronto il futuro. Dovrò confessarti che mi dispiace»).

Allo stesso modo, nella canzone *Predictable* (Prevedibile) si narra delle insidie che si nasconso all'interno del rapporto di coppia: «Your love is so predictable. I can rely you to blow my brain. You always know which trick to pull. I can predict you'll drive me wild-insane» («Il tuo amore è talmente prevedibile. So già che mi farai saltare il cervello. Sai sempre di quale stratagemma servirti. Posso già prevedere che mi renderai completamente pazzo»).

La storia di *Psychoderelict* contiene, infine, riferimenti ad un'altra fiction intitolata *Gridlife* (Griglia). Il termine si riferisce a una sorta di rete di comunicazione tra le persone ed è un concetto nato e, in tempi a venire, ripreso in *Lifehouse.*

Praticamente, *Gridlife* è un musical futurista sulla rete virtuale. È una griglia universale, attraverso collegamenti via cavo della televisione e del gas e fornisce l'indispensabile per vivere, intrattenimento virtuale incluso. Ma questo è qualcosa di orribile perché toglie a molte persone il senso delle proprie emozioni e della stessa ragione. Questo concetto, che in *Psychoderelict* appare in sottofondo, verrà nuovamente affrontato e approfondito nella futura realizzazione di *Lifehouse.*

Come una delle possibili conseguenze negative del mondo virtuale, Pete mi raccontò di essere ossessionato da un'idea: che in questo modo la verità degli uomini e degli accadimenti andasse perduta per la facile accessibilità dei fatti via Internet.

«Mi pongo una questione morale», disse a tal proposito. «È forse cambiata la natura della verità? Di quella verità umana che è composta da emozioni e non da scelte ragionate a seconda delle verità socialmente indotte in un dato luogo e momento?». Ascoltavo per ore i suoi ragionamenti, profondi, contorti, talvolta anche un po' incomprensibili mentre si muoveva con lentezza nei suoi abiti sportivi blu e leggeri. Gli unici alimenti a disposizione furono, in quei giorni, tè al latte e biscotti ma né io né lui ci badammo. Il resto era solo musica, la sua musica.

Componendo su più basi chitarristiche per volta, Pete ascoltava talvolta un paio di basi pre-registrate in cuffia e ci andava sopra perdendosi per ore intere, talvolta maneggiando tasti e spostando fili. Era nel suo mondo e non esisteva nient'altro.

Io avevo trovato una mia nicchia dalla quale osservarlo oppure leggevo o scrivevo appunti.

Infine, Pete disse soddisfatto che le prime cinque canzoni erano fondamentalmente buone, dignitosamente supportate dal punto di vista contenutistico, con bei testi ed ottima musica. Ma la questione morale appena accennata non era ancora stata seriamente affrontata. Ognuna delle canzoni che Pete avrebbe successivamente composto e aggiunto in *Psychoderelict* avrebbe puntato sulla questione morale della verità, in particolare sulla verità delle emozioni.

* * *

A Londra lavorai per alcune case editrici, per lo più catalogando o svolgendo mansioni di segreteria. Stavo imparando l'inglese molto di più che non frequentando i corsi delle varie scuole italiane e, soprattutto, mi sentivo più serena e appagata dalla recente esperienza. Dividevo l'appartamento con alcune studentesse che andavano e venivano e mi capitava di essere ancora special guest da qualche altra parte.

Del gruppo «storico» di Kensington Church Street, avevo solo notizie su Debbie, ormai donna in carriera che continuava ad occuparsi delle finanze di Paul McCartney, e su Jenny, che nel frattempo aveva avuto due figli ma viveva un matrimonio parecchio infelice, trascinato per amore dei bambini e per motivi economici. Sentirla triste mi dispiaceva moltissimo e realizzavo, nonostante i miei lutti, di non essere poi così infelice nella vita.

Nell'estate del 1993 raggiunsi Townshend in alcune tappe della messa in scena di *Psychoderelict* come performance con musiche e recitativi.

Lo spettacolo venne replicato una dozzina di volte nell'arco di un mese, attraverso le principali città degli Stati Uniti. Quello fu, nella sostanza, il primo tour americano di Pete come solista. In alcuni momenti, Townshend si aggirava fuori e dentro le quinte, teso e nervoso. Durante lo show di Chicago, al quale io non assistetti, bevve parecchio e finì con l'esibirsi restando per tutto il tempo seduto in un angolo del palcoscenico, con la schiena appoggiata a uno scenario per la mancanza di equilibrio. Ancora una volta la vita «on the road», della quale tuttavia Pete essendo un musicista non è mai riuscito a fare a meno se non per periodi brevi, lo faceva sentire a tratti euforico ed esaltato e a tratti stremato e con la sensazione di essere ancora più solo al mondo. Io stessa avevo riscontrato, nel mio piccolo, la ricorrenza con cui questo atteggiamento in molte rock band che avevo avvicinato e che spesso cercavano nelle groupie un supporto umano e psicologico andava ben oltre al sesso.

Purtroppo, come già finora era accaduto per tutte le altre produzioni di Townshend, il tour di *Psychoderelict* terminò con una forte perdita economica.

A New York, dove fu girato un video dell'evento, ripresi per un periodo la mia liason con David, il mio ex fidanzato roadie, il che mi permise, tra l'altro, di fermarmi ancora un po' in città e di assistere, seduta con lui nel primissimo posto centrale, alla serata in cui lo show venne registrato.

Dopo un po' fui costretta a rientrare in Italia, dove la mia famiglia ormai faceva bizzarre considerazioni su di me in qualità di fantasma, sui miei mille amori perduti e sulla mia valigia sempre in mano.

Del resto, mi risultava sempre più difficile approfondire rapporti con i miei concittadini, ovviamente non con tutti. Credo che alcune persone, ancora oggi, dopo un po' comincino a ritenermi un po' «strana» nel mio sostenere determinate visioni filosofiche dello stare al mondo. Capitano sostanzialmente due cose: molti fuggono, altri si aggrappano, pochi comprendono. Considero quei pochi un tesoro prezioso.

A parte la nebbia e la ripresa dell'insegnamento, iniziai a collaborare con maggior regolarità con alcuni giornali, spesso senza essere pagata, ma gli argomenti musicali trattati già rappresentavano una fonte di appagamento che mi rendeva felice.

Non mi sarei fermata poi tanto a Piacenza…

tommy, can you hear me?

Listening to you,
I get the music.
Gazing at you,
I get the heat.
Following you,
I climb the mountains.
I get excitement at your feet.

Ascoltandoti,
Raggiungo la musica.
Osservandoti,
Acquisto entusiasmo.
Seguendoti,
Scalo le montagne.
Ai tuoi piedi provo eccitazione.

Pete Townshend/The Who, *We're Not Gonna Take It*

Un'importante realizzazione alla quale Pete teneva particolarmente nell'estate del 1992, fu quella di riportare la versione musical di *Tommy* sulle scene del West End.

I motivi erano profondi e molteplici: una ripresa di *Tommy* a casa propria, dopo il fresco debutto a Broadway, con tanto di cantanti, ballerini e un'orchestra di seri professionisti pareva presentarsi, da subito, l'occasione per riemergere dopo un periodo, come ho già in precedenza avuto modo di ribadire, non proprio favorevole nella vita di Townshend. Un particolare che assunse un'importanza notevole al fine di ripensare e riproporre l'opera rock fu il rapporto di collaborazione e stima reciproca creatosi con Des McAnuff, per certi aspetti similare a quello che Pete strinse con l'amico poeta Ted Hughes nella realizzazione di *The Iron Man*.

Quando Pete tracciò il primo abbozzo di una fantomatica rock opera il cui protagonista era un ragazzo sordo, muto e cieco, il '68 aveva da poco dischiuso le sue porte.

Tommy si divide in due atti: il primo ha inizio nel 1940, in pieno secondo conflitto mondiale, quando il Capitano dell'aviazione inglese Walker viene catturato dai tedeschi e recluso in un campo di prigionia (*Ouverture*). A Londra, nel frattempo, sua moglie, alla quale viene comunicata la scomparsa del marito (*Captain Walker*), partorisce il loro bambino e lo chiama Tommy (*It's A Boy*). Quattro anni dopo, per la precisione nel giorno della vittoria del 1945, il Capitano Walker, dopo esser stato liberato, torna a casa e trova sua moglie in compagnia di un amante (*Twenty-One*). La sua reazione è furiosa e le azioni si svilupperanno in modo tale da far sì che Tommy, riflesso nello specchio, veda il padre uccidere l'amante della madre mentre nel film, in origine, accadeva il contrario (*What About The Boy*). Tommy resta davanti allo specchio, immobile, anche quando arriva la polizia. Non parla più, non si esprime in alcun modo. A questo punto, appare nello specchio il suo alter-ego, che poi sarebbe un *se stesso adolescente*. Nessun altro, all'infuori di lui, può vederlo e ascoltarlo poiché è una parte del 'sé' che parla, vive e si muove restandogli chiusa dentro (*Amazing Journey*). E a lui si ripropone ogni volta, proiettata su uno specchio.

Nonostante il tribunale assolva il Capitano Walker per il brutale assassinio dell'amante della moglie, Tommy rimane sordo, muto e cieco. In ospedale un'equipe di medici lo esamina senza fornire alcun aiuto (*Sparks*). Perfino il giorno di Natale, durante una festa con tutti i parenti (*Christmas*) il bambino rimane davanti allo specchio e riconosce silenziosamente solo la propria immagine (*See Me, Feel Me*). Una sera, i Walker, stremati dalla tensione e dall'impossibilità di assistere alla guarigione del proprio figlio, decidono di uscire a distrarsi anche se la madre di Tommy si domanda se e quanto sia opportuno lasciare il bambino in custodia di Ernie, lo zio ubriacone (*Do You Think It's Alright?*). Rassicurata dal marito, si decide a uscire. Una volta soli, Ernie violenta il bambino (*Fiddle About*).

Questa scena, nel film di Ken Russell rimandava, per lo più, a generiche molestie che emergevano tra giochi di luce ed ombre in puro stile psichedelico, mentre nell'ultima riedizione teatrale l'azione si snoda in modo assolutamente crudo e violento e non lascia dubbio alcuno. Tutto l'orrore per l'incesto assale letteralmente gli spettatori.

Sento di dover aprire un'importante e delicata parentesi, tanto antica quanto dolorosa. Quella scena, ripensata con una modalità tanto forte e oscena non fu una casualità. Nello stesso periodo delle prove per lo spettacolo, venne a trovare Pete John Harris, un qualificato giornalista del mensile musicale *Q*, che lo intervistò ponendogli alcune domande di carattere personale. Ad una di queste, in particolare, Townshend rispose per la prima volta in modo diretto e spudorato: «Sono innumerevoli gli episodi che, mentre scrivevo *Tommy*, esprimevano circostanze da me vissute e subite nell'infanzia. Parte di queste erano tuttavia ancora legate all'inconscio o a sensazioni che provavo mentre scrivevo la prima stesura della storia. Ad esempio, nessuno mi aveva ancora detto che i miei genitori erano stati separati per un periodo quando io ero troppo piccolo per poter ricordare, né che mia madre avesse un amante intenzionato a sposarla e a prendere il posto di mio padre. Non sapevo nemmeno che mio padre le disse 'Ok, vai pure ad Aden a farti fottere da questo tipo, ma non avrai Pete. Lui resterà qui con me'. L'episodio, così come l'idea scritta per l'intero corso delle vicissitudini familiari di Tommy, avevano entrambi a che vedere con una famiglia disfunzionale. Nella realtà, la mia era una famiglia disfunzionale. Perciò quella era la storia della mia vita ma nello scriverla il tutto emergeva spontaneamente, in modo totalmente inconscio. Con *Tommy* suppongo di aver scritto il testamento dei nevrotici per eccellenza».

«Lo stesso discorso», ha proseguito Townshend, affrontando un argomento personale ben più grave, «vale per Uncle Ernie.

Anche questo emerse in modo totalmente inconscio e tuttavia presumo sia saltato fuori da quel periodo in cui vivevo con mia nonna e lei aveva un compagno che, di notte, si intrufolava di nascosto nel mio letto e mi molestava. Questo lo ricordo, anche se nella realtà non sono mai riuscito a rendere sufficientemente nitidi i contorni di ciò che realmente accadde e fino a che punto si sia spinta la molestia».

Nella storia di Tommy, trascorre nel frattempo qualche anno e sebbene i suoi genitori continuino a rimanere ignari della violenza subita dal bambino, essendo Tommy ormai divenuto adolescente ma sempre rinchiuso nella sua forma di *autismo ad oltranza*, i Walkers cambiano babysitter: questa volta sarà di turno il cugino Kevin, che infliggerà a Tommy una lunga serie di indescrivibili torture (*Cousin Kevin*). E sarà proprio il cugino Kevin a portare successivamente con sé Tommy al circolo creativo della scuola, con la chiara intenzione di *gettarlo in pasto* agli altri bulli suoi amici. È qui evidente un'altra proiezione di Townshend, adolescente non particolarmente bello né brillante rispetto ai suoi amici e coetanei fino al giorno in cui – citando parole sue – «presi in mano una chitarra e lo feci principalmente per avere attorno delle ragazze. Questo era il vero motivo iniziale ed è esattamente lo stesso di tutti coloro che decidevano di prendere in mano uno strumento musicale per la prima volta, anche di coloro che non vogliono dichiararlo».

A questo punto della storia, accade inaspettatamente che Tommy inizi a giocare a flipper – che è la metafora di una chitarra – in modo incredibile, sotto lo sguardo incredulo dei presenti (*Sensation*). Incoraggiati da questo, i suoi genitori lo condurranno in un'altra clinica specialistica per sottoporlo ad ulteriori esami ma senza ottenere alcun risultato (*Spark Reprise*). Giunto al limite della sopportazione, il padre, Mr. Walker, decide di dare fiducia a un presunto *guaritore* che promette di avere una cura miracolosa, in grado di risanare la salute mentale del ragazzo (*Eyesight To The Blind*). In realtà, questi lo condurrà da Gipsy, la regina delle allucinazioni (*Acid Queen*) e tuttavia anche la sperimentazione di sostanze stupefacenti non risveglierà Tommy.

Nel frattempo si è sparsa la voce dell'incredibile talento del ragazzo nel gioco del flipper e, dopo essere stato invitato a partecipare ad una sfida insieme ai più grandi campioni mondiali di questo gioco, Tommy si presenterà e vincerà la gara *(Pinball Wizard)*. A seguito di ciò, egli diviene l'idolo di molti altri adolescenti che lo portano in trionfo *(Underture)*. Nel frattempo, la madre lo condurrà da un ennesimo luminare della medicina (*There's A Doctor*) con l'unico risultato che il dottore, con una sorta di ambigua e sottile tattica consolatoria nei suoi confronti, riuscirà a scambiare con lei alcuni momenti di intimità ed erotismo mentre il ragazzo, nel frattempo, resta stremato sopra a un lettino, dopo esser stato sottoposto da un'intera equipe medica a numerosi, tanto *bizzarri* quanto inutili test (*Go To The Mirror/Listening To You*). Una volta tornato a casa, alcuni amici del cugino Kevin lo deridono (*Tommy Can You Hear Me?*). Ed ecco giungere il momento in cui i coniugi Walker mettono a fuoco il loro fallimento di coppia e di genitori (l'inedita *I Believe My Own Eyes*, che mi fu chiesto di tradurre in lingua italiana).

Questa lirica, nella quale il canto si alterna in modo dialogico, finendo poi per diventare un duetto, è stata scritta da Pete in aggiunta alle altre di *Tommy* ed è armonicamente sorretta dai giri base del basso di *See Me Feel Me/We're Not Gonna Take It*, dai quali s'arrampica una seria di accordi che, in progressione, giunge a una linea centrale melodica solenne.

Il testo esprime la disillusione e lo sconforto ma anche, infine, l'accettazione della realtà. Non è un caso che Townshend abbia scritto questa canzone pensando a coppie di coniugi e genitori che si trovano ormai su strade parallele e fanno i conti con il proprio rapporto. Nello stesso periodo, Pete ha intrapreso la separazione – stavolta definitiva – da sua moglie Karen Astley.

I Believe My Own Eyes

«MR.WALKER: This can't continue. It makes no sense. We're getting nowhere. I've lost all my confidence. The boy wants something, I'm satisfied; He needs attention and care our love can't provide. And then, there's the matter of us... I'd like to prove that I don't think that you've seen the best of me. I've stood up for the boy and I've clung to the hopes and the lies. I wish that the pain in your gaze could again be a taste of me, but when I look in the mirror I believe my own eyes. I believe my own eyes, Know I've come to the end all my patience is gone. When I'm doubtful, I tend

to believe my own eyes.

MRS. WALKER: I'd like to declare this devotion and care is the life to live. That nothing has changed and that time isn't passing us by. But I have to say here that, of us, there's a clear-cut alternative. When we look at each other we believe our own eyes.

TOGETHER: This has gone far enough! After all we've been through... we can't be blame; we've done all we can humanly do. It's time to be tough, a time to be wise. We must stop chasing false dreams and recover our lives...

I'd like to believe that I don't feel that we've seen the best of us. And the way to believe is to see where the real future lies. I hope that the pain in your gaze can again be a taste of us and when I look in the mirror I believe my own eyes...

Let's admit we intend to believe our own eyes.»

Credo ai miei stessi occhi

«SIGNOR WALKER: Non può continuare. Non ha senso. Abbiamo fallito. Ho perso completamente fiducia. Il ragazzo vuole qualcosa. Ho fatto il mio dovere. Ha bisogno di attenzione e di cure che il nostro amore non può fornirgli. E poi, ci siamo noi due... Vorrei poter dire che non mi hai visto fare del mio meglio. Ho protetto il ragazzo e mi sono aggrappato alle speranze e alle fandonie. Vorrei riuscire a provare la sofferenza che tu porti ancora negli occhi, ma quando osservo lo specchio credo ai miei stessi occhi. Credo ai miei stessi occhi, so che per me è finita, tutta la pazienza se n'è andata. Quando sono dubbioso tendo a credere ai miei stessi occhi.

SIGNORA WALKER: Vorrei dirti che questa devozione e cura siano la vita da vivere. Che nulla è cambiato e che il tempo non ci ha scalfiti. Ma devo ammettere , qui esiste un chiaro dilemma che dobbiamo affrontare. Quando ci guardiamo l'un l'altra, ognuno crede ai propri occhi.

INSIEME: Basta, è durata abbastanza! Con tutto quello che abbiamo passato... non possiamo sentirci in colpa; abbiamo fatto tutto ciò che era umanamente possibile. È giunto il tempo di essere fermi, tempo di essere realisti. Dobbiamo smetterla di inseguire false illusioni e riprendere il controllo delle nostre vite...

Vorrei poter dire di sentire che non abbiamo fatto del nostro meglio. E il modo per aver fiducia è accettare come sarà in futuro la realtà. Spero che potremo provare la sofferenza che tu porti ancora negli occhi e quando osservo lo specchio credo ai miei stessi occhi...

Dichiariamo di voler dare fiducia (solo) a ciò che vediamo coi nostri occhi».

Rimasta sola, la madre affronta Tommy cercando disperatamente nel figlio un segno d'intesa, fino ad indurlo a distruggere lo specchio di fronte al quale egli continua a fissare la propria immagine in silenzio (*Smash The Mirror*). È a questo punto che, improvvisamente, Tommy riprende coscienza di sé e reagisce uscendo a correre per le strade (*I'm Free*). Ben presto, i mass media spargeranno la notizia della sua guarigione (*Miracle Cure*) e tutti andranno alla sua ricerca. Inizialmente, egli incontrerà folle di persone recatesi negli stadi in cerca di essere miracolate (*Pinball Wizard Reprise*) e il conseguente business viene logicamente sfruttato da tutti, compresi i familiari che fino a poco tempo prima avevano abusato di lui (*Tommy's Holiday Camp*).

Sally Simpson, una ragazzina fuggita di casa per incontrare il suo idolo, durante uno di questi meeting tenta di salire sul palco per abbracciare Tommy e viene allontanata con violenza dagli addetti all'ordine (*Sally Simpson*).

Questo non piace a Tommy, che sembra rendersi conto improvvisamente della falsità dell'intera messa in scena a suo nome e mentre nel film i due non si incontreranno più, nella recente versione Tommy rincorrerà Sally tra la folla e la porterà a casa con sé (*Welcome*). Tuttavia, una volta giunti a destinazione, la Simpson continuerà a trattarlo come un Dio sovrannaturale e non come un uomo, insistendo nel chiedergli cosa si deve fare per diventare importanti e famosi come lui (*Sally Simpson's Question*, un altro breve inedito incluso nella rock opera). Tommy le risponde invitandola ad essere solamente se stessa. A questa affermazione tutti gli altri, che li avevano seguiti e ormai hanno raggiunto i due ragazzi, reagiscono con violenza in quanto si sentono imbrogliati e traditi (*We're Not Gonna Take It*).

Tommy si ritrova ancora una volta solo e sente per un attimo la sua voce alter ego di bambino richiamarlo, regredendo per pochi istanti al suo vecchio stato di incoscienza (*See Me, Feel*

Me). Ma tornerà immediatamente in sé ed abbraccerà tutta la sua famiglia perdonando anche chi lo aveva ferito, stringendo sul palcoscenico il *se stesso bambino* nel finale (*Listening To You*).

* * *

A proposito del film, il regista Ken Russell ha ricordato alcuni aneddoti.

«La prima volta che sono entrato negli studi di registrazione dove gli Who, da sei settimane, lavoravano agli arrangiamenti per la colonna sonora della versione cinematografica, dovetti aspettare il batterista Keith Moon, col quale avevo un appuntamento, per sei ore. Questo ritardo parve eccessivo perfino a uno non proprio 'inquadrato' come me e telefonai scocciatissimo a Townshend per lamentarmi, facendogli presente che qualunque altro regista, a questo punto, li avrebbe mandati al diavolo insieme a tutta la questione. 'Sono davvero spiacente per l'accaduto', mi rispose, 'ma Keith è fatto così. Noi lo aspettiamo, più o meno, da otto anni. Spesso il ritardo è di sole cinque ore ma può anche accadere che arrivi puntuale, se si sveglia dell'umore giusto'. A prescindere dal ritardo, la parte di Keith Moon/Uncle Ernie, dovette essere tagliata rispetto a quanto originariamente girato perché fu impossibile pretendere di fargli recitare una vera e propria parte come da copione».

Quando, alla prima, un giornalista chiese a Keith Moon la sua opinione sul film, egli rispose: «Un'ottima cosa: quell'adorabile ragazza con due incredibili tette!», riferendosi all'attrice Ann Margret, che impersonava la madre di Tommy, Mrs. Walker.

Secondo Richard Barnes, biografo degli Who che seguì tutta quanta la realizzazione cinematografica, furono inizialmente presi in considerazione moltissimi personaggi per impersonare l'Acid Queen: Mick Jagger, David Bowie e perfino Little Richard. Ken Russell non era convinto, all'inizio, che Tina Turner fosse la più adatta alla parte, ma dovette ricredersi immediatamente. A un certo punto, la Turner fu talmente 'dentro' alla parte che ferì Roger Daltrey data la foga col quale lo trascinò su per alcuni gradini.

Per Daltrey – che durante la scena della corsa finale nel fuoco (*I'm Free*) si ustionò in modo piuttosto grave e finì in ospedale – *Tommy* fu l'esperienza in assoluto più rilevante della sua carriera, la prima in qualità di attore ma, soprattutto, un'occasione universale per diventare il sex symbol, frontman del gruppo che, già a Woodstock, iniziò ad imporre la propria immagine su quella degli altri (scalfendo, indirettamente e solo agli occhi dei più, la presenza di Townshend, un fatto che non agevolò il quieto vivere tra i due negli anni a venire).

Per Pete, in effetti, fu più importante il riallestimento di *Tommy* e il successo ottenuto a Broadway che non la realizzazione del film, esperienza che lo fece sentire impotente per la maggior parte del tempo. «Tutto ciò che facevo», dichiara egli stesso, «era ascoltare un sacco di persone dell'ambiente del cinema e cercare di trovare un accordo con loro, che mi facevano sentire come uno che non era 'del mestiere'. Per questo non ci sono mai riuscito veramente. La verità è che le compagnie cinematografiche vogliono che sia qualcun altro, scelto da loro, a decidere e a controllare l'andamento dei lavori. Alla luce di questa esperienza, nell'anno 2000, ponendomi nell'ottica di realizzare una versione cinematografica di *Lifehouse* (*progetto 'storico' di Townshend, che ha preso vita trent'anni dopo la sua prima stesura*) ho optato per una semplice versione radiofonica e successivo concerto live».

«La mia presenza durante tutta la realizzazione del film *Tommy* fu alquanto saltuaria. Eppure ho dovuto lavorare moltissimo dal punto di vista delle musiche e, in realtà, guadagnammo tantissimi soldi, vantaggio che non posso onestamente negare. Tuttavia non è questo ciò che mi fa sentire veramente a mio agio nella vita e, col senno del poi, l'unica cosa che ricordo in maniera forte è un lungo urlo strozzato e rinchiuso dentro allo stomaco, che avrebbe voluto gridare AIUTOOOOOOOO!».

Ken Russell, a distanza di tempo, conserva invece un ricordo molto positivo: «*Tommy* rientra perfettamente nella mia biografia di regista e nel mio modo di intendere il cinema. Riuscii a filmare un paio di scene esattamente come mi ripromettevo di voler fare da tantissimo tempo, nel mio 'schema mentale' di intendere le cose della vita: quella con Marilyn Monroe e quella della televisione che vomita *baked beans* ed ogni altra schifezza. Lì ho narrato due messaggi importanti, che il pubblico ha potuto comprendere facilmente: il bluff dell'immenso business esercitato con forza dalla religiosità e dai media, in particolare da quelli legati all'immagine». Le due 'denunce' filmate da Russell sono oggi estremamente attuali e rilevanti. Per questo motivo, il doppio messaggio è stato mantenuto ed enfatizzato nell'allestimento teatrale degli anni Novanta.

* * *

Dalla prima performance di Tommy al Fillmore East di New York nel '69, alla mitica esecuzione degli Who a Woodstock nel medesimo anno, attraverso la fortunata e bizzarra versione cinematografica del regista Ken Russell, co-prodotta insieme a Robert Stigwood – in cui i protagonisti erano del calibro di Tina Turner, Elton John, Eric Clapton, gli stessi Who, Ann Margret, Oliver Reed, Paul Nicholas e Jack Nicholson – seguita nell'89 da una serie di perfomance americane comprendenti un concerto benefico svoltosi al Los Angeles' University Amphitheater (in cui i tre superstiti Who si esibirono insieme Phil Collins, Billy Idol, Patty Labelle, Steve Winwood e, nuovamente, Elton John), *Tommy* approdò, con McAnuff in qualità di Direttore Artistico, presso il St. James Theatre di Broadway in data 22 aprile 1993.

Fu solo nel marzo 1996 che l'opera tornò allo Shaftesbury Theatre di Londra. Nel frattempo il musical a Broadway ottenne numerosi riconoscimenti, pur non rimanendo troppo a lungo in cartellone, a differenza di altri musical famosi. Ma la versione di *Tommy* rappresentava una chicca e Townshend ne andava particolarmente fiero. A testimonianza di ciò, esiste un compact disc di questa versione registrato da George Martin, il mitico produttore dei Beatles, in meno di trenta ore all'interno del St. James Theatre di Broadway. Questa collaborazione fu descritta da Pete come un onore e un'opportunità di imparare qualcosa di nuovo e di prezioso, anche dopo tanti anni dal concepimento della rock opera.

Townshend dichiarò a tal proposito: «Ho assistito a una sessione di lavoro e guardato tutto il tempo George Martin lavorare, completamente frastornato. Ero già un ammiratore di questo incredibile professionista, ma ora lo osservavo condurre tutto quanto il progetto portandolo a termine con grazia e vigore come un fantino smilzo guida il proprio cavallo dritto alla vittoria finale in una gara di corsa».

«Ciò che amo particolarmente in questa versione di *Tommy*», prosegue Townshend, «è il fatto che possieda, al suo interno, l'inconfondibile sound di George Martin, nel rispetto totale della purezza delle singole composizioni. Come produttore, George Martin è stato il traino perfetto per il debutto di *Tommy* a Broadway perché ciò che questa rock opera in chiave musical realmente rappresenta è un ponte tra le antiche e amate tradizioni del teatro musicale e le relativamente nuove e sperimentali sonorità del mondo del rock and roll. Tutti i musicisti e tutti gli operatori hanno svolto un eccellente lavoro. Con cantanti, orchestrali e operatori di questo livello, il sottoscritto – autore – era, ad eccezione di pochi momenti, del tutto superfluo. I Grammy ottenuti e il successo del pubblico sono un riconoscimento al loro lavoro».

Le persone coinvolte in *Tommy* erano ben 150 e il lavoro di registrazione presentava delle notevoli complessità, aumentate dal fatto che non venisse svolto in un apposito studio di registrazione. Si trattava, tuttavia, di una scelta precisa poiché la registrazione all'interno di un teatro poteva assumere caratteristiche particolarmente inedite e interessanti dal punto di vista dell'acustica, delle sonorità e dell'atmosfera generale.

Tra i principali protagonisti del cast americano c'erano Anthony Barrile-Cugino Kevin, Michael Cerveris-Tommy adolescente e adulto, Jonathan Dokuchitz-Captain Walker, Marcia Mitzman-Mrs. Walker, Cheryl Freeman-Acid Queen, Paul Kandel-Uncle Ernie ed inoltre Lisa Leguillou, Norm Lewis, Crysta Macalush, Michael McElroy, Sherie Scott, e i bambini Buddy Smith e Carly Jane Steinborn.

«Tutto il lavoro di registrazione fu svolto in pochissimo tempo», prosegue Townshend, «e mi rammentava dei miei primi giorni con gli Who, quando registrammo il nostro primo album in sole otto ore».

La ripresa di *Tommy*, in particolare quella londinese, rappresentò finalmente una circostanza fortunata: tutta la città tornava ad essere percorsa dai tipici bus rossi londinesi a due piani, con varie scritte nere su sfondo giallo: «See Me, Feel Me, Touch Me» (Guardami, sentimi, toccami). Praticamente solo queste parole, un richiamo e nulla più.

Così Townshend, tornato a Londra, seguì allo stesso modo i lavori di allestimento della compagnia inglese che, fin dai primi giorni di prova, si trovava con Pete quasi ogni sera allo

Shaftesbury, un teatro non eccessivamente grande ma idoneo alla performance. La stampa scandalistica, tra l'altro, iniziava a descrivere alcuni suoi presunti flirt con l'una e con l'altra giovane corista ma, gossip a parte, si cominciò a riparlare di *Tommy*.

Prima del debutto europeo e di una serata *preview* aperta ai giornalisti, Townshend volle permettere l'ingresso gratuito a una moltitudine di giovani che accorsero ad assistere in gran numero pur non essendoci, stavolta, gli Who sul palcoscenico, come avvenne in America nel 1989. Era una gesto importante perché Londra era uguale a «casa».

Quella sera c'ero anch'io, in qualità di corrispondente per alcune riviste e quotidiani italiani e spagnoli su invito delle stesso Pete, per assistere sia alle prove che alla prima serata. La sera della prima portai con me un mazzo di fiori talmente grande che non riuscii a vedere dove mettevo i piedi fino a che non entrai nei camerini e non li appoggiai su un tavolo.

La sera di un debutto è caratterizzata da uno stato di prolungata fibrillazione, con il via vai di una moltitudine di persone: attori, parenti degli attori, amici degli attori, giornalisti, fotografi, tv e quant'altro.

Dietro le quinte, in una folla di almeno duecento persone, Pete era elegantissimo, sorridente ma visibilmente emozionato.

L'allestimento teatrale di *Tommy* rappresentò l'inizio di una vera e propria escalation della sua musica negli ambienti intellettuali maggiormente riconosciuti – e il tutto avveniva dopo l'ingiusto insuccesso di *The Iron Man* – rispetto alle folle sbraitanti degli stadi dove, da sempre, si esibivano i più grandi gruppi rock come gli Who.

Ero molto emozionata anch'io e sentivo tutta la gioia e il peso dell'importante fiducia che mi era stata concessa: quello era il mio primo lavoro importante e retribuito su Townshend.

Più d'ogni altra cosa, ero felice di trovarmi ancora lì insieme a Pete.

I came back. Ero tornata...

* * *

I protagonisti per la messa in scena londinese erano Paul Keating-Tommy, Kim Wilde-Mrs.Walker, Alistair Robins-Captain Walker, Ian Bartholomew-Uncle Ernie, Nicola Hughes-The Acid

Queen. Si alternavano sul palcoscenico insieme ad un numero imprecisato di ballerini per la durata dell'intero musical, 250 minuti.

In sostanza, le novità relative a questo allestimento teatrale consistevano in alcuni cambiamenti rispetto alla collaudata scaletta delle precedenti messe in scena. All'inizio, come di consueto, la forte carica magnetica dell'*Ouverture* anticipava la scarica di alcuni spari. La musica veniva eseguita da sette giovani musicisti (chitarre, basso, tastiere, percussioni e corno inglese). Il Direttore d'orchestra era Colin Welford, già assistente di Leonard Bernstein che aveva, tra l'altro, diretto Luciano Pavarotti e Placido Domingo al Kennedy Centre e a Buckingham Palace. Pete sembrava assolutamente elettrizzato. Se *Tommy* era già stata premiata con più Grammy in America, Londra significava «patria» e, per questo, rappresentava una tappa fondamentale. Inoltre, stavolta, gli Who non c'entravano niente anche se, ovviamente, nel titolo era scritto «The Who's Tommy» e non «Pete Townshend's Tommy», come qualcuno della stampa inglese aveva anticipato. Tuttavia alla prima dello Shaftesbury non furono presenti né Roger Daltrey né John Entwistle.

Via via che le scene si svolgevano e si susseguivano, mi ritrovai a pensare che, finalmente, era giunto il momento nel quale Pete poteva davvero, al di là del mito impresso nella storia del rock, aprirsi un meritato varco a 360 gradi a testimonianza della sua genialità e sensibilità di compositore. Sono sempre stata convinta – e lo sono tuttora, al di là dell'indiscutibile affetto che nutro nei sui confronti – che tra alcuni decenni il rispetto e l'ammirazione nei confronti di questo suo ruolo non potrà fare a meno di crescere e che la musica di Pete Townshend è destinata ad essere immortale. Se non ne fossi profondamente convinta, non trascorrerei il mio tempo a scriverci sopra.

Paul Keating/Tommy, un giovane commesso che vantava una particina nel serial televisivo della BBC, *Troublemakers*, fu il più incredibile di tutti. Incarnare Tommy rappresentava una sfida allettante ma tutt'altro che semplice e vinse la scelta di non fare l'interpretazione del protagonista una mera riedizione del carattere impressogli da Roger Daltrey, pur con il suo indiscusso carisma ed energia, ma di rivisitarlo in modo personale, rendendolo più giovanile nel contesto generale.

Una delle preoccupazioni espresse sia da Townshend che da McAnuff, si aggirava proprio attorno a questa questione. Infine, la soluzione migliore fu quella di prendere atto del fatto che, data la presumibile difficoltà da parte di tutti nel ritrovarsi eventualmente a fare i conti col mito cinematografico, la scelta si sarebbe dovuta piuttosto rifare alla narrazione originale concepita da Townshend alla fine degli anni Sessanta. Per questo motivo, Paul Keating, che incarnava un tipico ragazzino inglese minuto e con lo sguardo timido ed era, tutto sommato, più somigliante al Jimmy di *Quadrophenia* che non al Tommy incarnato da Roger, fu un interprete azzeccato. La sua voce, pur essendo piuttosto acerba, era caratterizzata da un timbro flautato e potente e il suo corpo minuto aveva la capacità di compiere acrobazie di ogni tipo, un po' in stile Bruce Springsteen vecchia maniera.

Purtroppo Kim Wilde/Mrs. Walker, pur essendo della giusta prestanza fisica e, oltrettutto, avendo mostrato durante le prove di essere una donna dalla personalità estrosa e coinvolgente (tra l'altro, prima della fine delle repliche del West End è rimasta incinta del giovane e bravissimo ballerino che impersonava cugino Kevin, col quale è convolata a giuste nozze con relativi grandi festeggiamenti ai quali partecipò tutto il cast, compreso Townshend) – recitava e, peggio ancora, cantava in modo piuttosto incomprensibile e con alcune forzature francamente alquanto fastidiose – critica che espressi onestamente anche a Pete.

Per interpretare la parte di Acid Queen, nel cast di *Tommy* fu inserita Nicola Hughes, che non tentò nemmeno di avvicinarsi allo stile della Turner (o a quello di Patty Labelle, che interpretò la parte nella rentrée americana dell'89) e si mantenne in un dignitoso equilibrio interpretativo pur di scarsa intensità emotiva come, invece, sarebbe stato auspicabile imprimere al carattere del personaggio.

Direi che lo scoglio peggiore (e, di fatto, lo fu), se non insormontabile, era l'interpretazione del ruolo di Uncle Ernie: Ian Bartholomew non possedeva certo la sottile follia di Keith Moon – in quella sua interpretazione di se stesso, come disse Ken Russell – e, del resto, nessun altro al mondo poteva essere Keith o anche solo avvicinarvisi seriamente.

Personalmente, trovai penosa anche l'interpretazione di

Uncle Ernie che fece Phil Collins nella riedizione del 1989.

I momenti migliori del musical erano quelli che non cercavano a tutti costi un rimando al passato come, ad esempio, i cambiamenti apportati nella riscrittura della parte di Sally Simpson.

Infine, l'aspetto più eclatante benché scontatamente rilevante di *Tommy/The Musical* era quello musicale: qualità delle canzoni, dei testi, degli arrangiamenti e degli strumentisti. Bravissimi furono anche i ballerini e stupefacenti le moderne scenografie. Fu Pete a sostenere con forza la decisione di inserire a più riprese la bellissima *I'm A Sensation*, in origine da lui cantata e qui ben interpretata da Keating, che ogni volta faceva letteralmente rabbrividire la platea.

L'utilizzo delle luci e le coreografie di Broadway furono semplicemente sensazionali ma il lavoro esemplare della Batwin & Robin Productions, David H. Lawrence, Gregory Meeh e Wayne Cilento riuscì ad ottenere lo stesso effetto, seppur mutando ovviamente le coordinate e la cosa non fu semplice, presso lo Shaftesbury Theatre, con dimensioni ridotte rispetto ai teatri americani.

Il messaggio conclusivo di *Tommy* – ripreso, tra l'altro, l'anno successivo anche in Italia dalla compagnia del Teatro della Munizione di Messina con la Regia di Massimo Romeo Piparo – riecheggiava, ancora una volta, nelle note finali di quell'inno alla libertà, intesa nel suo significato più umano e spirituale.

Una strada verso la libertà che anche Pete continuava a percorrere, perennemente in lotta coi propri conflitti interiori, con la memoria delle violenze fisiche e psicologiche che Tommy, suo alter ego fanciullo che imperterrito si riaffacciava dopo anni dentro la sua anima, subì dalla sua stessa famiglia, ma anche la droga, il denaro, il potere massmediologico e quello esercitato dalle false idolatrie già magistralmente narrato da Ken Russell.

La scena finale del musical consisteva in un palcoscenico azzurro cielo, che fino a quel momento era stato coperto di laser dai colori accecanti, con televisori movibili che mostravano a rotazione immagini di delirante violenza o prive di sintonia con quanto stava vivendo il protagonista (un ulteriore messaggio indiretto di Townshend nei confronti dello strapotere e dell'abuso psicologico dei mass media). L'ultima immagine era quella di una mano aperta, rivolta al pubblico in segno di pace.

Gli applausi di tutta Londra scrosciarono.

Dopo la sera della prima, mi fermai per una decina di giorni, lavorando moltissimo sui miei appunti e selezionando un'accurata rassegna stampa con sottolineature delle osservazioni più rilevanti – cosa che feci, su richiesta di Pete, anche l'anno seguente per ogni singolo allestimento del Teatro della Munizione in tournée nelle varie città italiane traducendogli ogni articolo, cosa alla quale Townshend teneva nonostante si trattasse di una cosiddetta *second-hand production* e, alla fine, decise di non apparire ospite a nessuna recita italiana per impegni sopraggiunti, nonostante avesse inizialmente egli stesso avvalorato questa ipotesi.

Tra le città italiane nelle quali la produzione italiana di *Tommy* fece tappa ci furono Taormina, in occasione del Festival Artistico, Milano, dove si svolse la prima, Sondrio, Reggio Emilia, Roma, Taranto, Bari, Messina, Bologna, Viareggio, Firenze, Livorno, Cortona, Genova, Savona, Torino, Ferrara e Carpi.

I principali interpreti italiani furono Olivia Cinquemani, Egidio La Gioia, Michele Canfora, Andrea Giovannini, Laronte e Paride Acacia. La direzione musicale fu affidata a Nicola Panebianco e Roberto Zappalà si occupò della parte coreografica.

Tommy/The Musical portò fortuna alla compagnia del Teatro della Munizione e al suo regista Piparo, che da allora hanno raggiunto meritati riconoscimenti riallestendo alcuni musical nei più importanti teatri italiani. E quel lavorò portò fortuna anche a me in quanto rappresentò un po' la svolta all'avvio della mia professione di «giornalista al seguito delle rockstar».

Ricordo benissimo la sera precedente alla mia partenza londinese: quando salutai Townshend lo trovai di ottimo umore per le ottime critiche ottenute e all'idea di un ulteriore successo che questa rock opera, nell'una o nell'altra versione, avrebbe presumibilmente continuato a riscuotere nel tempo.

L'unica domanda che, al limite, poteva offuscare la mente degli storici fan era: «Dunque, per gli Who è davvero la fine?».

La risposta – che tutti ben conosciamo e che oggi fa sentire gli appassionati del gruppo ancora molto felici – è «No».

poeti d'irlanda

So she looked to her prince
Finding he's so charmingly
Slumped her side
Those days are recalled
On the gallery wall
And she's waiting for passion…
What shall we do
With all this useless beauty?

Così lei guardava il suo principe
Trovandolo deliziosamente
Chinato al suo fianco
Quei giorni sono rievocati
Sul muro della galleria
Mentre lei è in attesa di passione…
Cosa ne faremo
Di tutta questa bellezza inutile?

Elvis Costello, *All This Useless Beauty*

Dalle repliche di *Tommy* in poi, la mia esistenza aveva preso una diversa piega. Tra le esperienze che, per un attimo, esulavano dai progetti di Pete Townshend e degli Who, c'è stato un lungo viaggio attraverso l'Africa che ha lasciato molta nostalgia per i suoi sapori, colori e suoni. Sono davvero moltissime le cose del terzo mondo che noi cittadini europei civilizzati ignoriamo e durante quel viaggio mi resi più che mai conto di quanto Bob Geldof avesse ragione.

Seguirono periodi passati alternandomi tra l'Italia e la Francia, dove si erano trasferite le mie cugine e dove avevano aperto un'attività commerciale remunerativa. Cosa più importante, dal mio punto di vista, fu un viaggio a Sarajevo, effettuato di nascosto dalla mia famiglia insieme a un gruppo di volontari per portare viveri oltre frontiera. Scrissi diverse lettere su questa esperienza a Townshend, che mi rivolse parecchie domande mostrandosi sensibilmente interessato ai fatti drammatici avvenuti in quel luogo.

Poi arrivò uno di quei segnali inequivocabili nella vita, uno di quelli che mettono in crisi perfino una persona che possiede una visione laica come la mia.

Nei primissimi giorni dell'anno 1995 mi trovavo in Spagna con alcuni amici. Una sera facemmo tappa in un esclusivo ristorante di Barcellona per mangiare la migliore paella della città. Dopo aver preso posto, orientata verso la parete e dando le spalle agli altri tavoli, osservai il viso di una mia amica diventare paonazzo e con gli occhi sgranati, mentre toccava un mio braccio. «Che c'è?», le chiesi. «Voltati», mi rispose. Lo feci e il mio respiro si fermò per alcuni attimi: Pete Townshend, in compagnia di un amico, si era appena accomodato a un paio di tavoli di distanza. Quando mi alzai, lui mi rivolse a sua volta una delle espressioni più attonite che gli abbia mai visto. Trascorsi alcuni anni, se capita di ricordare l'episodio ci guardiamo ancora piuttosto esterrefatti. E molte delle mie concezioni agnostiche attorno all'umana esistenza iniziano a traballare un bel po'.

A parte questo fatto curioso, ci fu un'altra trasferta che arricchì il mio vissuto di rock girl: Dublino. Come sempre, doveva trattarsi di una vacanza. Ma la città, coi suoi indescrivibili dintorni e la vivacità degli abitanti, rappresentò un motivo di forte attrattiva. A maggior ragione se si pensa che Dublino è una delle «città musicali» del mondo per eccellenza. Quanto avrei potuto scrivere sugli aspetti di questa città? Quali nuove esperienze mi attendevano una volta girato l'angolo?

* * *

Era quasi inverno. A Dublino si camminava affacciandosi al freddo pungente delle mattinate semibuie e il percorso prescelto era quasi sempre quello che mi avrebbe condotta agli storici studi di Windmill Lane e, ancora più in là, alla Factory di Hanover Quay. La Factory, di proprietà degli U2, si trova sull'estrema punta nord della città di Dublino, poi non resta che il mare.

In quei giorni, dividevo con una ragazza appassionata di fotografia una stanza situata nella Upper O'Connell Street e poco distante del Writer's Museum (il Museo degli scrittori), nel quale riposano i manoscritti inestimabili di George Bernard Shaw, Samuel Beckett, Oscar Wilde, Sean O'Casey, James Joyce, Bram Stocker, Brendan Behan e Jonathan Swift, e da Henry Street, dove si poteva già assaporare il primo caffè lungo del mattino con pane imburrato e gelatina di agrumi presso il James Joyce Cafè, raffinato locale un tempo frequentato dallo scrittore.

Più in là, salivo sul panciuto ponticello chiamato Half Penny Bridge passando sopra al fiume Liffey, sulle cui rive gli U2 hanno costruito un hotel di loro proprietà, il Clarence, e un club esclusivo, The Kitchen.

E così, col suono del vento sull'acqua del fiume e lo storico Castello di Dublino alle spalle, mi inoltravo di buon'ora nelle strettoie oblique della zona di Temple Bar, dove piccoli locali hanno ospitato la band ai suoi esordi e un'altra famosa cantante, Sinead O'Connor, ha fatto la cameriera di giorno e la corista di notte.

Costeggiavo il Trinity College, la prestigiosa università fondata nel 1592 da Elisabetta I, la cui immensa biblioteca conserva un prezioso manoscritto, il Book Of Kells, e mi ritrovavo di fronte alla visione glaciale della verde distesa di St. Stephens Green, la stessa che vedeva Oscar Wilde affacciandosi dalle finestre della sua casa dublinese di fronte al parco. Ben presto, in direzione della musica, lasciavo la centrale Grafton Street; ora non restava che puntare sempre dritto verso nord, in direzione del porto. Camminavo per un'ora e, man mano, i monumenti, le piazzette circolari, le scuole e la case in stile vittoriano restavano solo un ricordo.

Alla Factory di Hanover Quay ci arrivavo attraversando la zona povera della città, quella in cui tutti i componenti della band – il cantante Bono Vox, il chitarrista The Edge, il bassista Adam Clayton e il batterista Larry Mullen – essendo di umili origini, sono nati e cresciuti e dove probabilmente la loro rabbia giovanile ha spinto l'acceleratore della creatività e la musica rock era il pane quotidiano.

Avvolta nel mio cappotto nero, osservavo il fumo delle ciminiere della zona industriale mentre calpestavo vetri rotti, resti di vecchie bambole gettate in strada e sassi. Capitava quasi sempre di incontrare dei ragazzini che giocavano, prima della scuola – se ci andavano, poi, a scuola – disegnando cerchi numerati con un gessetto sul marciapiede: il loro sguardo, sotto il baschetto biondo, era limpido, somigliava a quello del bambino immortalato sulle copertine di *Boy*, *War* e dell'ultima raccolta dei migliori successi della band. Mi sorridevano.

La gente, a Dublino, è abituata a pensare che, chi giunge fin lì, vada verso i sentieri della musica «where the streets have no name» («dove le strade non si chiamano in nessun modo»).

Ricordo che, nel tratto finale, occorreva passare per una strada sterrata, di proprietà degli U2. Lì un campo nomadi aveva il permesso di soggiornare in pianta stabile.

Nessuna casa, nessuna scuola, non più qualcuna delle piccole chiese di cui Dublino è disseminata. C'erano molti piccoli nomadi che si scaldavano vicino a un falò mentre le loro madri e sorelle stendevano i panni ad asciugare su un filo arrugginito, steso senza troppa convinzione lungo un muro. Nessuno mi ha mai importunata, anzi, ci si salutava. Finita la strada sterrata, scorgevo il porto. Sentivo l'odore dei salmoni provenire da un vecchio peschereccio dipinto di arancione e osservavo una delle tante prostitute dublinesi sistemare i suoi oggetti nella borsetta prima di smontare dal lavoro e avviarsi verso casa – i pescatori di Dublino dovevano essere suoi fissi clienti all'alba, quando tornavano dalla pesca notturna.

L'acqua del mare, da quelle parti, è quasi sempre tormentata, scompiglia i capelli e fomenta le emozioni: «You say you'll give me a river in a time of dryness / A harbour in the tempest… / When all I want is you» («Dici che mi darai un fiume nel tempo della siccità / Un porto nella tempesta… / Quando tutto ciò che voglio sei tu»).

Ero a pochi passi da Hanover Quay, potevo scorgere i muri alti e grigi degli studios in lontananza. La Factory degli U2, come i più accaniti fan della band sanno, è un insieme di capannoni di cemento coi tetti di latta, sui cui muri è attualmente presente, tra le altre, una significativa frase lasciata da qualcuno: «Thank you U2 for giving the peace to the North» («Grazie U2 per aver dato la pace al Nord»). La frase si riferisce al contributo dato dagli U2 attraverso la loro musica e il loro impegno al raggiungimento della pace nel Nord Irlanda, motivo per cui la band si recò ad Oslo insieme ai Premi Nobel per la pace John Hume e David Trimble.

«Siamo stati alla cerimonia per l'assegnazione del Nobel», mi raccontò Bono poco tempo dopo, «perché per noi, come per tutti gli irlandesi, quel momento rappresentava un'occasione importantissima. La nostra stessa storia, i nostri morti, le nostre speranze. La nostra musica», ha proseguito, «ha da sempre rappresentato un discorso politico legato a radici profonde. La tragedia d'Irlanda è parte della vita di tutti gli irlandesi. La musica, inoltre, essendo un linguaggio universale, ha la capacità di valicare e di abbattere ogni tipo di barriera. Purché contenga un messaggio di verità. Nel nostro caso, il messaggio era legato al vivere in prima persona questa situazione. Siamo contenti per noi, per il futuro dei nostri figli, per tutti gli innocenti che, in nome di quella che una volta rappresentava una vana speranza, ci hanno rimesso la loro stessa vita».

Quando non è un periodo «caldo» per il gruppo o se si giunge appena dopo l'alba ad Hanover Quay, invece del consueto gruppetto di giovani ammiratori non c'è anima viva e il silenzio può diventare impressionante, almeno fino a quando il canto dei gabbiani in volo non fa irruzione. Tuttavia, il silenzio dura poco. Essendo gli U2 non solo un gruppo rock ma una specie di multinazionale in attivo, un numero imprecisato di corrieri in motocicletta gira avanti e indietro portando per tutto il giorno fax, buste e quant'altro negli uffici situati all'interno dove, qualche impiegato, fa capolino offrendo ai fan infreddoliti un caffè caldissimo e imbevibile.

Chissà se ho offerto qualche suggerimento a chi vorrà avventurarsi sulle orme dublinesi della band attualmente più seguita nel mondo...

* * *

Molti «puristi» e appassionati di musica rock sostengono che gli U2 abbiano smesso di possedere quel «qualcosa di interessante», che li aveva inizialmente accomunati ai Simple Minds, dopo i primi due dischi, diventando ben presto commerciali ed eccessivamente attenti alla propria immagine pubblica.

Nel 1995, a Dublino, io ero in veste di giornalista, ma dopotutto ero la solita ragazza curiosa di avvicinare e toccare con mano la «verità» professionale e umana degli artisti in questione, motivo per il quale mi alzavo all'alba alla ricerca di un incontro particolare alla stessa ora in cui i musicisti spesso tornano a casa per dormire dopo aver registrato durante tutta la notte.

In quel periodo, le voci su quello che sarebbe stato il futuro album degli U2 erano moltissime e contraddittorie. Esisteva, anche nella loro città, un assoluto riserbo nei confronti della prevista uscita discografica sulla quale tutto il mondo s'interrogava e, non a caso, erano previsti introiti stratosferici derivanti da essa. La curiosità rimase tale per poco, fino all'uscita di *Pop*, un disco di non immediata digeribilità rispetto a quelli precedenti, con pezzi piuttosto tecnologici, a tratti aggressivi.

Un disco che, quando uscì, preannunciò il successivo Pop Mart Tour della band che in Italia, a Modena, raggiunse tra l'altro il record di maggior numero di spettatori paganti.

Avevo precedentemente incrociato gli U2 in alcuni backstage, a New York, ma adesso avevo l'opportunità di avvicinarli cercando di scoprire i loro progetti, i loro sogni e, se possibile, la loro «verità». Ciò è accaduto più di una volta, anche in tempi recenti, in particolare con Bono Vox. Come sempre, posso esprimere solamente la mia opinione che ha avuto tuttavia numerose conferme nei momenti di intimo dialogo con lui. Per «intimità» intendo anche il fatto normalissimo di incrociare Bono – che, a Dublino, è semplicemente Paul Hewson – spettinato, dentro a blue jeans un po' sporchi e con zainetto camminare per strada o vederlo arrivare agli Studi, come il suo caro amico e collega Larry Mullen, per lo più in moto e senza alcuna maschera alla Macphisto.

È un tipo simpatico, gioviale, fondamentalmente «vero». Ciò detto, resta indubbio il suo carisma di frontman e lui sa benissimo di essere in una posizione molto privilegiata, tanto da prestarsi volentieri a far da portavoce ad alcune associazioni, Greenpeace tra le tante. Ho spesso visto Bono e compagni con le mani occupate da una bottiglia di birra e non sarò certo la prima a narrare alcune delle loro storiche sbornie. Sarà per questo che, anche sceso dal palcoscenico, Paul Hewson risulta sempre un po' un simpatico istrione.

Quando parla – e, come ben sappiamo, quando canta – egli possiede una voce molto sexy e coi suoi piccoli occhi magnetici e di un azzurro quasi trasparente riuscirebbe ad emergere anche in un'intera squadra di giocatori di pallacanestro, pur essendo un uomo di piccola statura. Gli U2 sono apparsi ai miei occhi ragazzotti ancora un po' ingenui e dotati dell'affabilità dei dublinesi, compreso l'apparentemente tenebroso Adam Clayton e il timidissimo The Edge.

Gira voce che non esista party durante il quale non si divertano moltissimo, da veri buontemponi. Qualche volta li si può trovare al Kitchen, il locale di loro proprietà. Tra le frasi più significative che mi è capitato di scambiare con Bono Vox, anche in virtù del fatto di essere stata a mia volta in quella città, ci sono state quelle legate alle sue impressioni e ai ricordi dello Zoo Tour del 1993, quando la band si esibì a Sarajevo: «Quell'esperienza ha avuto su di noi un impatto fulminante», mi disse. «La gente accorsa fu talmente partecipe che ci commosse. Tutt'intorno, nel frattempo, avveniva un vero e proprio genocidio. Per tutto il tour abbiamo continuato a collegarci, ogni sera, con Sarajevo da ogni città diversa che toccavamo nel tentativo di lanciare un messaggio di speranza attraverso la nostra musica. I collegamenti sono stati spesso difficoltosi ma è stata un'impresa in cui noi abbiamo creduto moltissimo, qualcosa di fortemente voluto. Fortunatamente, oggi la situazione è un po' meno grave. Ci siamo stati di recente e abbiamo visitato gli ospedali cui stiamo contribuendo grazie alla collaborazione con Luciano Pavarotti (*dopo un periodo di pausa gli U2 registrarono insieme a Brian Eno la canzone* Miss Sarajevo *partecipando al progetto benefico Pavarotti International col nome di Passengers*), abbiamo incontrato molte persone e conversato con loro provando un'emozione fortissima». Senza approfondire in particolar modo l'impegno che gli U2 hanno ufficialmente messo nel favorire la pace nel Nord Irlanda e in molte altre battaglie pacifiche come quella ambientalista o quella per la cancellazione del debito dei paesi del terzo mondo, sottolineo quanto alcune canzoni siano ancora oggi l'espressione di questo loro autentico modo di sentire.

C'è davvero uno spirito di pace che aleggia tra gli irlandesi, U2 inclusi; uno spirito di grande umanità e alte tradizioni culturali che si riscontra nel semplice dialogo tra le persone con le quali, a differenza degli inglesi, è facile intrattenersi in originali e appassionate discussioni di fronte – rigorosamente – a un boccale di birra.

È facile sentirsi subito un po' parte di questo popolo, lasciarsi piacevolmente catturare, innamorarsene... A Dublino, Godot è arrivato da un pezzo.

Lo sanno bene, Bono Vox e soci. Osservandolo durante l'ultimo tour mondiale con un pizzico del consueto occhio da groupie, ho potuto constatare come vi sia un intero mondo, composto da ragazze e alcuni ragazzi, pronto a prostrarsi ai suoi piedi e ad offrirsi sessualmente.

Pur essendo marito e padre, Bono dichiarò in un'occasione, senza ipocrisia: «Durante i concerti capita che la musica provochi emozioni fortissime da ambo le parti, non solo tra il pubblico. E allora ci si fa trasportare... Vivere on the road è, da un lato, un'esperienza unica e irrinunciabile ma, dall'altro, è un po' come stare tutto il tempo su un ottovolante o essere dentro a un film. Diciamo che quando torni a casa, ogni volta sei una persona un po' 'diversa' da quella che eri quando sei partito. L'importante è raggiungere un certo equilibrio interiore. Del resto, questo è il mestiere che faccio e mi piace anche perché considero l'apatia una delle cose più terribili che possano accadere nella vita».

E già... Anch'io, nel mio piccolo, condivido questa filosofia. Sarà una casualità che il primo disco acquistato da Bono Vox sia stato *My Generation*, canzone di un certo gruppo inglese chiamato The Who?

* * *

A Dublino ero destinata a scoprire – nel vero senso della parola e in gran ritardo – la vasta produzione di un musicista per il quale, da allora, ho provato, nell'ordine, i seguenti stati emotivi: stupore, passione e ammirazione incondizionata. A quel musicista corrisponde il nome di Elvis Costello.

Costello, alias Declan MacManus, nasce a Twickenham (sobborgo londinese a me piuttosto familiare grazie a Townshend) nel 1954. Il padre è il cantante di una nota orchestra di swing. La precoce separazione dei genitori impone al piccolo Elvis un trasferimento a Liverpool, città dei Beatles, di cui lui diventa ammiratore iscrivendosi al fan club ufficiale del gruppo. Più tardi, Costello si trasferisce a Londra, dove lavora come programmatore informatico per conto di un'industria cosmetica. Ma egli possiede, da subito, inequivocabili segni di spiccata attitudine musicale, principalmente quella di arguto e prolifico songwriter (autore di canzoni).

Quando Costello sforna *My Aim Is True*, il suo primo album del 1977 prodotto da Nick Lowe, ottiene immediate critiche positive e successo di vendita. Il disco contiene alcune delle sue canzoni più note, tra cui la famosissima *Alison*: «Well, I see you gotta a husband now / Did he leave your pretty fingers lying in the wedding cake / You use to hold him right in your hand / I'll bet he took all he could take... Alison, I know this world is killing you / Alison, my aim is true» («Bene, vedo che ora hai un marito / Ti ha lasciata con le dita infilate nella torta nuziale? / Una volta lo avevi in mano / Ci giurerei, ha preso tutto quello che ha potuto... Alison, lo so che questo mondo ti uccide / Alison, sono sincero»).

A proposito del suo hit di maggior successo, Costello si esprime in questo modo: «Ho scritto *Alison* utilizzando una maniera indiretta e ambigua per dire cose che sentivo». Questa caratteristica appartiene a tutte le composizioni costelliane, in cui il testo, mai scontato, è costruito con frasi originali ed un ampio uso di metafore e giochi di parole; il risultato non è mai privo di senso, anzi testimonia un'accurata ricerca dei contenuti e raffinata abbondanza di particolari.

Nello stesso anno del suo debutto Costello fonda un suo gruppo, The Attractions, insieme allo straordinario tastierista Steve Nieve, al bassista Bruce Thomas e al batterista Pete Thomas, coi quali sfornerà alcuni dischi di successo.

Al suo debutto, Costello è stato dipinto come «pseudo-punk» cioè come qualcuno un po' meno «arrabbiato» rispetto ai contemporanei in voga sulla scena britannica del periodo,

Clash e Sex Pistols in prima linea. Ma Elvis si scosterà ben presto dall'attualità, riprendendo il sound del rock anni Cinquanta e Sessanta, del country e del folk americano fino a spingersi, in tempi recentissimi, oltre la soglia della musica lirica e sinfonica. Collabora con il quartetto d'archi Brodsky e con la soprano Anne Sofie Von Otter, con la quale registra per la storica casa discografica Deutsche Grammophon il bellissimo e assolutamente non commerciale *For The Stars*, e compone le musiche per un interessante balletto classico, *Il sogno di una notte di mezza estate*, ispirato alla commedia di William Shakespeare, in collaborazione con la compagnia italiana Aterballetto.

Il 1995 è stato per me un anno di assoluto innamoramento nei confronti di Costello e da allora attuo su tutta la sua produzione un accurato recupero e approfondimento.

* * *

Nel gennaio 1996 il quarantenne Elvis Costello viveva a Dublino. Nello stesso anno imparava a guidare la macchina e registrava le canzoni per il suo prossimo album, una delle quali gli avrebbe dato il titolo: *All This Useless Beauty*.

Nella primavera dell'anno precedente, reduce da esibizioni live a scopo benefico insieme a Paul McCartney (col quale scrisse in passato alcune belle canzoni, tra cui *Veronica*), col Brodsky Quartet per il disco *The Juliet Letters* e in piena reunion insieme agli Attractions, Costello annunciò che avrebbe supportato Bob Dylan durante l'ultima tournée di quest'ultimo, cosa che avvenne a Parigi, Londra e Dublino.

Nel mantener fede a questi impegni Costello divenne inarrestabile dal punto di vista lavorativo, cosa che, per come lo conosco, fa parte del suo radicato *modus vivendi*.

Mentre proseguivano le già citate collaborazioni, Costello dirigeva il Meltdown Festival presso la Royal Festival Hall nei pressi del National Theatre di Londra, un festival musicale d'avanguardia. Come non bastasse, erano iniziati i suoi primi contatti con il compositore americano Burt Bacharach dando vita alla canzone *God Give Me Strength*, scritta per il film di Martin Scorsese *Grace Of My Heart*, che rappresentò solo l'inizio di una collaborazione comune testimoniata dall'album *Painted From Memory* del 1998.

A Dublino feci di tutto per avvicinarmi a Costello ostentando il mio ruolo giornalistico; stavolta la mia età, gli ormai consolidati interessi e, non ultimo, il personaggio in questione imponevano alcune regole comportamentali.

Grazie a un'amica comune, che avevo frequentato a Londra nel mio periodo adolescenziale, concordai un primo appuntamento senza particolari attese scoprendo, invece, quanto ironico, spontaneo e travolgente fosse Elvis Costello di persona.

Il sopraggiunto alto grado di coinvolgimento della sottoscritta e la mia prolungata disconoscenza della sua intera opera fece sì che lo subissassi di domande alle quali, sorridente e accomodante, egli rispose in modo articolato, metaforico, esistenziale, denso di commenti ironici sulla musica, sulla vita, su Dublino, sulla stampa, sull'Italia e in pratica su qualsiasi argomento venisse estratto dal cappello.

Scoprii che il tempo non esisteva più, come invece spesso non accade parlando con persone molto meno intelligenti o che non mettono mai l'interlocutore a proprio agio.

«Vivo in costante evoluzione», disse Costello. «Più che al successo, guardo al mio passato traendo grandi soddisfazioni dal mio essere viaggiatore itinerante della musica. Per me la musica ha sempre rappresentato un immenso continente, con tante misteriose terre da esplorare. Qualche volta i critici non hanno capito ma fa lo stesso perché il risultato che ho ottenuto è stato quello di non stancarmi mai. Se mi fossi stancato io per primo, ripetendo all'infinito le stesse cose, come avrebbe potuto non stancarsi il pubblico? Non so cosa farò domani, non voglio nemmeno saperlo ma potrebbe trattarsi facilmente di una scelta inattuale o impopolare. Le cose importanti del mio mestiere, che è poi tutta la mia vita, sono conoscenza, passione, cura e approfondimento. Il contenuto può essere di genere musicale o altro e della risonanza della risposta che posso ottenere, dal punto di vista economico e della critica, con franchezza non m'importa affatto».

Se, da un lato, ho ascoltato frasi come questa uscire dalla bocca di alcuni artisti solo per questioni di «immagine» – ma la mancanza di reale convinzione si riconosceva molto chiaramente – dall'altro questa filosofia di vita rispecchia fino in fondo le scelte dell'intero percorso artistico ed esistenziale di Elvis, che proseguì: «Ho collaborato, spaziando in ogni genere musicale, con molti musicisti di talento: Paul McCartney, Tony Bennett, Johnny Cash, Chet Baker, Roy Orbison, Dusty Springfield, Bill Frisell, Burt Bacharach... ritengo di aver preso e dato qualcosa in ognuna di queste esperienze. Naturalmente, conoscevo e stimavo già i musicisti coi quali ho collaborato, altrimenti non lo avrei mai fatto. Jazz, rock, country, classica... per me non fa differenza. Il mondo è grande e io scrivo per la gente che vuol sentire questa vastità».

Dato che io volevo sentirla questa vastità, seguii moltissimo le sue impronte dublinesi. Quando ebbi occasione di essere sincera con lui, ammettendo di averlo «scoperto» solo in tempi recenti – ero stata a Live Aid, seduta a poca distanza da Costello nel caffè dietro le quinte senza rivolgergli alcuna attenzione e soprattutto avevo avvicinato il suo collega Steve Nieve molti anni prima – egli parve interessato a sapere quale occasione o disco avesse rappresentato questa sorta di mia ritardata «illuminazione», spiegandomi quanto ritenesse importante non dare mai per scontato il suo pubblico che, se non altro per le plurime e variegate produzioni da lui compiute, non era facilmente quantificabile né caratterizzabile. Costello ammise però di riscontrare una qualità comune tra i suoi ammiratori: «Chi mi apprezza deve aver sentito che scrivo e compongo sempre ciò che, prima, io 'sento' e a cui, poi, dedico tempo e accuratezza. In alcune occasioni, ho ricevuto critiche per quella sorta di 'sospensione' finale nel testo delle mie canzoni... In realtà lo faccio deliberatamente perché ognuno, con la sua sensibilità, possa 'sentire' la conclusione del discorso. Ritengo di avere un pubblico sensibile. In questo senso, sono molto fortunato».

Riconobbi di essere stata sorda e insensibile per lungo tempo nei suoi confronti. Lui mi rispose parafrasando il titolo di una delle canzoni destinate al suo ultimo lavoro: «Perhaps you were a distorted angel» («Forse eri un angelo distorto»).

Paffuto, mi sorrise con gli occhi scintillanti scrutandomi da dietro le lenti dei suoi mitici occhiali scuri alla Buddy Holly.

* * *

All This Useless Beauty è un album concettuale.

Il fatto curioso era che Costello aveva destinato i brani dell'album, scritti in precedenza, ad altri cantanti: «Alcune canzoni dell'album hanno una loro narrazione», disse Elvis a tal proposito, «ma alcuni degli artisti ai quali le ho proposte non l'hanno evidentemente compresa».

Solo quattro delle trenta canzoni messe in cantiere da Costello erano già state registrate dalla stessa cantante, June Tabor. Ma esistono diversi modi di cantare la stessa canzone, si disse probabilmente Costello e lo fece lui stesso nell'album che ottenne probabilmente il maggior consenso della sua carriera.

Vale la pena ricordare ognuno dei brani del disco, ai quali, in parte, mise mano a Dublino nello stesso periodo.

La canzone *Other Side Of The Telescope*, firmata insieme a Aimee Mann, apre il disco con una densità di visioni legate al cattolicesimo e rimanda ad immagini surreali in stile *Alice nel paese delle meraviglie*, per un'intensa interpretazione vocale supportata dalle armonie barocche dei tasti di Nieve, non senza un briciolo di *romance*. Segue *Little Atoms*, che si distacca musicalmente dalla precedente fin dalle note introduttive e parla di comprensione, fede e speranza. Il terzo brano, che dà il titolo all'album, è «classico». L'ispirazione sopraggiunse dentro l'anima di Costello dopo avere ammirato per tre ore un dipinto di Botticelli presso una galleria d'arte. «Però non chiedetemi di spiegare esattamente di cosa si tratta perché non lo so bene nemmeno io», disse l'autore riferendosi al testo. La dylaniana *Complicated Shadows* fu scritta in origine per Johnny Cash. I ritmi della batteria di Pete Thomas emergono in evidenza. *Why Can't A Man Stand Alone?* era invece destinata a Sam Moore, uno dei componenti di Sam And Dave. Poco male, poiché qui la vocalità di Costello si libra su scale ascendenti e discendenti e Steve Nieve impone una giusta, misurata sonorità piano-organistica e il risultato finale è perfetto. *Distorted Angel* è un concentrato di jazz-rock, puro *Attractions' swing*. Il testo parla del concetto cattolico di colpa e riprende l'idea che ognuno di noi disponga di un angelo custode che può essere o divenire un angelo distorto e un po' più simile a un diavolo. *Shallow Grave* è l'ennesimo brano scritto insieme all'ex Beatle McCartney e si connota come improvviso rockabilly, scostandosi notevolmente dallo stile delle altre canzoni.

La voce di Costello colpisce il bersaglio in modo inequivocabile in *Poor Fractured Atlas*, brano a tempo di valzer e dal testo satirico. *Starting To Come To Me* è volutamente ispirata ai telefilm comici e datati della serie *Mary Tyler Moore* e Nieve produce volutamente suoni disarmonici con le tastiere per sottolinearne l'atmosfera bucolica. L'accattivante sound di *You Bowed Down*, originariamente concepita per Roger McGuinn, è in pratica un tributo personale di Elvis ai Byrds, densa di tipiche sonorità *english style*, con Costello che imbraccia la chitarra a dodici corde. Il testo narra l'acceso diverbio tra Elvis Costello e la casa discografica Warner Bros. *It's Time* parla di quel momento in cui si percepisce che l'amore tra due persone è giunto alla frutta e occorre dirsi «è giunto il tempo di andare». La canzone venne scritta per essere interpretata dalla cantante Bonnie Raitt. Le note del basso sostengono una drammatica interpretazione costelliana per un risultato originale, rimandando ad armonie tipicamente anni Sessanta.

In chiusura, un brano mozzafiato: *I Want To Vanish*, in prima battuta arrangiata da Steve Nieve per il Brodsky Quartet, da loro interpretata insieme a Costello con accompagnamento di suoni degli archi. La complessa espressione vocale di Costello è messa totalmente al servizio di quello che, a mio avviso, resta uno dei testi dalla poetica più pura tra quelli che egli ha scritto: «I want to vanish / This is my fondest wish / To go where I cannot be captured / Laid on a decorated dish / Even in splendour this curious fate / Is more than I care to surrender / Now it's too late» («Voglio scomparire / È questo il mio più ardente desiderio / Andare dove non posso esser preso / Posto sopra un piatto decorato / Questo curioso destino anche nello splendore / È più di quanto importi per arrendermi / È troppo tardi adesso»).

Durante la registrazione dei brani di *All This Useless Beauty* era impossibile a chiunque presenziare al di fuori degli addetti ai lavori. Rigorosamente durante le pause, Costello si è mostrato disponibile a parlarne dando spiegazioni su ogni singolo brano facendo un bilancio delle molte ore di lavoro giornaliero presso lo studio di registrazione dublinese, poco distante da casa sua.

Non è un caso che quest'album abbia rappresentato la mia tardiva scoperta musicale: esso contiene una serie di canzoni che possono risultare facilmente gradevoli sia ai suoi storici fan che ai nuovi arrivati ed è tra quelli che spesso regalo a chi ancora non conosce o apprezza particolarmente Costello. Il disco segna inoltre la prima ripresa ufficiale di collaborazione con gli Attractions, da *Blood And Chocolate* del 1986, sebbene alcuni di loro avessero già collaborato in *Brutal Youth* nel 1994.

Conservo gelosamente, da quei giorni, alcune righe scritte da lui per me in estemporanea su un tovagliolino di carta.

Sul fronte personale, all'epoca Costello viveva una vita errabonda perennemente dedita alla musica, coerente con le sue priorità. Era sposato da pochi anni con Cait O'Riordan, sua seconda moglie ed ex bassista dei Pogues che per lui abbandonò completamente la carriera. Pur non avendo figli, la coppia era all'inizio molto unita. Negli ultimi tempi, in cui tra l'altro Costello ha vissuto quasi sempre a Londra, è parsa evidente una separazione tra i due anche se non c'è stata alcuna dichiarazione ufficiale. Costello ha un figlio ventenne avuto dal suo primo matrimonio, Matthew, che suona il basso e collabora saltuariamente con il padre. Quel matrimonio naufragò sulla scia del famigerato incontro tra Costello e la famosissima groupie-icona e coniglietta di Playboy Bebe Buell.

Durante uno dei suoi primi spostamenti con gli Attractions, Costello conobbe Bebe che era da pochissimo divenuta madre di quella bambina che, un giorno, sarebbe stata la bellissima Liv Tyler, attrice che debuttò nel film *Io ballo da sola* di Bernardo Bertolucci. Da una liason con Steven Tyler, cantante degli Aerosmith e padre naturale che Liv conoscerà solo molto tempo dopo la nascita, Bebe mise al mondo la bambina con l'idea di farla crescere coi nonni. Costello, invece, la convinse a tenere con sé la neonata Liv e il trio visse insieme per un breve periodo a Los Angeles.

Si dice che quando Bebe ricominciò la sua vita sociale piuttosto mondana, Elvis non resse e il *ménage* tra i due finì in modo turbolento. Tornato a Londra, Costello divorziò dalla moglie scrivendo canzoni per la Buell, in qualche modo musa ispiratrice dell'album *This Year's Model*. Intenerita, Bebe prese un aereo per raggiungerlo a Londra e riprese la convivenza con Costello. Tuttavia non funzionò e da allora nessuno dei due si rivolge nemmeno un saluto.

Tempo dopo, Costello sposerà la più tranquilla e fedele O'Riordan mentre Bebe Buell si sposerà con il musicista Todd Rundgren, padre adottivo di Liv Tyler.

* * *

Non posso asserire di mantenere un contatto regolare con Elvis Costello paragonabile a quello tra me e Pete Townshend. L'ho incontrato altre volte, laddove sia stato possibile. L'ho seguito durante moltissimi suoi concerti in duo con Steve Nieve, quando proponeva tutti i suoi brani di successo con arrangiamenti semplici ma di grande impatto emotivo. Ho assistito alle sue recenti esibizioni londinesi presso la Royal Festival Hall, con Debby Harry e Roy Nathanson nell'applauditissima performance jazz Fire At Keaton's Bar And Grill.

La stessa sera, mentre attendevo in camerino, ci fu un sopralluogo della polizia per accertamenti che ancora non mi sono del tutto chiari; io e un altro paio di ragazze ci siamo calate, scavalcando una finestra, in fretta lungo le scale antincendio sul retro teatro suscitando, come nei film, lo sgomento di alcuni passanti.

Qualche mese più tardi, fortunatamente, nella stessa Hall londinese incontrai Costello dopo che la sua esibizione con Nick Cave And The Bad Seeds e con l'eclettica artista Laurie Anderson, contribuì alla riuscita di un'eccelsa performance, densa di atmosfere estrose ed inconsuete.

Ho incontrato di nuovo Costello a Bologna dove, nell'autunno 2000, sovrintendeva alle prove in previsione della prima assoluta del balletto *Il sogno di una notte di mezza estate*. In quei giorni il musicista tenne un interessantissimo incontro con gli studenti universitari del DAMS, insieme ai collaboratori di Aterballetto.

Lo spettacolo, in replica, giunse anche nella mia città natale. Pur essendo un'opera che testimonia bravura e originalità, non ha ottenuto, secondo me, una giusta risonanza in territorio italiano, considerando la bravura degli interpreti, le eccellenti coreografiche e il bell'allestimento nell'insieme. Tuttavia, so cosa ne direbbe Costello: «Il mondo è grande e io scrivo per la gente che vuole sentire questo».

Benissimo, io sono in fila. *My aim is true...*

* * *

Durante il soggiorno dublinese, fui felice di assaporare molti eventi. Molti di questi consistevano in avvenimenti di una certa importanza come prime teatrali o concerti di musicisti che andavano da Van Morrison ad apprezzati strumentisti di arpa celtica. Altri rientravano più semplicemente tra le occasioni sociali che, a Dublino, ruotano tutte intorno ad alcuni luoghi consueti dove giovani band si esibiscono, il locale degli U2 The Kitchen e il Lilly's Bordello, all'epoca regolarmente frequentato dallo splendido attore Daniel Day Lewis, che riuscii a intervistare l'estate successiva a Londra – alla fine della chiacchierata mi offrì un gelato, che mangiai assieme a lui sotto i portici di Covent Garden sentendomi addosso, nel frattempo, gli sguardi di tutte le donne di passaggio.Tornando a Dublino, si poteva anche scegliere di trascorrere dei bizzarri giovedì sera negli incontri di gruppo per la lettura commentata dell'*Ulisse* di Joyce, dove si incontravano, tra l'altro, uomini di grande cultura. Dopo qualche mese, tornai a lavorare a Londra. Vivevo nei pressi di Gatwick, dividendo con altre persone la casa di un pilota della British Airways. Ho ricordi bizzarri legati a quel periodo: il via vai di persone nella casa – dove soggiornavo praticamente gratis –, i party e le occasioni «di un certo tipo» erano talmente frequenti che non si potevano neppure lontanamente paragonare ai backstage dei concerti rock. Un continuo via vai di hostess e steward, che dividevano in quattro o cinque lo stesso giaciglio, talvolta con reciproci e rumorosi intrattenimenti, mi costringeva a rimanere il più a lungo possibile fuori casa o a chiudermi indisturbata nella mia stanza in compagnia di un buon libro. Ciò nonostante mi capitava spesso di dover rifiutare, anche fisicamente e con qualche spintone, alcuni intrusi che, spinti dalla birra e dall'eccessivo entusiasmo, arrivavano ad arrampicarsi sulla mia finestra al primo piano o a nascondersi nell'armadio a muro. Talvolta, di mattina presto, trovavo qualcuno che si era addormentato completamente nudo lungo le scale o dentro la vasca da bagno e allora, con una sterlina, mi recavo nelle docce pubbliche di Victoria Station prima di andare al lavoro. Realizzai con chiarezza quanto potesse essere folle salire su un «magic airplane» e quanto mi sentissi molto più a mio agio sul mio consueto «magic bus».

quadrophenia, un grande ritorno

Only love can make it rain
The way the beach is kissed by the sea
Only love can make it rain
Like the way sweat of lovers
Laying in the fields
Love, reign o'er me

Solo l'amore riesce a far piovere
Come la spiaggia è baciata dal mare
Solo l'amore riesce a far piovere
Nel modo in cui il sudore degli amanti
Va stendendosi nei prati
Amore, regna su di me

Pete Townshend/The Who, *Love Reign O'er Me*

Il 29 luglio 1996 mi trovavo a Londra, in Hyde Park, in compagnia di altre 149.999 persone. Un'ottima compagnia, brillante e calorosa. Solo che le 40 tv via cavo collegate non si trovavano lì per noi. Sul palcoscenico, allestito all'entrata del parco di fronte al vittoriano Park Lane Hotel – i cui vetri delle finestre devono aver vibrato parecchio in quell'occasione – stavano per esibirsi la grintosa Alanis Morissette, il mitico menestrello di Duluth Mister Bob Dylan ed il magico chitarrista *slowhand* Eric Clapton. L'attesa più grande, però, era legata a un gradito ritorno... Gli Who – o meglio, come ebbe modo di specificare per l'ennesima volta il leader della band in questione, Pete Townshend, Roger Daltrey e John Entwistle coadiuvati dal batterista Zak Starkey, figlio di Ringo Starr, al posto del compianto Keith Moon e circondati da una moltitudine di *special guests* che avrebbero impersonato i personaggi principali della *rock opera* – avrebbero interamente eseguito *Quadrophenia.*

Dall'omonimo album doppio del 1973, l'opera rock era divenuta film storico e leggendario nel 1979 e la storia ideata e musicata da Townshend ha incarnato il vissuto di una generazione, quella Mod.

* * *

Nel 1973, Pete Townshend assemblò una serie di canzoni per quello che sarebbe stato il nuovo concept album degli Who dalla pubblicazione di *Who's Next,* avvenuta nel 1971, e la seconda *rock opera* dopo *Tommy.*

I brani del disco descrivevano la vita, le frustrazioni e gli stati d'animo di un giovane ragazzo, il mod Jimmy. Ma *Quadrophenia* ha in special modo rappresentato il tributo di Townshend agli «storici» fan degli Who cioè a coloro che, fin dall'inizio e per l'appunto in piena fase mod, seguirono di pari passo la band.

La personalità di Jimmy – come mostra da subito la grafica eccellente di copertina del disco originale nel riflesso dei quattro specchietti della vespa, impugnata dal ragazzo che si trova di spalle – è «quadrophonica» ossia incarna in sé quattro aspetti. Ogni membro degli Who incarna uno di questi: Roger Daltrey rappresenta il duro, John il romantico, Keith il lunatico e Pete l'ipocrita. Naturalmente anche l'album si sarebbe registrato in *quadrophonic sound.* Al di là dei quattro lati della personalità di Jimmy, come già in qualunque altra opera di Pete, è evidente come in Jimmy siano presenti alcuni aspetti della personalità di Townshend, come scrisse lui stesso in alcune note aggiuntive: «C'è una parte di me che odia le persone. Non le persone 'vere' ma quelle stupide e inutili. Le persone che restano sedute ad annoiarsi mentre il mondo continua a peggiorare. Guerre e battaglie. Gente che muore di fame. Vecchi che muoiono perché i loro figli sono impegnati coi figli avuti a loro volta e non lasciano loro il tempo per prendersi cura degli anziani genitori. Tutto questo è il motivo per il quale mi viene voglia di spaccare le cose e lo faccio. Il mio psicoterapeuta dice che non sono pazzo. Dovrebbe vedermi quando ne ho le scatole piene».

Tuttavia Jimmy resta un personaggio realistico ma surreale e in parte inventato, molto più di un ragazzo preso dal vero e descritto semplicemente tale e quale.

Rispetto a *Tommy, Quadrophenia* si svolge in un contesto più attuale e stavolta le canzoni sono intrinseche ai caratteri e all'intreccio della narrazione. L'idea di base per l'opera nacque in Townshend durante l'anno precedente, dopo aver scritto le canzoni *Love Reign O'er Me* e *Is It In My Head.*

Reduci da insorti problemi di *management* e da quelli legati alla dipendenza da sostanze stupefacenti del batterista Keith Moon, gli scontri tra Daltrey e Townshend si fecero molto accesi. In contemporanea gli Who registrarono, durante l'estate, una quindicina di canzoni nei loro studi di registrazione londinesi della zona di Battersea. Se è vero che Daltrey, dopo essere stato Tommy, viveva piuttosto male il «modesto» ruolo ritagliato per lui in *Quadrophenia,* è altrettanto vero che tentava continuamente di sottoporre a Townshend le sue contrarietà dovute ad un ampio uso del sintetizzatore. Pete, d'altro canto, riteneva insopportabile, oltre che ingrata vista la mole di lavoro da lui scritto per la band, qualunque insoddisfazione espressa da Roger. Arrivarono alle mani e Roger, che si scagliò per primo contro Pete, venne ferito da una schitarrata scagliatagli addosso da Townshend e finì in ospedale. A parte questo increscioso episodio, fortunatamente le violenze fisiche terminarono e le registrazioni proseguirono nonostante rimanesse un radicato malumore di fondo. *Quadrophenia* uscì nel mese di novembre del 1973. Il disco conteneva 17 canzoni, una più bella dell'altra: *I Am The Sea, The Real Me, Quadrophenia, Cut My Hair, The Punk Meets The Godfather, I'm One, The Dirty Jobs, Helpless Dancer, Is It In My Head, I've Had Enough, 5:15, Sea And Sand, Drowned, Bell Boy, Doctor Jimmy, The Rock* e *Love Reign O'er Me.*

* * *

Il giovane Jimmy vive nel quartiere di Shepherd's Bush, nella zona ovest di Londra, a circa un miglio di distanza dal mitico Goldhawk Social Club. Presumibilmente, egli ha abbandonato presto gli studi e lavora come fattorino presso un'agenzia pubblicitaria del West End. In questo modo, pur avendo diciassette anni, può disporre di un certo gruzzolo di denaro da spendere per il suo *mod look*, per le serate al Goldhawk, per i dischi e le riviste, per l'acquisto di anfetamine e, non ultimo, per il mantenimento della sua Vespa, dalla quale non si separa mai. I suoi genitori, descritti come una tipica coppia frustrata che, dopo alcuni anni di matrimonio, trascorre il tempo a bivaccare davanti alla televisione, non capiscono lo stile di vita del figlio, pensano che sia pazzo e le liti sono all'ordine del giorno. Jimmy frequenta altri mod ma nonostante il suo sentirsi parte di un gruppo verrà tradito da quello che pensa essere uno dei suoi migliori amici, che gli soffia la ragazza. La sua vita ci viene raccontata tra un concerto degli Who all'Hammersmith Theatre e un viaggio a Brighton per vedere il mare.

L'equilibrio non appartiene a Jimmy e, del resto, ciò non sarebbe neppure lontanamente possibile data la sua personalità «quadrophonica». Jimmy si reca dallo psichiatra tutti i lunedì. Il dottore, in linea con il sistema sanitario inglese pubblico, ammette di non capirci nulla, ma stende per Jimmy una diagnosi di schizofrenia. Il rifiuto da parte di colei che Jimmy credeva essere diventata la sua ragazza, il voltafaccia dell'amico, gli scontri tra mod e rocker lungo la spiaggia di Brighton, non rendono certo a Jimmy la vita più semplice. Ciò nonostante, a Brighton egli è il primo a non tirarsi indietro e a manifestare tutta la sua rabbia. I rocker – praticamente la versione inglese degli americani Hell's Angels – sono un gruppo che si esprime regolarmente tramite atti di violenza. Nella narrazione, i rocker sfidano i mod, riunitisi a Brighton, dispensando violenza non solo sui loro corpi ma anche su quelli che sono i simboli del loro «essere mod»: strappano loro i vestiti e distruggono i loro scooter.

Al di là dello scontro narrato in *Quadrophenia*, nell'estate del 1964 il quotidiano inglese *The Times* riportava la cronaca di sanguinose lotte realmente accadute tra band di mod e rocker, in zona Margate, Bournemouth ed Hastings. Perfino la stampa inglese, dopo un po', smise però di occuparsi della faccenda e così gli scontri iniziarono a non essere più interessanti neppure per coloro che li aizzavano.

Tornando alla storia di Jimmy, che ormai si è licenziato dal suo lavoro e sta compiendo un allucinante viaggio in treno, alla fine deciderà di tornare a Brighton per rivisitare ogni angolo della cittadina in cui ha vissuto la sua specie di ultima vacanza insieme alla sua ragazza e ai suoi amici, prima dello scontro e del tradimento subito. Jimmy trascorre una notte dormendo all'aria aperta sulla spiaggia in riva al mare. Al risveglio, getta simbolicamente alcuni sassi nell'acqua. Poi raggiunge in Vespa Land's End, lungo la promenade.

Nel film, la scena finale è quella della vespa di Jimmy che si schianta giù dal precipizio sugli scogli. Alla luce della successiva tournée degli Who e, come accadde per *Tommy*, dell'imminente progetto itinerante di allestimento teatrale di *Quadrophenia* sovrinteso dallo stesso Townshend, può essere interessante leggere la versione di Pete dell'intento di suicidio di Jimmy: il finale mostra che il ragazzo sceglie la vita ma è un finale volutamente vago e non è detto.

«È una metafora degli Who, di quello che è successo a noi», spiega Townshend. «È un qualcosa che ha avuto inizio nel 1965 e finisce a un certo punto (*riferendosi al 1973, nda*) e ho lasciato uno spazio vuoto sulla disperazione perché il gruppo si trova nel bel mezzo di nulla, senza alcuna idea su dove si spingerà in futuro. È qualcosa che ha a che fare con la propria condizione di crescita. Alla fine, Jimmy, il nostro eroe, si trova in grave pericolo di maturità». Sappiamo che la maturità è un concetto che a Townshend non piace, non è mai piaciuto e continua a non piacere.

In compenso, oggi sappiamo quali strade, più o meno difficili, hanno intrapreso gli Who dal 1973 ad oggi.

* * *

Subito dopo l'uscita del disco, gli Who tentarono la difficoltosa performance dal vivo della *rock opera* che, a differenza di *Tommy* quando venne brillantemente eseguito per intero al Festival di Woodstock e in tutte le occasioni che seguirono, si scontrò con numerosi problemi tecnici, pressoché insormontabili. Il debutto avvenne nel Midlands, poi a Newcastle dove a causa di numerosi guasti dovettero essere tagliati parecchi pezzi e Townshend si arrabbiò moltissimo.

A Montreal i problemi continuarono ad aumentare di numero e in gravità e la resa dei concerti rendeva Pete sempre più imbestialito. Parte della rabbia venne sfogata con la distruzione di alcune camere d'albergo. Se gesti come questi non erano di certo nuovi per il batterista Keith Moon, in questo frangente fu Townshend a decidere che non sarebbe stato male spingere fuori da una finestra un intero tavolo di marmo per vedere che effetto faceva. Così, aiutato da Moon, lo scagliò nel vuoto. Naturalmente, come conseguenza, ci furono parecchi rifiuti, anche dell'ultimo minuto, da parte alberghi americani a mantener fede alle prenotazioni fatte dalla band, che comunque pagò di tasca propria tutte le multe e le spese concludendo per l'ennesima volta un tour che, nell'insieme, finì con un conto in rosso.

Roger iniziò, tra l'altro, ad avere problemi per l'eccessivo sforzo dovuto all'uso della voce e successivamente alla sua celeberrima interpretazione vocale di *Quadrophenia* venne operato per una forma tumorale alla gola. Continuava, nel frattempo, anche il processo di cambiamento in atto nel management degli Who con il subentro di una nuova e importante figura professionale, Bill Curbishley, che ancora oggi è al fianco della band. Problemi a parte, il disco vendette milioni di copie in poche settimane.

* * *

Il film *Quadrophenia* venne realizzato nel 1979 per la Who Films, prodotto da Bill Curbishley. Tra i protagonisti ricordiamo: Phil Daniels (Jimmy), Mark Wingett (Dave), Philip Davis (Chalky), Leslie Ash (Steph), Garry Cooper (Pete), Toya Wilcox (Monkey), Trevor Laird (Freddy), Kate Williams (la madre di Jimmy), Michael Elphick (il padre di Jimmy), Kim Neve (Yvonne), Raymond Winstone (Kevin), Gary Shail (Spider) e, per la prima volta sugli schermi, il Police Sting nella parte di Ace Face/Bell Boy. Alla sceneggiatura pensarono Dave Humphries, Martin Stellman e Franc Roddam, quest'ultimo regista. Pete

Townshend e John Entwistle si occuparono delle parti musicali.

Pete intese le canzoni, a differenza di *Tommy*, come rinforzo alla struttura di base dello svolgimento della storia, facendole subentrare nelle diverse scene del film. Il problema principale da risolvere per la produzione del film, secondo il regista, era il fatto di dover presentare qualcosa che era già stato presentato con successo, però anni addietro.

Ciò nonostante, oltre ad essere stato proclamato film-culto e portabandiera dei gruppi mod originali, nuovi o rinati sulla sua scia in tutto il pianeta, la pellicola resta una fotografia interessante poiché unica di un'epoca e mette a fuoco l'insofferenza generazionale per l'Inghilterra conservatrice provata dalle nuove generazioni. Alla fine ci si accorge, a dispetto del suo ipotetico «ruolo di supporto», che il linguaggio principale del film, oltre ad alcune suggestive immagini è la musica di Townshend, che esprime i sogni, le frustrazioni e la disillusione di Jimmy.

I componenti degli Who, differentemente da *Tommy*, non appaiono fisicamente nel film, ma sono presenti, eccome...

* * *

Compiendo di nuovo un salto di diciassette anni, tornando al concerto in Hyde Park dell'estate del 1996, *Quadrophenia* riparte in veste nuova e in parte criticabile.

Ma, soprattutto, sono gli Who a ripartire alla grande. Ben 150mila spettatori paganti per assistere a un concerto a scopo caritatevole, tra cui lo stesso Principe Carlo che ha a sua volta acquistato il biglietto in favore della sua stessa associazione benefica Prince's Trust, hanno applaudito coloro che si erano dati l'appellativo di «Masters Of Music» (Maestri della Musica): il pianista jazz Jools Holland, la provocante *singer* di Ottawa, Alanis Morissette – unica presenza targata anni Novanta – Bob Dylan, che si è esibito insieme a Ron Wood dei Rolling Stones, ed Eric Clapton.

Una vera e propria *standing ovation* è giunta, lunghissima, non appena la voce di Daltrey ha attaccato in sottofondo l'eco ripetuta di «*can you see the real me, me, me, me, me, me...*» e, tra le voci dei gabbiani registrate, *Quadrophenia* ha avuto inizio.

A fare da sfondo scorrevano le immagini di Brighton e un filmato con alcuni giovani attori, diversi dagli interpreti del film, che recitavano alcune frasi tra l'una e l'altra canzone. Sul palcoscenico c'erano, oltre agli Who e a Zak Starkey, il fratello di Pete, Simon Townshend, alla chitarra elettrica, l'insostituibile John «Rabbit» Bundrick e Jon Carin, entrambi alle tastiere, Jody Lindscott alle percussioni e i vocalist Billy Nicholls e Keith Murrell. Poi vi erano alcuni personaggi, che a mio avviso hanno rappresentato l'unica nota di biasimo di questa e delle successive performance e svilito l'intera messa in scena, interpretati da Gary Glitter e, nelle date seguenti, PJ Proby, entrambi l'incarnazione un po' patetica di Godfather.

Più azzeccata, invece, l'interpretazione di Billy Idol in qualità di Ace/Bell Boy al posto di Sting – inizialmente contattato da Townshend ma che rifiutò di interpretare per la seconda volta il suo ruolo. Idol venne contattato per la tournée che seguì il Prince's Trust e subentrò al posto di Benjamin Waters fino a che, mostrandosi eccessivamente incostante, ribelle e poco puntuale facendo un capriccio dopo l'altro non fece definitivamente incazzare Roger Daltrey che – letteralmente e non «come da copione» – finì col prenderlo a calci buttandolo fuori dallo stage e dalla tournée. Hyde Park vide anche la partecipazione di Dave Gilmour, chitarrista dei Pink Floyd, già collaboratore e amico di Townshend nelle esecuzioni di *Dirty Jobs* e *Love Reign O'er Me.* Durante le prove, Gary Glitter ferì un occhio di Daltrey colpendolo violentemente con il microfono. Roger cantò sul palco con una benda sull'occhio per tutta la durata del concerto, nonostante un'emorragia interna gli provocasse un continuo flusso di sangue lungo la gola e i dottori glielo avessero proibito, reggendo egregiamente fino alla fine. Ce la mise tutta da quel grandissimo *frontman* che, nonostante l'evidente calo di voce degli ultimi anni, continua ad essere con grande carisma ed alta professionalità.

Roger si sentì malissimo nei giorni seguenti, più per i postumi di una feroce lite avuta con Townshend che per l'occhio sanguinante. Daltrey, infatti, impose a Pete che sul biglietto del concerto apparisse la scritta «The' Who's Quadrophenia» e non «Pete Townshend's Quadrophenia». Roger ottenne – direi giustamente – ciò che voleva, ma solo dopo un duro e lunghissimo scontro verbale con Townshend, che insisteva sul fatto che l'evento in questione non fosse significativo e strettamente inerente a una reunion degli Who, ma che Daltrey, Entwistle e lui stesso erano semplicemente degli interpreti, né più né meno alla stessa stregua degli altri *guests* e musicisti. Entwistle rimase, come di consueto, al di fuori di ogni polemica mantenendo il suo famigerato atteggiamento nobile e distaccato e, come di consueto, mise tutte le sue energie per esprimersi sul palco ottenendo un risultato grandioso. Nell'osservarlo dietro le quinte, Entwistle mi parve sinceramente anche un po' divertito dal pressoché amletico dilemma «reunion-non reunion». Zak Starkey fu bravissimo; la scuola di Keith Moon, che per primo gli mise le bacchette in mano nonostante Zak fosse figlio di un altro batterista, Ringo Starr, fu rievocata con grande energia e, nello stesso tempo a differenza di Kenney Jones, modestia. Zak è un grande ammiratore di Moon e ha sempre ammesso apertamente di provare un'emozione particolare nel dover prendere il suo posto con gli Who.

Durante il concerto, Pete fu unico. Il suo assolo acustico in *Drowned,* immortalato e riproposto da tutte le televisioni via cavo, dice più di mille parole. Durante il concerto andò a coprirsi a causa di un gelido vento che fischiava attraverso il parco, rendendo il mese di luglio più simile al mese di novembre, mettendosi parecchie volte delle gocce di un medicinale nelle sue orecchie a causa dei suoi cronicizzati problemi all'udito causati da anni di eccessivo volume – si consideri che per il concerto in Hyde Park venne utilizzato un impianto di amplificazione da 3 milioni di sterline (otto miliardi di lire), tanto per rendere l'idea della potenza dei suoni ottenuta.

Tornando a me, desideravo salutare Pete ma non feci in tempo. Appena terminato il concerto, senza perdersi in particolari convenevoli nonostante i grossi nomi presenti nel *backstage* compreso l'erede al trono d'Inghilterra, Townshend si tuffò, esausto, nella sua Mercedes chiedendo all'autista di portarlo allo Shaftesbury Theatre, nel West End, dove l'ennesima replica di *Tommy* stava per terminare e dove avrebbe cenato insieme ad alcuni degli interpreti e, ovviamente, ad alcune ballerine del cast. Questo gesto offese ancora di più Roger il quale, il giorno successivo al concerto, ammise con un'amica che avevamo in comune, steso sul divano di casa sua mentre la moglie gli medicava l'occhio, di essere arrabbiato e arcistufo: «La musica è tutta la mia vita, gli Who sono tutta la mia vita ma non sono arrivato fin qui per meritare, ancora una volta, questo tipo di comportamento di merda da parte di Pete. Se il prezzo da pagare ha a che fare con la mia dignità, be', allora per me è un prezzo troppo alto. Non devo più dimostrare niente a nessuno».

Fortunatamente le cose tra i due, presumibilmente, devono essersi via via chiarite e sistemate ancora una volta visto che gli Who hanno proseguito il Quadrophenia Tour attraversando mezzo mondo.

Infine, relativamente ad Hyde Park, una spiacevole nota per tutti i fan italiani: il mio amico regista Francesco Cabras, a sua volta conoscente di Townshend, si trovava lì per realizzare uno speciale destinato a un canale televisivo italiano ma la cosa, alla fine, non andò in porto. Nell'anno successivo, come parecchi ricorderanno, fu cancellata la data milanese in cui gli Who si sarebbero dovuti esibire in Italia, che era stata prevista alla fine di maggio, troppo ravvicinata a quella di un'altra grande rockstar, Bruce Springsteen.

Di problemi organizzativi o scelte prioritarie si sia trattato, è un dato di fatto che l'Italia tende a «snobbare» gli Who, la qual cosa mi ha sempre, tra l'altro, fatta sentire «in perdita» nel momento in cui è accaduto di parlarne direttamente con loro. «Non siamo stati noi a non venire, è stata l'Italia che non ci ha voluto», disse Roger sulla questione. Anche Pete, in un'occasione, mi lanciò uno sguardo piuttosto cupo e alterato a questo riguardo. Non osai chiedere ulteriori spiegazioni, né all'uno né all'altro per approfondire la questione. Semplicemente provai un forte senso di imbarazzo e iniziai a comprendere come mai sembra così difficile coinvolgere anche solo uno di loro a venire in Italia per un *gig* acustico o qualche altro tipo di manifestazione. Ad ogni modo, la speranza è sempre l'ultima a morire e qualcosa bolle ancora in pentola...

* * *

Dunque, gli Who tornarono insieme. E per davvero.

Il Quadrophenia Tour, da me seguito in qualità di corrispondente esclusivamente nelle date inglesi, partì il 16 luglio del 1996 dal Madison Square Garden di New York. Le tappe successive furono Portland, Tacoma, Vancouver, San Jose, Los Angeles, Phoenix, Anaheim, Las Vegas, Denver, Chicago,

Auburn Hills, Dayton, Cleveland, Pittsburg, Buffalo, Landover, Worcester, Uniondale, Philadelphia, Albany e East Rutherford. I concerti conclusivi si tennero il 6 e 7 dicembre 1996 a Londra e a Manchester, quattro giorni dopo.

Da un po' di tempo ormai lavoravo in Italia su un doppio canale – uno relativo all'insegnamento e l'altro al mio ruolo di traduttrice e giornalista, principalmente in campo musicale. A Londra ritrovai, miracolosamente in quell'anno, alcune amiche italiane che mi avevano accompagnata nella mia primissima vacanza londinese quand'ero molto piccola. Fui spesso ospite di una di queste, Francesca, una persona molto originale che, dopo vari soggiorni in Oriente, aveva trovato lavoro e casa nel bellissimo quartiere di Chelsea, in fondo a King's Road. Un'altra ragazza, Angela, con la quale purtroppo il rapporto si interruppe successivamente a causa di un'eccessiva morbosità che mi rendeva impossibile stabilire con lei un rapporto amichevole e armonioso, era rimasta una seguace degli Who, specialmente di Roger, col quale aveva da poco ripreso i contatti. Roger la invitò a trascorrere con lui una vacanza in Italia ma lei, incredula e spaventata, indietreggiò e lasciò perdere – atteggiamento che, di certo, non ci accomunava. Io e Angela assistemmo insieme ai concerti londinesi della band. Non mi sentivo di raccontare fino in fondo tutto quello che avevo vissuto nel corso degli anni precedenti, nonostante una certa comunanza di interessi. Capivo che il terreno era piuttosto fragile, non più «solidale» e senza pregiudizi come negli anni del gruppo di amici di Kensington Church Street ma un po' intessuto di quella bieca rivalità tra donne, inespressa ma fastidiosa, che da sempre detesto e che, appena ne percepisco l'energia negativa, fa sì che io non approfondisca più il rapporto o tagli definitivamente la corda

Ero molto curiosa di rivedere *Quadrophenia* sei mesi dopo il concerto in Hyde Park e di verificare quanto il gruppo potesse essere maggiormente in sintonia rispetto alla performance dell'estate precedente.

Gli Who si esibirono all'Earl's Court Exibition Centre, davanti a circa 13mila fan, tra cui moltissimi mod di una certa età, con tanto di figli a carico, ma anche alcuni gruppi più giovani, tutti in preda a un totale delirio, tra birre ingurgitate velocemente e canzoni sbraitate insieme alla band, che fu eccellente. Continuavo a chiedermi – e lo sottolineai, senza ipocrisia, anche a Townshend – il perché fosse stato inserito PJ Proby e perché parte del filmato fosse migliorata dall'esibizione di Hyde Park ma non così tanto da non risultare, a tratti, noiosa e perfettamente inutile. A parte questo, gli Who dimostrarono di essere grandi come ai vecchi tempi. Roger Daltrey con l'occhio ormai guarito apparve in gran forma nei suoi jeans azzurrini e canotta bianca per far risaltare, come al solito, i muscoli delle braccia tornite e il suo torace perfetto. Roger usa esibirsi dopo un vigoroso massaggio e si fa di nuovo massaggiare alla fine di ogni esibizione, in questo caso per ritrovare uno stato di rilassamento. In *Quadrophenia*, Daltrey ha donato intensità drammatica alla sua interpretazione e dimostrato grande energia quando si è sciolto nelle sue tipiche peripezie al microfono.

Pete, elegantissimo ma con eccentrico tocco di calzette rosse come portafortuna, quasi sempre imbracciando la chitarra acustica al posto di quella elettrica, ha interpretato brani musicalmente complessi come *The Rock* e, di nuovo, *Drowned* con sempreverde sensibilità poetica oltre a una tecnica esecutiva quasi impossibile alla natura umana. John Entwistle, eccentrico, in completo di pelle rossa e stivaletto alla John Wayne giungeva fin dietro al palcoscenico con la sua Rolls Royce color verde pisello con interni in pelle bovina (giuro!) per poi suonare con sguardo fisso e serioso come a ribadire «Hey, gente, eccomi qua, ancora una volta il più grande bassista del mondo». E a ragione, poiché i suoi assoli da brivido nel brano *5:15* esaltano le platee come difficilmente ho visto fare da un altro bassista.

Il pubblico inglese ha talmente gridato e battuto le mani per tutta la durata di *Quadrophenia* che Daltrey e Townshend, alla fine, si sono commossi.

«Venendo qui», ha esclamato Pete durante il primo concerto, poco prima dei bis, «avete rischiato: non sapevate che cosa avreste trovato, ma ci avete dato fiducia. Per dimostrare quanto vi amiamo, eccovi altri brani». Così, una volta spente le luci, senza più alcuna coreografia, si faceva strada una struggente acustica *Won't Get Fooled Again*, seguita da *Naked Eye*, *Substitute*, *Behind Blue Eyes* e *Who Are You*. La stessa cosa per tutte le altre repliche inglesi.

Dopo il primo concerto, mentre Roger venne ad abbracciarci nel backstage evidentemente emozionato, in attesa di un parere su come ci era sembrato lo spettacolo, Townshend si trattenne con alcuni giornalisti prima di chiudersi in camerino. Lo attesi per ore fin quando, a un certo punto, rimasi praticamente sola ad eccezione di un paio di tecnici e del suo autista. Ma lui non si decideva a uscire e rimaneva chiuso dentro a chiave, presumibilmente addormentato. Cercai qualcosa da bere avviandomi nuovamente verso la zona dove era stato allestito il bar. Mi resi conto, un po' troppo tardi, di aver interrotto un'orgia lesbica che stava avvenendo tra sei ragazze in un angolo, sparse a metà per terra e a metà su un divano. Levai velocemente le ancore e non riuscii a vedere Pete. Non seppi se, per caso, lui avesse raggiunto il gruppo di ragazze nel loro divertimento e, forse, è stato meglio così.

La seconda sera riuscii a salutare Townshend ma c'erano la sua ex moglie Karen Astley e il bambino e cercai di non disturbare, mantenendomi un po' distante.

Chiacchierai piacevolmente con una delle sue figlie, Aminta, che mi parve molto estroversa ed aveva in progetto di trasferirsi in Italia per compiere gli studi universitari. Una volta Pete lamentò quanto Aminta, a differenza di Emma, fosse troppo in ritardo con gli studi e non avesse mai lavorato, nonostante i suoi 28 anni: «Mi piacerebbe vederla molto più sicura e orientata nella vita, come sua sorella Emma», mi disse Pete. «Solo che Emma ha preso tutto da sua madre mentre Aminta è una 'irregolare', come suo padre».

Anche la data di Manchester fu applauditissima, tanto che il 23 aprile del 1997 la tournée riprese per spingersi in tutta Europa – purtroppo, come già ribadito, ad eccezione dell'Italia – e poi, di nuovo, oltreoceano: gli Who si esibirono a Copenaghen, Stoccolma, Oslo, Kiel, Berlino, Vienna, Monaco, Stoccarda, Francoforte, Dortmund, Bruxelles, Rotterdam, Parigi, Zurigo, di nuovo a Londra, Maryland Heigts, Chicago, Minneapolis, Milwakee, Clarkston, Noblesville, Montreal, Toronto, Mansfield, Hartford, Holmdel, Darien Center, Camden, Bristow, Virginia Beach, Raleigh, Charlotte, Atlanta, Tampa e West Palm Beach.

Durante la tappa di Londra, ci fu un riavvicinamento tra me e Townshend.

Ricordo, come in un sogno, un paio di scene. La prima è relativa al nostro incontro, avvenuto inciampando casualmente l'uno contro l'altra a concerto concluso, in piena solitudine, in un angolo sotto il palco. Da lontano, la mia amica venne a cercarmi e si bloccò osservandoci in silenzio rimanere mano nella mano per parecchio tempo. Si stupì molto e iniziò a fare domande e battutine spiacevoli. Le dissi che, semplicemente, non ero mai più riuscita ad avvicinarlo prima di allora senza aggiungere spiegazioni.

Ci fu un disguido con il buffet allestito su un soppalco, a causa del fatto che il numero degli ospiti era maggiore di quanto il pavimento potesse reggere. Daltrey, imbufalito, sopraggiunse scortando una trentina di persone e urlando contro quelli della sicurezza: «Loro vengono con me, idioti che non siete altro... Il buffet lo offro io e voi mi state facendo fare una figura da imbecille!».

Inaspettatamente, tra il folto gruppo di persone, accade che Pete arrivò esattamente al mio fianco, prendendomi di sorpresa la mano e portandomi con sé su per le scale. In quel momento, sentivo i commenti di tutte le persone circostanti che, giustamente, si stavano domandando chi cavolo io fossi. Porse qualche saluto a chi gli si avvicinava e prese qualcosa da bere, tenendomi sempre incollata alla sua mano, senza dire una parola. Quella sera mi strinse le guance e pronunciò letteralmente una specie di cantilena, «you-you-eleanor-you». In quel momento – e poco dopo – ero io e non più Jimmy ad essere di nuovo completamente «drowned!».

* * *

Quando il tour giunse alla sua conclusione, ripensai a molti aspetti del mio passato, facendo un po' un bilancio. Riscontrai che Jenny, paradossalmente, ora che gli Who si erano ufficialmente riuniti si era trasferita non so dove e avevo perso completamente le sue tracce. Qualche volta mi ero guardata in giro nella speranza miracolosa di rivederla lì, in uno dei concerti, lei che una volta era stata per un periodo una vera e propria regina dei backstage. Ma, con mia enorme tristezza, ciò non accadde.

Una volta rientrata a Piacenza, mi aspettavo di trovare ad attendermi una vita ancora più «grama» dopo gli anni trascorsi quasi sempre lontano. Iniziai a frequentare un uomo, al quale ho voluto molto bene, che negli anni seguenti avrei finito col considerare sufficientemente sensibile e intelligente da saper accettare e condividere, con impegno reciproco, tutto ciò di cui la mia vita era consistita fino ad allora e tutto ciò che avrebbe riguardato il futuro. Purtroppo, nel tempo mi dovetti ricredere e, con grande rammarico, scoprii che i miei ideali, gli interessi rock, i viaggi e tutto quanto all'inizio aveva rappresentato una fonte di interesse da parte sua rendendomi «speciale» ai suoi occhi, strada facendo assunsero, in modo inespresso a parole ma violentemente percepibile in pesantissimi silenzi, un motivo per sopraggiunte incomprensioni, battaglie e lontananze.

Mi rendo conto di quanto sarebbe più facile, per certi aspetti, fingere di possedere una diplomazia maggiore, essere meno energiche e appassionate ma ben più duttili, tranquille, servizievoli. «And I can see that this is me and I will be...» (E capisco che quella sono io e io sarò...»). Difficilmente si può convincere un cavallo a comportarsi da capra e se è vero, come ho scritto fin dall'inizio di questo diario, che considero John Lennon il primo dei miei maestri di vita, tra queste pagine ribadisco le bellissime parole del ritornello di *Across The Universe*: «Nothing's gonna change my world» («Nulla cambierà il mio mondo»). Così, chi in futuro mi si avvicinerà, saprà come regolarsi.

lunga vita al rock

It can only lead to trouble if you break my heart
If you accidentally crush it on the Ides of March
I'd prefer you were straightforward
You don't have to go through all of that
I'm a New York City man, baby
Say «Go» and that is that

Saranno guai se mi spezzi il cuore
Se per caso tu lo frantumassi alle Idi di Marzo
Preferirei che tu fossi sincera
Non c'è bisogno di tutte queste storie
Sono di New York City, piccola
Dimmi solo «Vai» e basterà

Lou Reed, *NYC Man*

Dal 1998 il mio lavoro di giornalista e, più in generale, di scrittrice ebbe modo di esprimersi attraverso molte esperienze, alcune delle quali di notevole rilievo.

Devo ammettere che l'aver ricontattato gli Who, presenziando a più date del Quadrophenia Tour '96/'97, mi ha davvero portato fortuna poiché da allora ho ricevuto molte richieste simili.

Quando gli Who si riunirono nuovamente, nel 1999, Pete mi scrisse: «Sono contento che tu venga allo Shepherd's Bush, dal musical *Tommy* ad oggi è stato tutto un successo. Sei tu che porti fortuna?». Il tono dell'e-mail era scherzoso ma, nel mio caso, gli Who portarono seriamente fortuna e, parallelamente alle loro reunion, mi si aprirono nuovi orizzonti sul cammino: tramite conoscenze nei backstage o contatti tra agenti e tra assistenti, riuscii a concordare alcune interviste con altre rockstar, riuscendo a realizzarne qualcuna esclusiva. Da quel momento, capii quanto, per riuscire nei miei intenti giornalistici, fosse necessario conoscere esattamente a quali persone rivolgersi e quanto fosse importante poter presentare un curriculum di un certo livello per ottenere la fiducia necessaria ad avvicinare personalmente i grandi personaggi. Da questo punto di vista, gli Who sono stati un ottimo biglietto da visita e io avrei fatto di tutto per non distruggere quanto raggiunto e avrei anche lavorato piuttosto duramente traducendo seduta stante recensioni e comunicati, a costo di saltare notti di sonno (in un'occasione, sono davvero crollata in mezzo alla folla in pieno concerto e mi hanno somministrato flebo di acqua e zucchero e una settimana di assoluto riposo – il terzo giorno, in sintonia con la mia indole trasgressiva, ero già in piedi).

Gli appuntamenti con alcuni grandi nomi della musica, quando non sono concordati tramite le casa discografiche a scopo promozionale ma si svolgono in momenti «privilegiati», dopo essersi recati di persona nell'abitazione o, comunque, in luoghi familiari all'artista, hanno sempre rappresentato per me una grande sfida.

Bisogna imparare l'arte dell'attesa, della preparazione, dell'entusiasmo ma anche dell'eventuale imprevisto, positivo o negativo che esso sia. Il massimo dell'ambizione, dopo esserci riusciti, è il riuscire a produrre qualcosa di originale, che possa appagare e, se possibile, entusiasmare il lettore. Il mio lavoro con le rockstar è stato finora principalmente questo: io ero la regista ma il copione l'ha sempre scritto l'artista in questione e io dovevo cogliere, assecondare, talvolta approfondire ogni minimo particolare che potesse ampliare il messaggio.

So bene che uno sguardo o un movimento può esprimere il

contrario di ciò che il personaggio sta dicendo o magari rendere l'intervista molto più viva dal punto di vista emotivo. Non so se mi siano mai servite, in realtà, le domande preparate in anticipo perché quasi sempre era la corrente di coloro che ho avuto la fortuna di avvicinare e conoscere a trascinarmi con sé. Questo lavoro che, in parte, probabilmente ho ereditato dai geni di mio padre, in parte me lo sono anche un po' «inventato» strada facendo. Dal punto di vista economico ho intrapreso di frequente alcune «semine impopolari», considerando anche il costo dei viaggi e della vita nelle grandi città. Tuttavia rifarei tutto e anche in perdita perché ci sono cose nella vita che non hanno prezzo ed è essenziale, per me, essere spinta della passione in ciò che faccio.

Gli ultimi due capitoli di questo libro contengono una sintesi dei miei recenti incontri ravvicinati con personaggi eccezionali.

* * *

A poco tempo della fine del Quadrophenia Tour, capitai di nuovo a New York dove, come sempre, mi alzavo ogni mattina con la sensazione di avere le ali ai piedi. Credo che il colpo di fulmine esista e l'ho provato per questa città. So bene che, se le condizioni lo rendessero fattibile, partirei per New York domani stesso e potrei non tornare mai più. Ognuno ha un sogno, rinchiuso dentro, più violento di tutti gli altri e io non faccio eccezione.

Il 25 novembre del 1998, ho intervistato a New York l'attore-cantante Will Smith, esibitosi a sorpresa al Motown Cafè, poche ore dopo la prima del film *Enemy Of The State* di Tony Scott, in cui interpreta un magistrato che indaga insieme a un informatore (Gene Hackman) sull'omicidio di un parlamentare americano che vede direttamente coinvolti funzionari governativi corrotti.

Will Smith fu simpaticissimo. Lasciato lo smoking da cerimonia, ha proposto insieme alla sua band *Miami*, suo hit all'epoca, e altri successi quali *Gettin' Jiggy Wit It* e *Just The 2 Of Us* per cui aveva appena ricevuto un Grammy Award come migliore video rap e miglior cantante. Smith, attore che ha dato prove di grande professionalità in film come *Sei gradi di separazione* e *Independence Day* dopo aver esordito nella fortunata serie televisiva *Il principe di Bel Air*, ha cantato e ballato improvvisando ritmi e aggiungendo parole al testo originale delle sue canzoni, con agilità vocale e leggerezza tipiche di chi, pur essendo un divo, continua orgogliosamente a ricordare le proprie origini afro-americane, cosa che sottolineò nel corso del nostro dialogo.

Ricordo di avergli chiesto notizie sull'attore Donald Sutherland, suo collega in *Sei gradi di separazione*, ammettendo di avere per Sutherland un antico innamoramento, tale per cui lo avrei spudoratamente invitato a ballare con me se si fosse trovato tra gli ospiti. Smith rise e mi disse che Sutherland non era tra gli invitati quella sera e, mentre io feci finta di asciugarmi una lacrima per la brutta notizia ricevuta, mi invitò sul palco per ballare insieme a lui. Ricordo una serata effervescente, il pubblico stipato nel locale, non proprio enorme, che saliva in numero sempre maggiore sul piccolo palco e partecipava alla performance battendo le mani insieme a Smith e ai componenti della sua band, tra cui spiccava un percussionista «da brivido». Raffaella Pella, la ragazza che aveva condiviso con me il periodo dublinese scattando alcune foto agli U2, si divertì a sua volta moltissimo e finì per scattare solo un paio di foto e il lavoro venne ben presto messo da parte. Ballammo fin quasi all'alba e uscimmo dal locale ridendo a crepapelle. Ci guardammo negli occhi e pensammo «nessun dubbio, ci troviamo a New York».

Due giorni dopo, andai al Madison Square Garden per recensire Roger Daltrey in un ruolo insolito per lui: quello di Scrooge in *A Christmas Carol* (*Canto di Natale*). Il musical, tratto dall'omonima opera di Dickens e adattato da Osayande Baruti nel 1993, viene tradizionalmente rappresentato in America ogni anno all'arrivo della stagione invernale ottenendo sempre il pieno di spettatori. Recentemente, un'altra interprete di *A Christmas Carol* è stata Stevie Nicks, cantante dei Fleetwood Mac, che tanto aveva rappresentato un modello per me e per le *gypsies* all'inizio degli anni Ottanta e che avrei finalmente conosciuto un paio d'anni dopo a Los Angeles.

Roger Daltrey, che aveva già dato prove come attore non solo in *Tommy* ma anche in alcuni camei e, soprattutto, in film come *McVicar* e un'*Opera da tre soldi* di Bertold Brecht prodotta dalla BBC, interpretava il vecchio taccagno che diventa generoso proprio durante la notte di Natale, dopo aver dialogato, in sogno, con un fantasma. Il sentimento di solidarietà, narrato e ambientato in chiave moderna da Baruti, veniva esaltato dalla voce di Roger Daltrey accompagnata da un coro gospel composto da dozzine di fanciulli orfani, recuperati per le strade di Harlem. Nonostante quel ruolo non gli fosse certamente familiare rispetto a quello rock e aggressivo di cantante degli Who, le scenografie natalizie, i costumi e l'atmosfera della City completamente innevata emozionarono un po' anche una rock girl come me. I cori a cappella e l'orchestra che, seminascosta, si introduceva con jazzistiche atmosfere, contribuì al successo della performance. Al Madison Square Garden, vennero ad applaudire Roger l'attrice Meg Ryan e la fotomodella Jerry Hall, entrambe coi figli a carico.

Venne da chiedermi se questa esperienza rappresentasse per Roger una semplice pausa o se, possedendo tra l'altro un appartamento lungo Madison Avenue, l'America lo avrebbe trattenuto a sé con nuove e bizzarre proposte. Da ciò, indirettamente, si sarebbe facilmente compreso se il tour *Quadrophenia* fosse stato la chiusura definitiva dell'esistenza degli Who.

* * *

Nella vecchia Inghilterra, nello stesso periodo, Townshend suonava allo storico Shepherd's Bush Empire di Londra. A far compagnia alla sua chitarra c'era una band composta da Chucho Merchan al basso, Tracey Langran, chitarra e voce, e dagli inseparabili Peter Hope-Evans, straordinario armonicista, e Jon Carin, virtuoso tastierista. Pete propose alcune tra le sue più note canzoni soliste, inserendo anche qualche brano dai suoi progetti meno conosciuto: *I Am An Animal* e *Let My Love Open The Door* (da *Empty Glass*), *Sheraton Gibson* (da *Coolwalkingsmoothtalkingstraightsmokingfirestoking*, greatest hits del 1996), *A Friend Is A Friend* (da *The Iron Man*). A queste aggiunse *Baby Don't You Do It*, canzone «riesumata» dai primissimi concerti degli Who, tramutandola improvvisamente in rap. A proposito degli Who, Townshend estrasse dal cappello magico le immancabili *Pinball Wizard, Drowned, I'm One, Magic Bus* e *Won't Get Fooled Again*, seguite da *You Better You Bet* e da *Acid Queen*. Le due punte di diamante che propose durante il concerto furono le introduzioni e la versione di *The Kids Are Alright /*

In The Year 2000, che anticipò di un paio d'anni quella che gli Who successivamente proposero.

Non presenziai, essendo negli Stati Uniti, a questo concerto solista di Pete che, fortunatamente, è possibile acquistare tramite il sito web ufficiale www.eelpie.com, insieme a molte altre rarità degne della massima attenzione.

Un altro riuscito concerto di Pete è immortalato nel CD dal vivo *Pete Townshend Live, The House Of Blues – Chicago*, i cui proventi sono stati interamente devoluti alla Maryville Academy, una comunità americana – fondata, tra gli altri, da Neil Young – che si occupa della cura, del sostentamento e dell'educazione dei bambini che hanno subito abusi sessuali, psicologici o senza famiglia. Tenuto conto delle rivelazioni di Townshend sulle sue esperienze infantili di abusi sessuali e psicologici, tutto questo certamente non è da leggersi come fatto estemporaneo o casuale.

In questo live Townshend ripropone alcuni tra i suoi brani più conosciuti: *A Little Is Enough, Let My Love Open The Door, Now And Then* (nel frattempo interpretata anche da Lou Reed in un concerto tributo a Townshend tenutosi al Madison Square Garden di New York e di cui, purtroppo, non esiste registrazione ufficiale), una versione insolita di *Anyway, Anyhow, Anywhere*, Who-hit del 1965, *You Better You Bet, Drowned, I'm One* e *Won't Get Fooled Again*.

Come extra repertorio, sono incluse *On The Road Again* e *Girl From The North Country*. Lo special guest dell'album, che si è già esibito alcune volte insieme a Townshend e agli Who, è Eddie Vedder dei Pearl Jam. Un buon motivo per riproporre una lunga *Magic Bus* e una a dir poco struggente *Heart To Hang Onto*. Eddie Vedder, dichiaratamente storico fan degli Who ha partecipato anche ad altri concerti benefici con Pete, John e Roger, di nuovo riuniti, tra cui quello tenuto alla Royal Albert Hall di Londra nel dicembre del 2000.

«La beneficenza è una buona causa», dichiarò Townshend, subito dopo il concerto alla House Of Blues. «Non mi interessa guadagnare e investire i miei soldi o comprare Rolls Royce o case a Los Angeles perché penso sia meglio creare opportunità che possano aiutare degli altri esseri umani a rigenerarsi per poter dare qualcosa a loro volta. È ciò che è successo a me». Vedder, che nel frattempo lo ascoltava, annuiva in silenzio. I due chiacchierarono e scherzarono a lungo, dividendo uno stretto divanetto a due posti. Il feeling tra i due è ben percepibile nelle intimistiche interpretazioni del disco e testimoniato dalle numerose collaborazioni successive. Pete e Eddie si nominano spesso e volentieri con reciprocità nelle interviste rilasciate da un capo all'altro del mondo, quasi a voler accennare indirettamente a un saluto. Purtroppo, oggi come oggi, sono uniti oltre che da un timido benché solido slancio delle proprie personalità umane e musicali, anche da due tragedie comparabili, quella risalente al concerto degli Who a Cincinnati e quella del Festival Rock di Copenaghen.

Rispetto alla sua affinità con Eddie, Pete ha dichiarato: «Amo il fatto che Eddie mi ascolta, amo essere ascoltato come persona! E lo stimo per il modo in cui vive la sua vita coi Pearl Jam: dispensa affetto e amicizia pur lasciando il giusto spazio tra sé e gli altri». Riflessione, quest'ultima, facilmente rivolta ai dissapori e alle incompatibilità caratteriali spesso riscontrate con gli Who, in particolar modo con Roger Daltrey. Del resto, l'armonia tra i componenti di una band di successo è da sempre una condizione utopica.

* * *

Trascorso il periodo estivo, prima di rientrare nel vecchio continente, conclusi il mio soggiorno concedendomi di assistere a molti concerti sinfonici sullo spiazzo del Lincoln Centre e facendo in tempo a vedere quasi tutte le più recenti commedie di teatro Off Broadway. Seguii i concerti di gruppi femminili che mi piacevano molto, tra i quali le Bikini Kill. Ho sempre apprezzato molto anche le Hole. In quel periodo Courtney Love emerse con tutta la sua bravura nell'interpretazione della moglie di Larry Flint nell'omonimo film di Milos Forman e sembrava aver superato il periodo buio del suicidio del marito Kurt Cobain. Con Jenny, avevamo incrociato la Love a Londra in un paio di occasioni nei primi anni Ottanta, quando pesava ottanta chili e faceva la groupie al seguito di gruppi come Echo And The Bunnymen e Teardrop Explodes. Personalmente ero molto contenta del successo che stava ottenendo.

So bene quanto Courtney, a causa dei suoi comportamenti, sia stata odiata e vilipesa dalla stampa americana, dagli stessi musicisti e, soprattutto, dai fan dei Nirvana, ma l'immagine che ho conservato di lei era di qualcuno che aveva davvero attraversato l'inferno: abbandono dei genitori, riformatori, prostituzione infantile, droghe di ogni tipo e perfino tratta delle schiave, quando fu venduta alla mafia giapponese, dalla quale fuggì per ben due volte. Sarà forse stato questo il motivo per il quale, quando ci scambiammo brevemente un saluto dopo tanti anni, la trovai disponibile e gentilissima. Per conto di un magazine sul cinema, intervistai anche altre attici: Helen Hunt, recente premio Oscar per la sua interpretazione al fianco di Jack Nicholson nel film *Qualcosa è cambiato*, mentre stava girando al Central Park l'episodio di un telefilm insieme al musicista Billy Joel. A dispetto del pochissimo tempo che avevamo a disposizione tra un ciak e l'altro, Billy Joel fu simpaticissimo mentre la Hunt fu insopportabile con me, con quelli della troupe e con lo stesso Joel, che alla fine le canticchiava la sua famosa canzone *Uptown Girl* in senso lievemente sarcastico. Un'attrice che fu, invece, assolutamente deliziosa era Marie Louise Parker, che alternava parti in film hollywoodiani, ad esempio *Pomodori verdi fritti*, a ruoli in commedie d'avanguardia per poche lire. Scoprimmo di avere gusti simili in fatto di musica rock e scambiammo alcuni pareri sul Quadrophenia Tour degli Who, a cui lei aveva assistito. Fu lei a parlarmi per prima di un film sul tema che sarebbe stato girato di lì a poco, *Almost Famous* (*Quasi famosi*) basato sulla storia del regista, Cameron Crowe.

Quando partii da New York portai con me un rimpianto: per la seconda volta ero incappata, per puro caso, in uno dei miei idoli musicali, Lou Reed, senza riuscire a scambiare una sola parola con lui. Vidi Lou Reed da solo, in un noto ristorante, mentre mangiava con un'avidità mai vista una doppia portata di bucatini. La scena avrebbe almeno meritato una foto ma Reed aveva chiesto di poter cenare in un angolo appartato, così decisi di non importunarlo non solo per educazione ma per il timore che un primo incontro con lui potesse rivelarsi sgradevole, cosa che mi avrebbe procurato un grande dispiacere. Mi resi conto di non essere solo una «giornalista d'assalto» ma che aleggiava ancora in me la «rock girl» che, tutto sommato, possedeva un fiuto sufficiente a depistare situazioni eventualmente «pericolose».

* * *

Durante il periodo natalizio dello stesso anno, il 1998, tornai agli studi dublinesi di Hanover Quay dove gli U2 avevano appena sfornato il loro greatest hits e stavano registrando le canzoni che avrebbero dato vita al recente *All That You Can't Leave Behind*. Quando chiesi a Bono Vox come stava andando la registrazione del nuovo album mi rispose: «È difficile dare una risposta precisa. In effetti, mentre registriamo, ci capita di sentirci troppo 'dentro'. Lì circolano, per così dire, sentimenti di vita e di morte. Io, personalmente, mi sento molto coinvolto. Le idee affiorano da dentro e, col tempo, vengono registrate, discusse, sofferte, messe in crisi, rimesse in discussione... La cosa fantastica», proseguì Bono Vox, «è il fatto di collaborare nuovamente insieme a Brian Eno. Ci sentiamo tutti quanti un po' come se fossimo tornati ai tempi di *Where The Streets Have No Names*, lo stato d'animo è quello. Brian è geniale, imprevedibile e, soprattutto, ci troviamo sulla stessa frequenza d'onda».

Proseguii chiedendo a Bono se, come ero venuta a conoscenza da alcune «soffiate», lo stile del nuovo album sarebbe davvero tornato ad essere quello delle origini, dopo i tecnologici *Zooropa* e *Pop*. Rispose: «In un certo senso, lo stato d'animo con cui stiamo componendo e arrangiando è senz'altro più scarno, direi 'tradizionale'. Ma ci vuole ancora tempo per dirlo. Io sostengo che un album è un po' come un figlio, la gestazione dura nove mesi... È stato così per *The Joshua Tree* e *Achtung Baby*. Un po' meno per *Pop*».

Oggi, a pochi mesi dalla tappa torinese italiana dell'Elevation Tour degli U2, ho avuto la certezza che Bono Vox mi disse cose che corrispondevano alla verità perché *All That You Can't Leave Behind* presenta le caratteristiche alle quali lui stesso accennò. In quel periodo, Bono stava lavorando con il regista Wim Wenders al film *The Million Dollar Hotel*, interpretato da Mel Gibson, Milla Jovovich e Jeremy Davies, film per il quale egli stesso scrisse la sceneggiatura. Aveva accettato, inoltre, di scrivere la prefazione a una nuova edizione della Bibbia. «Sì», mi rivelò, «sono religioso. Ma cerco di non esserlo come certe persone, che ostentano la propria fede religiosa e poi si comportano in modo a dir poco viscido e schifoso. Se penso ai paesi in cui, in nome della religione, si uccide e si combattono guerre, deduco che tutti dovremmo rileggere i testi sacri – di qualunque credo – e riflettervi con una nuova ottica. Sono nato 39 anni fa in terra d'Irlanda da padre cattolico e madre protestante. Questo fatto, personalmente, non l'ho mai considerato un problema. La mia vita è l'esempio lampante di come possano convivere pacificamente gli uomini di qualunque razza e religione».

Chiesi a Bono di parlarmi del brano inedito inserito nella raccolta appena uscita, intitolato *The Sweetest Thing*, un brano in cui chiedeva scusa alla moglie Ali. «Il perdono ha certamente a che fare con l'amore» disse unendo, in quel momento, i palmi delle mani, chinandosi leggermente alla maniera del saluto orientale. «Chiedere perdono», proseguì, «è un atto di grande coraggio e di grande rispetto per i sentimenti di qualcun altro. È una grossa conquista. Un artista, uno che riesce a scrivere canzoni è in qualche modo agevolato. Però tutti, a modo loro, possono esprimere lo stesso sentimento. Prendi una canzone d'amore, ad esempio: quante sono state prese in prestito e utilizzate per esprimere i propri sentimenti, quante sono state la colonna sonora dei momenti più importanti della propria esistenza? Non occorre essere artisti né ricchi, basta usare la propria fantasia. E dunque, il perdono ha a che fare con l'amore nella stessa misura in cui la musica ha a che fare con il perdono. L'amore è un concetto difficile, guarda come sta andando il mondo... Però è la nostra sfida più grande. Ed è – ne sono profondamente convinto – una sfida a misura d'uomo».

Bono Vox si è impegnato in prima persona, insieme a Bob Geldof, Lorenzo Jovanotti e molti altri nella campagna Drop The Dept per la cancellazione del debito dei paesi del terzo mondo. È recentemente andato al G8 di Genova e non si stanca di fare da portavoce a questa e a molte altre cause benefiche. Mi capita che qualcuno mi chieda se Bono Vox sia davvero così o non sia, invece, un fenomeno un po' da baraccone e ben in vista, secondo il frutto di un'immagine perfettamente studiata.

La mia risposta è che Bono Vox – o meglio Paul Hewson – è stato una delle persone più sincere e «alla mano» che mi sia mai capitato di avvicinare nel dorato mondo dello spettacolo. Credo anche sia essenziale che qualcuno come lui faccia ancora da portavoce pacifico e sia un esempio di «idolo» positivo delle generazioni più giovani.

* * *

Non mi servì avere un occhio particolarmente attento per riconoscere la fisionomia tipicamente anglosassone di Andy Partridge, leader degli XTC: Partridge è alto, ha la pelle chiarissima e numerose lentiggini che spuntano qua e là tra i pochi capelli biondi, nascosti da un cappello grigio e bizzarro quel tanto che basta.

L'ho incontrato a Milano, durante un pomeriggio piovoso, dopo che aveva già rilasciato varie interviste, un fatto insolito per il personaggio.

Il timido genio, insieme ai suoi compagni Colin Moulding e Dave Gregory, è colui che creò, nell'arco dell'ultimo ventennio, alcune tra le più raffinate musiche del panorama pop-rock britannico. Tutto ciò accadde senza eccessivi clamori tanto che, quando lo incontrai, Partridge sembrava lievemente stupito dal successo clamoroso ottenuto con l'uscita di *Apple Venus Vol. 1*.

«Devo ammettere che, comunque, questo successo mi fa piacere e fa piacere anche agli altri XTC», ammise. «Se da un lato siamo sempre stati considerati una cult band, dall'altro avremmo sempre voluto che la nostra musica fosse più conosciuta. Questo è un momento magico e fortunato, uno di quelli in cui accadono cose che agevolano un buon lavoro, quasi per una questione di karma». Partridge sembrò a suo agio a Milano e mi disse che la città gli piaceva, più delle metropoli americane. Mi parlò della sua residenza inglese, un po' grigia e molto piovosa, Swindon: «Sono un tipo che ama molto la natura e la zona dove vivo è molto generosa da questo punto di vista. La cittadina è noiosa, non lo nego, ma io mi annoierei ovunque se non potessi ritirarmi solo con me stesso per pensare solo alla musica, alle letture e anche alla pittura. A mio avviso, non è indispensabile abitare in una grande città per vivere in modo interessante, lo è piuttosto avere un buon grado di apertura mentale nei confronti dell'arte e della bellezza».

Gli chiesi, dunque, se non si fosse augurato, allo scoccare del nuovo millennio, di perseguire un ulteriore approfondimento della bellezza finora emersa nelle sue composizione artistiche. «Più che altro, pensando all'avvento dell'anno 2000, verrebbero risposte molto scontate: pace, amore, successo», mugugnò. «No, direi che uno deve dirsi che va tutto bene quello che sta vivendo in quel momento. Negli ultimi tempi è finito il mio matrimonio e ho dedicato tempo per spiegare i cambiamenti sopraggiunti nella famiglia ai miei due bambini. Sono finite anche le dispute legali con la casa discografica, legate al primo contratto degli XTC. Vivo l'istante per quello che è».

Purtroppo, Andy Partridge confermò anche di non avere intenzione di tornare a suonare dal vivo con gli XTC (in passato annullò più volte i concerti della band a causa degli attacchi di panico all'idea di esibirsi di fronte al pubblico e, inoltre, Dave Gregory, il terzo componente, abbandonò ufficialmente il gruppo per problemi di carattere personale proprio nel corso della registrazione di *Apple Venus Vol. 1*).

Del mio breve incontro con Partridge, conservo un'immagine di mite dolcezza. La giornata volgeva all'imbrunire e non lo importunai a lungo. Ebbi come la sensazione di dovergli, in questo modo, mostrare il mio rispetto. Dopo esserci salutati sotto le volte di un cielo denso di nuvole nere, mi voltai e, tra il baluginare delle luci gialle e deboli dei primi lampioni accesi, lo osservai camminare, distratto e sempre più lontano, confondendosi tra una folla di ombrelli colorati. Chissà perché pensai che, nella sua testa, stesse già nascendo qualche nuova melodia mentre il resto del mondo gli girava intorno come in una danza caotica e surreale, che lui pareva non notare.

* * *

In Italia, i miei articoli da freelance vagavano di quotidiano in rivista ancora un po' a casaccio. Se, da un lato, le mie «semine impopolari» in campo lavorativo proseguivano per convinzione personale, dall'altro mi arrabbiavo moltissimo nel verificare quando riscontravo maggiori ostacoli proprio entro i confini di casa mia che non all'estero. Paradossalmente, perfino sul quotidiano della mia città il mondo degli spettacoli era più incentrato sugli avvenimenti piacentini e solo difficilmente mi veniva chiesto direttamente un contributo. In compenso, il nuovo millennio aveva in serbo per me un grande incontro, che definirei umano e professionale: quello con la famiglia della rivista *Jam*, gli stimati e simpatici colleghi Claudio Todesco, Paolo Vites e il direttore Ezio Guaitamacchi, la prima persona, dopo Townshend, ad aver creduto nelle mie capacità.

Gli Who si riunirono per due concerti pre-natalizi allo Shepherd's Bush di Londra e dunque, come quasi ogni altro accadimento nella mia vita, l'incontro con la «Jam Family» è avvenuto proprio in coincidenza a questa nuova reunion.

* * *

«Ciao, gente! Siamo di nuovo a casa». Queste parole, pronunciate da Roger Daltrey, hanno introdotto la prima delle due serate che hanno visto i mitici Who (come di consueto Pete Townshend chitarre e voce, Roger Daltrey voce e armonica, John Entwistle basso e Zak Starkey batteria) riuniti a Londra, dopo il successo americano riscosso per i concerti benefici di Maryville e Chicago.

A Natale tutta Londra appariva sontuosa e brillante. E tuttavia Shepherd's Bush, zona tuttora modesta nel quartiere denominato White City, dove Townshend ambientò il suo primo ed unico cortometraggio, conservava il consueto aspetto scarno e rurale e non era quasi neppure addobbata. Qui i membri del gruppo, compreso il defunto batterista Keith Moon, sono cresciuti e si sono conosciuti nel corso degli anni della scuola superiore. E dunque non era casuale se la scaletta delle serate dei concerti, unico evento festoso per l'intero quartiere, apriva e si sviluppava con classici brani legati alla corrente mod: *I Can't Explain, Substitute, Anyway, Anyhow, Anywhere, I'm A Boy,* una versione ironica di *Happy Jack* (richiesta dal pubblico con Pete che non ricordava le parole ma si divertiva un sacco a cantarla dopo tanti anni). Altre canzoni eseguite furono *Mary Anne With The Shaky Hands* e, naturalmente, *The Kids Are Alright* e *My Generation.*

Me ne stavo lì, dietro alla consolle dell'ormai a sua volta familiare tecnico del suono Dave, a osservare la band, scevra dal supporto degli altri guest come fu per il Quadrophenia Tour e mi emozionai come quando, giovanissima, vidi gli Who suonare dal vivo per la prima volta. Il grado emozionale era al suo massimo in tutto il pubblico. È vero: canzoni come *Happy Jack* vennero suonate come se fossimo davvero a un party natalizio, tra un numero irrisorio di amici e vicini di casa, quelli di Shepherd's Bush. Qualcuno mi offrì una canna da fumare e, per l'ennesima volta nella mia vita, dissi di no. Davvero, quando gli Who attaccarono *Baba O'Riley*, non c'era bisogno di alcuna sostanza per migliorare il proprio stato d'animo, bastava la musica. Pete si scaldò nel momento di *Behind Blue Eyes, Getting In Tune, After The Fire* e *Naked Eyes*. *Won't Get Fooled Again* fu, come sempre, l'orgasmo finale. Sì, perché l'energia di un concerto dal vivo degli Who è qualcosa che, ancora oggi, ha a che fare con una sorta di eccitazione che sfiora perfino la sessualità. L'euforia dei presenti era al massimo. Lo Shepherd, pur essendo un locale storico in fatto di rock band, è un luogo piuttosto piccolo per cui si era creato un continuo scambio comunicativo-emozionale tra il gruppo e i presenti. Canzoni a richiesta, battute ironiche, botta e risposta. Gli Who suonarono con incredibile vigore, alternato a palpabile sensibilità, per quasi tre ore in entrambi i concerti. Ciliegina sulla torta fu una versione rock-blues di *Magic Bus* della durata di 22 minuti (purtroppo nel disco dal vivo *From Blues To The Bush*, relativo ai due concerti, la versione è stata leggermente ridotta) nella quale Daltrey suonò magistralmente l'armonica e l'immancabile, preziosa «spalla» Rabbit alle tastiere si concedeva con Townshend varie e alternate improvvisazioni che a tratti sfioravano perfino il jazz. Anche John e Zak furono grandi ed emotivamente su di giri.

Pete, che fu particolarmente loquace, parlando al pubblico si raccontò. Continuò a soffiarsi il naso, in preda a un fortissimo raffreddore. «My nose is for 20» («Il mio naso fa per 20»), disse mostrando un fazzoletto più somigliante a un asciugamano, facendo ridere tutti quanti. In quei giorni, Townshend era solo. Ero certa che avesse già visto Joseph, suo figlio, o che l'avrebbe fatto ma Pete fu l'unico, in quelle sere natalizie, a non avere i propri figli tra il pubblico. Vidi sua madre e salutai Nic, la sua assistente e il suo nuovo autista. Nel backstage lo raggiunsero alcuni ex ballerini del cast di *Tommy*, ormai sceso dai tabelloni del West End, dei quali era ancora amico.

La seconda serata, ci fu un party natalizio ed erano presenti moltissimi personaggi del mondo musicale londinese: i Rolling Stones, ad eccezione di Jagger e Richards. In compenso, quella sera Jerry Hall, reduce dalla separazione da Jagger, festeggiò in un angolo appartato della sala intrattenendo con baci e abbracci un giovane e muscoloso buttafuori del locale. C'era Jason Kay dei Jamiroquai, reduce a sua volta da un concerto allo Shepherd's Bush, e c'era Liam Gallagher completamente ubriaco. Se è vero che Gallagher è un grande estimatore degli Who ed è sempre presente nei backstage, è altrettanto vero che non l'ho mai visto sobrio, neppure una volta. E, si sa, chi esagera con l'alcol finisce per comportarsi un po' maluccio. Quella sera Gallagher finì con l'essere caricato da alcuni conoscenti sul retro di un pulmino portavivande, dopo aver tentato di vomitare sulle ragazze presenti (compresa la sottoscritta che, nonostante i suoi trascorsi da rock girl, lo ha scansato con decisione).

Ho trascorso a Londra, in quell'occasione, il Natale più bello della mia vita. In quei giorni vissi talmente tanti momenti carichi di affetto e, in generale, entusiasmo rispetto al futuro secolo che stava per dischiudersi che non esistono parole sufficienti ad esprimere lo stato d'animo evocato dai miei ricordi e dalle mie speranze al riguardo. Purtroppo, dal punto di vista della mia relazione personale, iniziarono alcune incomprensioni proprio a partire dagli Who e dalla mia presenza a questi concerti e, non ultimo, al mio modo di vivere. Queste problematiche non erano, ahimè, del tutto nuove nella mia esistenza sentimentale. L'essere una rock girl, nel mio piccolo e con tutto quel che ne consegue, è una caratteristica che, dapprima, attrae moltissimo alcuni uomini e ne spaventa subito a morte altri o comunque, ben presto, diventa motivo portante di paure, critiche e lunghe battaglie combattute sui toni del silenzio, dell'incomprensione, a volte perfino del disprezzo. Eppure, dopotutto, non ho ancora abbassato la guardia diventando una seguace delle semplici spaghettate domenicali tra amici o appassionata dell'uncinetto. Pazienza…

* * *

Il 25 e 26 febbraio 2000 Pete Townshend realizzò finalmente il progetto *Lifehouse*. Tutto ebbe inizio circa trent'anni prima, quando gli Who si trasferirono allo Young Vic Theatre di Londra per elaborare l'idea per una sceneggiatura cinematografica.

Esistevano molte difficoltà: il successo di *Tommy* costituiva un motivo di distrazione, l'allora manager Kit Lambert si trasferiva a New York precipitando sempre di più nel baratro dell'eroina, *Lifehouse* veniva considerato un progetto ancora troppo confuso e, al tempo stesso, ambizioso. Pete ebbe un fortissimo esaurimento nervoso, nonostante alcune delle canzoni più belle mai scritte da lui, *Baba O'Riley* e *Won't Get Fooled Again* tra le tante, sarebbero finite in uno dei più bei dischi rock mai realizzati in assoluto, *Who's Next*.

Gli Who tornarono ad elaborare il progetto nel '74 e fino al '79. Ma, ancora una volta, non avvenne nulla di concreto. Pete non è un tipo che molla facilmente e posso testimoniare quanto si leghi al dito le cose e continui a rimuginarci sopra, soprattutto quando – cito parole sue – le cose le sente «dentro».

Poco prima dello svolgimento di *Lifehouse*, Pete venne intervistato dal musicista e produttore Tony Face Bacciocchi per il portale mod italiano (www.italiamod.com) e si espresse in questi termini: «Da ventinove anni mi ritrovo intrappolato in questo progetto chiamato *Lifehouse*, inizialmente concepito come una sceneggiatura cinematografica. Questo progetto andò a monte ma molte tra quelle che considero le mie più raffinate canzoni sono nate proprio per questo... Si trattava di un'idea enorme e complessa e assolutamente ambiziosa. Ed era, senza falsa modestia, qualcosa assolutamente in anticipo sui tempi, dunque fuori dal suo tempo. L'ho ripresa e riveduta molte volte in questi anni. Wossitallaboutoday? (*«Di che cosa si tratta oggi?»)* Comunicazione, congregazione... Ummm... intimità. Oggi *Lifehouse*, iniziato come progetto cinematografico, è diventato un progetto radiofonico. Questo perché il film, nella mia testa, aveva comunque un'essenzialità narrativa. Ed era questa che, insieme alla musica, doveva 'trapelare', senza distrazioni hollywoodiane. In sostanza *Lifehouse* è la consapevolezza del tempo in cui viviamo adesso e di quello in cui abbiamo vissuto perdendo di vista il punto in cui comincia l'illusione e comincia la realtà».

* * *

In breve, la trama di *Lifehouse* è stata inizialmente concepita dal 1971 a trent'anni nel futuro e cioè fino a svolgersi ai giorni nostri.

Nel nord della Scozia, la famiglia protagonista, composta dal padre Ray, la madre Sally e dalla figlia adolescente Mary, è una delle poche rimaste a vivere in campagna. Le grandi città sono inquinate ed esiste, inoltre, un regime totalitario che controlla tutte le persone, attraverso delle tute interconnesse a una

Griglia universale (la «Gridlife», già presente nella storia di *Psychoderelict*). Questa Griglia è collegata con le tv via cavo e con la vastità di esperienze del mondo virtuale e a Internet, ma praticamente fa il gioco del regime totalitario in quanto «controlla» e «passa» solo le informazioni che vuole e che sono le stesse per tutti gli uomini, privati della possibilità di compiere delle scelte e di essere liberi di attingere alle informazioni. Molte persone, a furia di vivere in questo stato innaturale, finiscono per impazzire. Cosa più importante, in questo regime totalitario l'arte e la creatività sono proibite per legge. Dunque, anche la musica è bandita. Una specie di deejay pirata della Griglia universale chiamato Hacker riesce a introdursi illegalmente tra le trasmissioni selezionate dal regime e lancia messaggi che parlano della sua intenzione di mettere in scena un concerto musicale intitolato Lifehouse, che spera potrà rappresentare un'occasione perché le persone si ritrovino, fregandosene delle leggi che bandiscono ogni forma d'arte e creatività e compiendo un gesto perché accada una vera e propria rivoluzione umana.

Ray e Sally, la coppia protagonista che vive nella brughiera scozzese, è alle prese col fallimento del proprio matrimonio e con la fuga della figlia Mary. La ragazza è infatti partita dopo aver sentito la voce del deejay Jacker invitare la gente a raggiungere Lifehouse, dove si svolgerà il concerto. Il padre, Ray, non rinuncia all'idea di non rivedere più la figlia e decide di mettersi in cammino sulle sue tracce. Litiga con la moglie Sally, che invece gli dice che Mary probabilmente è già morta e lui farà la stessa fine se andrà via da casa. La coppia si separa, Ray parte in caravan alla ricerca della figlia e Sally resta a casa. Nel frattempo, Mary raggiunge Hacker e lei e il pirata consumano un rapporto sessuale in attesa che Lifehouse si svolga.

Ancora una volta, la trama presenta barlumi di ispirazione autobiografica: Pete rappresenta certamente, in qualche modo, il pirata Hacker che organizza il concerto Lifehouse e tenta una rivoluzione umana attraverso la creatività in un mondo ormai disumano. Egli si introduce nella Griglia con la sua musica, è un sovversivo che utilizza l'arma dell'arte, più specificatamente quella della musica. Sullo sfondo abbiamo una coppia il cui matrimonio è fallito da un pezzo e, dall'altra parte, una giovane fan sospinta verso di lui attraverso le sue parole, il suo progetto musicale e che lo attrae fisicamente e ci fa l'amore. Il padre della ragazza abbandona la moglie, incontrando sulla sua strada alla ricerca della giovane figlia fuggita il se stesso bambino coi mostri che lo spaventavano durante la notte e un'immaginaria figura protettiva, The Caretaker, che lo proteggeva fin da bambino nelle sue fantasie e gli fa compagnia durante il tragitto verso la grande città. In realtà, la storia finisce proprio quando tutti si ritroveranno al concerto di Lifehouse: le persone sono giunte numerose e si sono tolte le tute che impedivano loro di muoversi liberamente con il corpo e staccano, in questo modo, anche le loro menti dal bombardamento virtuale che la Griglia ha finora procurato al loro cervello rendendo imprigionati i loro pensieri. Tuttavia, a un certo punto tutti scompaiono, senza alcuna spiegazione: Ray, Mary, Hacker, le migliaia di persone che hanno raggiunto il posto del concerto... Dove sono scomparsi? Sono morti? Sono usciti da una dimensione per rientrare in un'altra? È stata la musica a inghiottirli o viceversa il regime che, alla fine, li ha distrutti prima della loro rivoluzione umana e musicale? Non si sa, perché *Lifehouse* finisce con la scomparsa di tutti.

«Il finale», spiega Pete, «non è necessariamente un finale drammatico. La fine può essere talvolta inevitabile, soprattutto in un mondo sempre più disumano. La fine può, però, lasciare il posto a un inizio».

Cosa intenderà Townshend per nuovo inizio? Vi sarà una ripresa del progetto *Lifehouse* nel corso del prossimo decennio e, con esso, una spiegazione ulteriore di questo finale così improvviso e senza ulteriori dettagli? Ci sarà, potete scommetterci che ci sarà.

* * *

Balzando al dicembre del '99, *Lifehouse* venne trasmessa come commedia teatrale in prima mondiale, con l'aiuto di Jeff Young per la sceneggiatura e la regia di Kate Rowland, dal terzo canale radiofonico del canale inglese BBC. Seguì la realizzazione di un sestuplo cofanetto dal titolo *Lifehouse – Chronicles*, contenente tutte le musiche di Townshend, con inediti arrangiati – alcuni dei quali per orchestra sinfonica – e brani classici di Purcell, Scarlatti e Corette. All'interno, vi sono anche un prezioso libretto e due CD con la commedia (di cui ho già fedelmente scritto, su permesso dello stesso Townshend, la traduzione in lingua italiana ma le trattative di eventuale trasmissione radiofonica in Italia sono tuttora in corso).

A questo cofanetto ne seguirà un altro, *Lifehouse – The Method* – la cui data di uscita non è stata ancora prevista – nel quale verrà messo a disposizione un metodo/chiave personalizzato per interagire virtualmente, dal punto di vista compositivo, con lo stesso Townshend e avviare una possibile futura collaborazione di messa in scena live, idea piuttosto ambiziosa, interessante e rivoluzionaria. Non si sa bene come possa funzionare ma è ipotizzabile che, all'interno di ogni *Method,* che uscirà in tiratura ovviamente limitata, Townshend inserisca una password personale perché ognuno possa trovare la traccia di un brano inedito ed esclusivo (un basso, una melodia, un'armonia creata al sintetizzatore, una parte del testo o, semplicemente, alcune indicazioni) da comporre o terminare insieme a Townshend, che prevede successivamente di organizzare un concerto con tutti i brani composti dai collaboratori di *Lifehouse – The Method,* a loro volta invitati a partecipare e, probabilmente, ad esibirsi.

* * *

Pete Townshend presentò *Lifehouse – Chronicles* dal vivo nell'arco di due serate al Sadler's Wells Theatre di Londra. Si trattava di due serate a teatro, con tanto di London Chamber Orchestra affiancata alla band di Pete, che cantava e suonava la chitarra acustica, composta dai musicisti John Bundrick alla tastiere, Chucho Merchan al basso, Phil Palmer alla chitarra elettrica, Peter Hope-Evans all'armonica a bocca, una straordinaria Jody Linscott alle percussioni e un simpatico Billy Nicholls, direttore musicale dei coristi China e Cleveland Watkiss, che però in seconda serata sbagliarono un po' troppe «entrate» facendo arrabbiare Pete a tal punto da aprire un'accesa discussione nei camerini del teatro al termine dell'esecuzione.

Il pubblico – di cui facevano parte anche John Entwistle e Ray Davies – sostenne Pete anche quando decise di riprendere un paio di canzoni fin dall'inizio – anzi, quasi i presenti speravano che i coristi saltassero ancora qualche passaggio così da avere a disposizione altre repliche.

Townshend offrì due serate cariche di intensità emotiva, esperimenti armonici e consuete, stupende canzoni che andavano da *Goin' Mobile* a *Baba O'Riley*, da *Getting In Tune* a *Won't Get Fooled Again*, con tanto di brani inediti, *Teenage Wasteland, Greyhound Girl* e orchestrali, *Tragedy* e *Tragedy Explained*.

Mentre *Teenage Wasteland* è una canzone che riprendere quasi interamente le parole del testo di *Baba O'Riley* su un'altra melodia, *Greyhound Girl* è una canzone piuttosto recente, melodica e ben arrangiata in cui Townshend descrive la sua debolezza di fronte al richiamo sessuale di una giovane ragazza: «Each time we come here / I say we'll never come here again. / Each time we make love / I say we'll never make love again. / But my little greyhound girl / You got me running down the flat / My little greyhound girl / I'm in your trap / I'm looking for reasons / I'm looking for reasons / But there ain't why...» («Ogni volta che veniamo qui / Dico che non ci verremo mai più / Ogni volta che facciamo l'amore / Dico che sarà l'ultima volta / Ma mia giovane levriera / Tu mi catturi quando sto a terra / Mia giovane levriera / Sono nella tua trappola. / Sto cercando le ragioni / Sto cercando le ragioni / Ma non c'è un perché...»).

Tra una canzone e l'altra vi erano sia brani arrangiati ed eseguiti dai soli orchestrali, sia parti recitate che, di volta in volta, riassumevano la storia narrata nella commedia, riprendendone i punti chiave. Durante entrambi gli show, Pete usò ottimamente la voce, pur sostenendo da solo il carico che fu storicamente di una voce indubbiamente più potente, quella del giovane Daltrey dei primi anni Settanta.

In *Lifehouse,* Townshend padroneggiò la chitarra acustica in modo virtuoso e originale, anche se spiegò di sentirsi «perso» senza quella elettrica, lasciata a Palmer per parti quasi esclusivamente ritmiche per non distogliere troppo l'attenzione del pubblico nei confronti del background orchestrale, di cui sembrava andare particolarmente fiero. Palmer, che fu bravissimo, è una persona simpaticissima ed è il nipote dell'ex Kinks Ray Davies, presente a sua volta nei backstage di *Lifehouse*. Un mod olandese, presente tra il pubblico, urlò una frase che diede effettivamente il senso di tutto *Lifehouse* e la cui fedele traduzione recita letteralmente: «E la Madonna, 'sta musica qui è una roba così bella che mi sembra di non avere avuto le orecchie prima di stasera!».

Credetegli sulla parola. Chi non possiede ancora il cofanetto o il doppio CD dal vivo di *Lifehouse* perde il progetto musicale più importante che Townshend abbia mai realizzato in tutta la sua vita e so di parlare anche per lui. Ciò nonostante, è doveroso riportare le sue personali riflessioni sul progetto: «Le due serate di *Lifehouse* consisteranno essenzialmente in uno show, non un musical, un'opera rock o un concerto. La drammatizzazione, rispetto alle parti recitate della commedia, sarà parecchio mutilata perché, per me, la drammatizzazione è già insita nella mia musica. Per il copione ho chiesto aiuto a Jeff Young perché non ho la pretesa di essere un drammaturgo. Ho bisogno di aiuto, specialmente nei dialoghi e nelle note di regia».

Fu inevitabile chiedere a Pete spiegazioni sul perché ci fossero voluti più di trent'anni per realizzare il progetto ed egli rispose: «Ho proposto l'idea sul progetto *Lifehouse* a Kit Lambert e agli Who fin dal '71. Pur ricevendo apprezzamenti unanimi, fin dall'inizio sono sopraggiunte difficoltà di realizzazione. In effetti, devo ammettere, l'idea in sé non era semplice. Devo dire che quando andammo a New York con Kit Lambert, le cose divennero ancora più difficili. Noi, ad un certo punto, rientrammo a Londra, ma Kit rimase a New York, dove l'eroina e un certo modo di condurre l'esistenza furono inevitabili e anche questo aspetto non favorì una certa lucidità nella scelta. Poi ci fu anche la realizzazione del film *Tommy* di Ken Russell e l'enorme successo che ottenemmo – anche se ci rese ovviamente molto ricchi e felici – offuscò in qualche modo *Lifehouse*, la cui idea di base era a sua volta legata alla realizzazione di una sceneggiatura cinematografica. Avevamo a disposizione 23-24 canzoni. Ero profondamente dispiaciuto anche se, nel momento in cui mi proposero di inserirne alcune per l'LP *Who's Next*, mi resi conto che la rosa scelta di canzoni era davvero sorprendente e se il risultato doveva essere un disco rock, be', quello era perfetto! Ad eccezione di una cosa: l'esclusione di *Pure And Easy*. Quella non mi è proprio mai andata giù. *Pure And Easy* era – ed è – il nucleo fondamentale del messaggio di *Lifehouse*: There once was a note pure and easy / Playing so free like a breath rippling by... (*C'era una volta un'unica pura e semplice nota / Suonare libera come un respiro sull'onda...*). Ancora oggi la commedia teatrale esprime, insieme alle musiche, questo concetto».

Dai concerti allo Shepherd's Bush, giravano voci circa una

tournée americana degli Who, nella stessa versione nella quale si esibirono nei due concerti londinesi del periodo di Natale. Circa la presenza di John Entwistle al Sadler's Wells e l'assenza di Roger Daltrey, Pete diede la seguente spiegazione: «Devo ammettere che, soprattutto negli anni in cui riprendemmo in mano il progetto di *Lifehouse* originato nel '71 per rielaborarlo nuovamente dal '74 al '79, soprattutto Roger propose idee che hanno fortemente contribuito al procedere del progetto, anche a distanza di anni. Gli ho parlato al telefono quattro giorni fa perché si trova in tournée in Australia. Abbiamo ricordato di come, da piccoli, eravamo liberi di giocare e camminare fino a tarda notte per le strade di Londra – ed avevamo appena quattro anni! Gioventù bruciata... Peccato che oggi non sia più possibile. Comunque, ho chiesto a Roger e a John il permesso di realizzare *Lifehouse* con la London Chamber Orchestra e loro mi hanno risposto di sì. Con il loro permesso, è stato possibile».

In quei giorni, io stessa feci alcune telefonate ed inviai vari fax ad importanti quotidiani italiani e spagnoli. È vero che *Lifehouse* non era la data di un concerto tenuto dagli Who in Hyde Park di fronte a 150mila persone, ma è altrettanto vero che si trattava di qualcosa che, storicamente, ha lasciato strascichi indelebili – si pensi a *Who's Next* – e, soprattutto, la sua piena realizzazione meritava senz'altro maggiore attenzione. Posso testimoniare che qualcuno non si prese nemmeno la briga di rispondere e pochissimi si interessarono seriamente a *Lifehouse*. Townshend espresse il suo stato d'animo su questo atteggiamento da parte della stampa: «Il pubblico e i fan hanno capito tutto ma, per quanto riguarda *Lifehouse*, non sono stato compreso dalla stampa. Mi hanno accusato di parlarne troppo, di spiegarla e basta. Ma, cazzo, non è così!!! La sto facendo, sto qui per questo, la sto fottutamente facendo. La sto facendo, cazzo! Sono anni che ci lavoro. E se sto qua, al punto in cui sono della mia carriera e della mia vita, è per fare le cose che davvero voglio fare e per realizzarle devo sentirle 'dentro'. Non è per soldi, se è per questo gli Who ultimamente si sono riuniti a scopi benefici, senza prendere una lira. Non è per gioco o per forza. È perché ci credo. Ci credo dentro. Il progetto *Lifehouse* ha sempre avuto quel 'qualcosa'. Canzoni come *Let's See Action, Relay, Join Together*, che suoneremo domani sera... Altre che ho scritto nell'85/86/87. Gibson e Clark», proseguì, «una volta predissero che non puoi gioire della tua anima se la comprimi, se non esprimi te stesso liberamente. *Pure'n'easy...* In questo modo la tua anima finirà per spezzarsi. Il mio sito Internet, anche se *Lifehouse* sottolinea i pericoli della comunicazione virtuale, priva di contatto umano, vuole essere invece una possibilità di apertura alla comunicazione. Al cofanetto *Lifehouse – Chronicles* seguirà *Lifehouse – The Method,* che conterrà, in tiratura limitata per ovvie ragioni, anche una 'chiave' per interagire insieme a me con composizioni proprie. Coltivo inoltre un sogno futuro: un concerto in cui tutti saranno invitati a partecipare con le loro musiche eseguite. Welcome to the Lifehouse folks, your song is here («Benvenuti a *Lifehouse,* gente, la vostra canzone è qui)...».

Felice di esserci stata e onorata di scrivere su una rivista come *Jam,* prima in assoluto ad essersi interessata all'argomento, rivolgo tra le pagine di questo diario un pensiero a chi non ha prestato orecchio sensibile alla realizzazione di Pete del progetto *Lifehouse*: vi siete persi un irripetibile momento della storia della musica.

So di non aver avuto un'esistenza che, di per sé, possa dare adito a pensieri di assoluta obiettività nei confronti del sottovalutato valore delle composizioni di Townshend come solista. Ma questo non è certo il caso di *Lifehouse.* Per quanto riguarda il valore del progetto in questione – ma, ribadisco, di molti altri realizzati da Pete e troppo poco conosciuti – lascio ai posteri l'ardua sentenza, con la presunzione di conoscerla già da un pezzo.

* * *

Chissà se, a proposito del finale di *Lifehouse* in cui tutti scompaiono, come disse Pete «ogni fine può lasciare il posto a un nuovo inizio» e chissà se questo poteva essere vero anche per le nostre vite.

Durante i giorni di *Lifehouse,* mi trovavo a Londra per motivi di lavoro anche se, come ovvio, il mio investimento emotivo era sempre presente, mischiato a tutto il resto. Cercavo, in quei giorni londinesi, di verificare un ennesimo riscontro di accettazione e complicità da parte del mio compagno italiano, con il quale proseguiva la mia relazione altalenante. In quei giorni,

Pete usciva con la giovanissima insegnante privata dei figli di Jerry Hall e di Mick Jagger ma, in quel frangente, la compagnia femminile che lo circondava non fu di una sola ma di ben due ragazze, biondissime come di consueto.

Ai concerti di *Lifehouse* presenziarono anche la madre di Pete e suo fratello Paul, quello di professione decoratore. Non era presente l'altro fratello, Simon, che suonò la chitarra in *Quadrophenia* né, ancora una volta, i figli. Ovviamente, non ne conoscevo i motivi ma continuavo a pensare che aver assistito ad un progetto realizzato in trent'anni di carriera fosse un gesto importante nei confronti non solo della carriera di Pete, ma anche della sua vita.

Quelli di Lifehouse, come documentano il doppio CD *Pete Townshend – Live At Sadler's Wells* e l'omonimo filmato a disposizione sul sito Internet dell'Eelpie, furono due concerti unici e strepitosi. Eppure, dal punto di vista personale, né la mia vita né quella di Pete potevano definirsi serene. Che Townshend non appaia come una persona propriamente felice è cosa nota ai più. È però una persona capace di rilassarsi e, raramente, rallegrarsi se in giusta compagnia. L'ho visto assolutamente felice mentre trascorreva il tempo insieme al suo Joseph, un adorabile ragazzino di undici anni che mostra già di possedere la stessa sensibilità paterna oltre a un'allegria che a Pete, da bambino, la vita non concesse. Joseph adora il padre in un modo quasi commovente e so con certezza che Pete considera suo figlio la cosa migliore che abbia mai fatto nella sua vita.

Non lo chiesi a Pete ma, sapendo che Joseph vive insieme alla madre e al nuovo compagno di questa e che nessuno dei suoi figli fu presente a *Lifehouse,* ho immaginato che pensasse a suo figlio quando, nel finale dei due concerti, introdusse a sorpresa una canzone acustica, composta in tempi recentissimi e ancora da ultimare, intitolata *Can You Help The One You Really Love?* (Puoi aiutare l'unico che ami veramente?).

Sul fronte puramente professionale, una cosa era certa: dopo la fine di *Lifehouse* si prospettò un ennesimo, nuovo inizio per gli Who.

ancora sul magic bus

You can't always get what you want
You can't always get what you want
You can't always get what you want
But if you try sometimes
You just might find
You get what you need

Non sempre puoi ottenere ciò che desideri
Non sempre puoi ottenere ciò che desideri
Non sempre puoi ottenere ciò che desideri
Ma se qualche volta ci provi
Forse finiresti semplicemente
Per ottenerlo

Rolling Stones, *You Can't Always Get What You Want*

Non c'è dubbio: nel 2000, gli Who sono tutt'altro che «F–f–fade away». E la stessa cosa, giunta all'ultimo capitolo di questo mio diario, può dirsi della sottoscritta. Inizio a pensare che i Rolling Stones avessero le loro buone ragioni filosofiche nella stesura dei loro testi.

Sicuramente ho desiderato far parte del mondo della musica rock, a partire da quella di Townshend. A più di trent'anni d'età ero ancora al seguito di una tournée del gruppo, stavolta americana e con i consueti approdi londinesi.

Stavolta, fu bellissimo seguire gli Who attraverso la California e al Madison Square Garden e quando, a San Francisco, le mie valige sparirono per quindici giorni verso chissà quale altra destinazione al mondo, fui in qualche modo confortata dal venire a conoscenza che, da qualche altra parte, vagavano anche i bassi di John Entwistle, persi verso una destinazione altrettanto sconosciuta.

Il terzo millennio ha visto, infatti, la band di nuovo riunita e, inoltre, l'annuncio di un nuovo album in cantiere, sul quale i particolari sono però ancora top secret. Allo stesso modo, nonostante le voci relative a questa tournée fischiassero nelle orecchie di appassionati e addetti ai lavori fin dall'anno precedente, l'annuncio del tour americano del 2000 fu dato a sorpresa. Anzi, poco prima Pete fece una delle sue consuete dichiarazioni di volontà contraria – di quelle che, ogni volta, fanno comunque arrabbiare il suo collega Roger Daltrey: «Non credo perché i tour sono diventati troppo faticosi per me. Con gli Who, negli ultimi concerti per beneficenza (*Maryville's Concert, House Of Blues di Chicago, Shepherd's Bush*) è stata un'altra cosa. Mi sono divertito molto nel giocare ad essere ciò che un tempo siamo stati. Onestamente, devo dire che gli Who mi sono piaciuti. Dopo gli show di Natale, ho ricevuto la telefonata di mia madre che mi ha detto 'Hey, ma come sono riuscita a fare un figlio come te?'. Fare qualche concerto ogni tanto mi fa piacere, soprattutto se so di recare beneficio a qualcuno che ne ha bisogno». Roger Daltrey, dal suo canto, ribatté alla prima occasione di intervista che «Pete non dovrebbe parlare degli Who solo al passato remoto o come un qualcosa di divertente».

«Oggi», dichiarò Townshend l'estate successiva a proposito di questa ennesima reunion, «mi sento molto più a mio agio con il fatto che gli Who facciano parte della storia – se per storia intendiamo sia la storia della musica rock che quella di un tempo che fu. Ho accettato quella storia come parte della mia storia. Non sento affatto il bisogno di giustificarmi se sono ancora un musicista attivo all'interno degli Who oppure al di fuori del gruppo. Perché, in ogni caso, sono fiero di me stesso».

Così, più volte ammettendo che questa *Who reunion* venne da lui concepita come un'ennesima, interessante avventura musicale – anche se posso testimoniare che il timore di un possibile eccesso di nostalgia ha albeggiato per tutto il tempo dentro il suo animo –, Pete ha inserito, insieme a John e Roger, continuamente dei nuovi arrangiamenti, giocato sui testi delle canzoni e lanciato a sorpresa stralci di nuovi brani. È stata una prova per la registrazione del nuovo, ipotetico album degli Who? Che quegli stralci, ipoteticamente, contenessero già all'interno una base ideale per vere e proprie canzoni non è dato sapere in quanto, comunque, all'interno del tour gli Who – ed in particolar modo Townshend – si sono ritagliati spazi di solitudine, dietro i quali si può solo ipotizzare un inizio di lavori sotto questo punto di vista. È un dato certo che, invece, vi sia già stato più di un incontro tra i membri presso lo studio di registrazione privato di John Entwistle, all'interno della sua tenuta in Oxfordshire. Su questa esperienza, Pete disse: «Devo dire di essere molto soddisfatto delle canzoni che ho già composto, soprattutto dell'armonia che ho ritrovato insieme a John e Roger. Ci siamo trovati un po' di tempo fa nello studio di John, a casa sua. Erano diciotto anni che non andavo più a casa sua! Diciotto fottutissimi anni, ma vi rendete conto? E c'era una bellissima atmosfera: gli oggetti, i colori... tutte cose essenziali quando stai lì seduto a comporre, a suonare, ad esprimerti e alzi gli occhi, osservi, assapori la luce che proviene da fuori in un certo modo e l'atmosfera deve farti sentire bene». Contrariamente a ciò, quando nel corso della conferenza stampa Roger Daltrey dichiarò di avere a sua volta alcune canzoni «pronte e adatte», che Pete aveva già avuto modo di ascoltare ed apprezzare, Townshend precisò che «è meglio essere prudenti prima di fare dichiarazioni del genere. Gli Who non fanno un disco dal 1982 (*It's Hard*) e non ho intenzione di far loro esprimere delle cose che non appartengano realmente al gruppo, al suo esistere oggi, a ciò che siamo noi».

In pratica, riguardo all'ipotetica uscita di un nuovo disco, nel corso di tutta la tournée ci sono state dichiarazioni «botta e risposta» tra Townshend e Daltrey, spesso contraddittorie e in bilico tra «remota possibilità e matematica certezza».

Credo che Pete e Roger siano ormai abituati a questo tipo di comunicazione, probabilmente in parte sofferta, ma credo anche che si vogliano, sotto sotto, reciprocamente un gran bene. Naturalmente, anche John Entwistle rientra nel discorso affettivo ma, per quanto riguarda le dispute, è da sempre assolutamente flemmatico e non batte ciglio, atteggiamento che trovo saggio e anche molto ironico.

Per quanto riguarda i concerti live, gli inediti abbozzati vennero inseriti in una scaletta, peraltro essenzialmente composta da indiscutibili classici e mantenuta inalterata, con qualche variante, per tutte e tre le serie di concerti americani: *I Can't Explain, Substitute, Anyway, Anyhow, Anywhere, Relay, My Wife, Baba O'Riley, The Seeker, I Don't Know Myself, Getting In Tune, Pinball Wzard, The Real Me, Drowned, Magic Bus, Behind Blue Eyes, You Better You Bet, Who Are You, 5:15, Won't Get Fooled Again, The Kids Are Alright, Let's See Action* e, naturalmente, *My Generation.*

Nel corso di questa tournée, a differenza del Quadrophenia Tour '97/98, Townshend ha avuto il suo storico ruolo di unico chitarrista, con tanto di *windmill.* Questo ha eccitato moltissimo il pubblico, ogni sera in standing ovation. A questo proposito, Pete ha dichiarato: «Otto anni fa ho avuto un incidente al braccio e mai avrei pensato di tornare a suonare la chitarra elettrica come invece è successo durante questi ultimi concerti. Ho dovuto seriamente intraprendere con regolarità una riabilitazione nel corso di questi otto anni. Un paio di volte, a dir la verità, ho sentito male al braccio ma sono molto contento del risultato che ho ottenuto. Quando compongo e registro la mia musica», Townshend proseguì, «lo faccio contemporaneamente su più linee, sia da un punto di vista ritmico che melodico, e di conseguenza le penso rivolte a più chitarre. Dunque, anche per quanto riguarda gli assoli e alcune improvvisazioni live, in passato era per me molto piacevole suonare insieme a Simon (*il fratello di Pete*) o a Steve Bolton, come è accaduto nel 1989. Ultimamente, mi sono imbattuto in un Vibro King della Fender. È un attrezzo molto americano ma, secondo me, ha davvero un bel suono. Oggi come oggi non posso più usare Hi-Watt perché il volume sarebbe troppo dannoso per i miei problemi di udito. E, tutto sommato, sarebbe eccessivo anche per il tipo di luoghi in cui ultimamente abbiamo suonato – non più interi stadi ma anfiteatri».

Caratteristica, questa, tutta legata al sound live dei «nuovi»

Who, in giro per l'America. C'è stato un tempo in cui, in effetti, un «volume troppo alto» per i loro concerti non solo era un problema inesistente ma, addirittura, impensabile. Eppure, in questo modo, soprattutto in determinati momenti dell'ultima tournée nei quali Pete, John e Roger hanno proposto inseriti in brani classici – ad esempio, in *My Generation* – gli spezzoni dei brani che, più o meno elaborati, potrebbero seriamente diventare parte di alcune canzoni del nuovo album, il *new sound* riprendeva in larga parte lo stile puro e primario di Pete.

Negli ultimi anni – con e senza gli Who – Pete ha imbracciato più spesso e volentieri dal vivo una chitarra acustica. «Amo suonare la chitarra», ha sostenuto riguardo a questa precisa scelta, «anche se non la definirei una mia passione. Il fatto è che, ormai, ci sono troppe cose che mi riescono facilmente. In parte mi fa piacere, è ovvio, ma il ruolo in cui mi ritrovo davvero e che sarà la linea più definita dei miei anni futuri come musicista è senz'altro quello di compositore.».

Un piccolo scoop chitarristico: nel corso di tutta la tournée, le chitarre di Townshend venivano accuratamente risistemate da un tecnico di fiducia. «Se usi corde troppo sottili sulla chitarra acustica», spiegò Pete, «il suono che ottieni negli accordi non è affatto buono. Io ho iniziato ad usare delle corde calibro 011 per quanto riguarda le estremità. Se dovessi suonare uno dei miei accordi, ad esempio, con delle 010 in alto, le corde si romperebbero al mio primo accordo. E mi succederebbe anche con un set 012-056. Come chitarrista, sono un impressionante distruttore di corde!». E nell'ammetterlo scoppiò in una delle sue rare, potenti risate.

Pete sarà anche un impressionante distruttore di corde, ma è stato sicuramente il punto di forza di tutta la tournée americana. Avendo seguito almeno cinque repliche di tutti i tour degli Who, dal primo Quadrophenia live in Hyde Park ad oggi, ritengo che il pubblico americano sia stato spesso un po' troppo distratto rispetto a quello europeo e che la critica abbia ecceduto, in alcune occasioni, un po' troppo gratuitamente. I momenti in cui il carisma di Daltrey e la sua voce – oggi come oggi non certo pulita come una volta ma senza dubbio accattivante e, a tratti, più profonda – sono indubbiamente emersi, hanno contribuito a momenti di altissima intensità emozionale, inconsueta anche per una delle tante – magari tecnicamente migliori (vedi

Rolling Stones) – band storiche live nel corso degli ultimi anni. Eppure Daltrey in America è stato apprezzato, in particolar modo, per il suo fisico sempre giovane e prestante, suscitando regolarmente nel pubblico femminile una grande enfasi.

Il bassista John Entwistle ha regalato al pubblico almeno un paio di ineccepibili, lunghissimi assoli di basso ad ogni concerto – non solo nella famigerata *5:15* ma in diverse canzoni. Assoli ogni volta diversi, talvolta sperimentali, attorno ai quali non resta altro da scrivere – se mi è concesso riesumare il detto popolare – che ancora una volta la sua classe non è acqua.

Tuttavia, si diceva, le polemiche sono iniziate fin dall'inizio circa questa reunion che, secondo alcuni, si preannunciava eccessivamente «nostalgica» e queste si sono via via incattivite quando, dopo il concerto di Albuquerque, Jimmy Page – che avrebbe dovuto proseguire la tournée coi Black Crowes insieme agli Who – ha lamentato seri problemi alla schiena e abbandonato definitivamente la partita. Il management – unico per entrambi i gruppi – ha tuttavia mantenuto fino alla fine la speranza che Page e i Black Crowes potessero subentrare di nuovo. Purtroppo ciò non è avvenuto e così la tournée americana degli Who – che hanno sfiorato almeno le tre ore per ogni concerto - ha avuto come supporter, in alternanza, gli Unamerican e i Wallflowers di Jakob Dylan.

* * *

A proposito dei Black Crowes e Jimmy Page, all'inizio del tour ho avuto modo di scambiare con loro alcune considerazioni sul loro incontro e sui motivi del legame emotivo-professionale che la giovane – e straordinaria – band dei fratelli Robinson ha stretto col mitico Jimmy (sul quale consiglierei agli appassionati di leggere uno dei numerosi libri di Pamela De Barres, sua groupie «favorita» negli anni d'oro).

Diciamo che la loro collaborazione ha avuto inizio a Londra un paio d'anni fa circa. Un paio di show benefici a favore della rieducazione dei bambini del Brasile. Sul palco c'erano Jimmy Page e i fratelli Robinson dei Black Crowes, uno dei migliori gruppi rock degli ultimi tempi nonché ex adolescenti con sogni di gloria e seguaci del capitolo Led Zeppelin. In realtà, tutto ebbe probabilmente inizio ben più in profondità poiché entrambi i musicisti – cito le loro stesse parole – hanno in comune «lo spirito». I tempi, se si volesse stendere una mera biografia in questo spazio troppo ristretto, appaiono evidentemente differenti: Jimmy Page, uno dei migliori chitarristi al mondo, sbucato fuori dall'Inghilterra degli anni Sessanta e, più tardi, attraverso gli Yardbirds e il felice approdo alla formazione della band rock metal dei Led Zeppelin. E qui ci si potrebbe sostare per un bel pezzo, non fosse altro che l'intento è quello di riportare il mio incontro avvenuto con Jimmy Page e Chris Robinson, a New York, in occasione dell'annuncio della tournée americana di quell'estate – che, come moltissimi fan sanno, sarebbe dovuta approdare anche in Europa l'autunno scorso ma è stata definitivamente cancellata poiché, dopo il concerto del 12 agosto ad Albuquerque, la schiena di Page ha iniziato ad essere fortemente dolorante, tanto che il chitarrista pareva essere in attesa di un delicato intervento chirurgico.

La tournée si è così interrotta, con sincero dispiacere da parte di tutti: Jimmy Page, che stava oltretutto male; i Black Crowes, che per solidarietà decisero di non esibirsi da soli, come si era inizialmente pensato; gli Who, che dividevano con Jimmy Page e i Black Crowes lo stesso management. Proprio gli Who si trovarono a rispondere a puntuali e numerose critiche da parte della stampa americana, seguite da molti *gossip* sul vero o presunto male di schiena di Page che sarebbe invece servito a mascherare ben più remoti e celati disaccordi, e sul fatto che il prezzo dei concerti era comunque rimasto tale e quale. Eppure, fino all'ultimo, teoricamente Jimmy Page e i Black Crowes sarebbero potuti rientrare nella seconda tornata dei concerti e, a schiena sistemata, non solo proseguire il tour ma recuperare ogni singola data andata perduta. Così non è stato. Il dialogo seguente avvenne molto prima che Page si ammalasse e rafforza, ad ogni modo, quanto appena detto.

Chris Robinson mi disse che a quindici anni dalla nascita dei Black Crowes quella era la prima volta in cui suonavano canzoni scritte da altri e non da altri «qualsiasi» bensì dai Led Zeppelin, la loro band mito fin da ragazzini. «Ciò nonostante», mi disse, «non avevamo mai suonato pezzi degli Zep. So che può sembrare strano ma è così, abbiamo suonato il repertorio degli Zeppelin per la prima volta un anno fa e lo abbiamo fatto a modo nostro anche perché sarebbe stato ridicolo emulare qualcun altro dopo quindici anni di esistenza». Intervenne Page che, con quel suo strano modo di guardare le persone che ancora oggi non so se corrisponda a un perenne stato di alterazione o meno: «I Black Crowes sono mooolto validi. Perché quando suonano mantengono un loro carattere che, ad ogni modo, va benissimo per il repertorio dei Led Zeppelin Anche se è particolare, diverso...».

A dire la verità, ci furono un po' di discussioni sulla scelta dei brani, durante le quali Page si scaldò parecchio perché si trovava in disaccordo con le proposte fatte dei Black Crowes. «È in grado di surriscaldarsi in pochi secondi», disse Chris Robinson mentre Page sosteneva di non essersi affatto arrabbiato e, poco lontano, un paio di tecnici ridacchiavano alle sue spalle facendo segno di no con le dita, come a sottolineare che Page si fosse in realtà surriscaldato parecchio.

«Comunque il risultato è un gran sound», ribadì Jimmy Page. «Sì, però ci è voluto un po' per rompere il ghiaccio perché l'idea di suonare con Jimmy Page ci aveva comunque un po' innervositi anche se, dopo un po', ci siamo lasciati completamente andare», gli fece eco Robinson.

Di Chris Robinson e dei Black Crowes avevo sentito tessere le lodi da alcune giovanissime ragazze che, nelle grandi città, ancora componevano quella sorta di strano gruppo al seguito delle band anche se le vere e proprie groupie non esistono più ormai da anni. Alcune di esse mi avevano raccontato di una lista passaparola, con tanto di scambio via Internet, sui musicisti dell'ultima generazione dei quali ci si poteva fidare e su coloro dai quali, invece, aspettarsi un certo tipo di trattamento (tra questi ultimi pareva rientrare ancora Jimmy Page, che manteneva alcuni gusti «particolari»).

Gusti sessuali a parte, Page si espresse contro il potere dei grossi colossi di produzione discografica: «È molto meglio collegarsi a un sito», disse riferendosi alla vendita via Internet dell'album *Live At The Greek* e in tempi in cui Napster non era ancora un caso giuridico, «e scaricare alcuni secondi gratuiti delle canzoni di un disco che si vuole acquistare. Così si può sentire di che roba si tratta e decidere se ne vale la pena. È molto più semplice che chiedere a qualche negoziante di scartare il CD e fartelo ascoltare, ammesso che qualcuno sia ancora disposto a farlo. Molti non sanno nemmeno dare un parere sulle cose che vendono. Soprattutto, in futuro ci saranno sempre più band che si appoggeranno ad Internet anche per esprimere il loro disappunto nei confronti delle grandi compagnie che le tengono in pugno. Sono tutti delle carogne! I loro contratti sono un furto sia per i clienti che per i musicisti. Così, invece, andrà molto meglio».

Lasciate le polemiche a New York, con quattro straordinari concerti al Madison Square Garden applauditissimi, tra gli altri, da Lenny Kravitz e David Bowie, gli Who sono rientrati dopo alcuni giorni nel Regno Unito. Hanno replicato concerti – simili ma non uguali – a quelli americani a Manchester e a Londra per quattro date susseguenti, l'ultimo dei quali si è tenuto alla Royal Albert Hall. Qui gli Who hanno suonato insieme a Paul Weller, Eddie Vedder dei Pearl Jam e Noel Gallagher degli Oasis. Il ricavato della serata è stato interamente devoluto a favore dei bambini malati di cancro.

* * *

Performance a parte, nell'ambito del tour è stato possibile condividere alcuni momenti confidenziali con varie persone, tra cui molti amici della cosiddetta *Who family* itinerante: membri del gruppo, parenti, assistenti, roadie, fonici, tecnici, collaboratori o appassionati. Talvolta, naturalmente, c'era anche qualche nuova ragazza. Le tappe americane della tournée hanno infatti visto gli Who senza mogli né fidanzate e, soprattutto a Roger, si presentarono quotidianamente vere e proprie code di ammiratrici, una delle quali, dopo essersi azzuffata con una guardia del corpo, è stata raccolta proprio dallo stesso Roger e portata via con sé, in limousine. Parte della fase consolatoria della fan, iniziata di fronte a tutti, era consistita in un lungo, languido bacio. La notizia ha fatto il giro via Internet ed è stata perfino sottolineata dal sito ufficiale della band.

Iniziai a conoscere, un po' più a fondo e per la prima volta, Zak Starkey. Alla batteria, Zak aveva ormai dato numerose dimostrazioni della sua bravura e avrebbe potuto, a questo punto, alzare un po' di più la cresta di fronte alla stampa e invece, fin dalla conferenza stampa iniziale, rimase in disparte e si unì per alcune foto ufficiali solamente dopo il gesto di richiamo del braccio di Townshend.

Dietro le quinte, Zak era quello che si tratteneva, se non altro per questioni di età, più a lungo con ospiti e amici. Regolarmente arrivava qualcuno della sua famiglia a salutarlo: suo padre Ringo Starr o suo fratello Jason. Ricordo una tavolata di birra e chiacchiere in cui, dato che il territorio «apparteneva», in quel frangente, agli Who, Ringo sembrava molto più rilassato del solito e più che un ex Beatle osservato a vista dalle guardie del corpo si mostrò appassionato narratore di barzellette e con tanto di mimo in piedi sulle seggiole, cosa che trascinò con lui il morale dell'intera combriccola. Suo figlio Zak è molto timido e silenzioso ma chiacchiera volentieri di musica e di viaggi, soprattutto quando è un po' annoiato e non deve suonare.

Suo fratello Jason, l'altro figlio di Ringo Starr, lo raggiunse spessissimo dietro le quinte e i due fratelli mi parvero andare molto d'accordo. Jason è davvero bellissimo, statuario e assomiglia parecchio a Brad Pitt. E quindi in pochi minuti, pur non essendo un musicista, ad ogni party veniva, in un modo o nell'altro, preso di mira da qualche ragazza che finiva per trascinarselo via.

* * *

Veniamo al punto: nel 2000 esistono ancora le groupie? Ho già accennato al fatto che se per groupie intendiamo un certo numero di ragazze – e ragazzi – organizzate in modo tale da poter avvicinare un certo numero di musicisti in circostanze che preludano alla possibilità di «conoscerli» bene, allora la risposta è sì. In America, durante la scorsa tournée, ne ho conosciute di giovanissime. Venni a sapere che per alcuni gruppi – tra cui Bon Jovi e gli Aerosmith – la loro presenza risultava ancora un «must», praticamente quasi un obbligo coreografico. Una minoranza tra loro frequentava personaggi come Marilyn Manson e Trent Reznor, che avevano la fama di avere richieste sessuali piuttosto allucinanti e, dunque, se si capitava nel loro giro bisognava sapere a cosa si andava incontro. Tra gli idoli dell'ultimo momento, una delle persone più carine e, sotto molti punti di vista, generosi con le groupie pareva essere Eminem, a dispetto della sua fama di ragazzo terribile. Seppi che Eminem amava molto intrattenersi con le ragazze e le trattava come fossero tutte sue regine, offrendo loro viaggi, stanze nei migliori alberghi e regali costosi. La presenza di ragazze non impediva quella di ragazzi e non solo per la presenza di personaggi omosessuali.

Belinda Carlisle, ex cantante delle Go-Go's, sta raccogliendo una serie di immagini di tutti i *backstage boys* che si fecero le Go-Go's, quasi tutte scattate reciprocamente dalle stesse Go-Go's nei momenti di intimità condivisi a più parti e si parla di almeno duecento ragazzi. Non molti, se si pensa che i Rolling Stones, secondo l'autobiografia dell'ex bassista Bill Wyman, durante le loro prime tournée ebbero rapporti sessuali con quattrocento groupie nell'arco di un anno come media statistica a testa.

So che l'argomento groupie riscuote sempre molte curiosità e, talvolta, anche un po' di sgomento. Ma non bisognerebbe dare tutto per scontato. I divi esercitano da sempre una forte attrattiva sui giovani e le ragazze giovani e carine attraggono da sempre la maggior parte degli uomini, con la differenza che più si occupa una certa posizione di rilievo e più ci si può permettere di mantenere un certo tenore avventuroso nella propria vita privata. Questo, ovviamente, è un discorso valido in generale e che non si riferisce certo a ogni singolo caso specifico.

Nel caso di Madonna, almeno per un certo periodo, la cricca era composta sia di ragazzi che di ragazze, lo stesso accadeva per molti altri cantanti e non credo sia una novità. Questo non è un libro sulle groupie ma un libro sul mondo del rock, ambiente di cui questo fenomeno ha fatto parte e, in qualche modo, continua ad essere presente. Le groupie sono state anche le ragazze che, durante gli anni bui di Marianne Faithfull – ex musa degli anni Sessanta ed ex compagna di Mick Jagger – quando la cantante era un'eroinomane ridotta a vivere per alcuni mesi contro un muro di Soho, la andavano a trovare, uniche a farlo, tentando di convincerla a farsi ricoverare e portandole coperte per l'inverno, vestiti puliti e cibo quotidiano. So bene quello che dico perché, alcune volte, ci andai insieme a loro. Non c'era nessuno degli ex fidanzati di Marianne in quel momento terribile della sua esistenza e neppure nessuno dei suoi futuri fan (oggi, fortunatamente, la Faithfull si è rimessa e ha, tra l'altro, compiuto interessantissime scelte professionali specializzandosi come interprete di Kurt Weill). A preoccuparsi di lei, ogni giorno, c'era una qualche groupie.

***

In California, a volte, i sogni si avverano. Come nei film hollywoodiani.

Dopo vent'anni, stavo per intervistare Stevie Nicks. Stevie, le cui foto furono, per prime, appese alle pareti del bagno dell'appartamento di Kensington Church Street, nel tentativo di emulare il trucco delle sue labbra e la linea delle sue sopracciglia. Stevie, che ci aveva ispirato il nome «gypsies». Stevie, che aveva permesso al mio modesto metro e sessantacinque centimetri di indossare orgogliosamente stivaletti dai tacchi vertiginosi e maniche che finivano con lunghi nastri tra le dita e ancora gonne fruscianti e trasparenti all'ultima moda. Stevie, sulle cui canzoni *Dreams* e *Sister Of The Moon* qualche volta io e Jenny avevamo pianto insieme e, sempre, sognato.

Anche nella realtà, Stevie Nicks era molto piccola. La carnagione chiarissima. I capelli biondi, non più ricci ma lisci e lunghissimi come sempre. Il seno abbondante, messo in evidenza. Eppure Stevie, la cui figura è molto più florida rispetto a quella di un tempo, si muoveva verso di me come un giunco appena smosso dal vento, camminando sui suoi famosi tacchi altissimi, quasi lievitando. Un po' come quando si trova sul palco. Stevie si trovava in un hotel di Los Angeles, dove stava registrando uno special televisivo e lavorando al suo ultimo album, *Trouble In Shangry-La*, con la collaborazione di Sheryl Crow, Macy Gray, Lindsey Buckingham e gli Heartbreakers. Il giornale nazionalpopolare americano *People* l'ha inserita tra le dieci ultra-cinquantenni più belle del mondo. E Stevie Nicks – cinquantacinque anni ufficialmente dichiarati – nel suo abito di pizzo nero che le fascia un fisico sexy, bellissima la era davvero.

Ero particolarmente emozionata all'idea di incontrarla: sapevo che gli ultimi tre della sua vita erano stati anni molto difficili. Dopo un ictus cerebrale, fortunatamente lieve e preso in tempo, la Nicks si era disintossicata dall'uso di cocaina e apparve di nuovo in forma smagliante in occasione della famosa reunion dei Fleetwood Mac del 1997. La Hall Of Fame spalancò loro le porte e Stevie, che in passato fu l'unica dei Fleetwood ad ottenere un clamoroso successo personale con gli album *Belladonna* del 1980 e *The Wild Heart* del 1983, sembrò dimenticare i flop dei sui successivi *Rock A Little* del 1985, *The Other*

Side Of The Mirror del 1989 e, soprattutto, *Street Angel* del 1994, prepararsi a un grande rientro col bellissimo e fortunato cofanetto *Enchanted*, contenente i suoi maggiori successi e parecchie canzoni inedite. Ma il «periodo nero» non era ancora concluso. A distanza di un anno Jess e Barbara Nicks, gli anziani genitori con cui la cantante vive in una grande casa sperduta alle soglie di Phoenix, nel deserto dell'Arizona, subirono due delicati interventi cardiaci. Nel frattempo Stevie ebbe a sua volta un lieve infarto, anche questo fortunatamente curato in tempo. Infine, due anni prima a Los Angeles, Stevie venne rapita e tenuta in ostaggio alcune ore da un pazzo maniaco che la considerava un'incarnazione diabolica e diceva di volere un figlio da lei. Fortunatamente l'intervento della polizia fu immediato, anche se non è mai emerso cosa sia realmente accaduto alla Nicks durante le ore passate insieme al suo aguzzino (prima del mio incontro venne fatta richiesta esplicita di non menzionare l'accaduto).

Eppure Stevie era lì e mi sorrideva. Fin dagli anni Settanta è stata la donna che ha consumato e vissuto in modo totalmente libero i molti e variegati suoi amori: Lindsey Buckingham, Mick Fleetwood, Prince, Joe Walsh, Bob Dylan, Jimmy Iovine, Tom Petty, Don Henley e molti altri. Tra questi numerosi personaggi, Stevie trovò spazio per vivere alcuni anni insieme a una donna, l'inseparabile corista Sharon Celani. Inoltre si sposò con Kim Anderson, appena rimasto vedovo della sua amica d'infanzia Robin, stroncata giovanissima da una potente forma di leucemia, per poter adottare e tutelare economicamente il piccolo neonato prematuro e malato nato dalla donna prima di morire. «Un matrimonio», disse Stevie,«consumato più nella disperazione che nell'amicizia. È durato solo tre mesi. Eppure, se tornassi indietro, probabilmente rifarei tutto».

Chiesi a Stevie se fosse mai stata infastidita dall'intromissione dei media nella sua vita privata. «Ci sono state fasi nella mia vita piuttosto pesanti da sopportare. Per esempio il fatto di citare sempre che io e Lindsey stavamo insieme quando i Fleetwood Mac ci hanno proposto di entrare nel gruppo. Eppure Lindsey - che è un caro amico e un bravissimo musicista - è stato per me uno dei tanti amori. Anche se, devo ammetterlo, quando oggi ci capita di cantare ancora insieme mi volto, lo guardo e provo la stessa emozione dei nostri inizi musicali. La passione vissuta con Mick *(Fleetwood)* è stata molto più devastante» – proseguì la Nicks. «Mick era sposato e aveva già due bambine eppure tra noi è scattato qualcosa di passionale e incontrollabile. Ed è durata a lungo... Forse la passione ha bisogno di impedimenti. No. Probabilmente il motivo non è nemmeno questo. La passione non deve per forza essere giustificata. Il rapporto più serio della mia vita l'ho avuto con Jimmy Iovine, che era ed è insostituibile anche nella mia musica».

A quel punto, mostrai a Stevie una mia foto da adolescente. Le spiegai brevemente di quanto lei avesse rappresentato qualcuno a cui ispirarsi e, sebbene la notizia non le fosse certamente nuova, sorrise e mi parve sinceramente incuriosita. Le chiesi se avesse mai immaginato, all'inizio della sua carriera, di rappresentare un simbolo in fatto di look. «No davvero», disse Stevie. «Prima di tutto, parte dei miei costumi ed abiti sono sempre stati ispirati dalla danza, disciplina alla quale mi sono sempre dedicata nel tempo libero e che è una grande passione per me. Inoltre quale donna non ama i pizzi e il raso? A me sono sempre piaciuti moltissimo. E poi sono sempre stata molto piccola. Gli scialli, le maniche svolazzanti, il luccichio delle gonne e i tacchi mi permettevano di 'funzionare' meglio in scena. Altrimenti sarei scomparsa! Quand'ero molto giovane e sconosciuta entrai in un backstage dei Rolling Stones. Mick Jagger mi rivolse una frase che non ricordo con precisione ma che sottolineava quanto io fossi davvero troppo piccola per poter essere una groupie... Oggi non m'importa nulla anche perché da allora ho avuto un numero di flirt alto quanto il suo. Forse potrei anche batterlo!», concluse ridendo.

C'è una canzone di Stevie, *The Wild Heart*, nella quale ho sempre ritrovato un aspetto della mia personalità e glielo dissi. «Il testo è più che altro è una confessione, un dire: hey, non chiedetemi il perché io sono così è il mio cuore ad essere selvaggio. E selvaggio lo è ancora oggi, se parliamo d'amore. Forse lo stesso vale anche per te».

Sì. Direi di sì. Non so se sia subentrato un mio antico affetto nei suoi confronti a marcare tutta la conversazione o qualcosa di simile, ma mi parve che quell'incontro confermasse alcuni aspetti del modo di intendere la vita che, in qualche modo, appartenevano a entrambe: un'iniziale aspirazione all'insegnamento, lo stesso corso di studi, una certa instabilità, la ricerca della passione, una buona dose di coraggio, l'indole spirituale ma senza la professione di alcuna fede, condizioni di vita solitaria alternate ad altre, al contrario, molto sociali e una parte di coincidenze fortunate che combattevano un'altra parte di coincidenze gravi e luttuose. Inoltre, la Nicks possedeva una propensione alla scrittura poetica, nella quale è sempre stata, a mio avviso, bravissima. Tuttavia eravamo sedute lì, io in jeans, maglietta e occhiali da sole californiani e lei in abito sontuoso di velluto, a dispetto dell'orario pomeridiano. «Non mi dispiace affatto l'idea di fare ancora concerti rock a sessant'anni come Tina Turner, che ammiro molto», disse Stevie. «Dopo il disco, prevedo una tournée in Europa, forse verrò anche in Italia».

L'intervista si concluse con un consiglio su una marca di shampoo per evitare le doppie punte e un arrivederci. Nell'uscire dalla stanza, mi voltai per lanciarle un'ultima occhiata mentre lei era rimasta seduta sul divano e non mi guardava: mi parve fragile come una porcellana, pensierosa come una bellezza maledetta e sensuale come una statua del Michelangelo.

* * *

Ho incrociato per la prima volta David Bowie nel backstage del concerto degli Who al Madison Square Garden di New York quando, da pochi giorni, era diventato papà per la seconda volta in vita sua. Questa fu una di quelle circostanze che mi hanno aiutata a realizzare quegli incontri professionali e, nello stesso tempo, umani ai quali da sempre aspiro. Concordai di rivedere Bowie a Londra, durante i primi giorni d'inverno. Giunto il momento magico, mi recai all'indirizzo ritrovandomi a Londra, in un ufficio in pieno centro e, più tardi, dentro una stanza rotonda, non troppo larga, con molti scaffali pieni di dischi alle pareti. Sul pavimento, cuscini e tappeti colorati che s'incrociavano l'uno sopra gli altri. Una ragazza ha continuato imperterrita a lavorare a una scrivania, incurante della mia presenza. In un angolo, seduto su un divano, c'era David Bowie, sorridente, capelli sciolti e vestito casual.

Confesso: David Bowie mi è sembrato un angelo, ma uno di quegli angeli del quale non ci si interroga sul fatto che abbia o non abbia un sesso poiché, data la vicinanza, è stato immediato notare quegli occhi pungenti, differenti tra loro, e il sorriso lievemente canzonatorio di un uomo la cui sfrontata sensualità è praticamente dipinta in piena faccia. L'età non conta, dal punto di vista del suo fascino, innato, né la statura del personaggio. Perché quando si ha la fortuna di lanciarsi uno sguardo con David Bowie, il primo approccio è di carattere intenso, di quel genere di linguaggio dei sensi universale. Non importa esser maschi o femmine. La sua fisicità riporta immediatamente a un déjà vu di istinti primordiali senza lasciar tempo a un minimo, naturale decorso di osservazione, né dubbio alcuno.

Fenomeni chimici a parte, con Bowie la conversazione ha preso inizialmente avvio dall'uscita, in quel periodo, delle «BBC Sessions» in *Live At The Beeb*, contenente suoi brani registrati dal 1968 al 1972 e la registrazione di un concerto tenuto lo stesso anno a Londra. Dissi a Bowie che, riascoltando alcune sue canzoni dei primi anni Settanta, avevo avuto l'impressione che all'epoca non si sarebbe immaginato nel 2000, nonostante i brani fossero certamente dei capolavori dal punto di vista musicale ma le atmosfere molto cupe e senza alcuna visione relativa a un possibile futuro.

«Molto pessimismo aveva a che fare con la mia persona e con la vita che conducevo in quegli anni», mi rispose. «Avevo una bassissima autostima. Vivevo malissimo il rapporto con la mia immagine, sentendomi per lo più inadeguato. L'unica cosa che riuscivo a fare per esprimermi e per sentirmi vivo era quella di lavorare. La mia musica esprimeva ciò che provavo io. Oggi non riascolto spesso le mie vecchie canzoni. Di certo non ascolto *Ziggy Stardust*», proseguì sorridendo. «Se mi capita invece di ascoltare album come *Station To Station*, ho la sensazione che comunque si faccia riferimento a pensieri e stati d'animo di qualcun altro, che oggi non mi appartengono più. Ho riascoltato *Low* dopo aver letto che per Trent Reznor ha avuto un significato importante e volevo capire cosa intendesse e... beh, in effetti è un album stramaledettamente buono, per la miseria! Sono proprio contento che sia mio!».

Concordai con David e gli dissi che anche il più recente *Outside*, a mio avviso, rappresenta un assoluto capolavoro, uno dei migliori concept album mai realizzati. «Io e Brian (*Eno*) abbiamo registrato moltissimo materiale», mi disse. «Siamo due lavoratori indefessi. Nel mio caso, il lavoro è tutto. La vacanza, per me, consiste nel mio lavoro perché amo maledettamente quello che faccio e mi ci diverto un sacco, specialmente negli ultimi anni. I miei progetti in corso sono sempre tantissimi. Per cui, prevedo l'eventualità di un *Outside 2*. Stavo preparando l'Outside Project per il Festival di Salisburgo dell'anno 2000, ma non è andato in porto. Magari accadrà in futuro».

Spaziando argomenti che andavano dal cinema alla musica, a un certo punto Bowie si lasciò condurre ad alcune riflessioni personali: «La canzone *Thursday's Child* rimanda alla nostalgia per un passato che non c'è più, agli errori inevitabilmente commessi. È un dato di fatto che la storia d'amore della coppia filmata dal regista Walter Stern nel video della canzone, col tempo, non è stata più tale». Chiesi a Bowie se, allora, anche nell'ambito di coppia si può essere eroi per un giorno soltanto. «Possiamo essere eroi per sempre», rispose. «Accade quando la smettiamo di scegliere l'infelicità. Voglio dire... può suonare tutto un po' troppo demagogico e, in realtà, mio figlio Joe (*il primogenito avuto dalla prima moglie Angela*) che è un bravissimo filosofo, ti darebbe risposte migliori delle mie. Ma è vero che, a un certo punto, siamo tutti condizionati da un certo tipo di comportamento, al quale magari siamo assuefatti fin da piccoli o che ci perseguita ma che, al tempo stesso, è diventato un'abitudine talmente radicata che non ci poniamo seriamente nell'ottica di poter scegliere diversamente. Non è facile. Nel mio caso», proseguì spontaneamente, «sto meglio a questa età che non quando avevo venti o trent'anni. Diciamo che tutto quanto di positivo ho avuto in questi ultimi anni è stato un po' come un premio, ottenuto grazie allo sforzo di scegliere diversamente».

Dopo un'ora di conversazione, trascorsa in un battibaleno, mentre sorseggiavamo una tazza di tè, Bowie mi parlò dell'importanza di avere un sito ufficiale, il Bowie.Net, e di curarlo personalmente, comprese le molteplici sezioni culturali segnalati relativi ai migliori siti letterari e artistici. «Ho dei collaboratori ma mi collego personalmente ogni giorno», disse David, «perché adoro Internet. È un mezzo fantastico, una vetrina straordinaria che permette agli artisti di comunicare tra loro e di esporre la propria arte via web. Scelgo personalmente i lavori di chi, oltre a me, espone le sue opere sulle pagine del Bowie.Net». Il cantante è appassionato di pittura e dipinge a sua volta.

Essendoci conosciuti a un concerto degli Who, parlammo dei

progetti di Townshend, in particolare dell'idea relativa alla collaborazione del pubblico on line per *Lifehouse – The Method*. «È una grande idea», mi disse. «In Bowie.Net c'è una sezione intitolata The Interactive Remix Project che prevede la possibilità di interazione da parte di chiunque voglia collaborare virtualmente al remix di una mia canzone».

Verso la fine del nostro incontro, prima che io andassi via, Bowie ha preso una chitarra e strimpellato un paio di accordi, senza cantare. Presumo si trattasse di improvvisazioni estemporanee ma il ritmo insieme alla melodia sono rimaste nella mia mente anche dopo esserci salutati, mentre m'incamminavo nel buio di un tardo pomeriggio londinese. Ripensavo all'ironia con la quale, leggiadro e probabilmente anche un po' incurante, Bowie ha risposto alle mie domande poiché, in fondo, egli è tutt'altro rispetto a quei personaggi che si sarebbero lasciati volentieri andare in paroloni e gran discorsi. Mi rammentai di non avergli chiesto molte delle cose che avevo pensato di domandargli ma fu ugualmente un esperienza bellissima e mi resi conto di quanto – fosse stata pura demagogia asserire che si può essere felici solo scegliendo di esserlo – anch'io mi fossi sentita un poco eroe nel conversare con lui in modo così ravvicinato. Almeno per un giorno.

* * *

Nei migliori romanzi, spesso il protagonista torna ai luoghi delle proprie origini. Fu così che, dopo una serie di interviste con Claudia Schiffer, le Spice Girls e altre incombenze lavorative un po' prive di quel magico tocco *à la Bowie*, finalmente il cantautore americano James Taylor si trovò di passaggio a Londra per presentare l'uscita del secondo volume del suo *Greatest Hits*.

Se torniamo indietro di una trentina d'anni circa, come molti ricorderanno, proprio Londra si accorse del giovanissimo talento americano; i Beatles in particolare che con la loro nuova società, la famigerata Apple, andavano alla ricerca di giovani talenti. Tra questi possiamo ricordare Mary Hopkin, i Badfinger e Jackie Lomax, ma soprattutto l'indiscusso genio tra questi e cioè James.

Prima di questo incontro, senza un motivo preciso, io ho

ascoltato quella tra le sue canzoni che, senza un motivo specifico, mi commuove di più, *Frozen Man*. Entrai in una saletta del *bohemiano* Portobello's Hotel ed ecco arrivare James Taylor: un signore altissimo, un po' attempato, vestito molto casual e con quel fascino di mezza età che, come le pagine di questo diario hanno spesso lasciato trapelare, personalmente trovo irresistibile. Taylor aveva modi gentili, uno sguardo intenso e la voce soave. Soprattutto, si descrisse con estremo *sense of humour* e dichiarò, senza falsi pudori, di essere fortunatamente riuscito a distanziare gli anni bui del suo passato, quando era alle prese con alcol, droga e tutti gli eccessi annessi e connessi. «Sono un uomo libero da diciassette anni. E la cosa incredibile è che, all'epoca, pensavo davvero di essere *cool*, di avere una mente libera e creativa grazie all'uso di sostanze. Invece ero solo un imbecille, un debole che non voleva ammettere di esserlo. Scrivilo pure».

Tralasciando le ombre del passato, chiesi a Taylor di tornare ai suoi primi anni londinesi. «Abitavo a Nevin Square», mi spiegò facendo un gesto con le dita sul velluto del tavolino come per segnare una mappa immaginaria della città rispetto al luogo in cui ci trovavamo. «Quando parlavo con gli inglesi, essendo americano, in certi momenti mi sentivo un alieno. Fossi almeno stato di New York... Devi sapere che in quegli anni, la scena musicale londinese era *la* scena musicale, punto di riferimento per il mondo intero. Ricordo che mi sentivo fortunato, in quel periodo. Andavo alla Apple, dove c'erano i Beatles spaparanzati su qualche poltrona a strimpellare qualche strumento. L'unico che parlava animatamente era Paul McCartney, Ringo ogni tanto faceva battute. John Lennon, all'epoca, aveva molti problemi e non guardava nemmeno negli occhi le persone, mentre George Harrison era gentile ma aveva l'aria di essere molto stanco di quella vita. L'atmosfera era tesa, più per loro che per me. Non a caso di lì a poco il gruppo si sciolse, tra l'altro con la società che faceva acqua da tutte le parti. Io ricordo solo che entravo a Savile Row seguendo Allen Klein (*il manager dei Beatles che succedette a Brian Epstein*) e poi la porta si richiudeva pesantemente a doppia mandata. Dalle finestrelle bianche, ogni tanto, sbucava la testa di qualche ragazza lì fuori. Mi sembravano tutte molto carine, anche se non erano certo lì per me. Io ero molto giovane ed emozionato. Per me quelle erano davvero delle belle sensazioni ed è il ricordo di queste cose che mi porto appresso oggi di quel periodo».

Circa il presente, come David Bowie, James Taylor mi disse della possibilità di essere più felici una volta raggiunta una certa maturità che non quando si è più giovani: «Voglio dire una cosa: dopo i cinquant'anni la vita può riservare non solo delle belle sorprese ma le migliori. A parte la musica, che è sempre stata il nucleo vitale della mia esistenza, e i miei figli (*avuti dall'ex moglie nei primi anni Settanta, la cantante Carly Simon*), prima non riuscivo a realizzare nulla di buono. I miei problemi non facevano altro che peggiorare i rapporti con chiunque, anche nel lavoro. Oggi ho riscoperto il valore della collaborazione, dell'amicizia e non sono mai andato così d'accordo con i miei figli come da quando vivo un po' lontano da loro perché quando ci sentiamo e ci vediamo so che è realmente un desiderio di entrambi e non un'imposizione. E, sì... ho anche deciso di risposarmi. Con Kim, un'insegnante di musica di Boston».

Chiesi a James Taylor se durante la sua permanenza londinese avrebbe frequentato qualcuna delle sue conoscenze di lunga data, magari qualcuno dei Beatles. «Non ho programmato nulla. Ad ogni modo, non è che io abbia mantenuto rapporti davvero regolari con le persone legate alla Apple e a quel periodo della mia vita. Però questa città è speciale per me e qui ho molti amici: Sting, per esempio, che ha collaborato con me in *Hourglass*, e tanti altri, non necessariamente famosi». Mi sembrò soddisfatto dell'uscita di un secondo *Greatest Hits* e, ancor di più, serenamente proiettato nel futuro della sua vita privata. Gli feci gli auguri per il disco, il matrimonio e per almeno i prossimi vent'anni, quando magari ci saremmo ritrovati per parlare del suo terzo *Greatest Hits*. «Ti ringrazio e, data l'età, ricambio gli auguri per almeno i tuoi prossimi quaranta», mi rispose ridendo. «Anzi, prima di andartene, perché non fissiamo la nostra intervista per l'anno 2020»?

È stato bello sentirsi bene e a proprio agio intervistando una star del calibro di James Taylor, addirittura concludere l'intervista con una bella risata. Chissà poi chi avrà incontrato davvero a Londra, in quei giorni, e quali altri progetti musicali riserverà in futuro al suo pubblico. Mi riprometto di chiederglielo nel 2020.

* * *

Londra, 12 agosto 2001

Ho deciso di fare due passi per Notting Hill.

L'estate sta per concludersi e così il mio libro.

Ho deciso di trascorrere un altro po' di tempo a Londra dopo aver seguito alcuni interessanti concerti in Italia e, soprattutto, aver accompagnato la cantautrice newyorchese Suzanne Vega in alcune sue tappe italiane. Suzanne è tornata spesso in Italia nell'ultimo anno e, come la maggior parte degli artisti, ama molto il mio paese. Tutto sommato, mi trovo a riflettere su quanto anch'io ami l'Italia, nonostante le mille lentezze burocratiche e le arretratezze culturali.

Nei giorni scorsi, sono passata a trovare Pete. Gli ho donato un grosso libro di fotografie sull'Italia e, quando lo ha scartato, i suoi assistenti sono arrivati tutti intorno alla scrivania, alla ricerca di foto su Venezia. Una volta trovate, hanno tutti emesso un lungo sospiro.

Townshend ha appena dato vita al progetto per l'allestimento teatrale di *Quadrophenia* ed esiste la possibilità concreta che gli Who tornino a suonare in Europa. Forse, finalmente, anche in Italia. Ho la vaga impressione che rimarrò sempre, in un modo o nell'altro, al fianco dei futuri progetti di Pete. Gli voglio bene.

Cammino per strada e osservo le persone, soprattutto i bambini.

Mi rendo conto di non essere qualcuno che non ha mai conosciuto l'amore ma di averlo dato e ricevuto moltissime volte, nelle forme più disparate e nelle occasioni più strane. Sono stata fortunata, impossibilitata, coraggiosa, insensata, riflessiva, aggressiva e disponibile. Negli ultimi vent'anni sono stata tutte le cose e il loro contrario e anche molto, molto più di tutto questo.

Scrivere un libro che, seppure in senso lato, ha ripreso alcune delle esperienze più importanti della mia vita ha rappresentato, senza volerlo, l'occasione per fare un bilancio. Ma non vorrei scadere nei toni melodrammatici della demagogia o, peggio ancora, in eccessi autocelebrativi. Solo, mi riesce difficile trovare una conclusione. Ad eccezione del fatto che amerò sempre scrivere – e del mio incontro newyorchese con Lou Reed, rimasto in sospeso ma al quale non rinuncio – non so cosa farò domani e non voglio pensarci.

Entro in un caffè e mi siedo a un tavolino rotondo con vista sulla strada. Sono sempre la stessa: da vent'anni giro con borse impressionanti, piene di penne e block notes ma oggi, forse, mi verrà una buona idea per il finale.

Sorseggio il tè e mi viene in mente l'amico Henry: cosa consiglierebbe, lui, se fosse ancora vivo? Sono certa che mi direbbe: «Little Italy, spiega come cazzo hai fatto a farti crescere le tette in quel modo e racconta con quale musicista ti stai vedendo di nascosto, canaglia che non sei altro!».

Sorrido. Alzo lo sguardo e osservo la mia immagine riflessa tra i bagliori della vetrina. Alla radio, in sottofondo, c'è John Lennon: *(Just Like) Starting Over.*

Io ricomincio da qui.

dieci canzoni da portare sul magic bus

My Generation (La mia generazione), The Who

Mi è sembrato doveroso inserire questa canzone in apertura dell'appendice di questo libro perché è una di quelle canzoni che, pur parlando di una generazione, non hanno tempo.

Vi sono moltissime versioni di *My Generation*, la cui produzione è attribuita a Shel Talmy per l'etichetta americana Decca nell'ottobre del 1965. Ma fu Kit Lambert a credere particolarmente in questa canzone insistendo perché il cantante Roger Daltrey balbettasse nel cantarla dal vivo in modo da acuirne ancora di più il tono sarcastico delle parole. La frase «I hope I die before I get old» («Spero di morire prima di diventare vecchio») è certamente quella più «forte» ed è in questo modo che gli Who danno voce allo spirito giovanile in piena fase mod. La canzone vendette 300mila copie e fu il primo ed ultimo singolo degli Who a raggiungere il secondo posto nelle classifiche inglesi. L'omonimo album uscì nel dicembre del 1965.

Le parole del testo sono terse ma efficaci e contengono un messaggio esplicito sul conflitto generazionale. Se si unisce a tutto ciò la potenza della musica, l'assolo del basso di John

Entwistle e le prime distruzioni della chitarra di Pete Townshend e della batteria di Keith Monn durante le esibizioni dal vivo – comprese quelle televisive sul canale inglese BBC «forte» di tradizioni conservatrici – ecco che il turbamento delle coscienze, in bene o in male, avviene e gli Who entrano in quel momento a far definitivamente parte del loro mito di rock band.

È curioso sapere che, durante i tour di *Quadrophenia* del 1996/97 e del 2000, era consuetudine che la versione originale di *My Generation* venisse trasmessa in sottofondo ogni volta poco prima dell'entrata della band. Spesso i giornalisti chiedono a Townshend come egli viva oggi il fatto di non essere «morto prima di diventare vecchio». Di volta in volta, pur mutando le parole, la risposta suona qualcosa del tipo: «Vecchio? A chi state dando del vecchio?».

Ecco alcune frasi significative.

Well, people try to put us down
Talkin' bout my generation
Just because we get around
Talkin' bout my generation
The things they do look awful cold
Talkin' bout my generation
I hope I die before I get old
Talkin' bout my generation

This is my generation.
This is my generation, baby

Why don't you all just fade away?
Talkin' bout my generation
And don't try to dig what we all say
Talkin' bout my generation
I'm not trying to cause a big sensation.
I'm just talking about my generation…

Le persone cercano di reprimerci
Parlando della mia generazione
Solo perché sappiamo come aggirarle
Parlando della mia generazione
Agiscono con indifferenza facendo cose terribili

Parlando della mia generazione
Spero di morire prima di diventare vecchio
Parlando della mia generazione

Questa è la mia generazione
Questa è la mia generazione, piccola

Perché non sparite tutti quanti?
Parlando della mia generazione
E non provateci a scavare in tutto ciò che diciamo
Parlando della mia generazione
Non sto cercando di fare una forte impressione
Sto solo parlando della mia generazione...

Walk On The Wild Side (Fatti un giro nella zona selvaggia), Lou Reed

Ho portato sul «Magic Bus» la canzone *Walk On The Wild Side* per tre motivi: 1) è un classico; 2) si ricollega per certi aspetti allo stile di vita delle rockstar e delle groupie e, non ultimo, alla New York di Andy Warhol; 3) infine io ADORO Lou.

Una volta ascoltato il sound, le parole del testo e il timbro della voce di Reed mentre canta con naturalezza questa canzone, il contesto appare chiaro. Siamo a New York nel novembre dell'anno 1972. *Transformer* è il secondo album solista di Lou Reed dalla fine dei Velvet Underground e dall'allontanamento dalla Factory di Warhol. I temi sono quelli della libertà personale e sessuale. Il disco, prodotto da David Bowie per la RCA, è considerato da molti uno dei migliori di Lou Reed.

Una curiosità: questa canzone era considerata un po' portabandiera dalle groupie e anche da me: «But she never lost her head / Even when she was givin' head...» («Ma non ha mai perso la testa / Nemmeno quando faceva pompini...»).

Holly came from Miami F-L-A
Hitchhiked her way across the U.S.A
Plucked her eyebrows on the way
Shaved her legs and then he was a she
She says «Hey babe, take a walk on the wild side»
Said «Hey honey, take a walk on the wild side»

Candy came from out on the Island
In the backroom she was everybody's darling
But she never lost her head
Even when she was givin' head
She says «Hey babe, take a walk on the wild side»
Said «Hey babe, take a walk on the wild side»

Holly è arrivato da Miami, Florida
Ha attraversato gli Stati Uniti in autostop
Si è depilato le sopracciglia lungo la strada
Si è rasato le gambe ed è diventato una lei
E dice «Hey piccolo, fatti un giro nella zona selvaggia»
Ha detto «Hey tesoro, fatti un giro nella zona selvaggia»

Candy è arrivata da fuori sull'isola
Nella stanza sul retro era carina con tutti
Ma non ha mai perso la testa
Nemmeno quando faceva pompini
E dice «Hey piccolo, fatti un giro nella zona selvaggia»
Ha detto «Hey dolcezza, fatti un giro nella zona selvaggia»

UNDERTOW (RISUCCHIO), SUZANNE VEGA

È un piacere inserire una canzone di Suzanne Vega dopo averla conosciuta recentemente in Italia, perché Suzanne è una delle più pregevoli menti targate Greenwich Village in tempi relativamente recenti. Cresciuta a New York, figlia di un ispanico che conoscerà solo molti anni dopo, la Vega trascorre i primi anni della sua vita badando ai suoi tre fratellastri minori tenendo già la penna tra le mani. Il suo debutto in veste di cantautrice avviene nel 1976 nel seminterrato di una chiesa nel Village, a New York. *Undertow* è a mio avviso una delle più poetiche e strabilianti canzoni sul sesso, con tanto di connotazioni «vita/morte» e accenni al cannibalismo ma è anche, nel contempo, una canzone sull'amore e sulla fusione. Ho amato moltissimo questa canzone fin dalla prima volta che l'ho ascoltata all'interno dell'omonimo album d'esordio di Suzanne (A&M, aprile 1985, prodotto da Steve Addabbo e Lenny Kaye) ed è indissolubilmente legata a una mia recente relazione con un musicista, specialmente l'inizio...

I believe right now if I could
I would swallow you whole
I would leave only bones and teeth
We could see what was underneath
And you would be free then...

Credo che se potessi adesso
Ti ingoierei tutto
Lascerei solo ossa e denti
Potremmo vedere cosa c'è sotto
E tu saresti libero...

E la capacità poetica di descrivere un aspetto della sessualità in momenti successivi:

I am friend to the undertow
I take you in, I don't let go
And now I have you

I wanted to learn all the secrets
From the edge of the night
From a point of a needle
From a diamond
From a bullet in flight
I would be free then...

Sono amica del risucchio
Ti tiro dentro, non lascio la presa
E ora ti possiedo

Volevo imparare tutti i segreti della notte
Dal filo di un coltello
Dalla punta di un ago
Da un diamante
Da una pallottola in volo
Allora sarei libera...

Hey, That's No Way To Say Goodbye **(Hey, non è questo il modo di dire addio), Leonard Cohen**

Non sono dell'avviso che nella vita ci si debba prostrare a qualcuno ma, dovendo farlo, non avrei certamente problemi a prostrarmi davanti a Leonard. Cohen è un uomo di grandissima cultura, oltre che artista eletto. Sono convinta che pochissimi abbiano saputo interrogarsi e scrivere in modo così profondo sui temi dell'amore carnale e della spiritualità, da lui prediletti. *Hey, That's No Way TO Say Goodbye* ne è un esempio. Questo brano, datato dicembre 1967, fa parte dell'album *Songs Of Leonard Cohen* (Columbia), lo stesso contenente la famosissima *Suzanne*. Sono quattordici gli album ufficiali di Cohen, cinque i libri da lui pubblicati e moltissime cover delle sue canzoni sono state interpretate da artisti in tutto il mondo.

«Gli amori», dice Cohen, «come ogni esperienza, di fatto finiscono ma ognuno di loro, in un certo senso, resta per sempre in quanto ci ha permesso una visione nuova di noi stessi».

Ho scelto alcune frasi esplicative in tal senso e devo ringraziare Leonard Cohen per questa canzone, che ha fatto compagnia ai tanti addii – e amori – detti e ricevuti «con gli occhi dolci nel dolore».

I loved you in the morning
Our kisses deep and warm
Your hair upon the pillow
Like a sleepy golden storm
Yes, many loved before us
I know that we are not new
In city and in forest
They smiled like me and you
But now it's come to distances
And both of us must try
Your eyes are soft with sorrow
Hey, that's no way to say goodbye

Ti ho amata nel mattino
I nostri baci caldi e profondi
I tuoi capelli sul cuscino
Un'assonnata tempesta d'oro
Certamente, molti hanno amato prima di noi

So che non siamo nuovi
Nelle città e nelle foreste
Sorridevano come me e te
Ma ora si è venuti alle distanze
E ognuno di noi deve provare
I tuoi occhi sono dolci nel dolore
Hey, non è questo il modo di dire addio

***Every Grain Of Sand* (Ogni granello di sabbia), Bob Dylan**

Contenuta nel pluricriticato *Shot Of Love* (Columbia, 1981) e successivamente inserita nella compilation *Biograph* (Columbia, 1985) e nei famigerati *Bootleg Series Volume 1-3* usciti nel 1991, questa è una delle mie canzoni preferite del menestrello di Duluth. Dal testo ho estrapolato il finale perché significativo della caducità umana, errante, per poco più di un istante, nel cerchio energetico della vita.

Dylan è Dylan.

Che altro si può aggiungere?

I have gone from rags to riches in the sorrow of the night
In the violence of a summer's dream, in the chill of a wintry light,
In the bitter dance of loneliness fading into space,
In the broken mirror of innocence on each forgotten face

I hear the ancient footsteps like the motion of the sea
Sometimes I turn, there's someone there, other times it's only me
I am hanging in the balance of the reality of man
Like every sparrow falling, like every grain of sand

Sono passato dagli stracci alla ricchezza nel rammarico della notte
Nella violenza di un sogno d'estate, nel brivido di luce invernale,
Nella danza amara della solitudine che si perde nello spazio,
Nello specchio infranto dell'innocenza su ogni viso dimenticato

Ascolto gli antichi passi come il movimento del mare
Qualche volta mi giro, c'è qualcuno, altre volte son soltanto io
Sto sospeso nell'equilibrio della realtà di uomo
Come ogni passero che cade, come ogni granello di sabbia

ONE (UNO), U2

One è probabilmente la canzone più «universale» tra quelle scritte dagli U2. Fa parte dell'album *Achtung Baby*, prodotto da Daniel Lanois e Brian Eno nel 1991 per la Island.

Sebbene io apprezzi particolarmente i primi brani della band dublinese, come ho avuto modo di scrivere nel capitolo legato al periodo che trascorsi a Dublino, gli U2 sono persone sinceramente coinvolte in molte battaglie pacifiche. *One* è una testimonianza della difficoltà di rapportarsi con amore, a partire da una descrizione di coppia il messaggio si allarga, tra le righe, al concetto di umanità intera.

Per questo motivo viene spesso proposta dagli U2 in occasioni particolari: al Festival contro il Razzismo ad Amburgo nel 1993, al Pavarotti & Friends per i bambini bosniaci a Modena nel 1995, al concerto per la liberazione del Tibet (Randall's Island, New York 1997) e, ultima tra le tante, al NetAid del 1999 insieme a Zucchero Fornaciari per raccogliere fondi a favore della campagna per la cancellazione del debito: «We get to carry each other... Carry each other...» («Dobbiamo sostenerci a vicenda...Sostenerci a vicenda...»).

Il seguente stralcio ne riassume il messaggio centrale.

Have you come here for forgiveness
Have you come to raise the dead
Have you come here to play Jesus
To the lepers in your head
Did I ask you much
More than a lot
You gave me nothing
Now it's all I got
We're one
But we're not the same
We hurt each other
Then we do it again...

One love – One blood – one life – you got to do what you should
One life
With each other – Sisters – Brothers

One life
But we're not the same
We get to carry each other
Carry each other
One

Sei arrivata qui per il perdono?
Sei arrivata qui per far risorgere il morto?
Sei arrivata qui per recitare la parte di Gesù
Per i lebbrosi che stanno solo nella tua testa?
Ti ho chiesto troppo?
Più di parecchio
Tu non mi hai dato nulla
Adesso è tutto ciò che ho
Noi siamo uno
Ma non siamo la stessa cosa
Ci feriamo a vicenda
E poi lo rifacciamo...

Un amore – Un sangue – Una vita – Hai fatto tutto ciò che potevi
Una vita
L'una con l'altro – Sorelle- Fratelli

Una vita
Ma non siamo la stessa cosa
Dobbiamo sostenerci a vicenda
Sostenerci a vicenda
Uno

***Heroes* (Eroi), David Bowie**

Contenuta nell'omonimo album prodotto da Tony Visconti (Edm/Virgin, 1977), in cui lo zampino del grandissimo Brian Eno aggiunge le spezie essenziali, la canzone è mitica.

Riproposta in quasi tutte le compilation e i concerti dal vivo, è diventata colonna sonora del bellissimo e drammatico film *Cristiana F., noi ragazzi dello zoo di Berlino* di U. Edel del 1980. In questo momento Major Tom e Ziggy Stardust sono già molto lontani e il Duca Bianco imbocca quella che è, a mio avviso, la strada maestra tra le tante intraprese, la stessa degli album *Low* e *Lodger*.

Come ho raccontato nell'ultimo capitolo del libro, ho incontrato David Bowie nel gennaio 2001. In quell'occasione mi disse: «Possiamo essere eroi per sempre».

L'ho preso alla lettera ed ecco, nel mio piccolo, ricordare la sua bellissima *Heroes*.

I wish you could swim
Like dolphins can swim
Though nothing will keep us together
We can beat them for ever and ever
We can be heroes just for one day

I remember standing by the wall
The guns shot above our heads
And we kissed as though nothing could fall
And the shame was on the other side…
We can be heroes just for one day

Io vorrei che tu sapessi nuotare
Come i delfini sanno nuotare
Anche se nulla ci terrà uniti
Possiamo batterli per sempre e per sempre
Noi possiamo esser eroi per un solo giorno

Io ricordo il nostro stare in piedi vicino al muro
I fucili spararono sopra le nostre teste
E noi ci baciavamo come se nulla potesse crollare
E la vergogna era dall'altra parte…
Noi possiamo essere eroi per un solo giorno

OCEANS (OCEANI), PEARL JAM

Oceans mi piace perché risuona come una promessa.

I Pearl Jam, che per molti aspetti ho già scritto essere affini agli Who, si sarebbero almeno meritati una decina di canzoni solo per loro.

Rincuorata dall'esistenza del bellissimo e approfondito libro sui Pearl Jam scritto dal giornalista e amico Claudio Todesco ho scelto questa perché fa parte di un album a me molto caro, *Ten*. Questo disco segna l'esordio del suono prorompente della band di Seattle (Epic, 1991), le cui undici canzoni sono una più bella dell'altra e riflettono fedelmente la società in cui vive Eddie Vedder - cantante della band, autore di testi e musiche (*Oceans* è firmata da Vedder, Stone Gossard e Jeff Ament).

A proposito di *Ten*, questo è ciò che ha detto Eddie Vedder nell'ottobre del 1992: «Abbiamo appena saputo di aver venduto un milione di copie ma non ha importanza. Non cambia il nostro modo di fare musica o il mio modo di cantare. Quando arrivammo al disco d'oro fu eccitante per due minuti e mezzo».

Questo è tipico di Eddie, so con certezza che è un grande. Lunga vita ai Pearl Jam!

Hold tight the ring...
The sea will rise...
Please stand by the shore...
I will be there once more...

Tieni stretto l'anello
Il mare si alzerà...
Per favore resta sulla riva...
Io sarò lì ancora una volta...

People Have The Power **(La gente ha il potere), Patti Smith**

Sapevo con certezza fin dall'inizio che avrei inserito Patti Smith, musa della poesia, sacerdotessa della musica, penna del misticismo e dell'immaginazione simbolica di un'epoca e, ormai, di più generazioni.

«La gente ha il potere»: ricordiamolo ancora una volta, non è mai abbastanza. Questa canzone fa parte di *Dream Of Life* (Arista Records, 1988) ed è prodotto dal defunto chitarrista Fred Sonic Smith, marito di Patti. La leggenda vuole che sia stato lui a suggerirle la frase, chiedendole di scrivere qualcosa in proposito mentre lei stava facendo le pulizie di casa. Nei giorni seguenti, la Smith aprì la Bibbia e lesse vari passi. Ascoltò il reverendo Jackson e, di lì a poco, nacque questa canzone, della quale scrivo i passi più suggestivi.

Nativa di Chicago ma trasferitasi a New York, rimando alle varie biografie della Smith le note sulle sue vicissitudini in qualche modo connesse al mondo delle groupie.

People have the power
The power to dream to rule
To wrestle the world from fools
Its decree the people rule
Its decree the people rule
LISTEN
I believe everything we dream
Can come to pass thru our union
We can turn the world around
We can turn the earths revolution
We have the power
People have the power…

La gente ha il potere
Il potere di sognare di governare
Di liberare il mondo dagli stupidi
Il potere sarà del popolo, è destino
Il potere sarà del popolo, è destino
ASCOLTA
Io credo che ogni cosa che sogniamo
Possa avverarsi attraverso la nostra unione
Possiamo far cambiare corso al mondo
Possiamo mutare la rotazione della terra
Abbiamo il potere
La gente ha il potere…

Imagine (Immagina), John Lennon

Canzone portante dell'album *Imagine* (EMI 1971) che fu registrato nella tenuta di Ascot, dove John Lennon e Yoko Ono vissero subito dopo le nozze e prima di vendere la tenuta al batterista dei Beatles Ringo Starr.

Nel 1988, a circa otto anni dall'assassinio di John, Yoko Ono produsse un film dal titolo *Imagine: John Lennon*, diretto da Andrew Solt. Il film contiene interviste alla ex moglie, ai figli e conoscenti vari più alcune immagini inedite della coppia durante la registrazione del disco e nei momenti di vita quotidiana all'interno della villa di Ascot e nel vastissimo parco circostante.

Non credo ci sia molto da aggiungere al messaggio di questa canzone: ha ragione John, «è facile se ci provi». Purtroppo, però, abbiamo ancora tantissimo bisogno di ascoltare le sue parole...

Imagine there's no countries,
It isn't hard to do,
Nothing to kill or die for,
And no religion too.
Imagine all the people
Living life in peace...

You may say I'm a dreamer
But I'm not the only one
I hope someday you'll join us
And the world will be as one

Immagina che non ci sia nessuna nazione,
Non è cosa difficile,
Niente per cui uccidere o morire,
E nemmeno alcuna religione.
Immagina tutte le persone
Vivere la vita in pace...

Puoi darmi del sognatore
Ma non sono l'unico
Spero che un giorno ti unisca a noi
E il mondo sarà una cosa sola

Finito di stampare nel mese di ottobre 2001
per conto degli Editori Riuniti
dagli Stabilimenti Tipografici Carlo Colombo - Roma

Hans Egidius

Sturmfluten

Tod und Verderben an der Nordseeküste

von Flandern bis Jütland

ccv concept center verlag gmbh, Varel

Wiefelsteder Straße 59, 26316 Varel
Gesamtherstellung: ccv concept center verlag gmbh

Printed in Germany 2003
ISBN 3-934606-16-4

Inhaltsverzeichnis

Tosend brechen die Wellen der Sturmflut gegen die Uferanlage und zerstäuben in gewaltigen und meterhohen Gischtfontänen.

Editorial

Aus alten Quellen ist überliefert, dass es Sturm- und Orkanfluten an der Nordseeküste seit Menschengedenken gegeben hat. Im Frühjahr und Herbst sorgten besonders heftige Stürme und Orkane für hoch auflaufende Fluten, die mit Windrichtungen zwischen Nordwest und Südwest die Nordseeküste bedrohten. Zwischenzeitlich versuchten sich die Küstenbewohner durch den Bau von Erdhügeln (Wurten und Warfen) gegen die Wassermassen zu schützen. Das allmähliche Ansteigen des Meeresspiegels und die nachgewiesenen Küstensenkungen zwangen die Küstenbevölkerung zu weiteren Schutzmaßnahmen; die ersten Deiche und Dämme entstanden. Diese bis heute andauernde Deichbauperiode setzte etwa um 1000 nach Christi Geburt ein.

Bereits für das Jahr 838 sind die Auswirkungen einer Sturmflut in den Niederlanden schriftlich festgehalten worden. Die Quellen berichten von einer Naturkatastrophe, die viele Häuser zerstörte, weil eine bis dahin das Land schützende Dünenkette von den andrängenden Wassermassen fortgespült worden ist. Auch 1164 ist eine auflaufende Sturmflut registriert worden. Das Seewasser verwüstete Regionen in Ostfriesland und Hadeln sowie viele Marschländereien an Weser und Elbe. Darüber hinaus sind viele tausend Menschen und Vieh ertrunken. Obwohl der Deichbau danach überall intensiviert wurde, richtete die Wasserflut von 1219 erneut große Schäden an der Küste an. Ein starker Wind aus Südwest hatte am Marcustag die Wellen hochgeschaukelt. Am Abend drehte der Sturm auf Nordwest und jagte die Wassermassen gegen die Küste. Es war Vollmond, also Springtide, weil Sonne und Mond sowie die Erde in einer Linie standen. Gewaltige kosmische Kräfte konnten so auf die Elemente einwirken. Dadurch entstanden hohe Wellen, die viele der neu gebauten Deiche und Dämme wieder fortrissen. Viele Häuser hielten dem Hochwasser nicht stand, sie stürzten einfach um, die Reste der Aufständerungen wurden weggespült. Auf Balken, Heu- und Strohhaufen versuchten sich die Menschen zu retten, doch tausende Küstenbewohner erlebten den folgenden Morgen nicht mehr, sie ertranken in der Flut. Als die Wasserflut abebbte, lag die Küste schutzlos vor der See. Fast alle Deiche waren vernichtet worden. Obwohl viele Menschen durch Hunger und Krankheit geschwächt oder durch die gefürchtete Pest hingerafft waren, machten sich die Küstenanlieger wieder an die Herstellung und Instandsetzung der Seedeiche.

Überlieferungen zeigen auf, dass 143 Jahre später eine neue Sturmflut gegen die Nordseeküste anbrandete. Die im Nachhinein als „Große Manntränke“ bezeichnete Flut ereignete sich im Jahre 1362 und richtete besonders an der Küste von Schleswig-Holstein schwere Schäden an. Mit Orkanstärke raste der Sturm in Richtung Westen, zerstörte mit den aufgepeitschten Wellenbergen zahllose Dämme und Deiche, ungehindert gelangte das Seewasser in das Hinterland und machte für Jahre den Boden unfruchtbar. Dreißig Kirchspiele, darunter das sagenumwobene Rungholt, galten als von der Hochwasserflut vernichtet. Nur im Süden verlief die Flut glimpflicher: Im Landesviertel Bant in Rüstringen fielen zwei Pfarrhäuser sowie dreißig andere Häuser dem eindringenden Seewasser zum Opfer. In Ostfriesland wurde die Westermarsch bei Norden überflutet, vie-

Bruch des Maadedeiches in Wilhelmshaven 1954

le Deiche nahmen Schäden und mussten später repariert beziehungsweise neu aufgeschüttet werden. Leider sind Unterlagen über Verluste an Menschen und Vieh nicht mehr vorhanden. Doch es ist davon auszugehen, dass mehrere tausend Menschen und unzählige Stück Vieh im Wasser umgekommen sind.

In der Folgezeit registrierten die verantwortlichen Chronisten weitere Hochwasserfluten, die zwar datenmäßig aufgelistet wurden, aber selten Ereignisschilderungen zum Inhalt hatten. Bekannt wurde, dass 1412 eine Novemberflut an der Weser verheerende Schäden anrichtete, während eine andere Naturkatastrophe aus dem Jahr 1436 erneut die Küste von Schleswig-Holstein heimsuchte und eine hohe Zahl an Menschen- und Tierverlusten verursachte.

Im 16. und 17. Jahrhundert sind ebenfalls mehrere Sturm- und Orkanfluten schriftlich registriert worden, doch die aus alten Quellen stammenden Ereignisschilderungen besitzen kaum einen historischen Wert. Dagegen ist die Überlieferung von den Auswirkungen der Cosmas- und Damianflut vom 26. September 1509 als informativ zu bezeichnen, denn die recherchierten Chroniken beinhalten wichtige Details über die mittelalterliche Katastrophe. Die Flut vergrößerte den holländischen Dollart flächenmäßig auf das Doppelte seiner heutigen Größe. Die Ems wurde von dem eindringenden Seewasser in ein neues Bett gezwungen und lief damit an Emden vorbei, sodass der Hafen versandete und teilweise verschlickte. Damit kam die Seeschifffahrt im Emder Hafen fast gänzlich zum Erliegen. Katastrophale Flutauswirkungen musste auch Rüstringen hinnehmen, denn viele der in früheren Hochwasserfluten beschädigten Ortschaften und Kirchspiele wurden vernichtet, später dann ausgedeicht. Der Jadebusen erhielt nach Westen mit dem „Schwarzen Brack“, nach Süden mit der „Friesischen Balje“ seine bisher größte Ausdehnung. Eine weitere Sturmflut im Jahre 1511, genannt die Eisflut, richtete weitere Schäden an. Die ohnehin noch reparaturbedürftigen Deiche wurden weggespült, viele Häuser vernichtet. Nach alten Quellenangaben sind in der Flut viele Menschen und eine Menge Stallvieh umgekommen.

Zwanzig Jahre später brach im November des Jahres 1532 die Allerheiligenflut über die Nordseeküste herein. Nordfriesland ist am stärksten betroffen worden, denn auf Nordstrand rissen 18 Braken (Löcher) ein, sodass die Deiche brachen. Im Einzelnen ertranken hier 1600, im hoch überfluteten Bereich von Eiderstedt weitere 1000 Menschen. Eine zweite Allerheiligenflut brandete am 1. November 1570 gegen die Nordseeküste. Nach Angaben von Chronisten gehörte die Naturkatastrophe zu den größten Sturmfluten an der Küste. Von Flandern bis Nordfriesland brachten die von einem heftigen Nordweststurm angefachten Wassermassen Tod und Verderben für die Bevölkerung. Neben Deichbrüchen sowie der Vernichtung ganzer Ortschaften und Dörfer mit flächenmäßig großen Landverlusten sind nach Quellenangaben mehr als 30000 Menschen in der Wasserflut umgekommen. Viele tausend Haustiere und viele tausend Stück Weide- und Stallvieh ertranken ebenfalls im Seewasser.

Weitere Sturmfluten ereigneten sich in der Folgezeit. 1593 traf es erneut Nordfriesland, 1595 die südliche Nordseeküste. Schließlich litt Nordfriesland 1615 abermals unter einer Sturmflut. Es blieb aber bei lokalen Deichbrüchen und Überschwemmungen im Land. Am 11. Oktober 1634 jagte eine gewaltige Sturmflut, die Burchardiflut, die Wassermassen erneut gegen die Küste von Schleswig-Holstein. Bald schon strömte das Salzwasser über die hoch angelegten Deiche, das Meer wogte 10 bis 20 Fuß hoch durch die Marsch, zerstörte endgültig Deiche, Häuser, Siedlungen und ganze Ortschaften. Von Ripen bis Dithmarschen fanden 11000 Menschen den Tod, 70000 Tiere ertranken auf den Weiden oder in den Stallungen. Allein die Insel Nordstrand verlor 6400 Menschen. Fast entvölkert, unterblieb der Deichbau, nur Reststücke von Pellworm und Nordstrand sowie einige Halligen blieben übrig und standen schutzlos im Meer.

Auch nach der verheerenden Flut von 1634 sind weitere Hochwasserfluten schriftlich aufgezeichnet worden, deren Auswirkungen nicht überliefert wurden. Das änderte sich mit der so genannten Weihnachtsflut, die am Abend des 24. Dezember 1717 über die Nordseeküste hereinbrach. Aus dem Sturm wurde in wenigen Stunden ein Orkan, der mit gewaltiger Kraft die Wassermassen gegen die Küste trieb. Es kam zu großen Verwüstungen von Groningen bis zur Weser, von der Elbe bis hinauf nach Tondern. Insgesamt sind 5000 Häuser vernichtet und weitere 3000 beschädigt worden. Nach der Flut wurden mehr als 11000 Tote gezählt. Drei Tage hatte der Orkan gewütet, viele Deiche völlig abgetragen, ganze Ortschaften und Kirchspiele verschwinden lassen und Tod und

Fassungslos erleben die Menschen die anbrandende Sturmflut, die hier Büsche und Bäume entwurzelt und mit dem Erdreich wegschwemmt.

Am Tage nach der Flut offenbaren sich die vom Hochwasser angerichteten Schäden. Viele Kubikmeter Sand und Mutterboden wurden abgespült.

Verderben in den Küstenregionen gesät. Noch tagelang nach der Naturkatastrophe wurden Leichen geborgen, die weit verstreut auf den Feldern und Wiesen lagen. Aber immer noch gelang es, verletzte und hungernde Menschen und Tiere zu retten. Weitere Sturmfluten in der Folgezeit verschlimmerten die verheerenden Auswirkungen der Weihnachtsflut. Not und Elend, Hunger und Krankheiten beherrschten die von der Hochwasserflut betroffenen Küstenregionen.

Die Hochwasserkatastrophen am Ende des 18. Jahrhunderts führten schließlich dazu, dass aus den genossenschaftlichen Deichachten staatliche Deichverbände gebildet wurden. Mit deren Hilfe ist der organisierte Deichbau an der Nordseeküste intensiviert und energisch vorangetrieben worden. Doch die Februarflut des Jahres 1825 stellte alle vorherigen Ereignisse in den Schatten, denn das besonders hoch auflaufende Seewasser stieg auf maximal 5,26 Meter über dem Meeresspiegel, 1717 waren es nur 4,89 Meter gewesen. Das waren Rekordwasserstände, die bis dahin unbekannt waren! Bei Emden riss ein riesiger Kolk ein, der bei einer Ausdehnung von 132 Metern eine Wassertiefe von 30 Metern aufzeigte. An der von der Sturmflut betroffenen Küste ertranken 800 Menschen und 45000 Stück Vieh. 2500 Häuser, Stallungen und Scheunen sind vernichtet, über 9000 beschädigt worden. Viele Siedlungen und Ortschaften waren nach der Flut unbewohnbar und mussten aufgegeben werden.

Im 20. Jahrhundert traf am 1. Februar 1953 eine Sturmflut die niederländische Küste im Mündungsgebiet von Rhein, Maas und Schelde mit gewaltiger Kraft. 67 Deichbrüche und 150000 Hektar vom Salzwasser überflutetes Land wurden gezählt. Neben 2100 Menschen sind etwa 50000 Stück Vieh in der Flut umgekommen. Der Sachschaden ist damals auf 50 Milliarden Gulden geschätzt worden. Die Anlieger der deutschen Nordseeküste kamen mit dem Schrecken davon, denn hier wurden nur Ausläufer des Sturmtiefs registriert, die kaum Schäden verursachten.

Da fast überall an der Nordseeküste der Deichbau den neuesten Erfordernissen angepasst wurde, rechnete kaum jemand damit, dass eine erneute Naturkatastrophe vor der Tür stand. Dieses Mal sollte es die Bundesrepublik Deutschland treffen. Am 16. Februar 1962 überschwemmte eine schwere Sturmflut das Hamburger Stadtgebiet, weil das Meerwasser durch den alles beherrschenden Orkan in die Elbe gedrückt wurde. Die Folgen waren 60 Deichbrüche im Hamburger Gebiet, 61 Deichbrüche in Niedersachsen und weitere sieben Deichzerstörungen in Schleswig-Holstein. 400 Kilometer Deichstrecke von der Ems bis nach List auf Sylt wurden schwer beschädigt, 1300 Wohnungen zerstört, weitere 27000 mussten wieder in Stand gesetzt werden. 400 Quadratkilometer Land waren vom Seewasser überflutet worden, hauptsächlich an Elbe und Weser. Insgesamt gab es 340 Tote, davon entfielen allein auf Hamburg 315. Der materielle Schaden belief sich nach ersten Schätzungen auf 5 Milliarden Deutsche Mark.

Noch erinnerte sich die Bevölkerung an die Hochwasserflut des Jahres 1962, als am 3. Januar 1976 eine weitere Jahrhundertflut die Nordseeküste bedrohte. Die Springflut ließ die Elemente toben. Von der Elbe bis hin zur jütischen Küste Dänemarks lief das Seewasser besonders hoch auf. In Cuxhaven, Büsum und Hamburg lagen die Wasserstände um vieles höher als während der Februarflut von 1962. Gemessen wurden Höchststände, die 75 Zentimeter höher lagen als im Jahre 1962. Erneut wurden die Deiche profilmäßig verändert, breiter und höher gebaut. So konnten die weiteren Sturmfluten der Jahre 1976, 1981 und 1993/1994 keine nennenswerten Schäden mehr anrichten, denn die Deiche hielten dem andrängenden Seewasser stand. Der „Blanke Hans" scheint damit für alle Zeiten gezähmt, die Gefahr einer in das Hinterland einbrechenden Sturm- oder Orkanflut für immer gebannt.

Hans Egidius

Varel, im November 2003

Überschwemmungen und Überflutungen an der Küste gehörten zum Alltagsbild vieler Dörfer hinter den Deichen. Einzelhöfe waren dadurch häufig tagelang von der Außenwelt abgeschnitten.

Wurten und Warfen

Mehrere Jahrhunderte vor dem Beginn des eigentlichen Deichbaus lebten die Menschen in der Küstenregion als Flachlandsiedler, bis sie durch das beständige Vordringen des Meeres und der letzten bis in die Gegenwart nachgewiesenen Küstensenkung zum Bau von Wohnhügeln (Wurten und Warfen) gezwungen wurden. Im oldenburgischen Sprachgebrauch als Wurt, im ostfriesischen als Warf bezeichnet, bildeten die künstlich aufgetragenen Erdhügel im Nordseeküstengebiet sowie an Flussunterläufen in sich geschlossene Wurten- beziehungsweise Warfenketten mit einem einheitlichen Siedlungsgefüge. Die größten Wurten hatten nach Angaben zahlreicher Chronisten (Emmius, Hunrichs, Schütte, Sello, Woebcken usw.) eine Höhe von bis zu 10 Metern und nahmen Flächen bis 15 Hektar ein, sodass Dörfer mit Kirchen und Befestigungsanlagen, Bauernhöfen und Mühlen auf den von Menschenhand geschaffenen Erdhügeln Platz fanden. Kleinere Warfen boten wesentlich geringeren Siedlungsraum, hier war nur Platz für kleine Häusergruppen oder Einzelhöfe vorhanden.

Schon der römische Schriftsteller Gaius Plinius, der von 23 bis 79 n. Chr. lebte, lernte als römischer Offizier das Nordseeküstengebiet kennen, über das er in seinem Buch „Naturalis Historia" berichtete. Er schrieb unter anderem: „Gesehen haben wir im Norden die Völkerschaften der Chauken (germanischer Völkerstamm), die die größeren und die kleineren heißen. In großartiger Bewegung ergießt sich dort, zweimal im Zeitraum eines Tages und einer Nacht, das Meer über eine Fläche und offenbart einen ewigen Streit der Natur und eine Gegend, von der es zweifelhaft ist, ob sie zum Lande oder zum Meere gehört. Dort bewohnt ein beklagenswertes Volk hohe Erdhügel, die mit den Händen gemäß der höchsten Flut errichtet sind. In den so erbauten Hütten gleichen sie Seefahrern, wenn das Wasser das umliegende Land bedeckt, Schiffbrüchigen, wenn es gewichen ist. Auf die zugleich mit dem Meer zurückweichenden Fische machen sie um ihre Hütten herum Jagd. Es ist ihnen nicht vergönnt, Vieh zu halten, sich von Milch zu nähren wie ihre Nachbarn, ja nicht einmal mit wilden Tieren zu kämpfen, da jedes Buschwerk fehlt. Aus Schilfgras und Binsen flechten sie Stricke, um Netze für die Fische daraus zu fertigen, und indem sie den mit den Händen ergriffenen Schlamm mehr im Winde als an der Sonne trocknen, erwärmen sie ihre Speisen und die vom Nordwind erstarrten Glieder durch die Erde. Zum Trinken dient nur Regenwasser, das im Vorhof des Hauses in Gruben gesammelt wird. Und diese Völker sagen, wenn sie heute vom römischen Volke besiegt werden sollten, sie seien Knechte. In Wirklichkeit ist das so: das Schicksal schont viele, um sie zu strafen." So weit der Römer Plinius, der realistisch die Lebensbedingungen der Hügelbewohner schilderte, dabei allerdings den brennbaren Torf mit Schlamm oder Erde verwechselte.

Der anerkannte Chronist und Kartograf Ubbo Emmius war gegen Ende des 16. Jahrhunderts auch der Meinung, die Wurten seien von einer ärmlichen Fischerbevölkerung zu einer Zeit gebaut worden, als das Land noch nicht ausreichend hoch zum Betreiben von Landwirtschaft aufgeschlickt war. Um 1770 berichtete der oldenburgische Deichgraf J. W. A. Hunrichs in einem seiner Werke „Praktische Anleitung zum Deich-, Siel-

Übergang zwischen Salzwiese und Wattenmeer:
Der ständige Gezeitenrhythmus schuf unheimlich wirkende Priele in einer bizarren Landschaft.

Der Queller gilt als Pionierpflanze der Verlandungszone, die im Zeitablauf weiter anwächst.
Das vom Wasser herangetragene Material setzt sich ab und fördert die Neulandbildung.

und Schlengenbau" über eine Geländebeobachtung: „Wenn man in diesen Warfen nachgräbt, finden sich etwa 4 Fuß unter dem grünen Maifelde (Mähwiesenfläche) abgezäunte Vierecke, mit einer Grundlage von Stroh angefüllt, darüber ein paar Fuß hoch Schliek, dann eine doppelte Lage 2 bis 3 Fuß großer Moorsoden (Plaggen), darauf wieder Schliek, hierauf eine neue Lage Plaggen und zuletzt wieder Schliek."

Obwohl der Begriff „Küstensenkung" noch heute in der Wissenschaft umstritten ist, sind Bodensenkungen durch tektonische Einflüsse (innere Erdbewegungen) nachgewiesen worden. Zahlreiche wissenschaftliche Untersuchungen deuten darauf hin, dass erste Wurten an der friesischen und ostfriesischen Nordseeküste vor mehr als zweitausend Jahren entstanden sein dürften – wie sonst hätte Gaius Plinius der Ältere darüber berichten können?

Mit dem Bau dieser Erdhügel versuchten die Menschen sich vor dem Hochwasser zu schützen. Durch fortwährenden Erdauftrag, verbunden mit permanentem Aufbringen von Reisig und Buschwerk, hielten viele der anfänglich kleinen Erdaufwerfungen dem herandrängenden Hochwasser von Sturm- und Orkanfluten stand. Ebenso viele Wurten und Warfen wurden von tosenden Wassermassen einfach fortgespült und für immer vernichtet.

In den Boden- und Dargschichten (Brackwassertorf) der Erdhügel fanden Forscher bei Grabungsarbeiten wertvolle Hinweise auf frühgeschichtliche Siedlungskulturen. Dabei sind verschiedene Werkzeuge und Geräte, Keramikscherben und Gewebereste, Tierknochen und Feuerstellenrückstände freigelegt und später unter wissenschaftlichen Aspekten untersucht worden. Allein die Keramikfunde waren für die Wissenschaft derart bedeutungsvoll, dass aufgrund der Fundstücke die Wurtenepoche in der Küstenregion in drei Perioden aufgeteilt werden konnte. Danach ist die erste als „friesisch-chaukisches", die zweite als „sächsisches" und die dritte Wurtenvergangenheit als „friesisches Element" deklariert worden. Die Funde offenbarten außerdem, dass die Siedler an der See in den furchtbaren Gebieten der Marsch häufig Viehzucht betrieben. Tierknochenfunde bei Ausgrabungen haben diese Feststellung immer wieder erhärtet. Es fanden sich Knochen zweier unterschiedlicher Pferderassen, von zwei Rinderarten, von zwei Schafarten, von Ziege, Schwein und Hund. Ebenso entdeckten die Grabungsfachleute Knochen von jagdbarem Wild wie Hirsch, Reh, Wildschwein, Elch, Fuchs und Hase. Selbst Überreste von Knochenfischen, die eindeutig bewiesen, dass die Wurtensiedler auch Jäger und Fischer waren, kamen den Forschern unter die Augen.

Als Kulturpflanzen der Siedler entdeckten die Wissenschaftler bei Ausgrabungen die Gerste, verschiedene Hülsenfrüchte und den Flachs. In einem chaukischen Hakenkreuzgefäß fanden Geologen eine zuerst nicht identifizierbare Flüssigkeit. Im Labor wurde das Geheimnis gelüftet, es handelte sich um „gutes Starkbier". Offensichtlich verstanden es die Siedler zwischen Weser und Jade, aus Gerste ein Bier zu brauen. Das Getreide fand auch beim „Brotebacken" Verwendung, während der Flachsanbau dazu diente, friesisches Leinen zu fertigen. Es war nachgewiesenermaßen schon bei den Damen der Römer sehr begehrt.

Die heutigen Siedlungsformen der Wurten sind durch mehrere unterschiedliche Entstehungs- und Bautypen gekennzeichnet. Sie haben sich im Verlauf einer über 2000-jährigen Geschichte „kulturspezifisch“ entwickelt, wobei die Existenz- und Lebensformen der Wurtenbewohner im Mittelpunkt standen. Im Nordseeküstengebiet gehören nach Aussagen heimatkundlicher Chronisten (Sello, Woebcken) die großen und mächtigen Dorfwurten zu den markantesten frühgeschichtlichen Bodendenkmälern, die in vielfältigen Entstehungs- und Bauformen in runden, ovalen sowie langgestreckten Arealen angelegt sind. Daneben gibt es wall- und reihenartig aufgesetzte Wohnwurten, die eine variable Siedlungsstruktur aufzeigen. Häufig an früheren Meeresbuchten und Prielen (Wattenmeerrinnen) sowie an Flussausläufen angelegt, fanden sich die kleineren „Hofwurten“ oft verstreut über die gesamte Marsch. Später standen solche Einzelhauswurten sogar auf alten Deichreststücken, deren Ursprung den Beginn der Deichperiode erkennen lässt. In der Jadebusenregion ist ein fließender Übergang zwischen der frühmittelalterlichen Wurtenperiode und der mittelalterlichen Deichbauepoche nicht erkennbar. Zwar entstanden im Schutze kleinerer Deiche – erste Dammbauten waren etwa ein bis zwei Meter hoch – immer noch kleine Wurten, die aber mit zunehmender Bedeutung des Deichbaus mit daraus resultierender Landgewinnung weniger wurden.

Interessante Details bezüglich der Wurten im westlichen Jadebusen stellt Carl Woebcken in seinem Buch „Die Entstehung des Jadebusens“ dar: „Auf dem westlichen Ufer der Jade tritt uns nicht minder deutlich eine Warfenkette entgegen. Es ist keiner der Warfen mehr da, aber die Ortsnamen beweisen es. Ihrer Form nach deuten sie auf alte Marschdörfer. In der Nähe des heutigen Mariensiel lag das Kirchdorf Bordum. Karten des 19. Jahrhunderts verzeichnen östlich von Mariensiel den Bordumer Weg, der damals nach Bordum geführt hat. Der Bordumer Sand, der wie alle Sände an der Nordseeküste wandert und vor hundert Jahren an anderer Stelle lag als heute, darf für die Ortsbestimmung nicht herangezogen werden. Nicht weit von Bordum kennt Remmer von Seediek (Chronist) 1529 ein Dorf Owens (Hovens). An Bordum und Owens schloss sich an Frankens, das als Insel noch in einen Handriss von 1625 und in eine Karte aus etwas früherer Zeit eingetragen ist. Es lag südlich vom Banter Kirchhof. Es folgte der in dem erwähnten Handriß in eine Karte von 1613 aufgenommene Ort Scheidens, östlich von Frankens belegen. Das nächste Glied der Kette war allem Anschein nach Dauens. Ein 1754 ausgedeichter Groden, in dem sich heute die mittlere Hafeneinfahrt von Wilhelmshaven befindet, hieß Dauensfeld. Von Dauens ist abgetrennt Heppens, das 1495 zuerst als selbständiges Kirchspiel erscheint. Das Kirchdorf Dauens hat 1491 noch gestanden. Ein 1580 erschienenes Büchlein, das den weitschweifigen Titel trägt: ‚Einfeltige kurtze warhafftige schrecklich unerhörte Historiä von den dreyen Wasserfluten in Phrißland 1512, 1570 und 1577‘, und dessen Verfasser, Marcus Wagner aus Friemar, sich auf Mitteilungen des jeverschen Pastors Gerhard Howiek (ca. 1570–1576) beruft, gibt an, der Kirchhof von Dauens läge nun mitten in der Jade, es seien dort eichene Pfähle eingeschlagen, an denen die Fischer ihre Reusen und Netze befestigten. An Dauens muß das Kirchspiel Hummens gegrenzt haben, das 1190 und 1420 genannt wird. Es verschwindet zur selben Zeit wie Oldensum. Sello (Chronist) glaubte, es könne bei der Geniusbank gelegen

Schlengenbau im Watt: Häufig als Grundstock für den Deichbau, aber auch als Schlickfänger für die Landgewinnung angelegt, denn hier lagerten sich die vom Seewasser mitgeführten Sedimente ab und förderten damit die Aufschlickung.

Eine Schlenge besteht in der Regel aus einer doppelten Reihe von Pfählen mit fest eingelegtem Buschwerk, das später mit Walzdraht eingebunden wird. Die Erstellung solcher Dammbauten war mit einem enormen Arbeitsaufwand verbunden.

haben, weil südöstlich der Geniusbank beim Baggern Siedlungsspuren zu Tage gekommen sind. Aber diese Spuren, soweit sie auf feste Siedlungen schließen lassen, müssen einer älteren Zeit angehören. Die Geniusbank ragte 1420 nicht mehr aus dem Wasser hervor. Der Untergang von Oldensum bald nach 1420 wäre unverständlich, wenn ihm damals eine Insel vorgelagert gewesen wäre. Diese Insel hätte Oldensum geschützt, ebenso wie die ostfriesischen Inseln die Abschnitte der Küste schützen, die südöstlich von ihnen liegen. Dort ist regelmäßig Anwachs, nicht Abbruch. Hummens gehört daher in eine Reihe mit Dauens und Oldensum, und Dauens, Hummens, Oldensum waren gar nicht weit von einander entfernt.

Die Entfernung der beiden Ufer, von Deich zu Deich gemessen, betrug 1853, vor der Gründung Wilhelmshavens, 5 km, um 1500 nach Tenge (Tenge, Chronist) Schätzung nur die Hälfte. Die Deiche sind hier ständig zurückverlegt worden. In jedem Jahrhundert wurde Land aufgegeben. Um 1500 waren Hummens und Oldensum schon lange verloren und Dauens wurde kurz davor aufgegeben. Als diese drei Dörfer noch standen, muß die Entfernung der westlichen Küste von der östlichen nicht unbeträchtlich kleiner gewesen sein als 2 1/2 km, denn der Abstand zweier Warfen, die in ein und derselben Kette liegen, beträgt mindestens 1/2 km. Die Lücke ist um 1400 keine 1 1/2 km breit gewesen."

So weit der Chronist Carl Woebcken, der als bekannter Heimatforscher lange Jahre mit dem Hafenbaudirektor Dr. h. c. Krüger aus Wilhelmshaven und Rektor Dr. h. c. Schütte aus Oldenburg zusammen gearbeitet hat.

Der Chronist und Heimatforscher Carl Woebcken ist ebenfalls der Meinung, dass der Wurtenbau mit der Vorgeschichte der Deiche gleichzusetzen ist. In seinem Buch „Deiche und Sturmfluten an der Nordseeküste" führt er dazu aus: „Die Geschichte der Warfen ist die Vorgeschichte der Deiche."

Hinsichtlich ihrer Bedeutung stellt der Chronist fest: „Die Warfen sind Erdhügel mitten in der flachen Ebene der Marsch, teils behaust, teils mit Dörfern oder Einzelhöfen bedeckt. Jahrhunderte lang stellten sie für die Menschen ein geheimnisvolles Rätsel dar. Man wußte nichts mehr von ihrer Entstehung und schwankte, ob die Flut, ob Menschenhand sie geschaffen habe. Das letztere galt dann als das weniger wahrscheinliche. Zu gewaltig waren die Erdmassen, die bewegt worden waren. Es gibt Warfen von über 10 m Höhe. Einige bedecken eine Grundfläche von bis zu 15 ha. Die kleinsten sind etwa 4 m hoch, bei einer Grundfläche von etwa 1 ha."

Des Weiteren schreibt der Heimatforscher: „Die Lage der Warfen ist nicht willkürlich. Sie treten vorwiegend in Ketten auf, aufgereiht längs dem Ufer eines Flusses oder Meerbusens. In den Fällen, wo der Fluß seinen Lauf verändert hat oder der Meerbusen verlandet ist, bieten die Warfen ein Mittel, um das alte Bild der Küste wieder herzustellen. Die großen Umwälzungen fallen in die Zeit nach dem Bau der Deiche.

Die Lebensweise der Bewohner hat sich, nach den Funden zu urteilen, während des Jahrtausends vor dem Bau der Deiche nicht geändert. Sie waren vor dem Bau der Deiche in der Hauptsache Viehzüchter. Unter den Knochen überwiegen weitaus die vom

Reparaturarbeiten an einem durch eine Sturmflut gebrochenen Deich. Die Instandsetzungsarbeiten dauerten oft mehrere Monate.

Rind. Damit steht im Einklang, daß die Friesen den Römern einen Tribut von Ochsenhäuten zu liefern hatten. Daneben fanden sich Knochen vom Schaf, Schwein und Pferd. Sehr zahlreich sind überall Hirschgeweihe. In den Niederungen kommen auch Knochen vom Ur, Elch, Bär, Wildschwein, Reh und Fuchs vor. Die Jagdgründe, aus denen die Beute stammte, waren die nahen Wälder der Geest. Als Streu für das Vieh sind nachgewiesen Reit, Binsen und Stroh. Dies Stroh ist der sichere Beweis, daß auch Ackerbau getrieben wurde, und zwar in der Marsch selbst, nicht etwa auf der benachbarten Geest. Ältere Dörfer hat die Geest nur wenige aufzuweisen, und diese boten mit ihren kleinen, geringwertigen Äckern keine Möglichkeit, die zahlreichen und großen Warfendörfer mit Getreide zu versorgen."

Wissenschaftliche Grabungen machten im 19. Jahrhundert deutlich, dass der Wurtenbau vor mehr als zweitausend Jahren begann und im hohen Mittelalter mit der Errichtung der Deiche endete. Die Grabungs- und Forschungsergebnisse zeigten aber auch, dass die Wurten im Laufe der Jahrhunderte ständig den Schutzbedürfnissen der Bewohner angepasst werden mussten. Die schon erwähnten Küstensenkungen und die immer wieder vorkommenden Sturm- und Orkanfluten ließen den Wurtenbewohnern keine andere Wahl.

Prähistoriker bezeichneten die Wurten gern als „unerschöpfliche Archive längst vergangener Epochen", weil immer wieder überraschende Funde bei Ausgrabungsarbeiten gemacht wurden. Die Nachforschungen gaben ein recht anschauliches Bild früherer Siedlungs- und Wirtschaftsstrukturen mit daraus resultierenden Erkenntnissen über die Existenz- und Lebensbedingungen der urgeschichtlichen und mittelalterlichen Marschensiedler (Wurtenbewohner) an der Nordseeküste.

Deiche und Deichrecht

Durch schriftliche Überlieferungen verschiedener Chronisten wie beispielsweise Arends, Beninga, Sello und Woebcken ist nachgewiesen, dass im 9. und 10. Jahrhundert der an der Nordseeküste einsetzende Deichbau den bis dahin üblichen Wurtenbau endgültig ablöste. Die zu dieser Zeit noch bestehenden und bewohnbaren Erdhügel (Wurten) innerhalb neu angelegter Deichringe sind von den Bewohnern nicht mehr erhöht worden.

Obwohl über den Beginn der Deichbauperiode an der Nordseeküste aus Urkunden und Chroniken wenig bekannt ist, gingen die späteren Heimatforscher und Chronisten davon aus, dass die ersten in sich geschlossenen Deichbauten in Form von so genannten Ringdeichen errichtet worden sind. Dafür spricht die damals übliche Siedlungsstruktur der Marschdörfer, die bei Ausgrabungen im 19. Jahrhundert nachgewiesen werden konnte. Sie legen den Schluss nahe, dass die Bewohner ganzer Landstriche gemeinsam mit ihren Häuptlingen, Regenten und Herrschaften für die gewaltigen Erdbewegungen der beginnenden Deichbauepoche verantwortlich waren. Auch die damaligen christlichen Orden ließen ihre Mitglieder am Bau der Schutzdämme mitarbeiten, die anfänglich höchstens ein bis zwei Meter hoch gewesen sein dürften. Bedingt durch eine auf die Solidarität aller Dorf- und Gaubewohner ausgerichteten Gemeinschaft setzte im 11. Jahrhundert der in „Genossen- und Hundertschaften“ demokratisch organisierte Damm- und Deichbau ein.

In der Regel waren die Deiche ringförmig um die von Menschen und Tieren bewohnten Siedlungen sowie die landwirtschaftlich genutzten Flächen errichtet worden. Zeitgleich mit den ersten größeren Deichbauten könnten auch die ersten Siele für die Binnenlandentwässerung entstanden sein. Sie bestanden anfänglich aus einfach strukturierten Wasserdurchlässen, später aus holzaufgeständerten schließbaren Sieltoren, und in der Neuzeit wurden Sielschleusen aus Ziegelsteinen mit beweglichen, aus Stahl und Eisen angefertigten Ebb- und Fluttoren gemauert.

Durch weitere Eindeichungen an der Küste schlickten die bedeichten Groden – dem Meer vorgelagerte bewachsene Landflächen – im Laufe des 11. und 12. Jahrhunderts immer mehr auf und wuchsen zu in sich geschlossenen Marschflächen zusammen, die weiteren Siedlungsraum für Menschen schufen. Später wurden die Ringdeiche weiter ausgebaut und zu höheren und größeren Seedeichen befestigt. An den Sieldurchlässen sowie Sielschleusen derartiger Seedeiche entstand oft eine tidenabhängige Watten- und Küstenschifffahrt, die zur Entstehung so genannter Sielhafenorte führte.

Nach heutigen Erkenntnissen ist ein Deich ein aus Erde errichteter Damm zum Schutze gegen Hochwasserüberflutungen mit unterschiedlicher Breiten- und Höhenstruktur, dem so genannten Deichprofil. Nicht immer gelang es den Menschen an der Küste, mit den von ihnen errichteten Deichen den Wasserfluten zu trotzen, denn die verheerenden Auswirkungen der heute bekannten Jahrhundertsturmfluten – sie werden in einem Sonderkapitel beschrieben – bewiesen oft genug das Gegenteil. Deshalb soll an dieser Stel-

Deichschart an der Westküste von Schleswig-Holstein. Eingearbeitet in die Steinmauer sind die Vorrichtungen für die Sturmflutbalken, die bei Hochwasser eingelegt werden.

Winterliche Idylle am Elbdeich in der Nähe von Brunsbüttel, Landkreis Dithmarschen.

le noch auf das friesische Deichrecht eingegangen werden, das seinen Ursprung im Asegabuch, einer Sammlung friesischer Rechtssatzungen in Altfriesisch, aus dem 11. Jahrhundert fand.

In den überlieferten Rechtssatzungen, die in Altfriesisch abgehandelt sind (Landrecht offte Asigheboek der Edelen vrigen Vresen) und im Niedersächsischen Staatsarchiv in Oldenburg aufbewahrt werden, heißt es unter anderem: „Das ist auch Landrecht, daß Friesen eine Seeburg (Deich) stiften und stärken müssen, einen goldenen Ring, der um ganz Friesland liegt; an dem soll jede Ruthe (eine Oldenburgische Ruthe = 10 Fuß) ebenso hoch wie die andere sein, dort, wo die salzene See sowohl bei Tag als bei Nacht anschwillt. Dort sollen zunächst dem Meere und der am meisten landeinwärts Wohnende zur Unterhaltung des Weges verpflichtet sein, damit der Weg im Winter und Sommer mit Pferde und Wagen so zu befahren ist, daß der eine Wagen an dem anderen vorbeikommen kann. Hat er dann außerhalb des Deiches so viel feste Erde und grüne Wiese, daß er damit die Deichbasis instandhalten kann, so hat er innerhalb des Deiches einen Anspruch auf dreißig Faden (1 Faden = 6 Fuß) für die Gras- und Heugewinnung. Zur See hin sollen Friesen unser Land schützen mit drei Geräten, mit dem Spaten, mit der Karre und mit der Gabel (Forke)."

Dieser unvollständig zitierten Rechtssatzung ist zu entnehmen, dass das Deichrecht einheitlich organisiert werden sollte. Darüber hinaus hatte die Rechtssatzung ein erstes Gemeinschaftsgefühl bei den Küstenanwohnern, eine Solidarität gegen die ständige Bedrohung durch den „Blanken Hans", entstehen lassen. Mit dem angeführten „goldenen Ring" meinten die Friesen einen „Ringdeich", der durch eine größere Anzahl von Menschen aus den umliegenden Bauernschaften und Kirchspielen errichtet werden sollte. Der Historiker Carl Woebcken nennt in diesem Zusammenhang in seinen Werken als Träger solcher Bau- und Unterhaltungsmaßnahmen an Deichen die Hundertschaft, ein begrenztes Gebiet mit den dort wohnenden Siedlern der damaligen Zeit. Im mittelalterlichen Deichrecht ist bereits die Rede von Genossenschaften, den späteren Deichachten. Hieraus entstanden die heute bekannten Deichbände, die für die Unterhaltung und Instandsetzung der Seedeiche an den Küsten verantwortlich sind.

Doch kehren wir zurück zu den Anfängen, denn die Rüstringer Rechtssatzungen beinhalteten noch weitere Regelungen. Offen wird darin gegen jede Fremdherrschaft Front gemacht: „Wir sollen unser Land schützen mit dem Schwert und dem Speer und dem braunen Schild gegen den hohen Helm und dem roten Schild und die ungerechte Herrschaft." In den Sätzen offenbart sich der Wille und die Verpflichtung der Friesen, ihre Freiheit gegen jede Fremdherrschaft mit Waffe und Schild zu verteidigen.

Der Begriff „Spatenrecht" geht ebenfalls auf von genossenschaftlichem Wesen geprägte Rechtsbegriffe zurück. Das Gerät diente als Symbol für den Austritt oder Ausschluss von Genossen aus dem Deichverband. Die für den Menschen lebenswichtigen Bestimmungen und Regelungen waren hart, aber notwendig. Für die Küstenbewohner bedeutete das Spatenrecht eine erhebliche Belastung, die nicht selten zum Ruin von Kleinbetrieben führte. Nicht nur die Sturmfluten, auch Wind und Wetter, tierische Schädlinge wie Wühlmäuse und der Verkehr auf den Deichen durch Fußgänger, Reiter und Pferdefuhrwerke gefährdeten die Sturmflutdämme. Jedes Mitglied der Deichgenossenschaft hatte für Schäden in seinem Deichabschnitt aufzukommen. Konnte der Betroffene nicht für Abhilfe sorgen, versuchte man im Rahmen der damals üblichen Nothilfe, Arbeitskräfte und materielle Unterstützung bei anderen Kirchspielen oder Dörfern zu bekommen.

Fiktive Sturmflutmarkierung in Steinhausen, Landkreis Friesland. Beim Deichbruch hätte das Dorf einen Meter hoch unter Wasser gestanden.

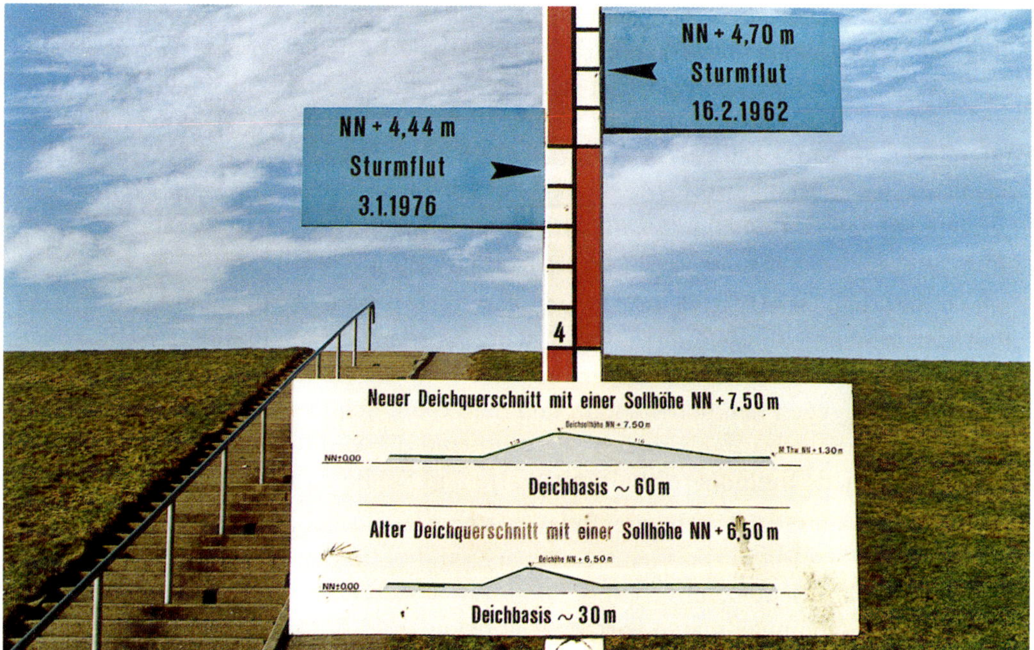

Seedeichprofil in Harlesiel an der Nordseeküste. Hier wurde ein neuer Deichquerschnitt mit einer Sollhöhe von 7,50 Metern über NN fertiggestellt.

Wenn Mitglieder die weiteren Arbeiten wie das Herankarren von Erde aus dem Deichvorland, das Besticken (Größen- und Höhennormen einhalten) und Besoden (abdecken mit Grasplacken) in der verlangten Art und Weise nicht bewältigen konnten, wurden sie aus der Deichgenossenschaft ausgeschlossen. Sie mussten dann demjenigen ihr Land überlassen, der die Arbeiten an ihrer Stelle zu übernehmen hatte oder übernehmen wollte. Hierzu findet sich in den Deichrechtssatzungen folgende Regelung: „Wenn jemand dermaßen schlechte Deiche hat, daß er vermutet, dieselben mit seinen eigenen Gütern nicht machen zu können, und lieber das Land, wovon der Deich gemacht werden muß, nebst dem Deich übergeben will, so soll er vor den Deichrichtern und der ganzen Gemeinde auf den Deich gehen, einen Spaten auf den Deich setzen, drei Rasen mit dem Spaten ausgraben und schwören, daß er denselben Deich, welcher auf seinem Lande liegt, nicht länger erhalten könne. Alsdann mögen sechs seiner nächsten Blutsverwandten, sofern sie vorhanden sind, das Land mit seinen beweglichen Gütern an und zu sich nehmen. Findet sich aber niemand von seinen nächsten Freunden, der den Deich mit dem Lande abnehmen will, allsdann mag die Obrigkeit, unter welchen der Mann gewesen ist, den Deich mit dem Lande abnehmen, auf das den Gemeinen Friesen dadurch kein weiterer Schade geschehe. Und dieses ist auch dem geschriebenen Landrecht gemäß."

Im Oldenburger Gebiet wurde das Spatenrecht zum letzten Male 1746 in der Nähe des Kirchspiels Heppens praktiziert. Damals hatten sich drei Deichgenossen geweigert, die auf sie entfallenden Kosten für eine neue Holzung zu tragen, und traten das Land ab. Mit dem Spaten wurden wie üblich drei Grassoden ausgestochen. Danach leisteten die Männer den „Unvermögenseid" auf dem Deich, und da weder Verwandte noch Freunde das deichpflichtige Land mit samt den Lasten übernehmen wollten, fiel aller Grundbesitz dem Landesherrn zu.

Weitere wertvolle Hinweise über das Deichwesen sind im Landrecht von 1746 enthalten. Dort wird ausführlich auf das alte ostfriesische Deich- und Sielrecht eingegangen, das bis in das 15. Jahrhundert Gültigkeit besaß. Von landesherrlichen Befugnissen, die später immer wieder auftraten, ist dort noch nicht die Rede. Als Deichverbände galten die Kirchspiele, die auch die Lasten der Deichunterhaltung zu tragen hatten. Ebenso besaßen die Kirchspiele das Recht, in Gegenwart aller Streitenden in Sachen Deichrecht zu verhandeln und zu entscheiden. In diese von Selbstregelung geprägte Demokratie mischte sich schon bald der amtlich bestellte „Amtmann", ein gräflicher Beamter, ein. Zuerst in überwachender Funktion tätig, entstand daraus wenig später eine Art Exekutivgewalt für den jeweiligen Landesherrn. Der Beamte traf Entscheidungen und die Grund- und Bodenbesitzer hatten in Angelegenheiten des Deichrechtes seinen Anordnungen Folge zu leisten. Lediglich im 17. Jahrhundert, bedingt durch die damals erlassene Oldenburgische Deichordnung, räumte man Eingesessenen der Vogteien einen gewissen Einfluss hinsichtlich der alten Deichrechte ein. Jedes Kirchspiel stellte drei Geschworene, die aber keine beschließenden Rechte besaßen. Ihnen wurde nur ein bescheidenes Mitwirkungsrecht beim Deich- und Sielbau (Entwässerung) zugestanden. Aus der von den Friesen gegründeten Selbstverwaltung war ein landeshoheitlicher

Deichband entstanden, der den Untertanen weiterhin erhebliche Mittel für den Deich- und Sielbau abverlangte.

Der Blick zurück in die Geschichte des norddeutschen Deichbauwesens zeigt, dass allgemeine rechtliche Verbindlichkeiten für die Erstellung von Seedeichen bereits um 1500 in älteren Deich- und Sielrechtstatuten festgeschrieben waren. So ist beispielsweise das alte ostfriesische Deich- und Sielrecht auf Betreiben der jeweiligen Landbesitzer durch Prälaten oder Häuptlinge entstanden. Deichverbände waren demnach die Gemeinden und Kirchspiele, die auch die finanziellen Lasten trugen. Sie waren befugt, über die Festsetzung und Verteilung der Deichlasten zu entscheiden. Diese „freie Selbstverwaltung" ist im 16. und 17. Jahrhundert, wie schon erwähnt, durch die Obrigkeit (Fürsten, Grafen, Regenten) unterlaufen worden, indem diese einen beamteten Deichgrafen (Amtmann) in die Selbstverwaltungen einbrachten. Damit wurde ein neues landeshoheitliches Organ geschaffen, denn dieser Amtmann setzte beispielsweise von der Regentschaft kommende Beschlüsse um und verhängte im Namen der Länder Zwangsmittel gegen säumige und ungehorsame Untertanen. Aus dieser landeshoheitlichen Überwachungsfunktion entstand im Laufe der Zeit eine staatliche Reglementierung, die die Aufrechterhaltung der ursprünglichen Selbstverwaltung im Deich- und Sielbauwesen nicht mehr duldete. Damit ging die Selbstverwaltung im Deich- und Sielbauwesen an der Küste für immer zu Ende. Diese Tatsache veranlasste Hermann Allmers, 1896 eine Arbeit mit dem Titel „Die Unfreiheit der Friesen zwischen Weser und Jade" zu schreiben und als Buch zu veröffentlichen.

Dazu ist in einer alten Schrift nachstehend aufgeführter Text nachzulesen: „Die Pflicht zur Unterhaltung und zum Bau der Deiche ruhte auf den Ländereien, die unter dem Schutz der Deiche standen. Der Beamte entschied in allen Fragen und die Grundbesitzer hatten in Deichsachen seinen Anordnungen zu folgen. Zwar räumte man den Eingesessenen der Vogteien durch eine damals erlassene oldenburgische Deichordnung einen gewissen Einfluß ein, in dem man die Wahl von drei Deichgeschworenen aus jedem Kirchspiel anordnete, aber sie hatten keinerlei beschließende Rechte."

Später entstand aus den bisherigen ostfriesischen, friesischen und oldenburgischen sowie anderen Landesdeichstatuten ein einheitliches Deichrecht, nämlich das Niedersächsische Deichgesetz. Es trat am 1. März 1963 in Kraft, dabei sind die Erfahrungen der Orkanflut von 1962 für die neuen Deichrichtwerte zugrunde gelegt worden.

Nach diesem Gesetz sind die Eigentümer aller im Schutze der Deiche gelegenen Grundstücke zur Deicherhaltung verpflichtet. Sie sind in den Deichverbänden zusammengeschlossen, in deren Trägerschaft die Erhaltung der Haupt- und Hochwasserdeiche liegt. Die Deichaufsicht obliegt der Oberen Deichbehörde (Bezirksregierung) für Deiche, zu deren Erhaltung die Bundesrepublik Deutschland oder das Land verpflichtet sind, während die Untere Deichbehörde (Landkreise und kreisfreie Städte) sicherzustellen hat, dass die Deichverbände ihre Aufgaben erfüllen. Die Kosten der Deicherhaltung tragen die Deichverbände, die über das Gesetz der Wasser- und Bodenverbände eine Beitragslast in Form einer jährlich zu entrichtenden Gebühr festsetzen.

Sturm- und Orkanfluten

Nach Aussagen verschiedener Chronisten ist davon auszugehen, dass es an den Nordseeküsten seit Urzeiten so genannte Sturm- und Orkanfluten gegeben hat, die im Ablauf der Zeitgeschichte die Küstenlinien veränderten und gestalteten. Urkundlich nachgewiesen sind aber erst Hochwasserfluten mit dem Beginn des 9. Jahrhunderts, also zeitgleich mit dem Einsetzen der eigentlichen Deichbauperiode an den Nordseeküsten. Der Bau der damaligen Schutzdämme löste den bis dahin üblichen Wurten- und Warfenbau ab.

Der Heimatforscher Carl Woebcken bezeichnet in seinen Schriften und Büchern eine Sturmflut als eine Flut mit „außergewöhnlich hohem Wasserstand auf weiten Küstenstrecken, starker Beschädigung von Deichen, Verlust an Mensch und Vieh, Ausdeichungen und Landverlust.“ Heutige Deich- und Wasserbauexperten dagegen charakterisieren eine Sturm- und Orkanflut mit folgenden Worten: „Sturmfluten sind außergewöhnliche Wasserstandserhöhungen des Meeres, die einerseits durch die Gezeiten (Ebbe und Flut) und andererseits durch einen hohen Windstau verursacht werden. Fallen hohe astronomische Tiden (Springtiden) zeitlich mit sehr hohem Windstau zusammen, so kommt es zu besonders hochlaufenden Fluten.“

Es ist erwiesen, dass Sturmfluten besonders im Spätherbst oder in den Monaten Februar/März auftreten. Nach Messergebnissen am Wilhelmshavener Pegel zwischen den Jahren 1854 bis 1957 konnten beispielsweise insgesamt 471 Sturmfluten registriert werden, deren Wasserstände höher als 2,80 Meter über Normalnull (NN) waren. Unterschieden werden dabei die Hochwasserfluten in leichte Sturmfluten mit einer Fluthöhe von 2,80 bis 3,80 Metern über Normalnull, in schwere Sturmfluten mit einer Fluthöhe bis zu 4,80 Meter über Normalnull und darüber hinaus. Nach Angaben des Amtes für Wasserwirtschaft und Küstenschutz beträgt die mittlere Deichhöhe am Jadebusen plus 7 Meter über Normalnull. An anderen Küstenstrichen der Nordsee finden sich ähnliche Deichprofile.

Noch vor mehr als 1000 Jahren war die Fläche des heutigen Jadebusens eine große, in sich geschlossene Moorlandschaft mit einzelnen Geestlanderhebungen. Mittelalterliche Katastrophen wie Sturm- und Orkanfluten zerstörten die durch Wasserrinnen geprägte Moorlandschaft und schufen im Verlauf der Jahrhunderte den heute 165 Quadratkilometer großen und bei einer normalen Flut 450 Millionen Kubikmeter fassenden Jadebusen, der durch Eindeichungen im 14. und 15. Jahrhundert die heute bekannte Form erhielt. Bei jeder Flut passieren 26000 Kubikmeter und bei Ebbe 28000 Kubikmeter Wasser in der Sekunde die fünf Kilometer breite Gattöffnung im Norden des Jadebusens zwischen Wilhelmshaven und Eckwarderhörne. Diese Gezeitenströme bewirkten durch ihren stetigen, immer wiederkehrenden Rhythmus das Entstehen der tiefen nördlich verlaufenden Schifffahrtsrinne in der Jade.

Reste der einstigen Hochmoorlandschaft sind noch heute vor dem Deich bei Sehestedt im Südosten des Jadebusens erhalten geblieben und bilden mit dem so genannten

„Schwimmenden Moor“ ein einzigartiges Naturdenkmal. Die aus dem Moor aufragenden Sandinseln mit dem Dangaster Geestrücken sind heute ebenfalls noch erhalten, während viele andere Geesterhebungen wie beispielsweise Arngast, Ellens, Hiddels, Ahm, Jadeleh und Würdeleh durch Hochwasserkatastrophen und deren Einwirkungen im Jadebusen untergingen. Nur noch vereinzelt sind bei Ebbe Reste der damaligen Geesterhebungen im Watt des Jadebusens zu sehen.

Ähnlich zeigt sich nach Angaben aus vielen Chroniken die Entstehungsgeschichte des Dollart, einer großen Meeresbucht im ostfriesisch-niederländischen Grenzbereich, die im Norden von der Ems durchflossen wird. Die Bucht entstand ebenfalls im hohen und späten Mittelalter durch sintflutartige Sturm- und Orkanfluten, die das bisherige Marsch- und Moorgebiet der Landschaft völlig veränderten. Dabei ging die vor der ostfriesischen Küste liegende Großinsel Bant unter, die sich um 800 von Borkum bis östlich über Juist erstreckte. Angaben verschiedener Chronisten (Sello, Woebcken) überliefern, dass die Insel etwa 45 Kilometer lang und 25 Kilometer breit war. Noch bis 1690 hielt sich die Ostspitze der Insel, dann war auch dieser Rest im Nordseewasser verschwunden.

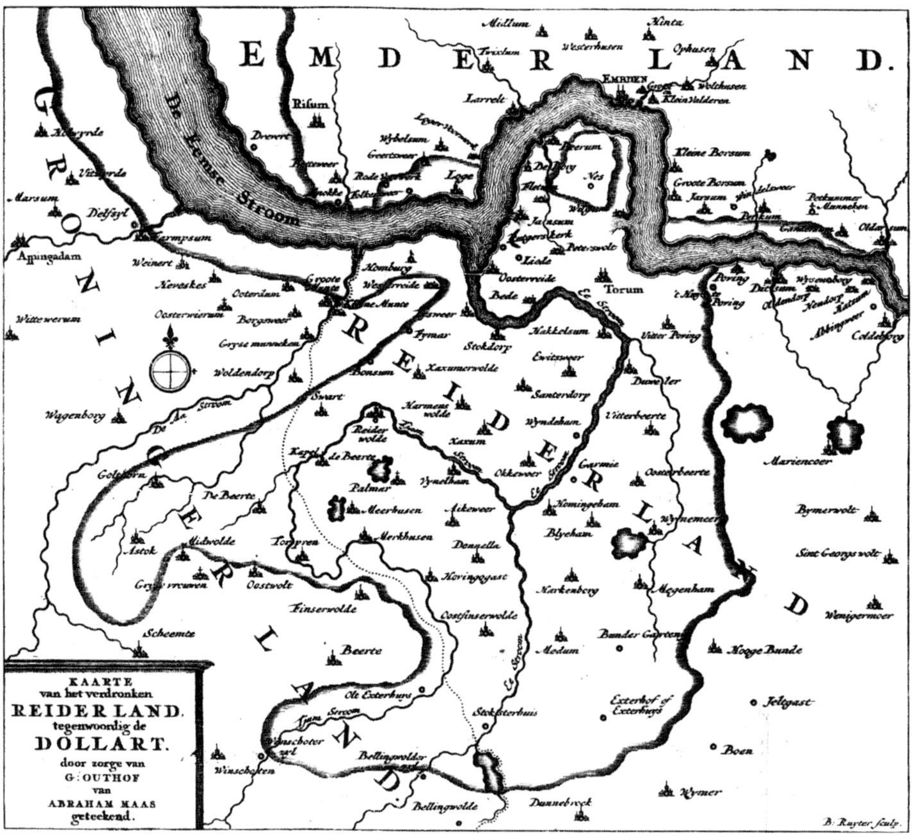

Karte von dem beim Dollarteinbruch versunkenen Teil des Reiderlandes von Abr. Maas und B. Ruyter von 1720. Niedersächsisches Staatsarchiv Aurich: Rep. 244 Dep. 1 K 30

Der erste Einbruch der See für den späteren Dollart ist laut Überlieferung auf die Marcellusflut vom 16. Januar 1362 zurückzuführen. In dieser Sturmnacht brach der Emsdeich bei Jansum. Weil die Deichlücke aufgrund kriegerischer Streitigkeiten ostfriesischer Häuptlinge nicht rechtzeitig wieder geschlossen wurde, konnte die immer wieder einbrechende See weiterhin den Emsdeich abtragen. Die Fluten drangen ähnlich wie bei der Entstehung des Jadebusens in das ungeschützte Hinterland ein und zerstörten die Marsch-Moorgebiete in den tiefer gelegenen Gebieten (Wolden). Dabei weitete sich das „Jansumer Gatt" zu einer tiefen Seitenbucht der Ems aus, die als Dollart bezeichnet wurde. Viele Jahrhunderte lang setzten die Sturm- und Orkanfluten das Zerstörungswerk weiter fort. Die Cosmas- und Damianflut vom 26. September 1509 durchbrach dann endgültig den Uferdeich der Emsschleife. Dadurch erhielt der Dollart nach Angaben bereits genannter Chronisten seine größte Ausdehnung. Außerdem sorgte die Cosmasflut dafür, dass zwischen Nesse und Ems durch Landausspülungen die Insel Nesserland entstand. Erst viel später verlandete der Emsbogen im Süden von Emden und Nesserland wurde ein Ort am nördlichen Emsufer.

Nach Überlieferung des niederländischen Chronisten Houtrouw sind nachstehend aufgeführte Kirchspiele und Klöster im Dollart untergegangen: Beerum, De Borg, Nesse, Fletum, Wilgum, Jansum, Ludgerskerk, Peterwolde, Liede, Torum, Westerreide, Osterreide, Homburg, Tysweer, Beda, Hakkelsum, Uiterpauwinge, Fymar, Stokdorp, Saxumerwolde, Harmeswolde, Saxum, Okkeweer, Uiterbeerte, Osterbeerte, Garnie, Wynemeer, Homigham, Blyham, Harkenborg, Megenham, Medum, Bundergarteny, Exterhuis, Stocksterhuis, Reiderwolde, de Beerte, Palmar, Meerhusen, Merkhusen, Vynelham, Aikeweer, Zwaag, Torpren, Hovingogaste, Donnella, Ostfinsterwolde, Westfinsterwolde, Oud Exterhuis, Menterwolde, Astok, Midwolde und Ostwolde.

Erst im 16. Jahrhundert begann hier die kontinuierliche Eindeichung der weit nach Südwesten und Süden in das niederländische und ostfriesische Gebiet überschwemmten Flutgebiete. Neue Polder (Groden) wurden angelegt. So gelang es, der See beträchtliche Teile der verloren gegangenen Gebiete auf niederländischer und ostfriesischer Seite wieder zu entreißen. In Ostfriesland sind folgende Polder neu gewonnen worden: Bunder-Neuland (1605), Charlottenpolder (1682), Bunder Interessentenpolder (1707), Landschaftspolder (1752), Heinitzpolder (1796) und der Kanalpolder (1877).

Die erste urkundlich genannte Sturmflut fiel in die damalige Wurten- und Warfenbauperiode an den Nordseeküsten, als die Küstenanwohner noch versuchten, sich mit aufgeschütteten Erdhügeln vor dem Hochwasser der Sturm- und Orkanfluten zu schützen. Dazu berichtet Woebcken, der sich auf Chroniken bezieht, Folgendes: „Im Jahre 838, am 26. Dezember, hat es eine ungewöhnliche Überschwemmung die ganze friesische Küste entlang gegeben. Die Flut ist ungefähr mit den ansehnlichen Sandwällen, für die man dort die Bezeichnung Dünen hat, gleich gewesen und hat Menschen, Vieh und Häuser verschlungen. Nach genauer Feststellung hat die Zahl der Umgekommenen 2437 betragen."

Der Chronist Arends schreibt dazu in seinem Buch „Physische Geschichte der Nordsee-Küste und deren Veränderungen durch Sturmfluten": „Eine der schwersten Fluten, welche den westlichen Teil der Niederlande traf, fiel, den meisten Chroniken zufolge, 860 ein. Einige stellen solche aufs Jahr 839, andere auf 870. Twisch auf 850. Die See stürz-

Die Hochwasserflut vom Februar 1990 schlägt in Dangast, Landkreis Friesland, an den Steindamm beim Kurhaus.

Sturmflut an der Nordseeküste. Der Orkan treibt die Flutwelle gegen das Festland.

te sich durch die westliche Mündung des Rheins mit größter Wucht auf das Land, trieb zugleich das Wasser des Flusses zurück, und verursachte eine allgemeine Überschwemmung der Provinz Holland, des Stifts Utrecht und der Betuwe. Viele Häuser stürzten um, unzählige Menschen büßten ihr Leben ein, die stärksten Bäume wurden entwurzelt und selbst der größte Teil des Waldes wilde woud zonder Genaden, niedergeworfen; auch soll die Brittenburg dadurch zerstört und außerhalb der Dünen gekommen sein. Der als Folge dieser Überschwemmung wahrscheinlich geschehenen Ableitung des Rheins durch den Leck, ist schon oben Erwähnung geschehen. In Friesland wütete die Flut so fürchterlich, daß nach einer genauen Aufnahme 2437 Häuser daselbst sollen weggespült, viele Menschen und Vieh umgekommen sein."

So weit die Aussagen der Chronisten. Während Woebcken von genau 2437 umgekommenen Menschen berichtet, schreibt der Autor Arends von 2437 weggespülten Häusern, außerdem nennt er andere Jahreszahlen der Sturmflut, die von Woebcken auf den 26. Dezember 838 datiert wurde. Weiter nennt Arends Sturm- und Orkanfluten aus den Jahren 900, 989, 1003, 1014, 1015, 1016, 1017, 1020, 1041, 1042, 1066 und 1075. Dazu merkt er an: „1066 soll die Burg Mellum an der Jade mit viele, Lande herum von der See schrecklich überströmt und verschlungen sein." Bis zur Julianenflut vom 17. Februar 1164 erwähnt Arends weitere Naturkatastrophen wie Erdbeben und Sturmfluten der Jahre 1086, 1094, 1099, 1100, 1108, 1114, 1124, 1134, 1135 und 1158. Dabei bezieht sich Arends auf deutsche, niederländische und dänische Ereignisse.

Bei einer solchen Aneinanderreihung von Jahreszahlen ist es kein Wunder, dass der Chronist Woebcken über die damalige Literatur über die Sturmfluten an der deutschen Nordseeküste nicht gerade erfreut war. In seinem Buch „Deiche und Sturmfluten an der deutschen Nordseeküste" äußert er sich über drei Chronisten sehr kritisch: „Die bisherige Literatur über die Sturmfluten an der deutschen Nordseeküste bietet eine lange Aufzählung von Sturmfluten, die nicht mehr Teilnahme erweckt als ein alttestamentarisches Geschlechtsregister und nicht mehr Glaubwürdigkeit besitzt als die Jahresbilanz eines übelbeleumdeten Bankhauses. Eine Sündflut folgt auf die andere. Man läßt Hunderttausende so kalten Blutes ertrinken, als ob es sich um die Jungen von Katzen und Hunden handelte. Es ist schier unbegreiflich, daß die Küste nicht infolge dieses fortgesetzten Ersäufens gänzlich menschenleer geworden ist."

Auch Johann Friderich Jansen berichtet in seinem 1721 erschienenen Buch mit dem Titel „Historisch = Theologisch Denckmahl Der Wunder = vollen Wegen Gottes in den grossen Wassermassen / welche sich anno 1717. den 25. December zu vieler Länder Verderben / so erschröcklich ergossen" ebenfalls über die Sturmflut des Jahres 1066. Der Diener des göttlichen Wortes zu Nyende im Jeverland schreibt: „Die erste / wovon wir / nach der Zeit der Beteichung / etwas gewisses sagen können / ist die / so geschehen ist Anno 1066. Es muß dies eine überaus schwere und gefährliche Wasserfluth gewesen seyn / ob wir gleich eben nicht von sonderbahren Umständen derselben bey den Historien = Schreibern etwas antreffen / weil es daraus zur Genüge zu erkennen / daß das Schloß Mellum, so ungefehr eine Meileweges und darüber unter Langewarden im Wasser / so daß es gleich einem Keil zwischen der Weser und der Jahde / da selbige sich in

Unter den geschlossenen Sturmfluttoren des Deichscharts dringt bereits das Seewasser ein. Werden die genieteten Stahltore dem herandrängenden Wasser standhalten?

Bruch des Maadedeiches in Wilhelmshaven-Rüstersiel während der Sturmflut des Jahres 1962. Ungehindert kann jetzt das Seewasser in das Hinterland strömen.

die wilde See ergiessen / gelegen / wie ein gewisser Autor einer geschriebenen Beschreibung von Rastedt davon meldet / ist danach die Fluth im Grunde zernichtet und vom Wasser bedecket worden. Es ist dies Schloß von Walberto, Hertzog Wigberti Sohn und Widikindi, des großen Königs der Sachsen / Kinder = Kind erbaut / und ist unter Grafen Huno, nachdem es die 200 Jahre gestanden / durch die Kraft der Wellen verloren gegangen. Daß hieran nicht zu zweiffeln sey / daß nemlich ein solches Schloß / Mellum genannt / gewesen / wie man fast glauben sollte / wenn man eine gewisse Schrift lieset / ist so klar / daß kaum mir grunde daran mag gezweiffelt werden / wo man nicht alle Historischen Nachrichten in Zweiffel zu ziehen gedencket."

Der Chronist Hamelmann berichtet in seiner 1599 in Oldenburg erschienenen Chronik ebenfalls von der Burg Mellum. Unter anderem heißt es dort: „Eine Bake vorhanden / die Mellumbake genannt / hinter dem großen Kirchhoff Langewarden / daraus sich die Schiffer im fahren zu richten pflegen. Ja man noch ein Sprichwort in Butjadinger = Land habe / da man zu wünschen pfleget / wann einer dem anderen böses wünschet: Ich wollte / daß Du bey / oder neben der Mellumbake, oder auf Mellumsterth sitzen solltest."

Noch genauer geht der Historiker Winkelmann auf Mellum ein. In seinen Überlieferungen heißt es beispielsweise: „Johannes, Graf zu Oldenburg, ist im Jahre 1007. wider die Saracenen und Griechen / unter Heinrico II. Röm. Kays. in Italien zu Felde gelegen / und 10. Jahr hernach gegen die Pohlen. Er hat die Schlösser Mellum an der See / und Jadeleh an die Jade eingehabt / welche von seinen Vorfahren erbauet worden / woraus er die Friesen bis an Gröhningen im Zaum gehalten."

Auch in neuzeitlichen Schriften und Büchern sind mehrere Hinweise über die Existenz einer Mellum Burg oder Schloss enthalten. Nach ihnen war die älteste Wasserflut die von 1066. Die Katastrophe habe mehrere an der Jade gelegene Landstriche fortgerissen und zudem das von Walbert, einem Nachkommen Wittekinds, erbaute Schloss Mellum, das auf der alten Mellum oder Mellumplate gestanden haben soll, endgültig vernichtet und die Reste fortgespült.

Der Heimatforscher Carl Woebcken zeigt in seinen Schriften auf, dass nach der ersten schriftlich registrierten Hochwasserflut vom 26. Dezember 838 weitere Naturkatastrophen an den Nordseeküsten vorkamen. Er schreibt dazu: „Jahrhunderte gehen hin, ohne daß wir etwas von Sturmfluten hören. Daraus folgt nicht, daß es keine Sturmfluten gegeben hat, aber sie hatten keinen Berichterstatter gefunden. In diese Zeit fällt der Bau der Deiche, fällt die soviel dichtere Besiedlung der Marschen. Die Wirkungen einer Sturmflut werden dadurch erheblich gesteigert. Die Menschen wohnten nicht mehr ausschließlich auf den hohen Warfen, wo sie, wie noch heute auf den Halligen, verhältnismäßig sicher waren, sondern auch in Einzelhöfen und Reihendörfern hinter und auf dem Deich. Auf diese entfallen stets weitaus die meisten Verluste an Menschenleben. Sie waren es auch hauptsächlich, die nach einer Sturmflut abwanderten, auf das Hochmoor, auf die Geest, wo sie neue Reihendörfer gründeten. Ferner wirkte der Deichbau insofern ungünstig, als nun eine weitere Aufschlickung des Bodens verhindert wurde. Durch Austrocknung sackte er zusammen, desto stärker, je mächtiger die Dargschicht, das Moor, unter dem Klei (Marschboden) war."

Die Julianenflut vom 17. Februar 1164

Unter den Sturm- und Orkanfluten während der Deichbauperiode im 11. und 12. Jahrhundert wird von vielen Chronisten wie Arends, Beninga, Emmius, Hamelmann, Jansen, Sello, Winkelmann und Woebcken die Julianenflut vom 17. Februar 1164 als die folgenschwerste Naturkatastrophe für Land und Leute beschrieben. In alten Schriften, betitelt mit „Denckmahl der hohen Wasserfluthen" oder „Spuren der Güte Gottes", berichten sie über die genannte Hochwasserflut, dass „drei Tage lang aus dem Schlund der Hölle das Wasser hervorgequollen sei". Übereinstimmend sprechen die Berichterstatter mit einer Ausnahme von 20000 Toten in den von der Sturmflut heimgesuchten Küstengebieten. Überall waren die Deiche eingerissen, dabei über- und unterspült sowie teilweise abgetragen worden. Alle Chronisten machen darüber hinaus deutlich, dass die Julianenflut für die Nordseeküste die bisher größte Flutkatastrophe war: „In jenen Tagen, brach im Monat Februar, und zwar am 17., ein Unwetter mit heftigen Stürmen, grellen Blitzen und krachendem Donner los, das weit und breit viele Häuser in Brand setzte und zerstörte. Überdies entstand eine Meeresflut so groß, wie sie seit altersher unerhört war. Sie überschwemmte das gesamte Küstengebiet in Friesland und Hadeln sowie das ganze Land an Elbe, Weser und allen Flüssen, die in den Ozean münden."

Arends führt zu der Naturkatastrophe aus: „1164 war die große St. Julianas Flut, welche alles Küstenland an der Weser bis zu 12 Meilen landwärts, mit Seewasser bedeckte. Sie war eine der furchtbarsten und allgemeinsten, jedoch die Nachrichten darüber sehr dürftig, obgleich mehrere Zeitgenossen davon sprechen. Die Meisten setzen solche auf den 16. Februar, welches auch mit dem Namenstag der Heiligen übereinstimmt, Emmius jedoch auf den 9. Januar. In finsterer Nacht erhob plötzlich sich das Meer, aufgereget vom wütenden Sturm, mit Blitz und Donner begleitet, überstieg alle Deiche und Dämme und ergoß sich mit geflügelter Eile über Friesland, das Land Hadeln und über die niedrigen sumpfigen Felder an der Elbe und Weser."

Emmius sagte, nie habe Friesland solch eine furchtbare Überschwemmung erlebt; unglaublich sei die Zahl der umgekommenen Menschen, man schätzte sie auf Hunderttausend.

Pastor Jansen berichtet in seinen Schriften unter Berufung auf die Chronisten Hamelmann und Winkelmann Folgendes: „Anno 1164. finde bey Winkelmann eine Fluth aufgezeichnet / und ich finde auch bey andern solche Berichten / die nicht zweiffeln lassen / daß sie auch dies Land angegriffen haben. Hamelmann setzet ausdrücklich / daß in diesem Jahre eine solche erschröckliche Wasser = Fluth in der Elbe und Weser entstanden / daß dadurch etliche 1000. Menschen und Vieh in Friesland / Lande zu Hadeln und anderen Oertern ersoffen. Und ist dies / zweiffels ohne / eben dieselbe / wovon Emmius und Helmoldus melden / ob gleich / ein Unterscheid in dem Tage angetroffen wird; als worin leicht ein Unterscheid von so alten Zeiten her hat einschleichen können / ob gleich nicht gewisse sagen kan / wer unter ihnen recht habe."

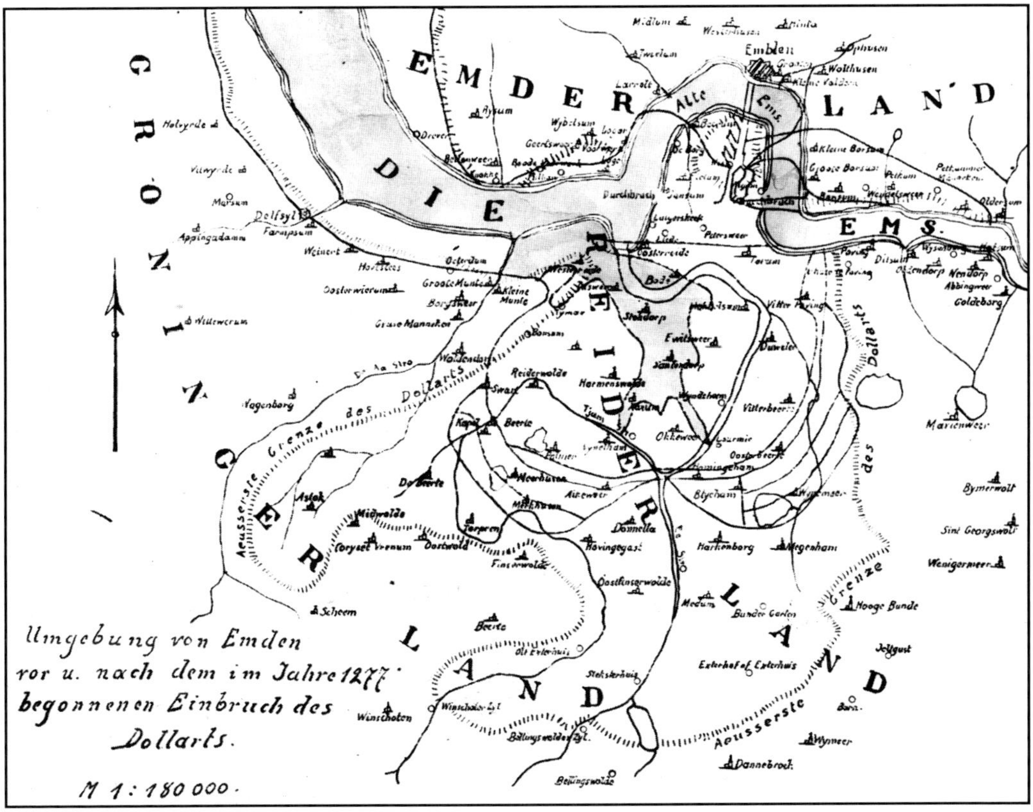

Die Umgebung von Emden vor und nach dem Einbruch des Dollarts.
Niedersächsisches Staatsarchiv Aurich: Rep. 244 A 3527

Weiter schreibt Jansen: „Emmius giebet uns die Nachricht / es sey die See den 9. Januar durch Sturm erreget / über die höhesten Teiche gegangen / und habe ganz Friesland bedecket und dies schöne Land in den unglückseligsten Zustand versetzet. Es soll dies Elend so groß gewesen seyn / daß Friesland niemals so von den Fluthen mitgenommen worden / man mag denn sehen auf die Niederlage der Menschen / da über 100000 sollen umgekommen seyn / oder auf die Ersäuffung des Viehes / oder auf das Land / das von der Gewalt des Wassers ist weggenommen / oder auf die Verwüstung des Landes / da die Häuser hin und wieder vernichtet."

Aus allen Aussagen geht hervor, dass die Julianenflut vom Februar 1164 eine der ersten Naturkatastrophen war, die große Schäden an der gesamten Nordseeküste verursachte. Obwohl der Deichbau an der Küste um 1100 schon weit fortgeschritten war, hielten die errichteten Dämme den Wassermassen nicht stand. Überall brachen sie, und das Meerwasser konnte in das ungeschützte Hinterland einbrechen, es zerstörte Häuser, Stallungen und ganze Ortschaften. Zwischen Rhein und Elbe sollen 20000 Menschen und etliche tausend Stück Vieh ertrunken sein. Außerdem schuf die Julianenflut erste Einbrüche bei der Leybucht, der Maade und der Jade. In der Jaderegion gelang der Flut der Durchbruch zwischen den Kirchspielen Dauens und Hummens, heute Wilhelmshaven und

Eckwarderhörne. Das Meerwasser riss eine Rinne bis nach Dangast. Dabei soll auch das mit kupfernen Blechen beschlagene Holzsiel, das Schlikker Siel bei Scheidens, vernichtet worden sein. In den folgenden Jahren registrierten die Chronisten Sturm- und Orkanfluten in den Jahren 1170, 1173, 1187 und 1196 an der gesamten Nordseeküste.

Die Hochwasserflut des Jahres 1164 hat in vielen Regionen an der Nordseeküste schwere Schäden hinterlassen und zahlreiche Tote gefordert. Die Zuidersee wurde dadurch ausgeweitet und mit der Flut fand der erste Wassereinbruch in die Jade statt, und zwar zwischen dem heutigen Wilhelmshaven und Eckwarderhörne. Dieser Wassereinbruch reichte bis nach Dangast und stellt damit den Anfang der Entstehung des Jadebusens dar. Die Julianenflut ist auch in den Niederlanden bekannt gewesen, denn die Äbte Emo und Menko sind in ihrer 1218/1219 begonnenen Chronik des Klosters Bloemhof bei Wittewierum im Groninger Land bei ihren Zeitangaben mehrere Male von der Julianenflut ausgegangen.

In Bezug auf eine weitere Sturmflut an der Nordseeküste im Jahre 1170 macht Woebcken die Küstenbewohner mit verantwortlich für die daraus resultierenden Flutschäden mit Landverlusten: „Fünf Jahre lang haben sich die Einwohner bemüht, die Deichschäden, die von der gewaltigen Julianenflut zurückgeblieben waren, auszubessern. Es wurde aber keine ganze Arbeit geleistet, und im sechsten Jahr ließ ein mächtiges Anschwellen der Flutwelle die letzte Hoffnung schwinden. Nicht die wenig bedeutende Flut von 1170, in Wittewierum (Holländisches Kloster) nicht registriert, weil niemand die Erwähnung für wert hielt, war Schuld an dem Landverlust, sondern die Lücken im Deich, die von der Julianenflut zurückgeblieben waren."

Auch Arends erwähnt in einigen Sätzen die Sturmflut des Jahres 1170, die er als Allerheiligenflut bezeichnet. Sie sei die erste bekannte Flut dieses Namens und habe sich über die gesamte Küstenstrecke ausgedehnt. Besonders mitgenommen seien die Niederlande gewesen, vor allem die Provinz Friesland. Die See sei über die Deiche, selbst über Dünen gestiegen und habe Burgen, Häuser und ganze Dörfer umgeworfen. Groß sei die Verwüstung unter Menschen und Vieh gewesen, klagt Arends. Außerdem habe es am 7. Januar 1176 eine weitere Wasserflut gegeben, die ganz Holland überzog. Das Wasser habe Deiche gebrochen und Mensch und Vieh in Lebensgefahr gebracht. Ebenfalls sei im Jahre 1181 eine hohe Flut über Friesland gezogen, habe aber keine großen Schäden verursacht. Schließlich habe es 1187 eine Wasserflut in den östlichen Niederlanden gegeben. „Da sah man Kinder in Wiegen, Mulden und Fässern, Männer auf Hausbalken herumschwimmen, und in fremde Gegenden landen." Über die Sturmflut des Jahres 1218 schreibt Arends: „Über Rüstringen erging 1218 am 17. November eine furchtbare Flut, welche durch Einbruch des Slyker Siels an der Jade soll entstanden sein. Die See ergoß sich weit und breit über Felder und Dörfer, zerstörte das Schloß Jadelehe, die Dörfer Wurdelehe und Aldessen, verschlang deren Fluren und das ganze Land beim Hoben, und machte den Jadebusen entstehen. Auch Ostfriesland empfand diese Flut, doch wird keines Schadens daselbst erwähnt."

Der Pastor und Heimatforscher Jansen geht mit nachstehend aufgeführten Zeilen auf die Hochwasserflut des Jahres 1218 ein: „Was den Schaden anlanget / der vor diesmahl verursachet worden / so ist solcher über die Masse groß. Denn so sind nachfolgende Pfarrkirchen und dazugehörige Dörffer in Rüstringen nemlich / die Burg und Closter Jadelehe / Wurdelehe / Aldessen und das ganze Land beim Hoben ganz untergegangen."

Jansen schreibt weiter: „Wie groß die Noth zu der Zeit und der Schade müsse gewesen seyn in diesen Landen / lasset sich leicht schliessen / weil man davor hält / daß an 100000 Menschen sollen umgekommen sein."

Für das 13. Jahrhundert werden in den Überlieferungen sowie Chroniken 30 Sturm- und Orkanfluten genannt, sehr häufig mit unterschiedlichen Daten und ohne Ereignisschilderungen. Auch über mögliche Flutschäden wird nichts berichtet. Daher soll an dieser Stelle nur auf die Sturm- und Orkanfluten der Jahre 1219, 1230, 1248, 1262, 1277 sowie 1287 eingegangen werden.

Sturmflutpfahl am Sieldenkmal in Mariensiel bei Wilhelmshaven, Landkreis Friesland. Die oben angebrachten Flutmarken dokumentieren die Wasserhöchststände historischer sowie neuzeitlicher Hochwasserkatastrophen.

Die Marcellusflut vom 16. Januar 1219

Der Chronist Georg Sello macht in seinem Buch „Östringen und Rüstringen“, erschienen 1928 in Oldenburg, zwei Sturmfluten für die Entstehung des Jadebusens verantwortlich: Er nennt in diesem Zusammenhang die Marcellusflut vom 16. Januar 1219 und die fast 300 Jahre später auflaufende Antoni- und Eisflut vom 16. Januar 1511. Andere Heimatforscher, beispielsweise Woebcken, schildern die genannte Marcellusflut des Jahres 1219 ebenfalls als eine für Mensch und Tier verheerende Naturkatastrophe, bezweifeln aber, dass die Hochwasserflut den Jadeeinbruch bewirkte. Vielmehr hätten bereits vorher genannte Katastrophen den ersten Jadeeinbruch verursacht.

Woebcken schildert in seinem Buch „Deiche und Sturmfluten an der deutschen Nordseeküste“ die Hochwasserflut von 1219 wie folgt: „Die Marcellusflut vom 16. Januar 1219 ist die erste, die ein Augenzeuge beschrieben hat. Die Ereignisschilderung des Emo von Wittewierum bei Groningen (Klosterabt in Holland), paßt auf die Mehrzahl der späteren größeren Fluten mit Landverlusten.“

Sich auf diesen Zeugen berufend, berichtet Woebcken: „Seit einigen Tagen weht es aus Südwesten, aber nur mit mäßiger Stärke. Am 16. Januar wurde der Wind zum Sturm und drehte gegen Abend nach Nordwesten. Zwischendurch hagelte es, ein Zeichen, daß Gewitter in der Luft war. Es war Vollmond, also Springflut. Zur Zeit als hätte Hochwasser sein sollen, lief keine Ebbe ab, das Wasser stieg vielmehr unbegreiflicherweise immer höher und überströmte zuletzt die Deiche. Die Einwohner hatten bis Sonnenuntergang, ja einige noch länger, an den Deichen gearbeitet. Dann hatten sie sich nichts ahnend zur Ruhe gelegt und wurden größtenteils in ihren Betten überrascht.

Vom Sturm gepeitscht brachen die Wellen jeden Widerstand. Die Ständer der Wohnhäuser wurden geknickt oder herausgerissen. Kirchen wurden zum Einsturz gebracht. Die Menschen flüchteten auf die Böden und Dächer. Manche konnten sich dort vor dem Sturm nicht mehr halten, andere, die retten wollten, was dem Untergang geweiht war, ertranken ebenfalls. Auf Balken, Heu- und Strohhaufen sah man Menschen treiben. Tausende kamen so ums Leben. Als das Wasser sich verlaufen hatte, ging man an die Wiederherstellung der Deiche. Vielen aber schien diese Verpflichtung nach all dem Schaden, den die Flut angerichtet hatte, untragbar. Sie ließen den Hof und Land im Stich und wanderten aus.“

Von der Marcellusflut berichtet auch der Jeverländische Pfarrer Jansen in seinem Buch, wobei sich der Autor wiederum auf Aussagen der Chronisten Winkelmann und Emmius bezieht: „Anno 1219. strömete das Wasser / durch eine grausame Fluth / wieder zum Lande hinein / und verursachete ein erschröcklich Verderben. Es geschah diese Fluth den 16. Januarii.“

Über die Auswirkungen ist Folgendes nachzulesen: „Denn so berichtete uns (Emmius) / es habe der Südwest = Wind die See von Grund auf beweget / da er einige Tage hintereinander sich heftig hören lassen / biß er den 16. Jan. noch stärker gewehet / und mit untergestreueten Hagel gewühtet / darauf das Wasser über alles Land das an der See lie-

Wellenauflauf der Orkan- und Sturmflut des Jahres 1962 in Horumersiel, Landkreis Friesland. Damals wurde ein Wellenauflauf von 6,13 Meter registriert.

get gestürzet / von 12. Uhr bis zur ersten Dämmerung; Da hat sich / anstatt des Südwesten = Windes ein Nordwest = Wind noch heftiger beweget / und da das Wasser nun hätte ablaufen müssen / ist das Wasser noch aufgetrieben / daß es erschienen / als wenn die Fluth erstlich ihren Anfang nahm und hat also / durch steten Anwachs des Wassers / ein erbärmlich Elend die ganze Nacht in dem Lande verursacht / als Niemand zu gedenken mag. Darauf meldet Emmius, wie / bey dem anbrechenden Morgen man nichts als Menschen / Vieh / Häuser und Haufen von Heu und Stroh / allerhand Hausgeräthe / sehen können auf dem Wasser treiben. Es waren die Menschen / ihr Leben zu retten / auf Stücken von Dächern der Häuser / oder anderer Holz / Stroh seither herum getrieben: Andere hätten oben in den Bäumen, auf den Häusern welche sind stehengeblieben / gesessen. Und / nachdem er mit noch mehreren Worten das Elend dieser Fluth abgemahlet / daß alle Teiche zerrissen / die Dörffer verwüstet und der Einwohner beraubt / Häuser umgestürzet / Clöster und Kirchen zum theil zernichtet / zeigete er / es während an 100000 Menschen ersoffen."

Auch Arends erwähnt die Marcellusflut des Jahres 1219 als eine für die Küstenbevölkerung verheerende Sturmflut, deren Auswirkungen an der Küste über viele Jahre zu spüren waren. Seine Darstellung entspricht weitgehend der Jansens: „Am 16. Januar zur Zeit des Vollmondes, nachdem der Südwestwind einige Tage nacheinander stark geweht und den Ozean gleichsam von unten bis nach oben aufgewühlt, fing solcher an, um Mitternacht noch stärker zu toben und trieb, unter starken Hagelschauern, die Wasser des Ozeans gegen die Seeküsten von Friesland an und über alle Dämme; als aber der Südwest nach Nordwest umsprang, noch heftiger als jener stürmend, stieg das Wasser, anstatt beim Beginn der Ebbe zu fallen, nun immer höher und fuhr die ganze Nacht fort sich über das gesamte Friesland zu ergießen, unerhörtes Elend über die ganze Provinz bringend. Als es Tag wurde, sah man Menschen, Vieh, Häuser, Ställe, Heu- und Strohhaufen und allerhand Hausgerät, überall auf dem Wasser herumtreiben, auch viele Menschen in der Hoffnung ihr Leben zu retten, auf Teile von Dächern, Böden, Holz, Heu oder Stroh, kurz, alles was nur der Zufall ihnen zuführte, herumschwimmen wie auf einem Wrak, viele in den Gipfeln der Bäume hangen oder auf dem Dach der höheren Häuser, welche der Flut widerstanden, reiten. Der bei Tagesanbruch wieder nach Südwesten wendende Wind sich bald darauf nach Nordost gewandt. Als aber jetzt die See wieder in ihre Ufer zurückgetreten, da erst zeigte sich die klägliche Umgestaltung des Landes; Alle Deiche waren zerrissen und geschlichtet, die Dörfer mit deren Bewohnern überall zu Grunde gegangen oder jämmerlich verwüstet, die Häuser umgeworfen, das Gerät hin und her gestreut; Klöster und Kirchen in Menge eingestürzt, Vieh groß und klein verschlungen, Menschen, 100000 an der Zahl wie einige schreiben, in den Wellen begraben, und alles mit Trümmern, Verwüstung und Leichen angefüllt. So großen Eindruck machte die fürchterliche Begebenheit auf das Volk, daß man lange Jahre hernach bei jeder Sturmflut sagte: sie läßt sich nicht mit der Marcellusflut vergleichen."

Nach Auswertung aller Überlieferungen der Marcellusflut ist folgendes Fazit zu ziehen: Weil der Wind an mehreren Tagen aus Südwesten kam und am 16. Januar 1219 stärker wehend auf Nordwest drehte, gab es einen übermäßig hohen Wasserstau an der Nordsee. Mit den typischen Anzeichen einer Springflut bei Vollmond lief die vom Nordweststurm angetriebene Wasserflut über viele Deiche, zerstörte Stallungen und Häuser und Kirchen und überflutete in wenigen Stunden weit das Hinterland mit seinen Äckern, Feldern und Weiden, dabei erweiterten die Wassermassen unter anderem die Jadebucht. Nur die in vielen Chroniken genannte Anzahl ertrunkener Menschen gibt Rätsel auf, weil die Bevölkerungsdichte an der Küste unrealistisch hoch angesetzt wurde. In den Überlieferungen wird von 36000 bis 1000000 Wassertoten gesprochen. Anzunehmen sind tatsächlich 36000 Flutopfer, weil die Sächsische Weltchronik diese Anzahl toter Menschen nennt. Kurz und bündig heißt es dort: „Da ward die große Wasserfluth, die Land und Leute ertränkte, wohl 36000."

Die erste Marcellusflut vom 16. Januar 1219 war für die Entstehung des Jadebusens nicht maßgeblich, obwohl der Historiker und Heimatforscher Georg Sello in seinen Schriften an dieser These festgehalten hat. Die Hochwasserflut wird in der Chronik des Klosters Wittewierum bei Groningen erwähnt. Ausführlich wird darin über die Auswirkungen der Flut und die Leiden der Bevölkerung in der Umgebung durch das eingedrungene Seewasser berichtet. Eben diese Ereignisschilderungen sind es, die ein falsches Gesamtbild von den Auswirkungen der Flut wiedergeben. Viele Geschichtsschreiber haben die niederländischen Ereignisse auch auf die deutsche Nordseeküste be-

Brandung an der Ostfriesischen Insel Spiekeroog. Um die Insel zu schützen, wurden 12 Buhnen und über fast zwei Kilometer Dünendeckwerke geschaffen. Trotzdem verursachen hoch auflaufende Sturmfluten immer noch Sandabtragungen.

zogen, aber an den oldenburgischen und ostfriesischen Küsten hat es nur Überschwemmungen gegeben, die Äcker und Felder bedeckten.

Dürftige Nachrichten werden über die Hochwasserfluten der Jahre 1262, 1267 und 1287 übermittelt. Dabei beruft sich der Heimatforscher Woebcken auf den niederländischen Klosterabt Menco des Klosters Wittewierum, der nach Angaben der Chronisten als Nachfolger des Abtes Emo die Annalen der Sturmfluten bis 1296 weitergeführt hat. Danach hat die Hochwasserflut vom 28. Dezember 1262 einige Deichbrüche, eine Sielbeschädigung und mehrere Landüberflutungen verursacht. Dagegen brachen am Tage des Marcellus, am 16. Januar 1267, bei einer von Menco geschilderten Sturmflut in vielen Gebieten Frieslands die Deiche. Leider sind keine weiteren Einzelheiten überliefert worden.

Weitere Fluten im 13. Jahrhundert werden von verschiedenen Chronisten erwähnt. So schreibt Jansen: „Anno 1230, den 16. Febr. da das Seewasser in diese Lande eingebrochen ist, und unsäglichen Schaden zu wege gebracht.“

Winkelmann und Emmius weisen dazu auf eine Hochwasserflut vom 19. November 1248 hin. Die Flut sei durch ein „erschröcklich Ungewitter erwecket worden, da der Wind zuerst aus Nordosten, hernach aus dem Westen nach Norden erschröcklich gebrauset, dabei das Wasser so erreget, daß es über alle Deiche gegangen und alles flache Land von Friesland bedecket“ habe. Auf diese Flut sei dann eine Hungersnot und Pest erfolgt unter Menschen und Vieh.

In der Sächsischen Weltchronik heißt es dazu: „Da ward ein Regen und ein Wind aus Südwesten, so stark, daß er manches Haus zerbrach und großen Schaden tat. Er warf auch manchen großen Baum in den Wäldern nieder. Mancher dachte, es wäre ein Erdbeben. Die Flut von der See stieg so hoch, daß sie alle Deiche in den Niederlanden zerbrach. Es ertrank Volk und Vieh ohne Zahl und geschah großer Jammer.“

Im Jahre 1262 und 1267 hat es zwei weitere Naturkatastrophen gegeben, die mit wenigen Sätzen unter Bezugnahme auf andere Chronisten wiedergegeben werden: „Anno 1262 ist ein Erdbeben vernommen worden, das großen Schaden anrichtete, wobei auch das Seewasser durch die Deiche gebrochen ist.“ Auf die Flut von 1267 eingehend heißt es lapidar: „Anno 1267 kam eine Wasserflut, die größere Schäden verursacht hat.“

Ausführlicher geht Jansen auf die Hochwasserflut des Jahres 1277 ein: „Anno 1277. Es kam dieselbe um eben die Zeit / um welche unsere Weyhnachtsfluth / die wir mit Trauer erlebet / sich eingefunden / nemlich den 25. Dec. und machte also auch damahls / eben wie jetzt / ein recht betrübtes Christfest. Wie breit sich das Elend damals erstrecket habe / kan eben nicht deutlich zeigen: daß es aber zu hiesigen und Oldenburgischen Landen gekommen / ist leicht zu schliessen / und bezeuget auch Winkelmann dasselbe, doch hat das Wasser vor dies mahl in Ostfriesland / ohn allem Zweiffel / das jämmerlichste Trauerspiel angerichtet / weil das beste Land bei Embden nach der Seite von Reiderland verschlungen und in eine wilde See verwandelt worden. Die Oerter welche zernichtet worden / sind 33. gute Dörffer mit Kirchen und Thürmen versehen / ein klein Städtgen / zwey Clöster und noch ansehnliche Oerter / daß also einige von 40. und von 44. Dörffer und Clöster Meldung thun.“

Die Luciaflut vom 14. Dezember 1287

Als die von Chronisten beschriebene Luciaflut die Nordseeküste heimsuchte, war das Unglück für die hinter den Deichen lebenden und wohnenden Menschen besonders groß. Darüber berichtet ein Geschichtsschreiber, den Woebcken als Nachfolger des Abtes Menco zitiert. Dieser schreibt über die Orkanflut Folgendes: „Im Jahre 1287 am 14 Dezember war in Teilen Frieslands eine Sturmflut, die Menschen, Vieh und Sachen gefährdete und für die Zukunft im Gedächtnis bleiben wird. Die Flut strömte die ganze Nacht vom Abend bis zum Morgen über die Deiche, und alle die nicht auf erhöhten Stellen wohnten, wurden mitsamt ihren Häusern, ihrem Korn und Heu in die Wolden (niedrig liegendes Marsch- und Moorland) weggeschwemmt. Verschiedene Steinhäuser stürzten ein. In den Wolden wurden ganze Grundstücke vom Wasser hochgehoben und trieben ab. Ungehindert schoß das Wasser über das Hochmoor hinweg. Das war kein Wunder, denn die Flut stieg bis 5 Fuß höher, als sie seit Menschengedenken gewesen war.“

Der Chronist Fridrich Arends hinterließ über die Luciaflut nachstehende Ausführungen: „Friesland, welches durch die wiederholten Wasserfluten im 13. Jahrhundert so unsäglich gelitten, und die Hälfte seines Gebietes dadurch verloren, ward wiederum 1287 durch eine der schwersten Fluten in große Drangsal versetzt. Am 14. Dezember erschien diese Flut, die über alle Küstengegenden sich erstreckte. Friesland ward nach Durchbrechung seiner Dämme in einem Augenblick zur See. Tausende Menschen und Vieh ertranken in den salzigen Fluten, eine unzählige Menge Häuser stürzten ein. Selbst viele Burgen, die auf Anhöhen standen. 42 Mönche vom Kloster Vetus vallis oder Qudendal und von Lidlum, mit den Bauern aus der Nachbarschaft die auf den Deichen standen solchen zu sichern, zog die See in einem Augenblick herab. Das Städtchen Gryn, auf einer von dem in der Südersee versunkenen Lande übrig gebliebene Insel, ward fast ganz zerstört, nur 10 Häuser blieben übrig und das Chor der Kirche. Im Groningerland stieg das Wasser, wie die Wierumer Annalen angeben, fünf Fuß höher als je die höchste Flut gegangen, selbst über alle Moräste sich ergießend. Ganze Stücke Landes in den Wolden wurden aufgehoben und nach den niedrigen Gegenden geschwemmt. Auch ein Mann mit einem Wolf, einem Hunde und einem Hasen beisammen, trieben daselbst an. Dieselben Annalen geben den Verlust von Menschen zwischen Stavoren und Lauer auf 30000, von da bis zur Ems auf 20000 an, zugleich anführend das Ostfriesland, mit Ausnahme des Reiderlandes, Harlingerland, Östringen und Rüstringen vom Wasser verschont geblieben, die niedrigen Landen von Südwolde (wahrscheinlich am Dollart) aber großen Schaden litten. Die Wesergegenden blieben vermutlich auch frei, aber weiter bis Jütland soll alles unter Wasser gelegen haben.“

Übereinstimmend wird berichtet, dass 30000 Menschen in den Niederlanden und weitere 20000 Menschen an der Ems im Hochwasser umgekommen sind, während die östlich liegenden Gebiete wie Rüstringen, Östringen und Wangerland von der Hochwasserflut verschont blieben. Im Widerspruch dazu steht ein Absatz in der „Rasteder Chronik“, in der von einer großen Orkanflut in Friesland berichtet wird, in der viele Dörfer

So genannte Sturmflutpfähle (von links) am Strandaufgang in Büsum, in St. Peter-Ording und am Hafen von Tönning an der Westküste von Schleswig-Holstein.

Flutmarken in Fedderwardersiel (Butjadingen) am alten Bootsschuppen der Deutschen Gesellschaft zur Rettung Schiffbrüchiger (DGzRS). Festgehalten sind die Hochwasserstände von 1906 und 1962.

Der Hafen von Tönning, Landkreis Nordfriesland, bei Ebbe. Bei auflaufender Flut steht das Wasser im Mittel zwei Meter höher an den Spundwänden. Der Ort gilt als sturmflutgefährdet.

Der Sielhafen von Hooksiel, Landkreis Friesland.

überschwemmt wurden und Menschen mitsamt dem Vieh durch das überströmende Wasser ertranken.

Woebcken schreibt in seinem Buch „Deiche und Sturmfluten an der Nordseeküste" dazu: „Daß Rüstringen und Östringen von der Flut verschont geblieben sind, ist kaum zutreffend. Die Flut ist erwähnt in einem Auszug, den Remmer von Seediek sich vermutlich aus dem Meßbuch des Klosters Östringfelde gemacht hat." Der Heimatforscher zitiert: „Im Jahre 1287 nach dem Tage des Heiligen Lucia (Dezember 13) war eine große Sturmflut. Viele Dörfer stürzten ein, und eine Menge Friesen ertranken. Keiner konnte sich erinnern, daß es jemals eine solche Überschwemmung gegeben hatte. Gott wolle uns in Zukunft vor Solchem bewahren."

Genannt wird die Hochwasserflut außerdem in der Geschichte des Klosters Rastede. Im betreffenden Absatz der Aufzeichnungen heißt es: „Nach seinem Tode (die Rede ist von Graf Christian, der nach Literaturangaben 1285 starb) entstand durch Wirbelstürme eine solche Überschwemmung, daß die salzigen Meereswogen alle Deiche Frieslands und Stedingens überfluteten, und dies geschah am Lucientag."

In neueren Schriften heißt es über die Luciaflut des Jahres 1287: „Bei der Luciaflut vom 14. Dezember 1287 halfen aber auch feste Deiche nicht in jedem Fall. Wieder starben Tausende in den heutigen Niederlanden und im jetzt deutschen Küstenraum. Fünf Fuß höher als sie ‚seit Menschengedenken' gewesen war, stieg die Dezemberflut. Dabei vernichteten die Wassermassen Häuser und Siedlungen. Weil die Wasserflut Moorflächen einfach weggespült hatte, führte dies später zur Gründung neuer Ansiedlungen in Ostfriesland wie beispielsweise Osteel, Marienhafe und Upgant-Schott."

Es ist bezeichnend, dass auch bei den schriftlichen Überlieferungen hinsichtlich der am 14. Dezember 1287 aufgelaufenen Luciaflut die Ereignisschilderungen in den Niederlanden vorrangig abgehandelt werden. Der Grund: Hier sind von den Berichterstattern wiederum die Chroniken des Klosters Wittewierum in Groningen ausgewertet und zum größten Teil auch wiedergegeben worden. Es ist ferner nicht auszuschließen, dass bei der Übersetzung der ursprünglich lateinischen Texte aus dem Kloster Fehler gemacht wurden, die den Sinn entstellt haben. Die Heimatforscher Georg Sello und Carl Woebcken haben dagegen nachgewiesen, dass auch Rüstringen, Östringen und das Harlinger Land von der Wasserflut heimgesucht wurden. Die durch Deiche aufgestauten Wassermassen fanden einen Weg, in das Hinterland einzudringen, sodass große Moorschollen mit der ablaufenden Flut seewärts abgetrieben sind. Dagegen sind im Bereich des Jadegebietes Menschenverluste nicht zu beklagen gewesen.

Die Clemensflut vom 23. November 1334

Über die am 23. November 1334 an der Nordseeküste registrierte Clemensflut sind die überlieferten Nachrichten mehr als spärlich. Der Geschichtsschreiber Carl Woebcken stützt sich auf die Berichterstattung in der Utrechter Bischofschronik: „Im Jahre unseres Herrn 1334 im Monat November auf St. Clemens Tag, stieg das Seewasser so hoch, daß es über alle Deiche ging. Es stürmte, donnerte und blitzte, und viele Beester (Rinder) und Menschen ertranken. Viele Dörfer an der See gingen zu Grunde, in Flandern, Zeeland, Holland und auch in Friesland."

Der Chronist Woebcken geht davon aus, dass die Sturmflut das bereits bestehende Gatt (Einbruch) zum Jadebusen vergrößerte, weil die Wassermassen die bisherigen Strombetten der Jade, Ahne und anderer Wasserläufe in Richtung Osten und Süden erweiterten. Damit wurde Butjadingen durch die Ahne endgültig vom Gebiet Stadland getrennt. Butjadingen war dadurch mit seinen damaligen Kirchspielen Oldersum, Hummens, Langwarden, Burhave, Roddens, Waddens und Blexen zur Insel geworden. Später wurde die Ahne oft fälschlicherweise mit der Heete verwechselt, gemeint war aber ein und derselbe Wasserlauf. Die Bezeichnung „Heete" war in der damaligen Zeit eine durchaus übliche Benennung für Seerinnen oder Seegatten (Priele und Einbrüche). Von diesen Wasserläufen gab es allein in Rüstringen und Butjadingen sechs.

Weil der östliche Teil von Rüstringen in der Flut „entzwei brach", wurden die beiden Kirchspiele Arngast und Jadeleh beschädigt beziehungsweise zerstört. Die dem heiligen Vitus geweihte Kirche von Arngast erlitt bei der Sturmflut schwerste Schäden, stürzte aber erst im Jahre 1611 endgültig zusammen. Die Überreste wurden dem Verfall preisgegeben und waren bis 1661 noch im Watt zu sehen. Wenig später verfiel auch die bis dahin bestehende Landverbindung zwischen Arngast und Dangast.

Woebcken weist in seinen Schriften nach, dass die Rüstringer nach den Fehden 1337 wieder bereit waren, die vom Hochwasser beschädigten Küstendeiche herzurichten. Dabei sei aber der Deich von Dangast nach Butjadingen nicht mit einbezogen worden. Der Chronist schreibt: „Das Land, wo die Kirchdörfer Arngast, Jadeleh und Eckwarderbrügge gestanden hatten, blieb fortan unbedeicht. Statt dessen haben sie einen Deich gebaut, der nur noch Butjadingen schützte, den Mitteldeich. Die Flut war von der Weser zur Jade durchgebrochen. Das Loch hieß die Heete."

Die Chronisten Georg Sello und Carl Woebcken bestätigen übereinstimmend, dass durch die Clemensflut von 1334 die „Erweiterung und Aushöhlung des Jadebusens nach Osten hin" stattgefunden hat. Sie bezweifeln aber, dass viele der im Jadebusen untergegangenen Dörfer bereits nach der Julianenflut des Jahres 1164 „aufgegeben wurden". Nach Feststellung der beiden Geschichtsschreiber fallen stattdessen im Jahre 1334 während der Clemensflut weitere drei Kirchspieldörfer und andere Ansiedlungen der Wasserflut zum Opfer, die aber nicht näher bezeichnet oder benannt worden sind. Deutlich wird abermals, dass Dangast und Jadeleh als Inseln erhalten blieben, Arngast sogar bis über das Jahr 1900 hinaus. Dabei sei auf Arngast, eine nach Südosten wandernde Sandbank, noch im 16. Jahrhundert Landwirtschaft betrieben worden. Außerdem habe

Ein Sturm treibt hoch auflaufende Wellen in das Deichvorland und überflutet die Salzwiesen.

Der Deich kann der Kraft des andrängenden Wassers nicht mehr standhalten, er bricht. Tonnenweise ergießt sich das Salzwasser in das Land, bringt Tod und Verderben für die hinter den Deichen lebenden Menschen.

man auf der Insel Jadeleh im Jahre 1316 noch Heu und Reith geerntet. Der Untergang dieses Landstriches sei besiegelt worden, als man den Deich zwischen Dangast und Butjadingen nicht wiederherstellte und endgültig aufgab, stellten die Chronisten abschließend fest.

Nur kurz berichtet Fridrich Arends über die Clemensflut 1334. Er schreibt: „1334 flossen Rhein und Maas wiederum über, verursacht durch einen Sturm auf St. Clemens Tag, 23. Nov. Die See aufschwellte und eine allgemeine Überschwemmung von Flandern bis Friesland verursachte. Viele Dörfer am Seestrand wurden verwüstet, Testrup bei Ostende ging ganz zu Grunde. 4000 Menschen fanden ihren Tod in den Wellen. Auch im Osten ergoß sich das Wasser über alle Landen."

Es gibt zahllose Beispiele dafür, dass die an der Küste vorkommenden Naturkatastrophen wie beispielsweise Sturm- und Orkanfluten mit ihren verheerenden Auswirkungen auf die Küstenbewohner die Grundlagen für viele Spuk- sowie Gespenstergeschichten bildeten. Solche Märchen und Sagen schienen aus der Sicht der jeweiligen Priester- oder Landesherrschaft geeignet, einen „züchtigen und keuschen Lebenswandel der Butjadinger und Friesländer" herbeizuführen oder zumindest gütlich zu beeinflussen. Dazu schreibt Georg Sello in seinem Buch „Östringen und Rüstringen": „Auf das Ahmer Kirchspiel vereinigte die Tradition schon früh alle Sorgen, welche auch anderwärts verderbliche Hochwasserfluten als ein göttliches Strafgericht für Üppigkeit und Stolz der Menschen erscheinen lassen; Man beschlug die Wagen mit Gold, die Pferde mit silbernen Hufeisen; man vergaß sich, wenn die Not es erheische, mit Roggen und Weizen gegen das andringende Meer zu deichen; die Landsknechte in der Festung betrieben ungescheut ihre Buhlschaft mit den Mägden auf dem Kirchhof, sogar während des Gottesdienstes. Warnende Zeichen geschahen: das Brot im Backofen wurde zu Stein, das Bier zu Blut, aus der Kohlenglut schlängelten sich lebendige Aale, beim Abendessen ereigneten sich Mirakel (Wunder); fruchtlose Warnungen! Da brach der Gotteszorn los, um der Bosheit willen der Einwohner."

Woebcken erwähnt in seinen Schriften ähnliche Gottesstrafen. In einer älteren Abhandlung schreibt er: „Wie viele Reiche, wie viele Mächtige saßen am Abend noch, schwelgten im Vergnügen und fürchteten kein Unheil, da aber kam plötzlich das Verderben und stürzte sie alle ins Meer." Auch Remmer von Seediek, mittelalterlicher Berichterstatter und Rentmeister des Jeverlandes, sagt über die verheerenden Auswirkungen von Sturm- und Orkanfluten „scheltend und unheilschwängernd": „Dat war wegen ihres fretens und supens nach Landesart."

In anderen Sagen und Geschichten sollen plötzlich erschienene Gespenster während der Nacht „den in Saus und Braus lebenden Herrschaften zugerufen haben: Dieke, dieke, dieke"! Andere Schreiber berichteten der Nachwelt von „erschrecklichen Vorahnungen mit sichtbaren Erscheinungsbildern", die sie vor eingetretenen Hochwasserfluten hatten. Tage vorher seien sie durch „innere Stimmen" vor einer Katastrophe gewarnt worden, sie hätten Bilder von auf im Wasser treibenden Balken mit darauf sitzendem Federvieh wahrgenommen sowie im Wasser abtreibende und ertrunkene Frauen und Männer mit Kinderwiegen gesehen, die in den Fluten für immer verschwanden."

Die Marcellusflut vom 16. Januar 1362

Allein für die Zeitspanne zwischen den Jahren 1334 (Clemensflut) und 1362 (Marcellusflut) registrierten die Chronisten mehrere Sturm- und Orkanfluten. Aufgelistet wurden Naturkatastrophen der Jahre 1336, 1342, 1354, 1356, 1357, 1358 und 1361.

Danach soll Friesland 1336 viele Menschen und Vieh verloren haben, und bereits 1342 brachte ein erneutes Hochwasser Not und Verderben für die Bevölkerung. Selbst die Weser, Elbe und Eider sind weiträumig überspült gewesen, viele Menschen und Tiere vom Strömen fortgerissen und Kinder in Wiegen abgetrieben worden. Die Fluten verheerten das Land, Menschen und Vieh in nicht geringer Anzahl des Lebens beraubend.

Die Hochwasserflut des Jahres 1354 betraf nach Aussagen verschiedener Historiker in erster Linie das Land Schleswig. Die Flut sei groß und verderblich gewesen, hieß es übereinstimmend. Fridrich Arends schreibt dazu: „Solche (die Flut) richtete so großen Schaden an, daß die Einwohner sich davon in 50 Jahren nicht zu erholen vermochten, so lange die Deiche ungemacht blieben. Kein Wunder, denn 2000000 Menschen wurden ersäuft, etwas mehr als ganz Nordfriesland befaßte.“ Die Anzahl der ertrunkenen Menschen wird also von Arends mit zwei Millionen Opfern angegeben, eine Zahl, die aber in keiner Überlieferung belegt wird.

Sturmflutmarkierungen an einem Dalben im Binnenhafen von Husum, Schleswig-Holstein, der die Höchstwasserstände der Fluten von 1362, 1634, 1825, 1962 und 1981 anzeigt.

Aus der Flut des Jahres 1356 am St.-Nikolaus-Tag sei ebenfalls eine große Wassernot entstanden, wird überliefert. Hohe Sach- und Materialschäden seien in Flandern und Zeeland registriert worden, schreiben die Chronisten.

Die Wasserfluten der Jahre 1357, 1358 und 1361 ähnelten in der Dramatik den beschriebenen Auswirkungen bereits genannter Naturkatastrophen. Deiche waren gebrochen, Wiesen sowie Äcker überschwemmt, Häuser und Stallungen beschädigt und etliche Menschen und Haustiere ertrunken. 1361 soll der Sturm so heftig getobt haben, dass Kirchtürme, Mühlen und Häuser erschüttert wurden und schließlich einstürzten.

Als am 16. Januar 1362 die so genannte zweite Marcellusflut gegen die Küste anbrandete, ist der Jadebusen in westlicher, südlicher und östlicher Richtung durch erhebliche Moor- und Sandausspülungen bis weit über seine heutigen Grenzen erweitert worden. In den Niederlanden entstanden durch die Marcellusflut erhebliche Meereseinbrüche, die unter anderem den Dollart entstehen ließen. Nach überlieferten Berichten jener Zeit ist die gesamte Nordseeküste verwüstet worden. Im benachbarten Schleswig-Holstein mussten neben größeren Verlusten an Land mehr als 50 Kirchen ausgedeicht und den Fluten überlassen werden. Wegen der großen Anzahl der in den Wassermassen ertrunkenen Menschen erhielt die zweite Marcellusflut den Beinamen „De grode Manndränke". Von Ostfriesland bis Schleswig-Holstein verursachte die Naturkatastrophe erhebliche Landverluste, die Flut trennte Juist von Borkum und den damals bekannten Marktort Aldessen von Eckwarden.

Dazu berichtet Woebcken in seinen Büchern „Deiche und Sturmfluten an der Nordseeküste" und „Die Entstehung des Jadebusens": „Keine Flut hat sich so tief in das Gedächtnis der Menschen eingegraben, keine, soweit wir sehen, solche Landverluste zur Folge gehabt wie die Marcellusflut vom 16. Januar 1362." In den vom Historiker zitierten Norder Annalen wird ausgesagt: „In der Nacht auf den Marcellustag, (Januar 16.) um Mitternacht, erhob sich ein so fürchterlicher Sturm, daß die festesten Gebäude sowie Kirchen und Türme einstürzten und dickste Bäume umgeweht wurden. Er rief eine Flut hervor, so daß die Westermarsch (bei Norden) und ein Teil Ostfrieslands überschwemmt wurde."

Woebcken schreibt weiter: „Nicht minder groß ist die Bedeutung der Marcellusflut von 1362 für die Bildung des Jadebusens gewesen. Am schlimmsten aber ist das Viertel Bant, daß 1334 verschont geblieben war, betroffen worden." In diesem Zusammenhang zitiert der Heimatforscher aus einer Papsturkunde des Jahres 1423, die also mehr als 60 Jahre nach der Hochwasserflut verfasst wurde, folgende Lagebeschreibung: „Das Land liegt zum Teil unbestellt, zum Teil wird es vom Salzwasser überspült. Die Kirchen sind verfallen, verlassen und beraubt, und ohne Glocken. Ihre Einkünfte aus Naturalien sind entweder ganz weggefallen oder ganz niedrig anzuschlagen. So sieht es aus in Arngast und Jadeleh, in Zetel, in Dangast, Ellens und Horsten. In Bockhorn war es ebenfalls arg, doch haben Pilger die Kirche einigermaßen wieder in Stand gesetzt."

Der Berichterstatter äußert sich abschließend: „Die Häufung unheilvoller Erscheinungen in dem beschränkten Umfang von sieben aneinander stoßenden Kirchspielen, von denen vier, Bockhorn, Zetel, Hiddels und Ellens, den südlichen Teil des Viertel Bant ausmachten, erklärt sich durch ein Wehl (Bucht, Brake), das sogenannte Schwarze Brack, auch das Salze, das Gödenser oder das Hiddelser Brack genannt, das 1428 zuerst erwähnt wird. Das Brack hat den Niedergang der Kirchspiele verursacht. Hiddels und Ellens lagen unmittelbar daran."

Der Chronist Remmer von Seediek, Kanzler und Rentmeister der damaligen Herrschaft Jever unter Fräulein Maria zu Jever (1500–1575), beschrieb im Jahre 1520 in mehreren Artikeln die Auswirkungen der Orkanflut am Tage des heiligen Marcellus. Sie sind teilweise in der Jeverschen Chronik nachzulesen. Dazu schreibt Georg Sello: „Remmers so späte und dürftige Quelle setzt die Marcellusflut in ein falsches Jahr und auf einen falschen Tag; von einzelnen Vorgängen erwähnt sie nur den Untergang des sogenannten Schlicker Siels mit dem ganzen Land daselbst und die Entstehung der Brake (Schwarze

Brack) bei Alt-Goedens." Trotz erheblicher Widersprüche in Remmer von Seedieks Notizen stützten sich Historiker wie Sello und Woebcken immer wieder auf die Aufzeichnungen des Jeverschen Kanzlers, denn immerhin lassen seine überlieferten Annalen hin-

Beliebtes Fotomotiv im niederländischen Harlingen: Ein Junge, der der Legende nach mit seinem Finger ein Deichloch verstopft haben soll und damit sein Land vor der Überflutung rettete.

Bronzetafel an der Kirche von Harlingen (Niederlande). Sie erinnert an den Bau des Afsluitdijk, der die Stadt vor hoch auflaufenden Sturmfluten schützt.

sichtlich der Recherche folgerichtige Schlüsse über die Auswirkungen der von ihm beschriebenen Sturm- und Orkanfluten im 15. und 16. Jahrhundert zu.

Im Einzelnen beinhaltet die von Remmer von Seediek erstellte Jeversche Chronik auch Aufzeichnungen und Notizen über die damaligen Ereignisse in Östringen, den Konflikt zwischen Fräulein Maria und den Grafen von Ostfriesland sowie weitere geschichtliche Ereignisse aus der Herrschaft Jever. Darüber hinaus sind Berichte über Deich- und Dammbauten sowie über die Auswirkungen verschiedener Sturm- und Orkanfluten aus dem Jadebereich in den Annalen festgehalten. Auf Grund der Angaben in den von Remmer benutzten Quellen ist anzunehmen, dass er um 1555 mit der Zusammenstellung der Chronik begann. Weil Remmer bereits 1557 verstarb, gehen Historiker heute davon aus, dass der Rentmeister bereits um 1520 an der Chronik gearbeitet hat.

Der Pastor und Heimatforscher Johann Friderich Jansen aus Nyende im damaligen Jeverland berichtet in seinem 1722 erschienenen Sturmflutenbuch nicht von einer Marcellusflut des Jahres 1362. Sich auf Emmius und Winkelmann berufend, setzt er die Hochwasserflut fälschlicherweise auf das Jahr 1361. Jansen berichtet wörtlich: „Anno 1361, wie Winkelmann setzet und Emmius ausführet. Sie ist nach des letzteren Bericht / den 16. Jan. geschehen durch einen solchen Wind / welcher gleich einem Erdbeben / Thürme / Kirchen und anderen Gebäude erschütterte und zur Erde warff / und sollen die Wellen der ungestühmen See grossen Schaden gemacht haben."

Arends widmet der Marcellusflut in seiner Schrift nur wenig Platz. Er berichtet wie folgt: „Fürchterlich wütete das Meer 1362 in Schleswig. Nie hatte man eine größere Wasserflut erlebt. Sie wurde wegen der großen Zahl der darin umgekommenen Menschen de groote Manndrank (Die große Manntränke) genannt. In Everschop und Utholm ertrank der größte Teil des Volkes, so die Pest von 1350 übrig gelassen hatte. 30 Kirchspiele auf Nordstrand sollen in dieser Flut ihren Untergang gefunden haben."

Nach Auswertung aller vorliegenden Fakten und Daten über die Hochwasserfluten der Jahre 1361 und 1362 ist davon auszugehen, dass die zweite Marcellusflut des Jahres 1362 vom 16. Januar belegt ist. Die beschriebene Flut von 1361 ist mit der aus dem Jahr 1362 immer wieder verwechselt worden und hat zweifellos zu Irritationen bei den Chronisten geführt. Demnach hat es im Jahre 1361 keine Hochwasserflut gegeben.

Die zweite Marcellusflut vom 16. Januar 1362 überschwemmte nach Aussage der Norder Annalen einen Teil des Norderlandes, nämlich die Westermarsch sowie weite Teile von Ostfriesland. Aus der Jeverschen Chronik ist zu entnehmen, dass die eindringenden Wassermassen die Entstehung des „Schwarzen Bracks" im westlichen Teil und die Entstehung der „Friesischen Balje" im südlichen Teil des Jadebusens einleiteten. Durch den Einbruch der Heete wurde Butjadingen eine Insel und ein weiterer Wassereinbruch von Ahne und Lockfleth sorgte dafür, dass Stadland, zwischen Weser und Jadebusen gelegen, auch eine Insel wurde. Besonders schwere Landverluste musste die Westküste Schleswig-Holsteins hinnehmen, dort mussten rund 50 Kirchen mit den dazugehörigen Häusern, also ganze Ortschaften, ausgedeicht werden. Die Überreste wurden dem Meer schutzlos preisgegeben.

Die Dionysiusflut vom 9. Oktober 1374

Als nächste in der Auflistung und Beschreibung der historischen Sturmfluten ist die erste Dionysiusflut vom 9. Oktober 1374 zu nennen. Allerdings sind über die genannte Naturkatastrophe widersprüchliche Angaben in den Chroniken zu finden, denn viele Geschichtsschreiber datierten die Wasserflut auf das Jahr 1373, wieder andere auf das Jahr 1374. Nach Auswertung aller Fakten aus den überlieferten Berichten ist davon auszugehen, dass die Sturmflut tatsächlich am 9. Oktober 1374 die Nordseeküste heimsuchte, denn während der Flut ist die ostfriesische Leybucht weit eingerissen und das kleine Dorf Westeel von den Wassermassen vernichtet worden. Mithin erhielt die Leybucht ihre größte Ausdehnung, die Kirchspiele Norden und Marienhafe wurden zu Hafenorten. Wie bei anderen Fluten sind außerdem viele Häuser zerstört, Deiche weggebrochen und Menschen sowie Vieh im Wasser ertrunken.

Fridrich Arends berichtet in seinen Aufzeichnungen von zwei Sturmfluten der Jahre 1373 und 1374. Die erste nennt er Dionysiusflut, ohne allerdings den Tag und den Monat der Naturkatastrophe anzugeben. Er schreibt dazu: „Großen Schaden litt Ostfriesland wieder durch die Dionysiusfluten von 1374. Mehrere Siele flogen aus, Deiche wurden geschlichtet, viel Vieh ertrank und Schiffe versanken. Am meisten litt wieder die Gegend bei Norden. Das schöne reiche Dorf Westeel, eine Stunde südseits der Stadt, ging zu Grunde; alle Häuser mit der Kirche stürzten in einem Augenblick ein, die meisten der Einwohner und das Vieh mit sich ziehend, selbst die Stäte ward größtenteils von den Wellen umgewühlt. Wahrscheinlich stand das Dorf unmittelbar am Deich, welcher an der Stelle durchbrach. Es war durch den Reichtum und Übermut seiner Bewohner berühmt. Seine ganze Flur mußte demnächst der See überlassen werden. Emmius sah noch die Ruinen des Dorfs."

So weit der Chronist Arends, der sich in der Jahresangabe irrte. Die erste Dionysiusflut brach am 9. Oktober 1374 in das Land ein. Über die Flut vom 14. Februar 1374, die Arends die Valentinsflut nennt, schreibt der Heimatforscher in seinen überlieferten Berichten Folgendes: „Auch im Oldenburgischen war eine Flut. 1374 am 14. Februar die große Valentinsflut, welche so hoch auflief, daß man mit Schiffen überall, selbst über die Deiche fuhr. Viele Menschen kamen um; die Insel Ryderwaard bei Dordrecht ging zu Grunde. Zugleich flossen der Rhein und Waal über und richteten Verwüstungen in der Stadt Thiel und Umgegend an. Der Deich daselbst ward durch die Gewalt des Wassers auf einmal weggeschoben, das Dammtor mit einem Stück der Mauer zertrümmert und mehrere Häuser in der Nähe vernichtet. Der gleichfalls überlaufende Leck setzte alles Land zwischen Utrecht und dem Haag unter Wasser. Nach Meigerus (Chronist) wurden in dieser Flut 8 Dörfer in Flandern von der See eingenommen. Vermutlich irrt er (Meigerus) in der Jahreszahl, da sonst Niemand dessen erwähnt."

Carl Woebcken berichtet in seinem Buch „Deiche und Sturmfluten an der Nordseeküste" ebenfalls von zwei Sturmfluten, die beide auf den Tag des heiligen St. Dionysius fielen. Er schreibt über die Flut vom 9. Oktober 1374: „Die Norder Jahrbücher nennen weiter zwei Sturmfluten, die beide auf ein und denselben Tag, den 9. Oktober (St. Dionysi-

Die Orkanflut vom 16./17. Februar 1962 zerstörte den Wangerooger Deich. Die hereinbrechenden Wassermassen spülten den gesamten Deich einfach fort.

Die Insel Wangerooge am Tag nach der Orkanflut. Der Deich wurde vom Seewasser weggeschwemmt.

us), fielen und in Nordfriesland sich nicht fühlbar gemacht haben. Die erste war 1374. Das Meer floß derart über und die Meeresfluten ergossen sich derart, daß niemand derzeit sich einer größeren Überschwemmung erinnerte, und die Deiche waren gebrochen. F. E. von Wicht, der Zeitgenosse des Ubbo Emmius, der vielleicht die Norder Jahrbücher in seiner vollständigen Gestalt gekannt hat, setzt hinzu, das Kirchspiel Westeel bei Norden sei zu Grunde gegangen. Spuren des Unglücks seien noch sichtbar. Die Einwohner waren ziemlich reich, denn der Boden war fruchtbar. Verwöhnt durch den Überfluß fingen sie, wie das so üblich ist, an, Gottes Gnaden zu mißbrauchen. Man sagt, daß vor dem Untergang viele Zeichen und Wunder geschehen seien. Man habe lebendige kleine Fische in der Glut des Heerdes gesehen, die konnten doch nur die Flut ankündigen. Langsam kommt Gottes Zorn, aber durch Härte der Strafe machte er's wieder gut. Das ist das älteste schriftliche Gewand einer Sage, die, in wenig veränderter Form auch von Stavorn an der Zuider See, von Rungholt auf Nordstrand (bei Heimrich) und von Ahm, nicht weit von Sande, (bei Remmer von Seediek) erzählt wird. Die Einwohner von Westeel sind weder ertrunken noch alle sogleich ausgewandert. Ihre Kirche wurde erst 1387 abgebrochen und die Steine nach Marienhafe verkauft. Die Flut findet sich auch, und zwar unter demselben Datum in einem alten nicht näher bezeichneten Meßbuch, das Remmer von Seediek vorgelegen hat. Es sei eine große Überschwemmung in ganz Friesland gewesen, die überall ein unsagbares Unheil angerichtet habe. Der Landverlust war ein bedeutender. Er fand seinen Abschluß durch den neuen Deich, den Udo Itzinga 1430 von Norder-Siel nach Osteel baute."

Der Vollständigkeit halber sei noch die Notiz des Buchautors Johann Fridrich Jansen über die Dionysiusflut erwähnt. Jansen datiert die Flut auf das Jahr 1373, sich dabei auf Winkelmann und Emmius stützend. Er schreibt: „Anno 1373, den 9. Oct. hat sich schon wiederum das Wasser ins Land herein ergossen / und bekräfftigen solches nicht nur Winkelmann, sondern auch Emmius und andere mehr. Kein Land wird es härter getroffen haben als Ostfriesland. Denn zu dieser Zeit ist Westeel, ein vortrefflich Dorff / an einen fruchtbahren Ort belegen / etwa 2000 Schritte von Norden entfernet / in einem kleinen Augenblick durch Krafft der Wasser / zernichtet / so daß alle Gebäude und Häuser verschlungen mit Menschen und Vieh."

Über zwei weitere, von anderen Chronisten nicht überlieferte Sturmfluten berichtet Arends in seinen Aufzeichnungen. Dort heißt es: „Die Marcellusflut (16. Jan.) 1375 warf in Holland, Seeland und Friesland viele Deiche nieder, so daß eine zeitlang das Seewasser durch die Löcher ein- und auslief; auch die vier Ambachten (Holländisch Flandern) liefen unter. 1376 war wieder eine Flut in Friesland, auch nach Vossius (Chronist) in Seeland, welches das Dorf Piete auf Wolfartsdyk versinken machte, so daß man hernach nur noch die Spitze der Kirche sehen konnte."

Die zweite Dionysiusflut vom 16. November 1377

Aus den ebenfalls nur spärlich vorhandenen Nachrichten über die Dionysiusflut des Jahres 1377 ist nur bekannt, dass sie schwere Schäden an der Nordsee und der Weser verursachte. Johann Fridrich Jansen, der sich selbst als „ein Diener des göttlichen Wortes zu Nyende in Jeverland" betrachtet hat, berichtet in seinem 1722 erschienenen Buch nur in wenigen Sätzen über die Dionysiusflut von 1377. Mehr Raum widmet der Chronist Arends dieser Naturkatastrophe. Er schreibt in seinen Überlieferungen: „Das folgende Jahr 1377 aber führte eine höchst verderbliche Flut herbei, welche am 15. und 16. November ganz Flandern, Seeland, Holland, Ostfriesland, Oldenburg überschwemmte. Flandern litt unbeschreiblich. Das Biervlietsche Gatt, schlecht unterhalten, ward von der tobenden See durchbrochen, diese stürzte sich jetzt in das Land und richtete 17 Kirch- und andere Dörfer, Isendyke, St. Niclaskerk, ten Hamern, Elemetre oder Ellemare, Rosilaar, Oostmannskerk, de Piete oder Prese, St. Katharinenkerk, St. Janskerk, Hugenfliet, Bocholt, Wilhelmyten Kloster, Vollmerbeeke, Hamergate, Crusscha, Gatemesse, Zegherwilge, ganz zu Grunde. Die Stadt Bierfliet und Schoondyk zum Teil. Einige zählen dazu noch Nivelle oder Ninive, Bentylle, Gaudekerke, Waterfliet, Capelle. Nur ein Teil dieser Fluren dieser Dörfer blieb erhalten, das meiste ward zum See, die bis Sas van Gent ging, Bierfliet zur Insel. Es entstand dadurch der Dollart, dessen früher erwähnt. Emmius spricht gar von 30 Kirchen die zu Grunde gingen. In Ostfriesland zerrissen die Deiche gegen Lütetsburg und Bergum (Bargerbur) an vielen Stellen, und tiefe Kolke wühlten die Wogen auf; sie schlugen selbst die Mauern des Dominikanerklosters zu Norden und brachten vielen Menschen und Vieh den Tod."

Eindeutig geht aus dieser Schilderung hervor, dass die zweite Dionysiusflut mehr Land- und Menschenverluste aufzuweisen hatte als die erste Flut mit dem gleichen Namen. Die Wassermassen sind von Osten her gegen die Mauern des Norder Dominikanerklosters vorgedrungen. Die recherchierten Quellen lassen außerdem erkennen, dass während der Naturkatastrophe die Kolke bei Bargerbuhr und Lütetsburg entstanden sind, große, tiefe Löcher, unmittelbar an den Dammbruchstellen. Häufig wird aber auch eine Sturmflut aus dem Jahre 1375 angeführt, die niemals registriert worden ist. Nachforschungen ergaben, dass damit die Sturmflut des Jahres 1377 gemeint ist. Diese Auffassung teilt auch der Heimatforscher und Chronist Carl Woebcken in seinen Schriften.

Die zweite Dionysiusflut vom 16. November 1377 hat auch die größte Ausdehnung des Dollart (Bucht) verursacht. Ebenso sind in Flandern aufgrund der Flut- und Deichschäden mehrere Dörfer ausgedeicht und damit dem Meer preisgegeben worden. Im Gegensatz zu vielen überlieferten Aussagen sind im ostfriesischen Reiderland nach der Katastrophe keine Ortschaften ausgedeicht worden. Die Verluste an Mensch und Vieh hielten sich, gemessen an anderen Orkan- und Sturmfluten, in Grenzen.

Bis zum Jahre 1421 benennt Fridrich Arends in seinem 1833 erschienenen Buch „Physische Geschichte der Nordseeküste und deren Veränderungen durch Sturmfluten" allein 13 Orkan- und Sturmfluten, die authentisch nachgewiesen worden sind: „1379 ward Ostfriesland überströmt. 1380 Friesland, auch die östlichen Küstengegenden, die großen

Schaden litten. In der letzten Nacht des Jahres 1382 wiederum eine Flut daselbst, sowie 1387, diese auch in Friesland, wo viele Menschen und Vieh umkamen, und Häuser wegtrieben. Ferner 1388 daselbst, dann 1391 im Osten, und 1395 daselbst auch in Friesland, dadurch sollen die Seegatten zwischen Texel und Flie durchbrochen, auch das feste Land bis Medenblik und Enkhuisen untergegangen und zur See geworden sein. Beides, wenigstens letzteres, war schon viel früher erfolgt, wahrscheinlich die Öffnungen jetzt nur erweitert, welches auch aus anderen Schriften zu erhellen scheint, die beim Jahr 1400 eine hohe Flut anführen, wodurch die Öffnungen zwischen Texel und Wieringen sich so erweiterten, daß man von der Zeit an nach Enkhuisen und Amsterdam mit großen Schiffen fahren konnte, welches nach Scarles Chronyk erst nach 1410 erfolgte. 1403 eine große Flut und Deichbruch der Friesischen Deiche, welche nach Beninga auf St. Catharinentag den 25. November vorfiel in Ostfriesland über alle Deiche ging, wodurch viel Vieh in den niedrigen Gegenden ertrank, besonders auf der Küste im Westen und Osten (Jever). Die St. Elisabeth-Flut (19. Nov.) 1404, richtete in Holländisch-Flandern große Verheerungen an. Nie erinnerte man sich dort einer so fürchterlichen Flut. Hoch wogte die See über alle Deiche hin. Keine Schutzwehr, kein Deich noch Düne half, alles ward durchbrochen. Auf 3 Meilen Länge war das Land voll toter Menschen und Vieh aller Art. Viele Polder lagen in Seeland im Wasser, Nord- und Süd-Beveland, Düveland zum Teil. – 1405 nach Heimreich eine hohe Springflut, in den dänischen Herzogtümern, worin viele tausend Menschen ertranken und 5000 am Cäcilientag. 8. November, 1412; letztere muß sich weit die Elbe hinauf erstreckt haben, indem die Hamburger sich durch ein Gelübde verpflichteten, diesen Tag jährlich zu feiern, weil damals ein fürchterlicher Sturm und ungewöhnliches Steigen des Wassers entstanden, welches wie man fürchtete, die ganze Stadt verderben würde. Im folgenden Jahr durchbrach eine Flut die Deiche und überschwemmte die Kremper Marsch in Schleswig-Holstein. In einer anderen Flut von 1416 verlor die Insel Mandoe vieles Land im Süden; von drei Kirchspielen die sie kurz zuvor noch hatte, sind zwei entweder damals oder später vergangen."

Hochwassermarkierung in der Außenmauer vom Stadhuis in Dordrecht (Niederlande). Die Flut erreichte am 13./14. Januar 1916 die Mauern des Rathauses.

Die Elisabethflut vom 18. November 1421

Nach Aussagen verschiedener Chroniken gehörte die Elisabethflut des Jahres 1421 nicht zu den größten Naturkatastrophen jener Zeit. Dennoch brachte das hoch auflaufende Seewasser für die Küstenbewohner des Jaderaums „viel Not und Elend“, wie in einer älteren Schrift nachzulesen ist. Unter anderen nicht näher bezeichneten Orten der Region fiel das Kirchspiel Aldessen der tobenden See zum Opfer. Es blieben nur Überreste, die während der Sturmflut des Jahres 1428 endgültig im Jadebusen untergingen.

Nach dem Rüstringer Sendrecht war Aldessen eine der vier damaligen Sendkirchen des Landes. Das Kirchspiel am Jadebusen konnte sich im Laufe der Zeit zu einem bedeutenden Handelsplatz und Marktort entwickeln. Die Erzeugnisse der Aldessener Webereien waren bekannt und begehrt. Die Grafen von Oldenburg luden im 14. Jahrhundert Kauf- und Handelsleute aus Köln, Münster, Dortmund, Osnabrück und Soest zum Besuch der Märkte in Aldessen ein. Während dieser Zeit bestand in Aldessen bereits eine Münzprägestätte, übrigens die einzige im Gau Rüstringen. Leider scheinen Münzprägungen aus der damaligen Zeit nicht mehr zu existieren, denn bis heute wurden keine Geldstücke dieser Prägestätte gefunden oder nachgewiesen.

Carl Woebcken schreibt in seinem Buch „Deiche und Sturmfluten“, dass der Dollart durch eine Sturmflut des Jahres 1404 bedeutend verbreitert wurde. In seinem Heimatkundebuch heißt es: „Von dieser Flut ist man in Deutschland nichts gewahr geworden, ebenso wenig von der Elisabethflut (November 19) des Jahres 1421, durch die südlich von Dordrecht eine neue Maasmündung, das Hollandsche Diep, entstand. Es handelte sich hier um ein Zusammenwirken von Fluß und Flut. Auf beiden Seiten brachen die Deiche, 23 Dörfer mußten ausgedeicht werden. Die Maas erweiterte sich zu einem flachen, seeartigen Wasserbecken, das den Namen Biesbosch trägt.“

Der Theologe und Schriftsteller Jansen aus Nyende schreibt in seinem Buch von 1722 einige Zeilen über die Elisabethflut, die aber teilweise leider nicht mehr zu entziffern waren. Unter anderem ist dort noch nachzulesen, dass die Flut große Not und Elend über Südholland gebracht habe. Hier einige Notizen aus der Schrift: „Die Thürme / Kirchen und Häuser sind umgestürtzet / und durch Holland ist ein jämmerlich Geschrey und Geläute der Nothe-Glocken vernommen worden. Die / welche die Zahl derer / die das Leben in diesem Elend verloren / setzen / berichten doch zum wenigen von 100000 Menschen. Von den ertrunkenen Dörffern ist doch noch zu wissen / daß die übrige zum Vorschein gekommen / und wieder mit Teichen der See entrissen worden / ausser 20 / welche noch unter den Wellen liegen. Ob nun auch in hiesigen Landen ein grosser Schade geschehen sey / davon treffe ich nichts gewisses an.“

Detaillierter geht Fridrich Arends auf die Elisabethflut ein, sich dabei aber auf nicht namentlich erwähnte Chronisten stützend. Er schreibt: „Im Jahr 1421 am 19. November fiel die zweite Elisabethflut vor, deren eine Menge Schriften Erwähnung tun. Sie traf während der Nacht ein, verbreitete sich weit, warf die Deiche um, strömte über die Felder, erstickte das Vieh in den Ställen und tötete viele Menschen. Der Hauptschauplatz ihrer Verwüstung war Südholland, wo sie viele Dörfer mit deren Bewohnern (100000 sagen einige!) verschlang, und den Biesbosch entstehen machte. Das Reigerholz bei Ouverkerk in Amstelland ward von den Wellen umgerückt. Bei Petten in Nordholland durchbrach die See die Dünen und zerstörte fast das ganze Dorf. Die einstürzende Kirche und Turm begruben 400 Einwohner, die sich darin geflüchtet hatten. In Friesland brachen alle Deiche durch, an die 8000 Menschen kamen um, meist im Küstenstrich."

Der Historiker Carl Woebcken machte eine am 4. Oktober 1428 auflaufende Sturmflut ohne Namen für die endgültige Zerstörung des Kirchspiels Aldessen verantwortlich. Er zitiert aus den Norder Jahrbüchern: „Am Tage des Heiligen Franz entstand ein gewaltiger Sturm, der das Meer aufwühlte und durch die gebrochenen Deiche über den Boden Frieslands jagte." Diese Flut war es, die nach Meinung von Woebcken das Schicksal von Aldessen endgültig besiegelte. Über den Ort selbst berichtet der Heimatforscher: „Aldessen war in Rüstringen, was Rungholt in Nordfriesland (Schleswig-Holstein) war, der ansehnlichste Ort der Umgebung, mit regen Handelsbeziehungen, die bis nach Westfalen reichten. Es wird als Stadt bezeichnet, hatte eine Münze, eine Sendkirche, und ein Landesviertel von Rüstringen war nach ihr benannt. Am 8. April 1428 wird es zuletzt erwähnt, dann verschwindet es aus der Geschichte."

Chronist Arends schreibt in seinem Buch über die Sturmflut von 1428: „Am größten war die Flut von 1428, da die See über alle Landen bis nach Drenthe ging: die von 1424 und 1428 überzogen auch Oldenburg, die von 1426, 1427, 1428 Holstein und Schleswig. Das Land blieb dort nach der letzten Flut zwei Jahre der See offen."

Abschließend nennt Arends in wenigen Zeilen noch die Wasserfluten von 1432, 1433 und 1434. Die friesischen Chroniken zeigen allerdings auf, dass im Jahr 1434 auf Marcustag (25. April) ein starker Sturm gewesen ist, der von Regen, Schnee und Hagel begleitet wurde. Der Hagel hat mehrere Menschen und einige Stücke Vieh erschlagen. Weiter sind Deiche in Holland, Friesland und Seeland eingebrochen, dadurch ist alles Getreide auf den Feldern verdorben worden, sodass die Folgeschäden der Sturmflut für viele Küstenbewohner zu einer Hungersnot führten.

Mit Sandsäcken wurde hier während einer Sturmflut in Wilhelmshaven die abgewaschene Deichböschung notdürftig repariert.

Die Allerheiligenflut vom 1. November 1436

Der Chronist Carl Woebcken berichtet über die Allerheiligenflut Folgendes: „Nordfriesland erlebte 1436 die erste Allerheiligenflut. Im Jahre 1436 an aller Gottesheiligen Abend um Mitternacht ging die große Manntränke. Da ertranken in Tetenbüll neun Stiege Volks und geschah großer Schade in allen Spatenlanden. Auch war der Sturm so groß, daß er viele Menschen in's Wasser wehte."

Aus anderen Überlieferungen geht hervor, dass die Hochwasserflut mit einer Sonnenfinsternis zusammenfiel. Während um Mitternacht das Wasser gekommen ist, hat man die Sonnenfinsternis erst am nächsten Tage sehen und beobachten können, sodass die Aussage zu Zweifeln Anlass gibt wie auch die Zählung der Ertrunkenen, denn die „neun Stiege" (180) Ertrunkener sind nicht wörtlich zu nehmen. Damals war die Ziffer Neun eine heilige Zahl, deshalb sind bei der zahlenmäßigen Bemessung irgendeiner Größe oft „neun Stiege" gebraucht worden, weil sie eine erhebliche, aber unbestimmte Menge dokumentieren sollten. So soll beispielsweise das im Jadebusen untergegangene Kirchspiel Ellens neun Stiege volle Erben (Bauernhöfe) gehabt haben. Vom im Dollart versunkenen Dorf Midwolde heißt es, dort hätten neun Stiege Häuser gestanden und in Reiderwolde soll es neun Stiege Frauen gegeben haben, mit großen Goldspangen vor der Brust.

Bei weiteren Recherchen bezüglich der ersten Allerheiligenflut wurde deutlich, dass nur wenige Geschichtsschreiber von der Wasserflut des Jahres 1436 berichtet haben. Deshalb kann die Flut von 1436 nicht die Bedeutung gehabt haben, die ihr einige Chronisten immer noch beimessen. Auch Arends widmet der ersten Allerheiligenflut nur wenige Zeilen. Er schreibt: „Im Osten tobten 1436 den Herbst durch die Stürme, wie kein Mensch je erlebt hatte, in den Wäldern wurden die größten Bäume niedergeworfen und alle Flüsse schwollen auf. Auf Allerheiligentag, um Mitternacht, erhob sich ein wütender Sturm, das Wasser stieg zu einer unerhörten Höhe, durchbrach fast überall die Deiche und richtete unsäglichen Schaden an, insbesondere in Dithmarschen, wo Menschen und Vieh in Menge ums Lebens kamen. In Eiderstedt ertranken allein in Tetenbüll 280 oder 180 Menschen. Das Kirchspiel Pelworm ward von Nordstrand abgerissen und blieb mehr denn als 100 Jahre eine Insel. Bis zum Fuß der nördlichen Kirchhofsmauer von Lunden stieg das Wasser. Viele Menschen wurden vom Sturm ins Wasser gewehet."

Interessant und lesenswert ist auch folgende Geschichte, die in ähnlicher Form in vielen alten Schriften nachzulesen ist. Häufig wird dort von einer wundersamen Rettung berichtet, die hier wörtlich wiedergegeben wird: „Der Bürgermeister Detlev zu Tönningen stieg in ein Brunnbottich um seine Frau zu retten, ward aber dadurch den starken Strom nach der Eider und dann ins Meer getrieben, kam doch endlich noch, nachdem er lange herumgefahren, zu Büsum an Land."

Übereinstimmend erwähnen die Chronisten Emmius, Hamelmann und Winkelmann von 1436 (Allerheiligenflut) an weitere 30 Naturkatastrophen bis zur nächsten Jahrhundertflut im Jahre 1509. Danach ereigneten sich die Fluten 1437, 1438, 1440, 1446, 1451,

1464, 1467, 1468, 1470, 1471, 1474, 1477, 1480, 1482, 1484, 1485, 1486, 1491, 1495, 1496, 1497, 1498, 1501, 1502, 1503, 1504, 1505, 1507 und 1508. Leider sind die Ereignisschilderungen über die angeblich aufgelaufenen Sturmfluten mehr als dürftig, sie haben keinen Aussagewert, obwohl hin und wieder Verwüstungen und Zerstörungen genannt werden. Dagegen berichtet der Chronist Remmer von Seediek in seinen schriftlichen Auszügen (Annalen / Jeversche Chronik) über zwei Hochwasserfluten der Jahre 1447 und 1473, die bei Sello und Woebcken „nur in Randnotizen" erwähnt werden. Remmer führt aus, dass aus der Flut von 1447 den armen Leuten großer Jammer und viel Böses erwachsen sei, weil sie die Deiche mit vieler Arbeit wieder herstellen mussten. Der Seedieker schreibt über weitere Wasserfluten: „Da war die Palmwoche, der wohl zu gedenken ist, und im Sommer darnach war die böse Winkelflut, die alles verdarb und großen Jammer in Friesland anrichtete, des alles wohl zu gedenken ist und Gott zu bitten, daß wir vor Solchem fortan behütet werden."

Zwei weitere Hochwasserfluten mit verheerenden Auswirkungen für die Küstenbevölkerung sind in den Chroniken über das 16. Jahrhundert nachzulesen. Berichte darüber stammen aus der Jeverschen Chronik und aus den Annalen des Remmer von Seediek sowie aus dem Buch von Marcus Wagner, der mit dem im Jahre 1580 herausgegebenen Werk unter dem Titel „Einfeltige kurtze wahrhafftige unerhörte Historiä von den dreyen Wasserfluten in Pfrißland 1512, 1570 und 1577" über die Katastrophen berichtete. Später übernahmen mehrere Geschichtsschreiber – unter ihnen Arends, Sello und Woebcken – viele Daten und Fakten aus diesen frühneuzeitlichen Überlieferungen für ihre eigenen Veröffentlichungen. Die Wiedergabe über Jahrhunderte führte zu einigen Schreib- und Übermittlungsfehlern, die auch heute noch zu Irritationen führen.

Hochwasserstand der Sturmflut vom 13. Januar 1916 im niederländischen Dordrecht. Ein Steinmetz schlug die Daten in die Portalsteine „van de Grote Kerk".

Die Cosmas- und Damianflut vom 26. September 1509

Pastor Jansen berichtet in seinem bereits erwähnten und 1722 erschienenen Buch über die Cosmas- und Damianflut des Jahres 1509 und zitiert dabei die Chronisten Emmius und Winkelmann als Informanten. Nachzulesen ist dort über die Hochwasserflut Folgendes: „Anno 1509, den 26. September, sich eingefunden. Sie ist sehr schwer und groß gewesen / und hat alle Landen / an die See belegen / mit Wasser bedecket / so daß alles Vieh in der Weyde auff dem Felde / mit einer ungeheuren Menge von Menschen versoffen. Gantz Friesland ward jämmerlich verwüstet / und die Größe des Jammers war so groß / daß es sich niemand / größer gewesen zu seyn / erinnern konnte. Es geschahen zu der Zeit einige besondere Fälle. Beym Dollart waren / wegen der Natur des Grundes einige kleine Häuser mit Menschen / Schaafen und Schweinen ein gut stückeweges weggetrieben / doch als das Wasser gefallen / niedergesetzet / und mit allem was da gewesen / beybehalten worden. Ein Stück Landes / worauf 10. oder 12. Stücke groß Vieh weideten / ist zugleich mit dem Vieh von dem übrigen Erdreich ins Oldeampt durch die Wellen abgerissen / treibend geworden: Nachhin durch einen Nord-West-Wind in den Dollart gejaget / und nachdem es über den breiten und tiefen See-Buhsen getrieben / hat es sich an Reiderlande feste gesetzt / so daß alles Vieh beybehalten worden: Welches dann Ursache gab zu Rechten zwischen die Eigner des weggetriebenen Landes / und des / worauf es sich gesetzet. Es sind auch einige grosse Eich-Bäume mit ihrem Grunde weggetrieben und auff ander Land feste geblieben / sind auch noch einige Jahre nachdem in gutem Zustand und Wachsthum gewiesen worden / wie uns dies von Emmius berichtet wird."

Jansen fährt fort: „Da es damahls in Jeverland auch gantz schlecht müsse ausgesehen haben / ist auch allein daraus zu erkennen / da Emmius bey dem 1511. Jahre anzeiget / wie noch kaum gegen dies Jahr die Teiche hier waren im Stand gebracht worden: Muß also das Land schlecht zugerichtet worden seyn / da nicht nur die Teiche zernichtet / sondern auch sonst der Vorrath im Lande weggenommen worden / und ungemeiner Schade geschehen / welcher den Einwohnern das Vermögen hat beraubt / die Teiche wieder herzustellen. Wie wohl dies ein Vorspiel gewesen von der hochtraurigen elenden Zeit, die unser Land betroffen."

Der Chronist Fridrich Arends schreibt gleichfalls über die Flut des Jahres 1509. Er muss dabei auch die Aufzeichnungen von Ubbo Emmius gelesen haben, denn einige Angaben fanden sich bei anderen Historikern ebenfalls wieder. Über die Cosmas- und Damianflut des Jahres 1509 berichtet er: „Am 26. oder 27. September entstand eine zweite grössere Flut, welche über die Niederlande, Ostfriesland und Oldenburg sich verbreitete. Ein großer Teil von Seeland ward überströmt, zu Verre und Walchern wogte die See über die Kajen und nahm einige Häuser mit. Am schwersten mußte Friesland leiden, überall zerbrachen dessen Deiche. Sjoert Alva, Feldherr der Friesen in dem bürgerlichen Krieg mit den sächsischen Herzögen, ward mit einem Teil seiner Hausgenossen vom Wasser überrascht und kam darin um. Viele Menschen und Vieh ertranken in dieser Flut. Ganze Häuser, mehr noch Trümmer der zerstörten, Hausgerät aller Art, Wiegen mit Kindern, schwammen auf dem Wasser herum und wurden den höheren Gegenden zugetrieben."

Steine der Bordumer Kirche in einem Bauerngarten in Sande-Seedeich. Eine Sturmflut vernichtete 1511 das Kirchspiel Bordum. Die Kirche wurde zum Abbruch freigegeben.

Die wundersame Umsiedlung eines losgerissenen Stücks Land mit mehreren Tieren darauf schildert auch Arends mit etwas genaueren Ortsangaben als Jansen: „Ein merkwürdiges Ereignis, daß sich am Dollart zutrug, berichtet Emmius. Ein Stück Landes, Oldamt in Groningerland, mit etwa 10 bis 12 Stück großen Viehs darauf weidend, ward vom Wasser hochgehoben, schwamm, durch den Nordwestwind getrieben, über den Dollart, und setzte sich im Reiderland in Ostfriesland wieder fest mit dem Vieh, welches hernach Veranlassung zu einem Prozeß zwischen den Eignern des vertriebenen und des von denselben überzogenen Landes gab. Auch mehrere große Eichen und andere Bäume beim Kloster Dünebrok spülten mit ihrem Boden weg und schwammen eine Zeitlang herum bis sie zuletzt bei anderen Bäumen auf höherem Lande strandeten. Sie vegetierten sogar noch mehrere Jahre lustig fort, eine der Eichen war noch 1530 in vollem Flor. Auch verschiedene kleine Häuser mit Menschen, Vieh und allem darin, wurden große Strecken Weges fortgetrieben und ließen sich bei Ablauf der Flut mit ihrer Ladung unbeschädigt nieder. In Ostfriesland, sagt Beninga (Chronist), floß das Wasser Tonnenhoch über die Deiche, viele Menschen ertranken, schwer besonders litt Emsigerland – die Ämter Emden und Greetsiel – wenig des Viehs blieb da behalten."

Carl Woebcken geht in seiner Berichterstattung ebenfalls auf die überlieferten Geschichten von Emmius ein, die beim heutigen Nachlesen wie Legenden und Sagen wirken. Darüber hinaus nennt Woebcken Details der Naturkatastrophe, die auch von anderen Schreibern genannt werden. Der sachkundige Heimatforscher führt dazu aus: „In der Geschichte des Dollart nimmt die Flut von 1509 einen hervorragenden Platz ein. Die Ems, die bisher in einer großen Schleife an Emden vorbeifloß, bekam ein neues Bett. Sie durchriß die Landzunge, deren Spitze das Kirchspiel Nesse (Nase) Emden gegenüber war, und strömte fortan geradewegs nach Norden. Eine Anzahl Dörfer mußten geräumt werden, darunter Torum, der als Flecken und Gerichtssitz bezeichnet wird. Die Bürger von Emden empfanden bald schmerzlich, daß das Fahrwasser bei ihrer Stadt sich verschlechterte. Sie wollten den Strom wieder in sein altes Bett zwingen. Eine Spundwand sollte ihm den neuen Weg versperren. Tausende von Pfählen wurden eingeschlagen, 4,5 Kilometer weit erstreckte sich das Emder Höft von einem Ufer zum anderen. Umsonst. Die Ems durchbrach das Hindernis wieder, der Hafen verschlammte mehr und mehr, und rettungslos ging es bergab mit Emdens Größe und Herrlichkeit. Nach Westen hin wurde der Dollart ebenfalls um ein Bedeutendes vergrößert. Es brach der Deich, den man 1454 von Westerreide nach Finsterwolde gebaut hatte, und die Flut drang tief ins Oldampt ein. Der Dollart bekam das Doppelte seines heutigen Umfangs."

Remmer von Seediek, Geistlicher und Rentmeister sowie späterer Kanzler unter der Regentschaft von Fräulein Maria zu Jever, soll nach Aussage verschiedener Chroniken um 1550 über politische Ereignisse und Naturkatastrophen des Jeverlandes berichtet haben. Er verfasste entsprechende Artikel, die unter anderem in der Jeverschen Chronik wiedergegeben worden sind. Darin heißt es: „Im Jahre 1510 hat Junker Ede die Deiche in Rüstringen mit seinen Ländern wieder aufgerichtet und Oldebrügge besser geschützt. Darnach hat sich im selben Jahr (September 6) von Gott großer Sturm und Unwetter erhoben, und ist eine so hohe Flut gekommen, daß alle die neu aufgerichteten Deiche wieder weggingen. Doch war das Rüstringer Land wohl noch zu retten. Den folgenden Winter hat es hart gefroren und ist nach Heilige drei Könige (Januar 6) wieder aufgeweicht, und dann ist St. Antonius (Januar 17) Nacht ein großer Sturm und Wind gekommen, der aufs neue großen Schaden tat, nicht allein im Rüstringer Land, auch im Wangerland."

Treppenstufenstein der Bordumer Kirche. Die Kirchenbalken fanden 1520 Verwendung bei der Aufständerung des ersten Kniphauser Sieles.

Die Antonius- oder Eisflut vom 17. Januar 1511

Am 17. Januar 1511 wurde die deutsche Nordseeküste von einer schweren Sturmflut „in Jammer und Elend gestürtzet“, wie es in einer alten Schrift heißt. Die so genannte Antonius- oder Eisflut richtete an der Küsten- und Jaderegion große Schäden an. Der Chronist Hermann Hamelmann geht in seiner 1599 herausgegebenen Oldenburger Chronik detailliert auf die Eisflut von 1511 ein: „Im Jahre 1511, am Abend Anthonii, ist das Eis in der Jahde und Weser mit einem erschröcklichen Sturmwind aufgedauet / hat sich auch das Wasser dermaßen ergossen / daß es über alle Teiche gegangen / dadurch die Häuser mit dem Eise umgeworffen / die Beester ersoffen / auch viele Leute im Butjadinger-Land und Mohrieme umgekommen seyn. Das Rüstringer Land hat es am allerschwersten getroffen / alldieweil diese nachfolgenden Kirchen und Kirchspiele Overahme, Dowens, Bandt, Seedieck, Bordum, Oldebrügge und das Kloster Havermonniken untergegangen seyn.“

Johann Fridrich Jansen lässt in seinem Sturmflutenbuch Folgendes wissen: „Anno 1511, den 17. Januar, als am Abend S. Anthoni, zu welcher Zeit Rüstringen seines besten Zierathes beraubet / da / durch eine unglückliche Eis-Fluth / der größte Theil von Rüstringen verschlungen / und das beste Land zur saltzen See gemachet ist.“

Übereinstimmend schildern die Chronisten, dass das Rüstringer Land bereits vorher durch verschiedene Wasserfluten besonders schwer geschädigt war. Vernachlässigte Deichbauarbeiten waren nach Ansicht der Geschichtsschreiber Schuld an der Katastrophe. Die gleiche Ansicht vertritt auch der Kanzler von Fräulein Maria zu Jever, der in seinen Annalen viele Ereignisse aus der Jaderegion und dem Jeverland für die Nachwelt fixierte. Remmer von Seediek schreibt in der Jeverschen Chronik über die Eisflut folgenden Bericht: „Anno 1511, S. Anthoni Nacht ist ein grosser Sturm-Wind und eine hohe Fluth auffgelaufen und hat die Teiche in Rüstringen also wieder weggenommen / Häuser von dem Eise ruiniert / und sind die Leute auf den Dächern und Häusern weggetrieben und versoffen / kleine Kinder in den Wiegen herum getrieben. Das Vieh ist meistens ertrunken. Ist also Rüstringen mit dem Wasser so verdorben, daß die meisten Leute müssen ausm Lande wegziehen / und im Butjadingerland / Varel ihren Trost und Auffenthalt suchen. Es ist hierbey wohl in acht zu nehmen / daß die oben gemeldeten Oerter und Dörffer nicht eben eigentlich in dieser Fluth des 1511ten Jahres weggegangen / sondern daß vielmehr nach und nach das Land / durch die einfliessende See / abgespühlet worden.“

Sich auf die Chronisten Emmius und Hamelmann berufend, berichtet Fridrich Arends in seinem Buch ebenfalls über die Eisflut: „Die Antoni- und Eisflut vom 17. Januar war vorzüglich für Rüstringen verderblich. Sie folgte auf einen harten Winter, der von Mitte Oktober bis zum 8. Januar währte, worauf Tauwetter einfiel, und am 16. Januar starker Sturm. Es brach das Eis in der Weser und Jade am Antoni-Abend (17. Januar) mit einem erschrecklichen Sturmwind auf, welcher das Wasser dermaßen in die Höhe trieb, daß es über alle Deiche ging. In Rüstringen wurden die Deiche vernichtet, Häuser vom Eis zertrümmert, das Vieh ertränkt; Menschen wogten auf Häusern und Dächern und er-

Sandstein-Flutmarke am historischen Packhaus in Tönning am Hafen. Sie verdeutlicht die Höhe der Sturmflut von 1825, als der Hafen fast zwei Meter unter Wasser stand.

Die Sandsteintafel am Schifferhaus in Tönning mit den Wasserständen der Fluten 1825, 1938 und 1962.

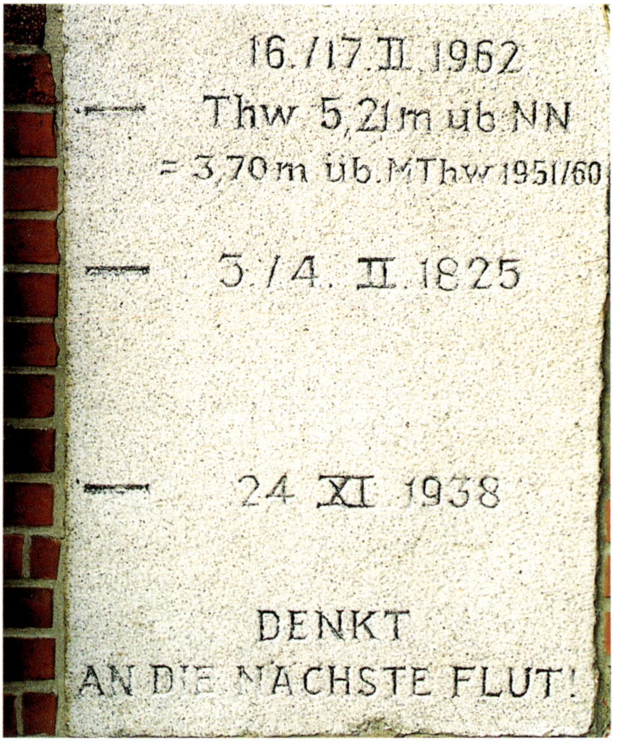

tranken zum Teil, Kinder in der Wiege trieben auf dem Wasser herum. Mehrere Dörfer im Westen des Jadebusens wurden zum Teil zerstört, größtenteils später mit ihren Fluren der See überlassen. Über ganz Friesland erstreckte sich diese Flut, vielen Menschen, Vieh und Häusern den Untergang bereitend.“

Schon bald nach der Antonius- oder Eisflut verstarb Edo Wiemken der Jüngere (19. April 1510). Mit dem Hinscheiden des Regenten – er war Häuptling von Jever, Rüstringen, Östringen und Wangerland – fehlte plötzlich die alles organisierende und antreibende Kraft bei den Deicharbeitern (Kojern) im Deichbauwesen der gesamten Region. Die Folgen waren für das Land nicht unbedeutend, denn das von mehreren Katastrophen verwüstete Land blieb in der Folgezeit unbedeicht.

Dazu gibt es eine Situationsschilderung von Remmer von Seediek, eingebracht in die Jeversche Chronik: „Die Deiche und Kirchdörfer waren zum Teil noch in der ersten Flut

(1509) stehengeblieben und blieben noch etliche Jahre bestehen. Aber durch die eingebrochenen Wehlen (Löcher) flutete das Wasser ein und aus, und das Land lief voll. Zu der Zeit sind folgende Kirchen und Kirchdörfer noch in Ehren gewesen: Sande, Seediek, Ahm, Oldebrügge, Havermönnikenkloster (gemeint ist Hoven), Heppens, Neuende." Weil der Chronist die Kirchspiele Bant und Bordum nicht nannte, gingen mehrere Chronisten davon aus, dass die Orte untergegangen waren.

Remmer führt weiter aus: „Anno 1512. Da konnte man noch mit Pferde und Wagen auf dem alten Deich von Sande bis zu der Oldebrügge herumfahren. Nun wohnten auf dem Ahm Tade Ricklefs, Meinert Hinsen und Grote Mene, die ihr Medland (Mähland) von Hicco von Gödens gepachtet hatten. Das Heu pflegten sie mit Schiffen zu holen. Um nicht um Oldebrügge herumfahren zu müssen, haben sie den hohen Hamm an dem Slep, einem alten Priel, durchgraben. Das Wasser strömte mit Gewalt hindurch, so daß Rüstringen den größten Schaden davon hatte. Sonst wäre nämlich das Land wohl durch den täglichen Schlickanfall so hoch aufgeschlickt, daß es gutes Land geworden wäre. Nun ist es ein mächtiges Brack geworden, manchen Faden tief."

Anschließend lässt Remmer von Seediek nach Aussage von Carl Woebcken weitere Schilderungen folgen, die ebenfalls in der Chronik von Jever wiederzufinden sind. Er schreibt: „Die Kirche zu Ahm war befestigt und mit Landsknechten besetzt. Die Landsknechte ließen die Töchter des Landes nicht zufrieden. Als der Pastor einer seiner Mägde, die sich mit einem Landsknecht eingelassen hatte, das heilige Abendmahl reichen wollte, verdroß es Christus, daß sie zum hochwürdigen Sakrament ging, und die Hostie versank in der Patene (Hostienteller)."

1901 überflutete eine Sturmflut die Innenstadt von Leer. Die Flutmarke am Restaurant „Die Waage" (1530 bis 1865 als historische Waage in Betrieb) zeigt den damaligen Wasserstand.

Das durch den Durchstich des hohen Hamm entstandene Brack trennte Oberahm von Oldebrügge. Obwohl das Kirchspiel Ahm bereits 1496 auf Anraten der Rüstringer Judices mit Zustimmung Edo Wiemkens des Jüngeren von Jever zu einer starken Befestigung gegen die Oldenburger und Ostfriesen ausgebaut worden war und die Kirche „up dem Ahme" durch eine Umwallung, mehrere Geschütze und eine aus Landsknechten bestehende Besatzung geschützt wurde, hielt das Kirchspiel den Naturgewalten nicht stand. Die Antoni- oder Eisflut beschädigte Deiche sowie Wallanlagen, doch konnten Reiter und Gespanne um 1512 auf dem alten Deich von Sande immer noch bis Oldebrügge verkehren. Die Landverluste der Region traten vielfach erst in der Zeit nach der Flut auf, weil eine sofortige Wiederherstellung der beschädigten Deiche unterblieb. Später ist die Befestigungsanlage geschleift worden. Ricklef von Roffhausen ließ die Geschütze und allerlei Hausrat auf seine Burg bringen. Das Kirchengeschmeide der Ahmer Kirche soll nach Berichten aus jener Zeit in die Sander Kirche getragen worden sein. Schließlich wurden die Bewohner von Ahm in die Sander Pfarrgemeinde übernommen, denn die Ahmer Kirchenreste stürzten 1544 endgültig ein, der Rest versank für immer im Jadebusen.

Ellens war nach der Eisflut des Jahres 1511 eine etwa 1000 Meter lange und fast 300 Meter breite Sandinsel im Wattengebiet des Schwarzen Bracks. Bereits um 1190 stand auf dem hohen Geestrücken eine Kirche, Willehaduskirche genannt. Sie ist in der Marcellusflut und der Antoniusflut schwer beschädigt worden und brannte schließlich aus. Einige Quellen führen den Brand auf einen Blitzeinschlag zurück, andere nennen als Ursache der endgültigen Vernichtung eine Brandstiftung durch Landsknechte. Später riss ein Windsturm das verfallene Gemäuer endgültig um. Ellens wurde dem Seewasser später wieder abgerungen. Sinnvolle Deichbaumaßnahmen jener Zeit förderten die Aufschlickung eingedeichter Landflächen und machten das Land fest und damit bewohnbar. Ellens diente von 1597 bis 1615 als Ausgangspunkt für den Bau des Ellenser Dammes. Das Deichwerk ist vom Oldenburger Gebiet quer durch den Jadebusen bis zum Jeverland fertig gestellt worden.

Das Kirchspiel Hiddels ist ebenfalls im Jadebusen versunken. Die Kirche war in der Marcellusflut beschädigt worden und hielt dem Wasser nicht mehr lange stand. Graf Johann von Oldenburg begann 1597 beim „Hildese Karspel" am so genannten Schwarzen Brack mit dessen Durchdeichung, weil Hiddels damals eine aus dem Watt aufragende Sandinsel war. Mit dem ersten Deichbau zwischen Hiddels und Ellens konnte der Oldenburger Graf 500 Hektar Landfläche eindeichen.

Aus der Geschichte ist bekannt, dass weitere von Sturmfluten beschädigte Ortschaften und Kirchspiele als unbewohnbar aufgegeben und damit dem Meer preisgegeben wurden. Dazu gehörte auch Dauens, das um 1492 im Jadebusen versank. Edo Wiemken der Ältere besaß in Dauens ein Steinhaus, das er seiner Halbschwester Jarste schenkte. Die Tatsache, dass Jarste nach der gescheiterten Ehe mit Hajo Husseken im Jahre 1384 Ulrich von Seediek heiratete, führte zu Familienstreitigkeiten, in die auch Ostfriesland verwickelt wurde. Edo Boings, ein Enkel von Jarste, machte Besitzansprüche auf das Kirchspiel Dauens geltend und mobilisierte zur Durchsetzung seiner Ziele Verbündete aus Ostfriesland. Daher ließ Tanno von Duren, Häuptling von Jever, zur Sicherung des Landes die dem heiligen Marcarius geweihte Kirche von Dauens im Jahre 1449 zur Festung ausbauen.

Dem Oldenburger Grafen Gerd gestattete er großzügig, in Dauens ein Blockhaus zu errichten. Von hier aus betrieb der Oldenburger die Seeräuberei als einträgliches Geschäft. In nur zwei Monaten soll es ihm gelungen sein, elf hanseatische Boote und Schiffe zu kapern. Mit Recht befürchtete nun die Dauenser Bevölkerung eine mögliche Vergeltung durch die Hanseaten, daher versuchten sie, den Oldenburger Grafen durch Rebellion und kleine Fehden aus Dauens zu vertreiben. Aber der Oldenburger drehte den Spieß um, er stürmte mit seinen Mannen 1454 die befestigte Kirche und hielt sie jahrelang besetzt. Das Steinhaus von Dauens ging 1461 in das Eigentum von Hole Edsen über, der es später dem Häuptling Tanno Duren für den Kampf gegen die Butjadinger zur Verfügung stellte. Nach Angaben aus Chroniken hat die Kirche 1491 noch gestanden, versank aber baufällig geworden wenige Jahre später in der See.

Das Kirchdorf Bordum gehörte mit Bant, Dauens, Heppens, Havermönniken (Hoven) und Neuende zum Banter Viertel des Rüstringer Landes. 1495 belegte der in das Jeverland eingefallene Graf Edzard von Ostfriesland die Kirchspiele mit einer hohen Kontribution in Form von Zwangsgeldern. Die Einwohner Bordums konnten diese Zahlung nur leisten, indem sie wertvolle Kirchenkleinodien verkauften.

Der 30 Kilometer lange Alfsluitdijk (Abschlussdeich, gebaut 1927 bis 1932) verbindet Nordholland bei Den Oever mit Friesland bei Zurich. Der 50 Meter breite Damm trennt die Waddenzee von der Zuidersee, heute Ijsselmeer genannt.

Im Süden des Kirchspiels war durch die Hochwasserfluten der Jahre 1509, 1510 und 1511 viel Land verloren gegangen. Die letzte Flut (Antonius- oder Eisflut) hatte den Jadebusen in westlicher und südlicher Richtung stark erweitert. Die Wassermassen liefen jetzt mit jeder Flut bis in die Vareler Leken- und Wapelniederung, im Westen des so genannten Schwarzen Bracks bis nach Friedeburg und im Osten durch die eingebrochene Ahne bis nach Eckwarden und Stollhamm. Im Nordwesten des Jadebusens wurden die Kirchspiele Bant und Bordum gegen den Protest der Bürger ausgedeicht, beide Orte galten als unbewohnbar. Der Protest der Sander und Seedieker ist als erste öffentliche Auflehnung gegen die Obrigkeit des Grafen Edzard anzusehen. Doch das Kirchspiel Bordum war dadurch nicht mehr zu retten, ausgedeicht wurde das Dorf dem Meer überlassen. Später wurden noch Reste der Kirche geborgen, die Balken und Steine für andere Bauten verwendet.

Chroniken berichten vom Kirchspiel Seediek um 1420 als „die beste Pfarre im Viertel Bant". Tanno Duren, Häuptling zu Jever, ließ im Jahre 1450 die dem heiligen Felicianus geweihte Kirche ausbauen und befestigen. Nach dem Tode des Häuptlings ist der Wehrgang der Kirche wieder abgetragen und die Umwallung entfernt worden. Die Eisflut von 1511 verwüstete das Gotteshaus derart nachhaltig, dass die Pfarrkirche 1531 endgültig aufgegeben werden musste. Die Bewohner von Seediek orientierten sich nach Sande, um hier eine neue Existenz aufzubauen.

Ebenso wie das Kirchspiel Seediek gehörte der Ort Oldebrügge zum Banter Viertel, welches bis 1511 mit Ahm, Sande und Seediek von einem einzigen Deich umschlossen wurde. Immer wieder vom Meerwasser überflutet, verfiel das Kirchdorf zusehends. Reste davon haben als Insel östlich des Ellenser Dammes bis 1730 noch existiert.

Bei der Recherche aller überlieferten Beiträge wird deutlich, dass die Landzerstörungen durch die Sturm- und Orkanfluten im östlichen Teil des Jadebusens eine starke Intensivierung des Deichbaus zur Folge hatten, weil die Wiedergewinnung überfluteter Ländereien in den Vordergrund aller Bemühungen gestellt wurde. Mit der so genannten Zuschlagung und Durchdeichung der Heete begann die auf Landgewinnung ausgerichtete Deichbauperiode im östlichen Teil des Jadebusens.

Als Graf Johann von Oldenburg mit tatkräftiger und finanzieller Unterstützung der Braunschweiger Herzöge im Winter des Jahres 1514 Stadland und Butjadingen besetzte, ließ der Oldenburger Graf als erste Baumaßnahme bei Ovelgönne das noch offene Lockfleth zuschlagen. Jetzt konnten seine Gefolgsleute und Landsknechte mit Pferd und Wagen zu jeder Zeit den Wasserlauf über den errichteten Deich passieren. Weitere Dammbauten des Oldenburger Grafen folgten. Die bis dahin voneinander getrennten Gebiete Stadland und Butjadingen wurden so mit dem Oldenburger Land vereinigt. Schließlich wurde die Brake (Einbruch) an der Weser 1531 endgültig geschlossen. Nördlich von Ovelgönne entstand ein Deich nach dem anderen, so bei Hahnenknop westlich von Rodenkirchen im Jahre 1518, bei der so genannten Alten Kanzlei 1525 und weitere Deiche in den Jahren 1573, 1590 und 1643.

Das Lockfleth und die Heete waren über einen längeren Zeitraum offen, sodass das Seewasser ungehindert ein- und auslaufen konnte. Die Heete, die 1334 durch die Auswirkungen einer Sturmflut eingerissen war, und das Lockfleth, das 1362 durch Hochwasser entstand, bildeten fast 150 Jahre lang eine Verbindung zwischen der Jade und der Weser. Endgültig ist das Fleth 1514, die Heete 1531 „zugeschlagen und durchdeicht" worden, wie es bei Carl Woebcken in einem Buch heißt.

Der Landesname Rüstringen stand im 16. Jahrhundert nur noch für den nördlichen Teil des Viertels Bant, welches durch das Schwarze Brack und die Friesische Wehde getrennt war. Rüstringen bildete schon seit 1438 mit Östringen und dem Wangerland eine politische Einheit. Aus dieser Dreiländergemeinschaft entwickelte sich ein neuer Staat, das zentral liegende Jeverland.

Nach den Überlieferungen der damaligen Zeit dauerte es lange, bis in der Jaderegion die von der Antonius- oder Eisflut beschädigten und zerstörten Deiche wieder hergerichtet werden konnten. Nach Angaben der Chronisten Sello und Woebcken ist für diese Untätigkeit im Deichbau „die politische Führung im Lande verantwortlich zu machen". Weiter heißt es: „Edo Wiemken der Jüngere hatte für seinen Sohn Christoph fünf Regenten bestellt, von denen sich keiner bemühte, den Rüstringern zu helfen. Nach Christophs frühem Tode erzwang der ostfriesische Graf Edzard der Große, daß er neben Christophs Schwester, Fräulein Maria, als Landesherr anerkannt wurde. Ein von ihm bestellter Drost oder Statthalter führte die Geschäfte. Als der dritte Drost, Jürgen Mengers, sich dann entschloß, etwas für die Rüstringer zu tun, ließ er an der Jade alles beim Alten und begnügte sich damit, die Made zuzuschlagen."

Sturmflutmarken beim alten Packhaus im friesländischen Hooksiel (links). Sie dokumentieren die Wasserhöchststände der Hochwasserkatastrophen von 1906, 1916 und 1962. Im Bild rechts sind die Stumflutmarkierungen der Fluten von 1570, 1825 und 1845 im Mittelgang des Emder Rathauses zu sehen.

Die Maade bildete im Mittelalter die Landesgrenze zwischen den beiden Gauen, später Landesgemeinden Rüstringen und Östringen. Auf Östringer Seite bestanden an der Maade und an deren Zuflüssen die Wurtendörfer Schlepens, Langewerth, Hohewerth, Fedderwarden, Breddewarden und Utters. An der Ostseite lag Dykhausen, an der Südseite bestanden Sande, Seediek, Bordum, Hessens, Bant, Heppens und die alte Observatoriumswurt. Um 1150 begann die planmäßige Bedeichung der Maadebucht.

1520 ist die am nordwestlichen Teil des Jadebusens gelegene Maade, die lange Zeit von nordöstlicher in südwestlicher Richtung als Meereseinbruch mit der Form einer länglichen Bucht verlief, durchdeicht worden. Das dadurch entstandene Sieltief entwässerte in das bis an Friedeburg angrenzende Salze Brack. Für die Einwohner der Kirchspiele Heppens und Neuende war dies eine große Erleichterung, denn nun brauchten sie nicht mehr für die Unterhaltung und Instandsetzung der Maadedeiche aufzukommen. Die Wiederinstandsetzung der Rüstringer Deiche wurde erneut aufgeschoben. Verständlicherweise waren die Einwohner von Bant, Sande und Seediek verärgert und verbittert ob der Entscheidung. Genau 18 Jahre lang mussten Banter, Sander und Seedieker „mit ständig überfluteten Ländereien und kärglichen Ernten leben", wie es in einer alten Notiz über die damaligen Zustände heißt.

Im Jahre 1527 besetzte Graf Edzard von Ostfriesland in einem Handstreich das Jeversche Schloss und wurde so Alleinherrscher über das Jeverland. Edzard machte Boing von Oldersum zum Drosten, weil dieser ein Bruder des Häuptlings von Gödens war. Entgegen allen gegenteiligen Befürchtungen machte sich Boing mit Umsicht und Tatkraft an die Wiederbedeichung des Landes. So lernte der Häuptling auch Remmer von Seediek kennen, der um 1523 in alten Schriften als Höchster und 1529 sogar als Pfarrer bezeichnet wird. Wenig später machte Boing den schriftkundigen Remmer von Seediek zum Rentmeister und damit zum Finanzverwalter des Jeverlandes.

Seediek zählte vor der Eisflut des Jahres 1511 mehr als 400 Einwohner. Obwohl die Banter, Sander und Seedieker weiter beharrlich auf die Wiederbedeichung ihrer vom Seewasser verwüsteten Feldmark drangen, wurde ihrem Verlangen nicht stattgegeben. Bei späteren Beratungsversammlungen konnten sich die Heppenser und Neuender mit ihren Bedürfnissen besser durchsetzen und wurden bevorzugt. Als Folge davon wurden die Deiche im Kirchspiel Seediek zurückverlegt und das Dorf dem Wasser sowie dem Verfall überlassen. Der Seedieker Kirchhof (Oll Hoff) ist dabei einfach durchdeicht, der Landesrest mit Sande vereinigt worden. Überreste des Kirchspiels Bant wurden Neuende zugeschlagen.

Diese Situation beschreibt der Historiker Carl Woebcken: „Die Kirchen der Gemeinden wurden allmählich abgebrochen. In Bant und Bordum hatten sie noch 1520 gestanden, als man das Rüstersiel baute. Von der in Oldebrügge sind noch 1534 Steine (Findlinge) nach Oldenburg verkauft, wo sie die Außenmauer der Lambertikirche zieren. Die Pfarrer von Oldebrügge und Bordum haben 1525 noch am Orte gewohnt. Der Volksmund hat nicht nur die Johanniter-Kommende Hoven (Havermönniken), als Kloster bezeichnet und danach den Klostergroden benannt, sondern ohne erkennbare Ursache und Grund, auch die Kirche zu Oldebrügge."

Die zweite Allerheiligenflut vom 1. November 1532

Nach den Auswirkungen der Antonius- oder Eisflut des Jahres 1511 nennen einige Geschichtsschreiber weitere Sturm- und Orkanfluten, die als Naturkatastrophen in die Geschichte eingingen. Überliefert sind aus dem 16. Jahrhundert nach der Eisflut mehr als 50 Sturmfluten, die von den Chronisten erwähnt beziehungsweise beschrieben wurden.

Fridrich Arends nennt in seiner Schrift eine Hochwasserflut im Jahre 1514, die besonders für Nordholland verderblich war, und erwähnt für 1515 und 1516 zwei weitere Sturmfluten, die auch in Friesland Schäden anrichteten. Großen Raum widmet Arends der Sturm- und Orkanflut vom 5. November 1530, die in den Niederlanden die Nordseeküste verwüstete. Der Chronist schreibt darüber: „Groß war die Zahl der Menschen, die als Opfer der wütenden See fielen. Sehr viele der Überlebenden verloren ihre Habe. Manche, vorher im Besitz großer Güter, von zahlreichen Dienern bedient, mußten jetzt selbst dienen, andere bei den Häusern herumgehen ihr Brot suchen. Viele, sich anderwärts niederlassend, kamen hernach von Kummer oder Mangel um. Im Ganzen sollen in dieser Flut 404 Kirchspiele unter Wasser gesetzt sein. Holland und Friesland blieben nicht verschont, doch wird keines bedeutendes Schadens erwähnt, um so verheerender wütete die See auf der östlichen Halbinsel."

Carl Woebcken berichtet Folgendes über die Hochwasserflut: „Im Jahre 1530 am 5. Novermber wurde der Grund gelegt zu einem bedeutenden Landverlust an anderer Stelle. Der östliche Teil von Süd-Beveland in Zeeland wurde Wasser."

Zwei Jahre später sollte eine Naturkatastrophe mit ungeheuren Auswirkungen die Nordseeküste treffen. Die Rede ist von der so genannten zweiten Allerheiligenflut, die in der Nacht am 2. November 1532 die Liste der verheerenden Fluten fortsetzte. Viele Chronisten bezeichneten diese Hochwasserflut als die schlimmste Naturkatastrophe, die jemals die Nordseeküste erreichte. Fridrich Arends schreibt in seinem Buch „Physische Geschichte der Nordseeküste und deren Veränderungen durch Sturmfluten" dazu: „Die Allerheiligenflut von 1532 gehört unter die größten und verheerendsten, welche die Nordseeküste vom Canal bis Jütland heimgesucht. Sie entstand bei einem Nordweststurm, der nach Einigen vier Tage anhielt, und hauptsächlich Seeland mit größter Wut angriff. Die dort mit großen Kosten nach der Flut von 1530 wiederhergestellten Deiche konnten nicht wiederstehen, sie zerbrachen und fast alle Inseln der Provinz liefen unter Wasser. Auf Südbeveland liefen die erst im vorigen Jahr bedeichten Dörfer, sechs an der Zahl, in der Herrlichkeit Borselen unter, auch die Oostwateringe daselbst mit mehreren Poldern, wobei viele Menschen ertranken. Die Stadt Cortgene auf Nordbeveland versank zum größten Teil, wie auch das Dorf Cats, hier suchten die Einwohner sich auf eine nahe Anhöhe zu retten, aber noch ehe sie solche erreichten holte das Wasser sie ein, und verschlang über 100 derselben, ungerechnet die so vom Lande sich zu ihnen gesellt hatten. Viele Menschen ertranken auch in Cortwerke, von wo sie mit Böten bei fallendem Wasser abgeholt wurden. Schouwens Deiche wurden an mehreren Stellen durchbrochen. Viele tausend Menschen und unzähliges Vieh ertrank. Mehr noch als zwei Jahre vorher. Viel des überschwemmten Landes blieb den Fluten überlassen, besonders auf

Der Sielhafen Neuharlingersiel an der Nordsee.
Hier legen dieFähren zur Nordseeinsel Spiekeroog ab.

Nord- und Südbeveland; letztere Insel vor 1530, 20 Meilen Umfang, hielt hernach nur 10. Die Familien von Duiveland und Vosmaer verloren allein 15 Güter auf Nordbeveland und Duiveland, zum Teil auch durch spätere Fluten. Mehrere andere angesehene Familien büßten alle ihre Güter ein. In Nordholland wogte die See einen Fuß hoch über die Deiche, die an vielen Stellen durchbrachen. Zu Hoorn nahm das Wasser ein Stück des Westertors mit, und grub an der Stelle ein tiefes Loch im Boden; es löste zwei große Massen vom Deich ab und setzte solche im großen Waal ab, wo sie noch lange hernach standen, von den Bürgern Kaiser und Kaiserin genannt. Die Schleuse ward mit Mühe erhalten. Viele Häuser auf dem Lande spülten weg mit ihren Bewohnern und allem übrigen; auch gingen viele Schiffe auf der See mit der Mannschaft zu Grunde. Den ganzen Winter durch floß das Seewasser durch die zerrissenen Deiche Nordhollands ein und aus. Bis Amersfort drang die See, daselbst viele Menschen und Vieh tötend. In Friesland übertraf die Flut in ihrer verderblichen Wirkung alle seit den letzten 30 Jahren vorangegangene, nur war die Zahl des umgekommenen Viehs so groß nicht, weil es meist schon aufgestallt war. Verheerend überzog sie die östliche Halbinsel, Tonnen hoch stürzte sie sich über die Deiche und bedeckte die Marsch 6 Ellen hoch mit Wasser. Viele tausende Menschen ertranken mit ihrem Vieh und aller Habe. Nordstrand ward ganz überschwemmt, 11 große Wehlen, einige über 40 Ellen tief, und 7 kleinere, rissen in den Deichen. Über 1500, nach Andern 1900 Menschen, fanden hier in den Fluten ihr Grab. In Riepen ging das Wasser so hoch, daß man nach dessen Abzug in den Umgängen der Kirche und auf den Straßen viele lebendige Fische fing. In Tondern ertranken viele Menschen; das Wasser stand hier an der Kirchmauer 3 Ellen hoch, tat am Schloß und sonst großen Schaden. In der Lundenberger Harde mußte man hernach den Deich landeinwärts versetzen. In Eiderstedt ertranken gegen 1100 Menschen. In Dithmarschen so unzählig viel, daß die Leichen allenhalben wo man sie fand, begraben wurden. Bei Büsum blieb nicht der dritte Teil vom Deich stehen und 12 Wehlen schossen ein; das Wasser daselbst an der Kirchenmauer und zu Lunden, daß auf niedriger Geest an einem Abhang liegt, in den Häusern. In der Wilstermarsch trieben mehrere Menschen mit ihren Häusern weg der Geest zu. Die Kirchen zu Bißhorst und Aßfleth fielen in Trümmer. In Hamburg ging das Wasser über den Hopfenmarkt bis an den Kirchhof der Nicolai-Kirche. Bemerkenswert ist es, daß gegen Abend, als das Wasser am höchsten stand, der Wind sich so sehr gelegt hatte, daß man mit einem brennenden Lichte unter freiem Himmel gehen konnte."

Neben anderen Chronisten nennt auch der Pastor und Schreiber Carl Woebcken in seinem Buch „Deiche und Sturmfluten an der deutschen Nordseeküste" die verheerende Allerheiligenflut des Jahres 1532. Woebcken, der sich auf Zeitzeugen beruft, berichtet dazu: „Am Montag nach Allerheiligen oder den 2. November ist durch einen starken Südweststurm eine erschreckliche Flut erreget, welche wegen ihrer Grausamkeit bei den Nachkommen die große Flut ist geheißen worden. Sie ist auf Nordstrand durch 11 oder, wenn die kleinen mitgerechnet werden, 18 Wehlen eingebrochen, und einige von ihnen sind wohl 40 Ellen tief gewesen. Sie hat Nordstrand ganz überschwemmt. Neben unzähligem Vieh sind 1500 Menschen ertrunken, worunter drei Prediger gewesen, die sich auf Kindtaufe beim Küster in Buptee befunden, wie in einem von Pastor Johann Meyer auf Pellworm gedichteten Lied steht."

In der Eiderstedter Chronik heißt es: „Die Flut ging etwa drei Fuß über ganz Eiderstedt und es ertranken manche tausend Menschen im Küstenland. Auch viel Vieh blieb überall tot. Zu Witzwort ertranken 60 Menschen, zu Koldenbüttel über 100. Die Leute trieben sogar von hohen Werften (Wurten) mit Haus und Hof weg. Ein Mann namens Johann Dethlefs trieb von Witzwort mit Haus, Weib und einem Kind über die Eider nach Wollersum und behielt das Leben, er und viele andere, die lebendig an Land trieben auf Häusertrümmern, Balken und Heuhaufen."

Die zweite Allerheiligenflut vom 2. November 1532 war eine Katastrophe, die zu den folgenschwersten Sturmfluten des 16. Jahrhunderts zählt. Nach Quellenangaben sind allein an der Küste zwischen Seeland und Eiderstedt 41748 Menschen umgekommen. An der Küste Schleswig-Holsteins ertranken auch viele tausend Anwohner, die in Eiderstedt, Nordstrand, Süder- und Norderdithmarschen lebten und wohnten. Erstmals ist während dieser Katastrophe die Scheitelhöhe der Hochwasserflut festgehalten worden. Danach lag der höchste Wasserstand bei 4,16 Meter über Normalnull.

Die dritte Allerheiligenflut vom 1. November 1570

Mehrere Buchseiten brauchte Pastor Johann Fridrich Jansen, um die Allerheiligenflut vom 1. November 1570 abzuhandeln. Im Wesentlichen beruft sich der Autor dabei auf überlieferte Texte von Emmius, Hamelmann, van Meren, Outhoff, Winkelmann und anderen weniger bekannten Chronisten. Dabei ist Jansens Bericht über die katastrophale Hochwasserflut identisch mit anderen Ereignisschilderungen in alten Schriften und Büchern. Die Schwierigkeiten aller Chronisten bestanden darin, die Opfer der Sturmflut zahlenmäßig zu benennen, deshalb waren Widersprüche bei den Angaben von Menschenverlusten nicht selten.

Jansen schreibt: „Anno 1570. welche insgemein die Allerheiligenflut wird genennet / weil sie den 1. November welcher ist der Allerheiligen Tag / sich zugetragen hat. Sie hat sich wohl über 7. Provincien erstrecket / auch so gar von Frankreich biß in Dennemarck / so daß wohl kaum eine mag erfunden werden / welche / in Ansehung des weiteren Umgriffs der Länder / welche solche empfunden / als auch des Schadens / der dadurch entstanden / diese übertroffen / die auch deshalben die andere Sünd-Fluth pfleget genennet zu werden. Sie ward durch einen Nord-Westen-Wind zur Zeit der neuen Monden / und also mit einer Spring-Fluth erwecket. Wie groß allenthalben das Unglück gewesen sey / wird keine Feder beschreiben oder abmahlen können / und ist auch dabey zu erkennen / weil die / so davon geschrieben / wie hoch die Zahl der Ertrunkenen Menschen eigentlich setzen sollen."

Hermann Hamelmann schreibt in der Oldenburger Chronik folgende Zeilen über die Allerheiligenflut: „Auf Allerheiligen Tag Anno 1570. ist eine grosse / hohe / unerhörte Fluth von saltzen Wasser / die Nacht zwischen 10. und 11. in Ostfriesland / Stadt- und Butjadingerland / item ins Stedingerland / in Mohrieme und hin und wieder in den Marschländereien eingebrochen / darin viele tausend Menschen ertrunken und fast alles Vieh ersäufft und umgekommen. Das Wasser ist über alle Teiche und Dämme gegangen / hat dieselben allenthalben zerbrochen und verdorben."

In der Jeverschen Chronik, die wahrscheinlich von Remmer von Seediek zu Papier gebracht wurde, ist folgender Bericht über die Allerheiligenflut des Jahres 1570 nachzulesen: „Im Sillensteder Kirchspiel sind in der Allerheiligen Flut weggetrieben 10. Häuser mit Eltern und Kinder / und sind hier umgekommen bei 276. Personen. In Scharinger (oder Nyender) und Heppenser Kirchspiel sind 147. Menschen umgekommen: Im Tettenser 50. im Sengwarder 60. im Sandumer (Sande) 13. Summa 546. Menschen."

Besonders eindrucksvoll und anschaulich schildert ein unbekannter Pastor aus Butjadingen die Ereignisse um die Allerheiligenflut des Jahres 1570: „Der 1. November war stürmisch, kalt und regnerisch gewesen. Die Flut stieg bis zur halben Höhe des Deiches, fiel dann aber nicht zur Ebbzeit, sondern blieb stehen. Die Anwohner des Deiches waren denn auf nichts Gutes gefaßt und brachten ihre besten Sachen auf den Boden, die übrigen legten sich größtenteils ohne Sorgen zu Bett. Mit der Flutzeit fing das Wasser wieder an zu steigen. Um Mitternacht, drei Stunden vor Hochwasser, überströmte es be-

Die 1520 erbaute Kirche von Suurhusen bei Emden mit dem Glockenturm, der laut einer Messung eine Neigung von fünf Grad aufweist.

Der helle Stein an der Nordwestseite des Glockenturms der Kirche in Suurhusen markiert die Wasserstandslinie der Allerheiligenflut von 1570. Damals stieg das Wasser auf 4,40 Meter über NN.

reits die Deiche. Große Kolke entstanden, 5 Siele rissen aus. Sämtliche Häuser, die unmittelbar am Deich standen, wurden weggespült. Das ganze Land glich einem See. Die Bewohner der Dörfer und Einzelhöfe flüchteten auf die Böden und Dächer. Manche erstarrten vor Kälte, weil sie keine Zeit gefunden hatten, sich anzukleiden. Andere, denen es gelungen war, Feuer mit auf den Boden zu nehmen, um sich wärmen zu können, steckten wieder Willen ihr Haus in Brand und gerieten so in Feuers- und Wassersnot. Von den etwa 1300 Einwohnern der Kirchspiele Eckwarden und Tossens kamen 325 ums Leben."

Am ausführlichsten berichtet Fridrich Arends über die Hochwasserflut von 1570, er widmet in seinem bereits einige Male erwähnten Buch von 1833 dieser Naturkatastrophe mehrere Seiten. Eingangs trifft der Historiker die Aussage, dass die Allerheiligenflut eine der fürchterlichsten Wasserfluten war, welche die Nordseeküste verheerte. Keine der späteren sei ihr an Ausdehnung und Zerstörung gleichgekommen. Ferner sei sie die erste, von welcher ausführliche Nachrichten in unzähligen Schriften niedergelegt sind.

Detailliert schreibt Arends dann über die Auswirkungen der Naturkatastrophe in den Niederlanden, dabei auf die Ereignisse in Flandern, Holland, Seeland, Friesland und Groningen eingehend. Weiter heißt es: „Traurig sah es in Ostfriesland aus, nur Reiderland blieb verschont. Überall waren die Deiche durchbrochen, Emden war eine Insel, zu Barnburg, eine Reihe Häuser bei dem damaligen neuen Tor, gingen die meisten derselben zu Grunde mit vielen Menschen und Vieh. In der auf einer hohen Warf stehenden Kirche zu Süderhusen, eine Stunde nördlich Emden, trat das Wasser, noch ist das Zeichen der Höhe derselben am Kirchturm zu sehen, in der Kirche selbst hängt am Gitter des Chors eine diese Flut betreffende Inschrift welche, wie die Schreibart beweist, schon um die Zeit muß verfertigt sein. Es geht daraus hervor, daß die Überschwemmung ganz bis an Bagband, 5 Stunden östlich Emden auf hohem Sandgrund, gegangen ist. 3000 Menschen kamen in dieser Provinz, nach Fabritius Chronik, um. In dem zu Ostfriesland gehörenden Harlingerlande sah es vorzüglich kläglich aus. Zwei schöne Dörfer, Oldendorf und Bense, gingen ganz zu Grunde mit ihren Kirchen und wurden hernach mit dem größten Teil ihrer Fluren ausgedeicht. Einem noch erhaltenen Verzeichniß zufolge, kamen in dieser Landschaft 796 Menschen um, 270 Häuser wurden zerstört, 1372 Pferde und Füllen, 3330 Stück Rindvieh groß und klein, 1438 Schafe und 1336 Schweine ertranken."

Anschließend beschreibt Arends auch mehrere „wundersame Errettungen und Ereignisse während der Allerheiligenflut", die an Sagen und Legenden erinnern. Deshalb soll an dieser Stelle nicht weiter darauf eingegangen werden, denn die Geschichten sind auf ihren Wahrheitsgehalt hin nicht überprüfbar. Darüber hinaus beinhalten sie keinen historischen Wert und sind für die heimatkundliche Geschichte mehr als bedeutungslos.

Der Autor führt weiter aus, dass allein im Jeverland und der Herrlichkeit Kniphausen 400 Menschen umgekommen seien. Er zitiert dabei die Geschichtsschreiber Fridrich Jansen und Remmer von Seediek. Danach kamen im Kirchspiel Sillenstede 276 Menschen um, in den Kirchspielen Niende und Heppens ertranken 147, in Sande 13, in Seng-

Der heutige Hafen im ostfriesischen Greetsiel. In früherer Zeit lag er an der offenen Leybucht. Er wurde durch Eindeichungsmaßnahmen landeinwärts verlegt.

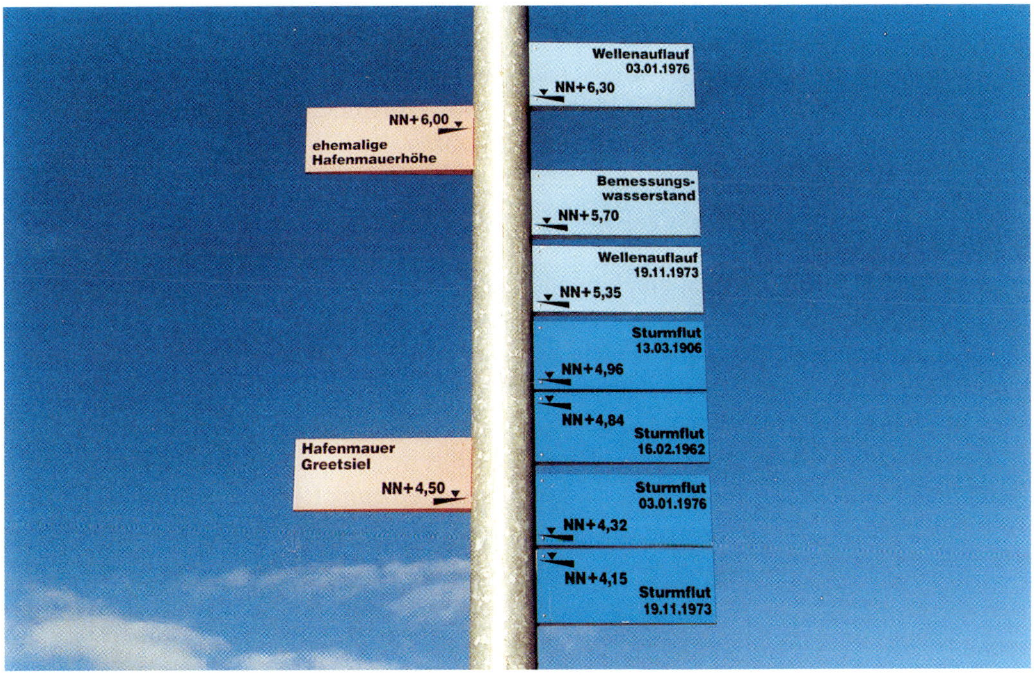

Sturmflutmarkierungen am Greetsieler Kutterhafen. Sie zeigen die Hochwasserstände der Sturm- und Orkanfluten von 1962, 1973 und 1976.

warden 60, in Tettens 50, zusammen 546 Menschen in nur sechs Kirchspielen. Übertrieben sei es dagegen, so Arends, dass zu Langewerth in Rüstringen allein 1000 Menschen während der Flut umgekommen sein sollen.

Arends berichtet weiter über die Auswirkungen der Flutkatastrophe: „In Oldenburg war es hauptsächlich das schon so oft von der See geplagte Butjadingerland, welches dessen Wut wieder hart empfinden mußte. Der 1. November war ein regnerisch kalter Tag mit heftigem Wind aus Nordwesten gewesen, daher jeder eilte sein Vieh, aus der Weide zu holen, weil soviel kalter Regen herabfiel, daß nicht allein die Landgräben sondern auch die Wege überflossen. Gegen Nachmittag wurden Sturm und Regen immer stärker, die Häuser erzitterten und viele Dächer zerrissen. Die Flut stieg bis zur halben Höhe der Dämme, fiel aber nicht, sondern blieb auf seiner Höhe stehen, daher besonders die an der Küste Wohnenden eine hohe Flut befürchteten und aus Vorsorge ihre besten Sachen auf die Böden brachten. Die meisten aber überließen sich sorglos dem Schlaf. Schon um Mitternacht 3 Stunden vor der höchsten Flutzeit daselbst, war das ganze Meer übergeflossen, hatte die starken Dämme eingerissen, zu Land gemacht, und überall die an denselben stehenden Häuser samt allem was drin war mit sich genommen. Sowohl von der Ost- als von der Westseite (der Weser und Jade) drang die See mannshoch hinein, und war in wenigen Augenblicken so hoch gestiegen, daß man weder Felder noch Dämme sehen konnte. Als das Wasser nun an die Häuser und Dörfer gekommen, hat es mit einem starken gewaltigen Anlauf die Türen, Wände und Fenster zerbrochen, weggeführt und das Vieh versäuft, und alles andere an Hausgeräte und sonsten zerstört und verderbet, ja auch etliche Häuser, so auf hohen starken gewaltigen Themmen (Deiche) standen, und mit allerhand Getreydich an Weizen, Gerste, Hafer und Bohnen, beladen gewesen, von dannen an die Süd- und Ostdeiche geführt, wiederum niedergesetzt, und allda zerstoßen, das keins ganz sondern nur Holz geblieben. Starke gemauerte Häuser behielten nicht eine Wand, Heu- und Getreidehaufen von 50, 60 Fuder wurden verdorben und weggetrieben. Die Menschen retteten sich auf Böden und Dächer, wo manche vor Kälte erstarrten, weil sie wegen plötzlichen Eindringens des Wassers keine Zeit hatten, sich zu kleiden. Einigen gelang es Feuer mit auf die Böden zu nehmen, manche steckten dadurch wider willen ihr Haus in Brand und kamen in Feuers- und Wassersnot. Die meisten mußten drei Tage in der Kälte verweilen auf Böden und Dächern, ohne Nahrung. In der Eckwarder Vogtei, die Kirchspiele Tossens und Eckwarden enthaltend, allein kamen 325 Menschen ums Leben, 58 Häuser wurden vom Wasser weggeführt. An Vieh blieb wenig übrig und auch dieses litt große Not, weil alles Futter, was nicht weggeschwemmt, vom Seewasser verdorben war; vieles war inwendig so heiß, daß man die Hand nicht darin leiden konnte. Wenn der Verlust, den ganz Butjadinger- und Stadtland erlitten, mit dem jener beiden Kirchspiele, welche jetzt etwas über 1200 Einwohner zählen, im gleichen Verhältniß stand, dann muß solcher sehr bedeutend gewesen sein."

Arends stellt außerdem fest: „Im Herzogtum Bremen muß der Schaden auch nicht gering gewesen sein; doch fehlt es an Nachrichten darüber. Holstein und Schleswig erging es zwar nicht so arg wie den westlichen Landstrecken, doch litten solche demohngeachtet bedeutenden Schaden. Im Lühnhauser Deich, Kirchspiels Colmar, entstanden allein 17 Brüche, einige Häuser trieben weg und eine Frau ertrank. Die Stör durchbrach den Neukircher Deich und setzte das ganze Kirchspiel unter Wasser, bis an den Nienbroeker Binnendeich, der auch in Gefahr kam. In Dithmarschen litt besonders Büsum, so daß man auf Pahlhorn ein großes Stück Land ausdeichen mußte. Den größten Schaden erlitt Eiderstedt und Nordstrand; in ersterm Lande stand das Wasser 5 Ellen hoch, bloß Tönningen und vier andere Dörfer blieben frei. Zu Ulfesbüll und Offenbüll rissen mehrere Wehlen ein, auf Nordstrand deren 11; dort blieben nur vier Kirchspiele frei von Überschwemmung."

Mehrere Schriften geben die Zahl der in dieser Flut umgekommenen Menschen auf die runde Summe von 100000 an. Nach den verschiedenen Angaben sind ertrunken: In Seeland 3000, in der Zype 100, in Kampen 6, in Friesland 2000, in Groningen 9000, in Ostfriesland 3000, im Harlingerland 796, im Jeverland 546, in Rüstringen 1000, im Butjadingerland 4000 und in Eiderstedt 300 Menschen. Zusammen ergibt diese schreckliche Bilanz eine Anzahl von 41748 Wassertoten, eine unglaubliche, nicht vorstellbare Opferzahl. Dennoch kann nicht ausgeschlossen werden, dass die von Fridrich Arends genannten Zahlen fehlerhaft beziehungsweise falsch sind. Andere verlässliche alte Quellen sind bei der Recherche nicht gefunden worden. Auch der Versuch, die in verschiedenen Schriften, Büchern und Chroniken genannten Toten zu addieren, wurde aufgegeben, weil eine gänzlich andere Anzahl von ertrunkenen Menschen das Ergebnis war. Letztendlich ist es unerheblich, wie viele Menschen der Allerheiligenflut von 1570 zum Opfer fielen. Ertrunkene Menschen gab es genug!

Gerhard Outhoff, Pastor zu Emden, schilderte die Ereignisse um die Allerheiligenflut wie folgt: „Es war drei Tage nach Neumond. Der Sturm kam zuerst aus Westen und drehte dann nach Nordwesten. Die Höhe der Deiche erwies sich als ungenügend. Sie wurden durchweg überströmt. Schiffe von 8 Fuß Tiefgang segelten über die Marsch hinweg, nur Türmen und Kirchen ausweichend. Das Wasser stand schätzungsweise 11 Fuß hoch über dem Lande. Die Flut kam des Nachts, so daß viele vom Wasser in ihren Betten überrascht wurden. Die Rettung wurde dadurch erschwert, daß der Sturm 2 volle Tage mit größter Heftigkeit anhielt. Die Allerheiligenflut war eine der größten, wenn nicht die allergrößte von allen Fluten, besonders wenn man bedenkt, wie ausgedehnt sie war und wie viele Länder betroffen wurden. Deshalb nennen einige sie auch die kleine Sündflut."

Noch Jahre später erinnerten sich die Küstenbewohner an die schrecklichen Auswirkungen der Orkanflut, die im Volksmund zur Bildung eines Denkreimes führte, der da heißt: „Allerheiligentag, Friesland wohl beklagen mag!"

Die Fastnachtsflut vom 26. Februar 1625

Über weitere Sturmfluten, beispielsweise die Hochwasserflut mit dem Namen Stillfreitagsflut vom 28. März 1578, lassen sich kaum informative Berichte auftreiben. Lapidar heißt es in einer Notiz bei Carl Woebcken dazu: „Sie richtete in den Niederlanden, in Ostfriesland und Oldenburg viel Schaden an.“

Der Historiker Woebcken überlieferte auch folgende Zeilen über die Flut des Jahres 1593: „In der Christnacht vom 24. auf den 25. Dezember wütete eine Sturmflut an der Küste Schleswig-Holsteins, von der weiter im Westen nicht viel Aufhebens gemacht ist.“

Erwähnenswert sind die Zeilen des Buchautors Fridrich Arends, der für das Jahr 1595 gigantische Flussüberschwemmungen beschreibt: „Das Jahr 1595 führte eine der furchtbarsten Überströmungen der Flüsse herbei, welche in den Niederlanden unsäglichen Schaden anrichtete. Im Winter hatte es sehr stark gefroren, dazu kam im Februar ein großer Schnee; bald hernach Tauwetter, von immerwährenden Regengüssen begleitet. Die Folge war ein unerhörtes Anschwellen der Flüsse in Deutschland: der Donau wie des Mains, des Neckars, der Maas und des Rheins. Schon weit oben fingen die Fluten (am 5. März) ihre Verheerungen an, alle Häuser, Scheunen, Ställe die in ihrem Weg standen, nebst Menschen und Vieh, mit fortreißend. Die Mosel soll 30 Fuß hochgestiegen sein, der Rhein 39, 6 Fuß höher als man je erlebt. Bei Frankfurt, Mainz und Köln sah man Leichen, ausgerissene Bäume, Heiligenbilder aus den Kirchen geschwemmt, Hausböden, Betten und sonstiges ländliches Hausgerät, vorbeitreiben. Es war nur ein Vorspiel des Schauspiels, dessen Hauptszene die Niederlande aufführten. Viele Deiche brachen daselbst durch, tausende Menschen und Vieh ertranken und unnennbar war der Schaden in den Dörfern, Städten und Landen; besonders in Gelderland und Utrecht.“

Nach der Sturmflut vom 14. Februar 1602, die mehrere Quellen die Fastnachtsflut nennen, gab es weitere Hochwasserschäden an der Nordseeküste. In der Region um Dauensfeld an der Jade sind vom Seewasser vernichtete Landflächen ausgedeicht worden. Außerdem zerstörte die Hochwasserflut vom 1. Dezember 1615 in Schleswig-Holstein mehrere Küstenstriche, wobei 200 bis 300 Menschen den Wassertod gefunden haben sollen.

Der Chronist Fridrich Arends setzt in seiner Schilderung die Naturkatastrophe des Jahres 1615 auf den 21. Dezember. Ob es allerdings die zuvor genannte Flut war, lässt sich nicht mit Sicherheit sagen. Es kann auch eine andere Wasserflut gewesen sein. Allerdings entsprechen die beschriebenen Details ein und derselben Flut. Dazu ist nachstehend aufgeführter Bericht überliefert: „Anno 1615. hat sich den 21. Christ-Monats / bey Nachtzeiten / in der Graf- und Herrschaft Oldenburg / Jever und benachbarten Orten / ein grosser Schade wieder durch das See-Wasser zugetragen. Die Dämme und Teiche sind an vielen Orten ganz zernichtet. Das beste Theil derselben Landen ist mit dem saltzen Wasser überschwemmet / die Wintersaat verderbet und die Fettigkeit durch das See-Wasser verzehret / dadurch Menschen und Vieh in äussersten Mangel und Noth geraten / also daß der Schade auf viele Tonnen Goldes ist geschätzt worden.“

Rettungsszene aus einer vom Hochwasser überfluteten Innenstadt um das Jahr 1600: Mit einem Boot bergen Helfer einen Bäcker, der sich vor dem Hochwasser auf dem Dachboden in Sicherheit bringen konnte.

Zeichnung von Peter Amsel

Als während des Dreißigjährigen Krieges die Ostfriesen von den Mansfelder Truppen ausgeplündert und damit aller Güter beraubt waren, kam zu allem Unglück noch die Fastnachtsflut vom 26. Februar 1625 mit ihren verheerenden Auswirkungen für Land und Leute hinzu. Sie richtete an der gesamten Deutschen Bucht und an der ostfriesischen Küste große Schäden an. Weil die Not und das Elend der vom Krieg gebeutelten Bevölkerung oft beschrieben wurde, sollen an dieser Stelle nur die Auswirkungen der Hochwasserflut aufgezeigt werden. Nach der geschichtlichen Überlieferung waren während der genannten Katastrophe die jeverländischen Deiche sowie Siele fast alle zerstört worden. Unter anderem sind die Seedeiche von Schillig, Horumersiel, Wiardergroden und Dauensfeld weiter „zurückgenommen“ worden, weil viel Land vom Seewasser überflutet war. Zerstört wurde ebenfalls das wieder in Stand gesetzte Kniphauser Siel, von dem nur ein tiefer Kolk im beschädigten Deich übrig blieb. Danach ist das Holzsiel nicht wieder „aufgeständert“ worden, weil künftig die Niederschlagsgebiete über das Rüstringer Siel entwässerten. In mehreren Chroniken wird detailliert über die nach der Fastnachtsflut erfolgten Ausdeichungen an der Jade und Weser berichtet. Viele Ansiedlungen waren aufgrund der Beschädigungen durch das Salzwasser während der Flut von den Bewohnern verlassen und später endgültig aufgegeben worden.

Der Geschichtsschreiber Fridrich Arends überliefert einen ausführlichen und genauen Bericht über die Fastnachtsflut vom 26. Februar 1625: „Eine der größten und schwersten Fluten war die Fastnachtsflut in diesem Jahr. Sie erschien gegen Abend, eben als der Neumond mit einer Sonnenfinsternis eingetreten war, und erstreckte sich vom Ausfluß der Maas bis Jütland, überall waren die Spuren seiner Verheerung sichtbar. Diese Flut stieg in den Niederlanden höher als 1570, doch im ungleichen Verhältniß, am höchsten an der nördlichen Küste Hollands."

Im Einzelnen schildert Arends dann die Verwüstungen und Zerstörungen in den Niederlanden, nennt gebrochene Deiche, überschwemmte Dörfer und Städte, von der Flut vernichtete Ansiedlungen, Ortschaften und Dörfer.

Auf die deutsche Nordseeküste eingehend, überliefert Arends folgenden Bericht: „Sehr traurig sah es in Ostfriesland aus. Die Deiche waren daselbst entsetzlich zerrissen und beschädigt, so daß ihre Herstellung, nicht mit acht Tonnen Goldes geschafft werden konnte. Der Landmann, ohnehin durch drückende Mansfeldsche Invasion gänzlich verarmt, war unvermögend, die zerstörten Deiche sogleich wieder herzustellen, daher blieb die Provinz Jahre lang, zum Teil wie man sagt bis 7 Jahre, der See offen liegen. Daher befahl der Graf Enno, daß, weil es den Interessenten unmöglich fiel, ihre Deiche wieder aufzurichten, die Interessenten der angrenzenden Ostermarsch im Amt Berum, deren Deich fast keinen Schaden erlitten, ihnen zu Hilfe zu kommen und 100 Ruten im Quade Hörn wieder herzustellen."

Arends beschreibt die Auswirkungen der Fastnachtsflut des Jahres 1625 in Jever und Oldenburg, wobei er sich auf alte Quellen von Winkelmann stützt: „In Jever und Oldenburg wurden die Deiche und Dämme an sehr vielen Orten zerrissen, die Siele ausgehoben, das Land überschwemmt, viele Menschen und Vieh ertränkt, auch durch den Sturmwind und der Wasserflut viele Häuser entweder von ihrer Stelle weggetrieben oder vernichtet, Kirchen und Schulen und andere Gebäude sehr beschädigt, das Getreide erstickt, und die Ländereien durch das Salzwasser dermaßen unfruchtbar gemacht, daß solche in den nächstfolgenden Jahren keinen Ertrag gaben. Der Schade den die Herrschaften Jever und Kniphausen und die damalige Grafschaft Oldenburg (also ohne die Grafschaft Delmenhorst) erlitten, stieg, so viel die aufgenommenen Verzeichnisse angaben, auf 589935 Reichsthaler."

Der Berichterstatter geht auch auf die Auswirkungen der Hochwasserflut im Lande Schleswig-Holstein ein: „Im Osten war diese Flut größer als man seit 70 Jahren erlebt hatte. Mehr denn Ellenhoch, brausete die See, mit Eis vermischt, über die Deiche. Sie durchbrach die stärksten Deiche, führte große Seeschiffe hindurch auf das Land, und riß große Häuser mit Menschen, Vieh und allem darin fort. Auf Nordstrand ging das Kirchspiel Pellworm unter Wasser, so wie die ganze Ostseite des Landes, die Westseite dagegen blieb mehrenteils trocken, indem sich das Eis auf die Deiche legte und dadurch größtenteils den Überlauf abhielt, so auch in der Wiedingharde und Risummoor. Ganz Eiderstedt, ein paar Köge ausgenommen, ward überschwemmt, wobei 33 Menschen ums Leben kamen, und 16 Häuser in Westerhever in Trümmern zerfielen. Von Lundenberg, wo 7 Menschen ertranken, floß das Wasser, nachdem es den Mitteldeich durchbrochen, nach Schwabstedt und in die Hattstedter Marsch. In Norderdithmarschen brach es an vielen Orten durch, wie zu Büsum, Diekhausen und Süderdiek, wo allein 140 Ruten Deich weggingen. In Süderdithmarschen entstand ein Deichbruch im Kirchspiel Brunsbüttel, welches, so die Eddelake und der neue Marnerkoog, der erst voriges Jahr bedeicht war, voll Wasser liefen, wobei viele Menschen und Vieh ihr Leben verloren. Die Häuser standen bis zum Dach im Wasser. Erst nach 14 Tagen begann solches in Dithmarschen abzulaufen. Auch Glückstadt und die ganze sogenannte Wildniß, erlitten eine schwere Überschwemmung. In Hamburg stand das Wasser so hoch, daß man mit Kähnen auf dem Hopfenmarkt fahren konnte und ein Prediger, der in der Catharinenkirche Amtsgeschäfte gehabt, mußte in einem Kahn heimfahren. Diese Kirche, in der das Wasser bis an den Altar 7 Quartier hoch stand, ward mit ihren Gräben übel zugerichtet. Man schätzte den Schaden, der allein an Zucker, Seide und Salz durch diese Flut in Hamburg angerichtet war, auf sechs Tonnen Gold, ein einziger Kaufmann soll für 40000 verloren haben.“

Häufiger Flut- und Wasserstandsanzeiger an den Hauptdeichen der Nordseeküste. Neben dem mittleren Tidehochwasserstand werden unterschiedliche Pegelstände vergangener Sturmfluten angezeigt.

Nach Auswertung aller zur Verfügung stehenden Quellen steht fest, dass es im Jahre 1625 allein vier verschiedene Sturmfluten gegeben hat, von der die Chronisten berichten. Die erste Naturkatastrophe ereignete sich danach am 20. Januar, eine weitere am 9. Februar, die nächstfolgende am 26. Februar sowie die letzte Flut des Jahres 1625 am 20. März. Von den genannten Sturmfluten ist die Fastnachtsflut vom 26. Februar 1625 „als die für die Nordseeküste verderblichste Wasserfluth“ in die Geschichte eingegangen, denn sie richtete an der gesamten Küste der Deutschen Bucht große Schäden an und verschlimmerte die Not der ostfriesischen

Bevölkerung erheblich, die kurz zuvor im Verlauf des Dreißigjährigen Krieges die Ausplünderung durch die Mansfelder Truppen über sich hatte ergehen lassen müssen.

Der spanische Statthalter in den Niederlanden, Graf Peter Ernst von Mansfeld (1580–1626), führte zu Beginn des Dreißigjährigen Krieges eine bunt gewürfelte Söldnertruppe, die nach ihm benannt wurde. Die niederländischen Generalstaaten bedienten sich gegen Zahlung von 600000 Gulden dieser Mansfelder Truppe, um Spinola mit seinen Mannen zu bekämpfen, der Bergen op Zoom besetzt hatte. Es wird überliefert, dass Bergen op Zoom nach heftiger Schlacht befreit werden konnte. Damit wurde die Soldateska von Mansfeld ihrer für Monate geplanten Aufgabe beraubt, sodass die Truppe beschäftigungslos herumlungerte. Nunmehr bemühten sich die Generalstaaten, die undiszipliniert überall im Lande herumvagabundierende Söldnertruppe so schnell als möglich aus dem Land zu bekommen. Die Armee wurde vorerst ins Winterquartier nach Ostfriesland geschickt. Im Jahre 1622 drang Graf Mansfeld mit 20000 Landsknechten in die ostfriesische Grafschaft ein. Die Truppe zog über Leer nach Aurich und setzte zunächst Graf Enno III. auf der Burg in Esens gefangen. Als Mansfelds Gegner, Feldherr Tilly, von Meppen aus in Richtung Ostfriesland zog, richtete Mansfeld bei Greetsiel ein stark befestigtes Heerlager ein. Dabei setzte der Söldnerführer das umliegende Land unter Wasser, indem er Deiche „durchstechen“ ließ.

Während die Mansfelder Söldner in Ostfriesland hausten, hatten die Eingesessenen durch Plündern, Rauben und Morden der im Lande herumziehenden Soldatenhaufen furchtbar zu leiden. Die Landleute wurden gedemütigt, beraubt, geschunden und gemartert, die Frauen durchweg geschändet. Es ist kein Wunder, dass sich die Ostfriesen zur Wehr setzten. „Heimlich und gnadenlos“ gingen sie dabei vor. Als sich die Mansfelder mit Soldaten des „tollen Christians von Braunschweig“ verbündeten, hatte der heimliche Kampf der Ostfriesen gegen die alles bedrohende Soldateska von Mansfeld längst mit aller Härte begonnen. Monate später war die in Ostfriesland hausende Söldnertruppe auf ein Drittel der ursprünglichen Gesamtstärke gesunken. Von der ostfriesischen Bevölkerung hatte „nur jeder Fünfte“ den gnadenlosen Kampf gegen die Mansfelder überlebt.

Mitte November hatte Graf Mansfeld den schmalen Durchgang am Ellenser Damm einnehmen lassen. Die Söldner waren inzwischen auch in die Burg Kniphausen eingedrungen, die sie besetzt hielten. Von dort aus tyrannisierten sie die Bevölkerung. Bald darauf fiel die plündernde, raubende, mordende und brandschatzende Soldateska in das Jeverland ein, um die Orte Hooksiel, Horumersiel und Garmssiel an der Harlebucht zu besetzen. Doch die Söldnertruppe hatte die Rechnung ohne den Wirt gemacht, denn die Bevölkerung machte bei Altgarmssiel mobil und trieb Manfelds Landsknechte auf ostfriesisches Gebiet zurück.

Schließlich erhielt Mansfeld für die Freigabe der Befestigung am Ellenser Damm und für die Rückgabe der Burg Kniphausen 12000 Taler ausgezahlt, die Graf Günther von Oldenburg überbringen ließ. Danach zog Mansfeld mit den Resten seiner Truppe endgültig von dannen.

Die Burchardiflut vom 11. Oktober 1634

Weil mit dem Beginn des 17. Jahrhunderts die Aufzeichnungen über Naturkatastrophen wie Sturm- und Orkanfluten stark zugenommen haben, war es für spätere Berichterstatter weitaus leichter, entsprechendes Informationsmaterial in älteren Dokumenten zu finden, auszuwerten und weiterzugeben. Häufig übernahmen schreibkundige Pastoren, Magister, Regenten und Häuptlinge diesen Part, um nachfolgenden Generationen zu berichten. Auch in Büchern aus dem 16. und 17. Jahrhundert wurden bereits die verheerenden Auswirkungen von damaligen Sturm- und Orkanfluten beschrieben.

Auf solche Schriften beruft sich Fridrich Arends, der in seinem Sturmflutenbuch von 1833 eine Hochwasserflut aus dem Jahr 1633 nennt, die in den Niederlanden verheerende Auswirkungen hatte. Der Autor über diese Flut: „Zu Ende des Oktobers oder auf Allerheiligen, stieg die See, bei einer Springflut, in Holland und Seeland wieder sehr hoch und floß über alle Felder, wodurch viele Menschen und Vieh ertranken, Häuser in Trümmer gingen oder wegspülten, und auch die Städte großen Schaden an Waren und Mobilien erlitten. In Seeland fischte man an einem Tage 300 Leichen auf. In Rotterdam fuhr man mit Schuten über den großen Markt, die Schleuse lief über und das Vieh – es

Darstellung einer mittelalterlichen Sturmflut. Verzweifelt wartet die junge Familie auf Rettung.

Zeichnung von Peter Amsel

war gerade Viehmarkt – trieb aus den Ställen dem Markt zu, überall ward großer Schaden in der Nacht angerichtet."

Neun Jahre nach der Fastnachtsflut des Jahres 1625 verzeichnen die mittelalterlichen Chroniken eine weitere große Sturmflut, die am 11. Oktober 1634 große Verheerungen an der Westküste Schleswig-Holsteins verursachte und den Untergang großer Landteile der damals noch vorhandenen Inseln und Dörfer bewirkte.

Der oldenburgische Historiker Johann Justus Winkelmann lässt dazu Folgendes wissen: „Den 12. Oktober ist in diesen Graff- und Herrschafften ein ganz erschröckliches Ungewitter mit grossen Sturmwinden und Wasserfluten entstanden / durch dessen Grausahme Gewalt viele Menschen und Vieh ertrunken / Häuser hinweggeführet / die Dämme und Teiche jämmerlich verdorben sind. Eine geschriebene Nachricht meldet / wie in dieser Nacht die Bandter Teiche fast alle biß aufm Grunde weggegangen."

Der Chronist Fridrich Arends schildert in seinem Buch über die Sturmfluten an der deutschen Nordseeküste ebenfalls die Ereignisse und Auswirkungen der Burchardiflut vom 11. Oktober 1634: „Den 11. Oktober, Nachmittags 3 Uhr, entstand bei Neumond ein furchtbarer Südweststurm, der um 6 Uhr als die Flut eintrat, noch heftiger wurde. Um 7 Uhr drehte der Wind sich nach Nordwesten und tobte so stark, daß fast kein Mensch mehr stehen oder gehen konnte. Dabei regnete, hagelte, donnerte und blitzte es fürchterlich und der Wind stürmte immer mächtiger; es schien die Grundfeste der Erde bewegte sich, und man konnte nicht anders denken, als daß Himmel und Erde ineinander fallen würden und der jüngste Tag vorhanden sei. Auch will man nach verschiedenen Anzeichen bemerkt haben, daß ein Erdbeben damit verbunden war; Mehrere versicherten, daß sie in den Betten, worin sie gelegen, andere, daß sie auf den Stühlen worauf sie gesessen, und sich fest an die Tische gehalten hätten, wären bewegt worden. Gegen 8 und 9 Uhr ging das Wasser an vielen Orten bereits über die höchsten Deiche und um 10 Uhr war das ungeheure Unglück schon geschehen. Das Wasser wogte 12 bis 20 Fuß hoch über die ganze Marsch. Unzählige Wehlen sind eingerissen; Grundbrüche in grosser Menge eingelaufen; von ganzen Deichstrecken standen nur noch hin und wieder, gleich zerstreuten Hügeln, einzelne Teile; eine Menge Schleusen waren gesprengt. Niemand hatte dieses Unglück vermutet, indem die Deiche stark und unversehrt waren. Die mehrsten hatten sich daher zu Bett gelegt und lagen in ruhigem Schlummer, aus dem erst der Wellenschlag an ihr Lager sie weckte, während sie schon mit Haus und Hof davon trieben, andere Morgens beim Aufstehen ins Wasser sprangen. Manche, kein Mittel sehend zu entkommen, banden sich und ihre Weiber und Kinder mit Stricken aneinander, um auch im Tode wie im Leben vereint zu bleiben. Viele begaben sich mit allen ihren Hausgenossen auf die Dächer, und wurden auf denselben, wie auf einem Schiffe, herumgetrieben; bald aber wurden die Dächer von den Wellen zerschlagen, die Unglücklichen in den Fluten begraben oder voneinander getrennt, auf einem Stück der Vater, auf dem anderen die Mutter, auf einem dritten die zarten Kinder hintreibend. Kläglich war es zu sehen, wie Männer, Weiber und Kinder in großer Zahl auf Stücken von Häusern, auf Betten, Balken und dergleichen neben an noch stehenden Häusern hinfuhren und zu Gott und Menschen um Hilfe und Rettung schrien; wie unzählig viele Tote unter Schrän-

Flutmarken in Sehestedt (Butjadingen) am Deichfuß. Während der Sturmflut des Jahres 1906 erreichte das Seewasser den Pegelstand von 5,75 Meter über NN.

ken, Betten und allerhand Hausgerät auf dem Wasser herumschwammen. Fast die ganze Marsch hatte mehr oder minder an diesem jammervollen Schicksal teil. In Ripen stand das Wasser so hoch, wie man vorher nie erlebt, über eine Elle hoch in der Domkirche die am höchsten Ort der Stadt steht. Die Häuser an der Süderstraße wurden fast ganz zerstört, und drei nicht weit von der Stadt belegene Dörfer, gingen mit Häusern, Vieh und Menschen (gegen 220 Personen) zu Grunde. Sogar in dem 3 Meilen entfernten Dorfe Warning ertranken 10 Menschen. Die Insel Mandoe, die sonst höchst selten übergelaufen, stand mit Ausnahme der Dünen ganz unter Wasser, und die Deiche des Marschlandes auf Sylt brachen durch. In der Guidingharde ertranken 148 und in der Lohharde 104 Personen. Im Amt Tondern blieb kein Flecken Marschlands trocken, 600 Menschen sollen daselbst ihr Grab in den Wellen gefunden haben. Zu Tondern stand das Wasser in der Kirche 1 1/2 Ellen hoch, und viel Vieh, das auf er Weide ging, ertrank. In der Böckingharde kamen 402 Menschen ums Leben, worunter der Prediger Riegel in Fahrntoft mit Frau und Kindern. Der General-Superintendent Fabricius, der sich gerade daselbst auf Kirchenvisitation befand, rettete kaum das Leben, indem er auf den Boden im Hause des dortigen Vogts flüchtete. In der Nordgoeßhardel (Amt Bredstedt) ertanken 800 Menschen und eine zahllose Menge Vieh. 150 Häuser wie auch die Kirche zu Ockholm, trieben ganz weg und unzählige Häuser wurden sehr übel zugerichtet. Bloß zu Ockholm kamen 600 Stück Vieh ums Leben. In der Hadstedter Marsch ertranken 50, in den Kirchspielen Lundenberg, Simonsberg und Padelek gegen 100 Menschen; auch riß in Lundenberg eine große Wehle mitten durch die Kirche ein und mehrere andere noch schlimmere in der Lundenberger Harde.

In Eiderstedt ging das Wasser zu Garding sogar 1 1/2 Ellen über die hohe Geest. In diesem Flecken ertranken 177 Menschen und in Eiderstedt 2107, auch kamen daselbst 6100 Stück Rindvieh ums Leben, 6738 Schafe und Schweine, und 664 Häuser trieben weg oder wurden zerstört. Tettenbüll fiel das traurigste Los zu teil, es verlor 505 seiner Bewohner. Selbst zu Tönningen kamen 34 Menschen um. Ganz Dithmarschen, so weit es aus Marschland besteht, war ein See. Viele Schiffe gingen nicht allein durch die zerbrochenen Deiche, sondern auch über die unbeschädigten, weit ins Land hinein, und mußten hernach geschleift werden. Am größten war der Schade in Norderdithmarschen. Im

Kirchspiel Lunden allein kamen 65 Menschen, 181 Pferde, 725 Stück Hornvieh ums Leben; 30 Häuser wurden zerstört und 4383 Tonnen Korn trieben weg. Einige tausend Ruten vom Deich waren weggespült und Wehlen eingerissen, die bis 35 Fuß Tiefe hatten. Im Kirchspiel Büsum ertranken 168 Personen und 1360 Stück Vieh aller Art. 102 Häuser trieben weg und an Korn verdarben 150 Last. In Süderdithmarschen ertranken 47 Menschen, 1195 Stück Rindvieh und 283 Pferde. 10 Schleusen wurden ganz weggerissen und die übrigen sehr beschädigt. Es geschahen Deichbrüche von 2 bis 800 Ruten mit Wehlen von 8 bis 20 Fuß Tiefe. 31 Häuser wurden gänzlich zerstört, 17000 Tonnen Korn sowohl gedroschen als in Stroh, trieben weg oder verdarben, in Brunsbüttel allein 3000."

Neben nordfriesischen Berichten über die verheerenden Auswirkungen der „Mannestränke", wie die Orkanflut später genannt wurde, findet sich dazu folgender Bericht des Heimatforschers Carl Woebcken, der wegen der dort angegebenen Daten und Fakten wörtlich wiedergegeben wird: „Da kam der Schicksalstag von Nordstrand, der 11. Oktober 1634. Es war Neumond, also Springflut. Der Wind, zuerst aus Südwesten, drehte in der Nacht nach Nordwest. Es regnete, hagelte, donnerte und blitzte, und der Sturm tobte, daß man denken konnte, Himmel und Erde würden auseinanderfallen und der jüngste Tag sei gekommen. Um 6 Uhr nachmittags setzte die Flut ein, gegen 8 und 9 Uhr ging das Wasser schon über die Deiche, und um 10 Uhr war das Unglück geschehen. Das Wasser wogte 12 bis 20 Fuß hoch über die ganze Insel. In der Kirche zu Klixbüll auf dem Festlande nördlich von Niebüll sind auf einer hölzernen Wandtäfelung zwei Farbenstriche angebracht, als Flutmarken für die Höhe des Wassers 1532 und 1634. Danach stand das Wasser in der Kirche, wo der Wellenschlag wegfällt, 1532: 4,16 Meter, 1634: 4,30 Meter über Normalnull.

Die Verluste an Menschenleben waren außerordentlich hoch. Auf Nordstrand ertranken von 9041 Einwohnern 6408, in Eiderstedt 2107, in Dithmarschen nach allerdings unsicherer Angabe 383, in der Böckingharde 402, in Wiedingharde 143. Unter den Ertrunkenen auf Nordstrand waren 9 Pastoren und 4 Lehrer. Der Pastor von Lith, ein Mann von über 60 Jahren, besaß die Gabe des zweiten Gesichts. Er hatte das Unglück seiner Gemeinde öffentlich vorhergesagt und fand mit 171 seiner Pfarrkinder den Tod im Wasser. Sein Amtsbruder in dem benachbarten Morsum hätte sein Leben retten können, wenn er, wie seine Hausgenossen, auf den Boden gestiegen wäre. Aber er wollte seine Studierstube nicht verlassen und ertrank. In Evensbüll waren gerade die Deichrichter und Geschworenen im Gasthaus versammelt. Sie flüchteten auf das Dach. Als sie schon dort saßen, forderte einer, der den Humor noch nicht verloren hatte, noch Bier. Das Wirtshaus stürzte ein, und alle ertranken. Von den Überlebenden wanderten viele aus. Der Rest vermochte die Löcher im Deich nicht zu schließen. So löste sich Nordstrand in einzelne Teile auf. Im westlichen Teil, auf Pellworm, kaufte ein reicher Holländer sich ein. Mit dessen Unterstützung gelang hier zuerst die Wiederbedeichung. Der östliche Teil, das jetzige Nordstrand, wurde nach Spatenrecht 18 Jahre später den früheren Besitzern aberkannt und kapitalkräftigen Unternehmern aus Holland zugesprochen, die nun die Neubedeichung ausführten. Der mittlere Teil blieb Watt, auf dem nur einige Reste aus

Sturmflutmarke am Schöpfwerk Neuenkoogshafen bei Brunsbüttel in Schleswig-Holstein, Landkreis Dithmarschen. Die Flut von 1976 trat hier weit über die Elbufer.

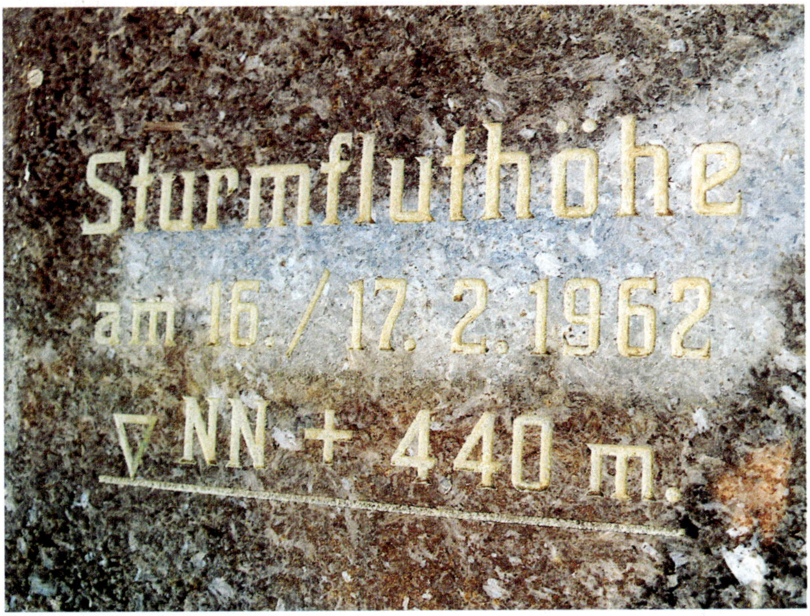

Marmortafel zur Erinnerung an die Sturm- und Orkanflut des Jahres 1962 am Molenkopf im Hafen von Norddeich. Das Wasser überflutete damals den Hafen um fast zwei Meter.

Halligen, als unbedeichte Inseln hervorragten. Es war vor allem Nordstrandischmoor, das Hochmoor im Innern des alten Nordstrand, und die Hamburger Hallig, der erst 1624 eingedeichte Koog der Brüder Amsinck aus Hamburg. Neun Kirchen waren auf diese Weise ausgedeicht und verfielen dem Abbruch."

Die Naturkatastrophe des Jahres 1634 ging später unter dem Namen „Zweite Mandränke" in die Geschichte ein. Die Sturmflut vom 11. Oktober war eine sehr schwere Katastrophenflut mit großen Verheerungen. Sie riss die mit über 22000 Hektar Landfläche vermessene Marschinsel Alt-Nordstrand auseinander in die Restinseln Nordstrand und Pellworm sowie einige kleine Halligen. Daher ist die Flut in Schleswig-Holstein auch als „große Nordstrander Flut“ bezeichnet worden. Weiter vernichteten die Wassermassen die Halligen Nieland und Nübbel. Im Geestranddorf Klixbüll wurde mit 4,30 Meter über Normalnull der höchste Wasserstand der Flut gemessen. Die Verluste waren ungeheuerlich. Im nördlichen Teil von Dithmarschen ertranken 327, in Nordstrand 6123 und in Eiderstedt 2107 Menschen. In Dithmarschen kam es zur Überflutung der gesamten Marsch, da die von vorherigen Sturmfluten beschädigten und zerstörten Deiche in der Zwischenzeit nicht wieder in Stand gesetzt worden waren. Im Südteil Dithmarschens verursachte die Hochwasserflut 291 Deichbrüche, dabei gingen 31 Häuser und 1433 Stück Großvieh verloren, den Wassertod fanden 37 Menschen.

Die Sturmflut des Jahres 1643 schildert Pastor Jansen in seinem 1722 gedruckten Buch. Erstmalig wird darin von Hilfeleistungen für die Überlebenden der Flut berichtet, die von der damaligen Obrigkeit in die Wege geleitet wurden. Er schreibt: „Anno 1643. vom 5. biß 9. Januarii brach das Wasser / mit solcher Gewalt / zum Lande hinein / daß auch solches bey Menschengedenken so hoch nicht gegangen / und ist es an vielen Orten Teutschlandes gewesen / sonderlich auch zu Minden durch die Weser verursachet. In hiesigen Landen hat auch dies See-Wasser einen ungemeinen Schaden gethan. Das Elend und die Noth ist unter Menschen so groß gewesen, daß es nicht wohl zu beschreiben / weil fast alle Teiche durchgebrochen / das Land allenthalben überschwemmet. Grosse Noth ist damahls hin und wieder im Lande gewesen unter den Menschen / und ist daher Graf Anthon Günther zu Oldenburg / dessen Gedächtniß annoch bey allen in Segen ist / aus Christlichen Mitleiden bewogen / dero Hof-Meisterer Hans Wilhelm Bitzthum von Eckstett / zu Schiff in das Land mit gebackenem Brodt und andern Speisen zu schicken / damit die Nothleidenden mochten erhalten werden.

Eine merckwürdige Sache / die sich bey dieser Wasser-Fluth zugetragen / muß ich zu melden nicht vergessen. In der Schweyer Vogtey ist das Wasser über den hohen Rohr geflossen / und hat verschiedene Haufen von demselben / bey die 250. Ruten fortgetrieben.“

Über die Sturmflut des Jahres 1643 ist bei Carl Woebcken nachstehend aufgeführte Notiz zu finden: „Für den Westen ist eine Sturmflut aus dem Jahre 1643 verzeichnet. Das Datum wird widersprechend angegeben, bald der 25. Januar, bald die Nacht vom 23. und 24. Januar. Das Reiderland, das 1570 am wenigsten gelitten hatte, wurde diesmal am Härtesten betroffen. Nur hier und auf der Insel Nesserland, Emden gegenüber, ertranken außer vielem Vieh auch Menschen. Im Oldenburgischen wurden die Deiche derart mitgenommen, daß es vier Jahre dauerte, ehe sie wieder in den vorherigen Stand gebracht waren.“

Die Petriflut vom 26. Februar 1651

Als nächste Sturmflut geht die Petriflut vom 22. Februar 1651 in die Geschichte der Hochwasserkatastrophen ein. Nach Angaben verschiedener Chroniken strömte in Emden das Wasser mit großer Fließgeschwindigkeit über zwei Kirchwurten, sodass Leichen aus den dortigen Gräbern gespült worden sind. Die Kirchen selbst waren nach der Flut über einen längeren Zeitraum nicht mehr für sonntägliche Gottesdienste nutzbar. Nach Messungen an unterschiedlichen Orten ist die Petriflut etwa drei Zoll (7,5 cm) im Durchschnitt höher aufgelaufen als die Allerheiligenflut des Jahres 1570. Damals stand das Seewasser binnendeichs drci Meter hoch, wie alte Schriften belegen.

Der Buchautor Fridrich Jansen schrieb über die Petriflut: „Anno 1651. kam schon wiederum das gewöhnliche höchstschädliche Unglück / und richtete nicht nur in diesen / sondern auch vielen anderen Landen / ein grosses Verderben an. Der 22te Tag Februarii war es / an welchem das Gewässer einbrach / und weil dies der Tag / welcher dem heiligen Apostel Pedro gewidmet worden / deswegen ist dann auch diese Fluth St. Petrus-Fluth genennet worden. Es hatten sich nicht nur zu dieser Zeit in Holland / Ostfriesland und anderen Orten von Niedersachsen / sondern auch gar in dem Königlichen Preussen die Wasser ergossen / und richteten grosses Unglück an / daß bei Marienburg und Elbingen einige tausend Menschen das Leben verlohren / und 2. Dörffer mit Menschen / Vieh und allem übrigen wegspühleten / so sehr daß auch die Spuren / wo Häuser gestanden / kaum zu erkennen waren. Insonderheit war das Elend groß in unserm Jeverland / als woselbst ein unwiederbringlicher Schade und grosser Jammer geschehen. Viele Menschen und Vieh ertrunken / die Häuser trieben theils weg / theils wurden sie verdorben / und blieb das Wasser 4. Wochen auf dem Lande stehen / daß man allenthalben / mit kleinen Schiffen darüber fahren konnte. Das fruchtbare Land verlohr durch das saltze Wasser seine Kraft, so daß die Korn-Früchte und das Graß nachhin einige Jahre nicht so wachsen wollten. Es haben aber doch / die es in gutem Andencken / aus gewissen Merckmahlen behalten / gestanden / daß bey weiten das Wasser so hoch nicht gewesen / als in der letzten Weyhenachts-Fluth / indem es hier in Rüstringen Jeverlandes fast 4. Fuß niedriger gewesen seyn soll."

Sehr detailliert geht Fridrich Arends auf die Petriflut ein: „Bald darauf, den 22. Februar, stellte sich die St. Petri Flut ein. Die Niederlande, Ostfriesland, Jever und Oldenburg empfanden deren Wut. Es war eine Springflut, durch einen Nordweststurm aufgetrieben. Sie begann ihre Verwüstung bei Scheveningen, dort mehrere Häuser vernichtend, während die Fischerschiffe, obgleich hoch an die Dünen gezogen, zusammen stießen, und beschädigt wurden. Der Eingang zum Dorf ward durch ein Schiff mit Sand in und auswendig verstopft und dadurch die See abgehalten. Zu Catawyk schlugen die Wogen an die Kirche. Vorzüglich stark drang das Wasser in die Südersee. Nordholland schien dem Untergang geweiht, noch größere Gefahr stand der nördliche Teil von Südholland aus, man fürchtete es würde mit allen seinen Bewohnern der See zur Beute werden. Das Wasser schwoll unmässig auf, um Mittag war solches vor Amsterdam 3 Zoll höher gestiegen (3,075 Meter) als 1570. Viele Waren in den Packhäusern und Läden verdarben, ohngeachtet durch die eifrige Anstrengung der doppelt belohnten Taglöhner, die bis an den Oberleib durch Wasser wateten, noch manches gerettet worden. Der Diemer Seedeich brach durch, Löcher von 30 Fuß tief kamen im Boden; mit brausender Gewalt stürzte sich die See dadurch, warf sich auf den Deich des ausgetrockneten Diemer Meers, der, zu schwach dem übermäßigen Andrang zu widerstehen, gegen Abend durchbrach, worauf die ganze herrliche mit den schönsten Bauern- und Landhäusern besetzte Fläche, 16 Fuß tief unter Wasser kam, und so ein Jahr verblieb. Rundum Harlem war alles ein See. Zu Hoorn lief das Wasser über den roten Stein, auf der höchsten Stelle der Stadt; strömte auch zu Harderwyk über die Straßen. In Friesland wurden bei Stavoren die Deiche durchbrochen, und sonst an mehrern andern Stellen, auch spülte der Ostwolder Siel an der Lauer weg. In Groningerland brachen die Deiche ein."

Über die Flutauswirkungen in Ostfriesland schreibt Arends: „Ostfriesland litt vorzüglich, besonders Reiderland, wo Menschen und Vieh ohne Zahl ertranken. Überall wogte das Meer über die Deiche, zerbrach sie vielfach und überzog alles Land bis zum hohen Sande. In Emden wuchs das Wasser bis zwei Uhr nachts an. Die ganze Stadt lag unter. Die Schleuse beim Herrentor ward gesprengt. Die Bewohner von Nesserland mußten ihre Zuflucht auf den Dächern der Häuser nehmen. Bei Norden trieb ein Siel mit zwei daraufstehenden Häusern so gänzlich weg, daß man hernach auch nicht ein Stück davon wieder fand. Ein Schiff ging über den Deich und kam bei Groothusen fest zu sitzen. In der Herrlichkeit Dornum waren die Deiche auf das schrecklichste zerrissen, zum Teil bis auf den Grund weggespült und überall tiefe Kolke eingerissen, so daß die Interessenten sich außer Stande erklärten, ihren Deich wieder herzustellen. Eben so schlimm erging es den Deichen im Amt Esens, zu deren Wiederaufbau die Eingessenen des Amts Wittmund bedeutende Hilfe durch Geld und Natural-Dienste leisteten. Menschen und Vieh kamen in jedem Amt um und großer Schaden ward an den Häusern, Korn und Gerät angerichtet.

Auch über Oldenburg erstreckte sich die Flut. Besonders kam Jeverland dadurch in große Not. Nicht nur wogte das Wasser über die Seedeiche und zerriß sie, es strömte auch ins Land über die Südwendung, ein Binnendeich, der bei Sandel anfing und bis zum alten Garmser Deich sich erstreckte. Der Deich des Minser Grodens litt so stark, daß man hernach einen Teil des Grodens ausdeichen mußte. Viele Menschen und Vieh ertranken, Häuser spülten teils ganz weg, teils wurden sie sehr beschädigt. Überall war Jammer und Not, der Schaden unaussprechlich. Vier Wochen verblieb das Wasser auf dem Lande, man fuhr mit kleinen Schiffen hin und her. Die Salze des Wassers durchdrangen den Boden, und verursachten, auf mehrere Jahre einen Ausfall an der Ernte. Die Flut war, wie alte erfahrene Leute versicherten, höher als je eine die sie und ihre Vorfahren erlebt."

Mehrere Chronisten nennen für das 17. Jahrhundert weitere Sturm- und Orkanfluten, unter anderen die so genannte Winternachtflut des Jahres 1663. Sie hat sich zwischen dem 19. und 20. Oktober während der ersten Winternacht ereignet. Die Flut, so Fridrich Jansen, sei mit ungemeiner Gewalt einhergegangen und habe merkliche Schäden in den hiesigen Ländern verursacht. Die von einem Nordweststurm aufgepeitschten Wellen hätten selbst in der Stadt Jever sowie im Rüstringer- und Butjadingerland „großen Jammer und Elend“ zuwege gebracht. Dabei seien viele Deiche zerbrochen und in Oberahm am Jadebusen viele Leute im Seewasser ertrunken.

Über die Sturmflut vom 25. November 1685, die so genannte Catharinenflut, ist in alten Chroniken, Schriften und Büchern so gut wie gar nichts überliefert. Chronist Fridrich Arends hat ebenfalls nur wenige Zeilen über diese Hochwasserflut geschrieben: „1685 den 25. November die Catharinenflut, so besonders zu Hamburg und Umgegend großen Schaden verursachte, bedeutenden auch in Ostfriesland. Jever und Oldenburg wurden schwer getroffen. Ebenso die Marschen ostseits der Weser. Der Rechenflether Siel flog aus und eine große Brake riß ein, wobei mehrere Häuser mit fortgingen. Die Deiche im Land Würden wurden beinah dem Boden gleichgemacht. Es rissen viele Braken ein, auch gingen der Büttler und der Overwarfer Siel weg.“

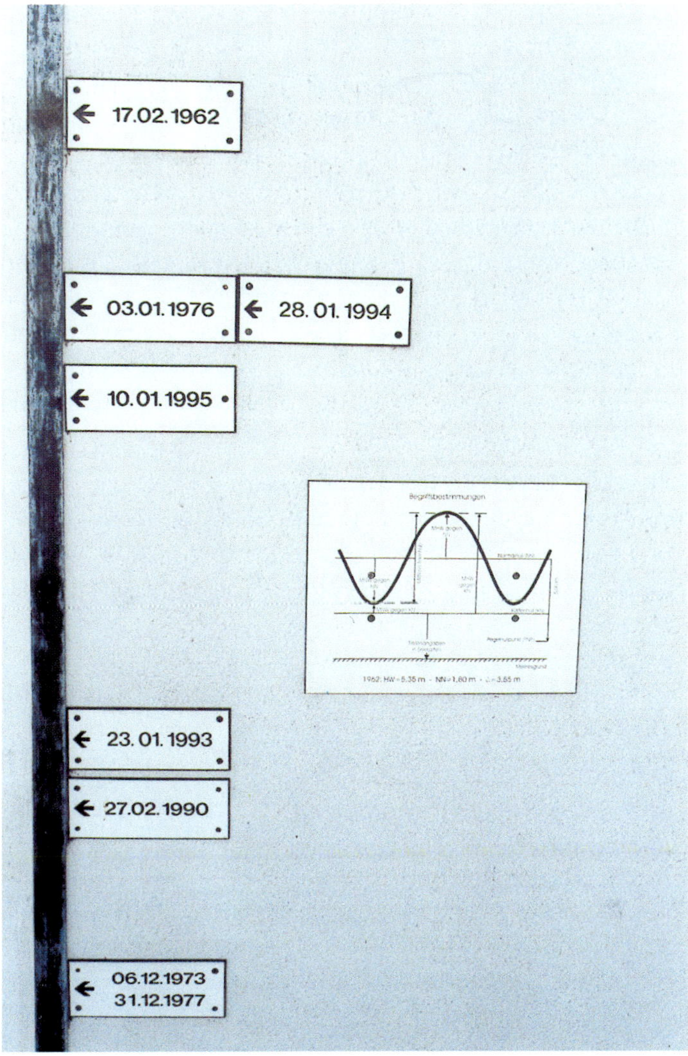

Sturmflutmarken an der Hauswand des Restaurants „Weserlust“ in Brake, Landkreis Wesermarsch. 1962 zeigte der Pegel an der Unterweser einen Höchstwasserstand von 5,35 Metern über NN.

Oost-Frise, ou Le Comté D'Embden
Handkolorierter Kupferstich
Jaillot, Sanson 1681

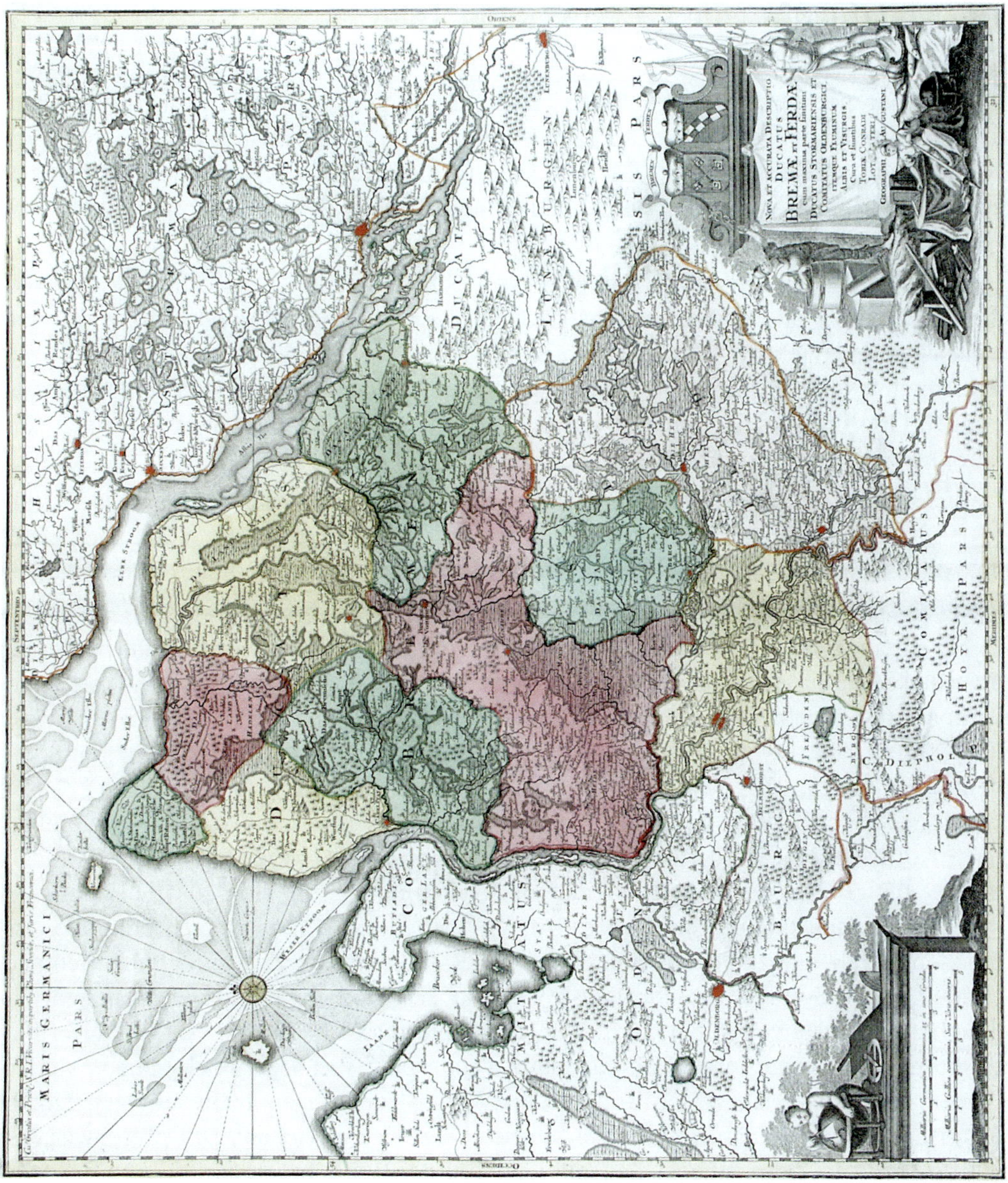

Nova et accurata Descriptio Ducatus Bremae et Ferdae
Lotter, um 1760

Die Martinsflut vom 13. November 1686

Die verheerende Naturkatastrophe des Jahres 1686, genannt die Martinsflut, hat nach übereinstimmenden Aussagen und Berichten mehrerer Chronisten hauptsächlich die Niederlande getroffen. Sie hat fast 2000 Menschenleben gefordert, zahllose Deiche zerstört, große Landflächen überflutet, Häuser und Kirchen, Ortschaften und Kirchspiele vernichtet.

Johann Fridrich Jansen schreibt über diese Hochwasserflut: „Sonderlich ist die Noth dieser Zeit / vor allem anderen sehr groß gewesen in Groningerland / als worin viele Menschen und Vieh das Leben eingebüsset / Häuser weggespühlet und zernichtet / und insgemein fast unschätzbarer Schade geschehen. Hier in Jeverland ist zwar das Land an einigen Orten überschwemmet gewesen / doch nicht hoch / und hat auch keinen sonderlichen Schaden verursachet."

Der Chronist Carl Woebcken berichtet über die Martinsflut vom 13. November des Jahres 1686: „Die Niederlande hatten am meisten auszuhalten. Die Flut nahm nach Osten ab, so daß schon das Jeverland keine Menschenleben zu beklagen hatte, während allein in der Provinz Groningen 1558 Menschen ertranken."

Der Heimatforscher und Chronist Arends übermittelt folgenden ausführlichen Bericht über diese Flutkatastrophe: „Über Groningen erging in der Nacht vom 12. zum 13. November 1686 eine der furchtbarsten Fluten deren die Geschichte erwähnt. Sie ist unter dem Namen Martinsflut bekannt; und erfolgte umso unerwarteter, da es während einigen Tagen bis zum 12. November stark aus Südosten geweht hatte. Am Abend desselben Tages gegen 9 Uhr wandte der Wind bei einem Gewitter sich nach Nordost, endlich nach Nordwest und ward zum Sturm, begleitet von schweren Hagelschauern, welcher die See plötzlich in die Höhe trieb, daß zwischen 4 und 5 Uhr Morgens die Fluten über alle Deiche, man sagt in Mannshöhe, wogten, viele derselben, auch mehrere Siele, zerbrachen und die ganze Provinz überzogen; überall ungeheure Zerstörungen anrichtend. Den ersten Stoß mußte der nördlichste Distrikt, das Hunsinga Quartier aushalten; obgleich das höchste von allem ward es doch überall mit Wasser bedeckt. Die Dörfer Pietersbuiren und Uithuisen wurden fast ganz weggespült, viel ärger noch ging es Meden, woselbst 113 Menschen den Tod in den Wellen fanden, auch die übrigen Dörfer hauptsächlich in der Nähe des Deichs wurden kläglich zugerichtet. Zu Delfzyl ward ein ganzes Bollwerk beinahe geschleift und ein Teil der Wälle brach durch. Vom Seedeich von da bis Alteschanz blieben nur noch Fragmente übrig. Von Nordbroek bis Zuidbroek und Scheemda wogte allerhand Hausgerät auf dem Wasser herum; mit Mühe konnte man durchschiffen. Vor der breiten Brücke zu Appingedam trieb so vieles Bettzeug und Holzgerät an, daß die Knaben einen Pistolenschuß weit darauf herum liefen. Bis an und in die Stadt Groningen, vier Stunden von der Küste entfernt, strömte das Wasser; von den Stadtswällen sah man am folgenden Morgen alles in einen See verwandelt. Schiffe wurden von der Stadt überall hingesandt, Menschen, Vieh und Güter zu bergen oder mit Lebensmitteln zu versehen.

Flutmarke in Bremerhaven-Geestemünde am Deichaufgang. Die Orkanflut vom 16. Februar 1962 verursachte an der Weser den bisher höchsten Wasserstand.

Außerordentlich groß war der Schaden, den die Einwohner erlitten, besonders in den Küstengegenden, besser erging es Bewohnern des Bezirks um Groningen, dem Goorecht, obgleich der niedrigsten Gegend der ganzen Provinz; auch das Wester Quartier kam nach Verhältniß gut davon, wiewohl näher der See liegend. Nach einen aufgenommenen Verzeichniß betrug im Ganzen der Verlust: Im Wester Quartier 20, in Hunsingo 640, in Fivelingo 416 und in Oldamt 482 ertrunkene Menschen, dabei sind 631 Häuser zerstört und weitere 616 beschädigt worden. 7861 Rindviecher und 1387 Pferde kamen ebenfalls ums Leben, dazu kommen noch die ertrunkenen Schafe und Schweine, worüber keine Listen aufgenommen."

Weiter führt Arends aus, dass auch Ostfriesland von der Sturmflut überströmt wurde, doch seien die angerichteten Verwüstungen und Schäden in Ostfriesland nicht im „entferntesten mit denen im Groningerland" vergleichbar. Der Chronist berichtet: „6 Stunden vor der Zeit der höchsten Flut, war die See schon so hoch gestiegen, daß sie mannshoch über die Deiche rollte und binnen einer Viertelstunde ganz Reiderland anfüllte. Überall am Dollart wurden die Deiche zerrissen. Der alte Bunder Deich war größtenteils bis an den Boden weggeschwemmt, nur hier und da noch Fragmente ste-

Sturmfluten-Markierungen in Bremerhaven-Geestemünde am Weserdeich. Die Bronzeringe belegen die Hochwasserstände der Sturmfluten von 1717, 1825, 1906, 1936, 1973 und 1962.

hen geblieben, der neue Deich des Charlottenpolders völlig rasiert: der alte Siel bei Bunde ausgerissen und mehrere Kolke im Deich gewühlt, worunter der noch vorhandene große Reiderkolk, 9 Ruten im Deich breit, 50 Ruten lang. In Leer erschien das Wasser um dieselbe Zeit, so plötzlich, daß unter andern der Rentmeister Bete, um sich zu retten, bis an den Leib im Wasser waten mußte. Die Deiche im Stickhauser Amt wurden überall durchbrochen und mehrere Kolke eingerissen, in dem der Commune Breinermoor allein 3 große. Die Festung Stickhausen litt großen Schaden an seinen Gebäuden, sowohl durch den Sturmwind, als durch das mit großen Eisschollen vermischte Wasser. Der Siel zu Petkum an der Ems wurde größtenteils zerstört, bei Borsum brach die See durch den Deich und grub einen tiefen Kolk, das Pumpengat genannt. In Emden verdarben viele Waren; doch blieb die Neustadt wasserfrei. Die Burg litt großen Schaden; die Mauer zwischen der alten und neuen Burg, 150 Fuß lang, ward weggespült und stürzte in den Graben mit mehr denn 30 Fuß Breite vom Burgplatz. Die Mauer des neuen Gebäudes an der Ems sank größtenteils stark ein, und das ganze Schott um die Burg ward zerschlagen. Bei Betteweer, jenseits der Knock spülten einige Häuser weg, eins mit 10 Menschen, die sämtlich ertranken. Zu Greetsiel wurden 17 an beiden Seiten des Muhdedeichs stehende kleine Häuser vom überstürzenden Wasser mit weggenommen, wobei 28 Menschen ums Leben kamen, viele andere Häuser im Flecken selbst stark beschädigt, eine große Holzbude zertrümmert; das Holz, 300 Balken und 1000 Sparren, auch eben so viel Tonnen Kalk, trieb weg; viel Vieh fand daselbst seinen Tod in den Wellen. Alle Erde an beiden Seiten des Siels ward weggespült. Hart am Flecken, an der Stelle wo der Eilsumer Siel war, kam ein großer Bruch im Deich, zwei kleinere nicht weit davon. Im Schoonorter Deich rissen große Kolke ein, mehrere im Nordbrockmerdeich, einige an denselben stehende Häuser wurden zerschlagen, in einem ertrank eine Frau mit 4 Kindern. Die Deiche im Norder und Berumer Amt wurden stark zerrissen, der neue aufgeführte in der Ostermarsch fast ganz weggespült; 29 Menschen in den kleinen Häusern am Deich verloren daselbst ihr Leben. Im Amte Esens wurden 294 Ruten Deichs bis zum Fuß weggerissen, 1758 Ruten hatten mehr oder weniger tiefe Kappenstürzungen, das übrige war voller Löcher. Eine Pumpe beim Benser Siel, und die bei Westerbur, wurden ausgehoben und auf der Stelle der letztern ein tiefer Kolk gewühlt. Das traurigste Los traf Westeraccummersiel; der Siel wurde fast ganz ausgerissen, darauf stürzte sich die See mit größter Wut auf den Ort, zerschlug, verschlang oder beschädigte die Häuser, tötete Menschen und Vieh und vernichtete die Mobilien und Vorräte, im Ganzen gingen daselbst 23 Gebäude völlig zu Trümmer, von 8 andern blieb nur wenig übrig. Die meisten Einwohner verloren ihr Hab und Gut. Der Schullehrer rettete sein Leben, indem er sich an einen großen Kohlstrunk fest hielt, seine Frau und drei Kinder aber ertranken. Einem Mann riß das Wasser Weib und Kind aus den Armen, ein anderer verlor 6 Kinder. Auf dem Westeraccumer Neulande war auch großer Schaden an Häusern, Korn und Gütern angerichtet. Im ganzen Amt wurden 45 Häuser zerstört oder bis zur fast gänzlichen Zerstörung beschädigt, 19 Menschen und 45 Stück Vieh verloren ihr Leben. Vom Neufunnixsiel im Wittmunder Amt wurden durch das mit großen Eisschollen vermischte Wasser, vier Türen zerschmettert und die Groden Deiche schwer verletzt. Der Sturm tobte so arg, daß eine ungeheure Menge Häuser einstürzte oder bedeutenden Schaden litten, unzählige Bäume wurden entwurzelt, einige Mühlen umgeworfen, selbst Kirchen und Türme stark beschädigt, zum Teil abgedeckt."

Wie diese genaue und sehr anschauliche Schilderung zeigt, gilt der Heimatforscher und Chronist Fridrich Arends zu Recht als Verfasser der ersten wissenschaftlich fundierten Landeskunde der ostfriesisch-oldenburgischen Halbinsel. Daneben verfasste er zahlreiche Bücher und Schriften, die sich hauptsächlich mit der Heimat- und Landeskunde von Jever und Ostfriesland, dem Harlinger Land sowie den Auswirkungen historischer Sturmfluten auf die deutsche Nordseeküste auseinander setzen.

Arends nennt für das 17. Jahrhundert noch weitere Sturmfluten der Jahre 1688, 1692, 1693, 1696, 1697 sowie 1699, die aber nur mit wenigen Zeilen abgehandelt werden. Offensichtlich sind bei diesen registrierten Wasserfluten keine nennenswerten Schäden aufgetreten. Der Chronist schreibt: „Am 8. Oktober 1688 war eine hohe Flut zu Hamburg und Umgebung. Bei einer ähnlichen am 12. Dezember 1692 wurden die Deiche der Haselauer und Haseldorfer Marsch weggerissen. Hamburg ward am letzten Tage des folgenden Jahres (1693) wiederum von einer schweren Flut heimgesucht. 1696, auf Weihnachten, erging eine Eisflut über Ostfriesland; zu Emden sah man das Eis in der Krahn- und Neuen Straße in großen Massen liegen. Im folgenden Jahr (1697) gab es am 22. September wieder eine Flut an der Weser, Elbe und zu Hamburg, ferner am 10. November 1699. Fünf Tage später, den 15. November mußte Ostfriesland eine schwere Flut erleiden, die um 2 Uhr Nachts bei einem Nordwestwind eintrat und großen Schaden verursachte, besonders im Emder Amt. Der erst kürzlich hergestellte Deich um das Dorf Geerdsweer ward fast ganz vernichtet, 6 Häuser in diesem Dorf spülten weg, andere wurden beschädigt. Viel Vieh ertränkt."

Der Autor Hans Egidius an einem so genannten Flutstein in Dangast, Landkreis Friesland. Hier sind die Hochwasserstände der Sturmfluten von 1717, 1825, 1855, 1906 und 1962 angezeigt.

Die Weihnachtsflut vom 24. / 25. Dezember 1717

Am Heiligabend des Jahres 1717 blickten die Menschen mit sorgenvollen Gesichtern in den vom Mondlicht erhellten Nachthimmel. Der bis zum Nachmittag aus Südwesten wehende Wind war umgeschlagen, nahm ständig an Heftigkeit zu, blies schließlich aus nordwestlicher Richtung. Dunkle Wolkenfetzen vor sich hertreibend, verursachte der Orkan gegen zwei Uhr morgens einen gewaltigen Wasserstau an der Nordseeküste von den Niederlanden bis hinauf nach Dänemark. Fünf Stunden vor dem tidebedingten Hochwasser überflutete das Meerwasser bereits das Deichvorland an der Küste. Höher und höher stieg das Wasser, deren Wellen weiße, im Sturmwind verwehende Gischtfahnen zeigten. Mit wachsender Kraft jagte der Orkan das wild bewegte Salzwasser gegen die niederländische, deutsche und dänische Nordseeküste. Konnten die durch Sturmfluten im 17. Jahrhundert stark beschädigten Seedeiche der Küstenregionen das mit Macht herandrängende Wasser aufhalten? Waren die hinter den Deichen lebenden Menschen in Sicherheit?

Es kam, wie es kommen musste. Die in der Vergangenheit stark vernachlässigten Deiche an der Gesamtküste hielten den herandrängenden Wassermassen nicht stand. Die Dämme zerbrachen unter dem Ansturm der Flut, tiefe Kolke entstanden, und die Überreste der Deiche wurden einfach vom Wasser fortgespült. Viele Menschen, im Schlaf von der Flut überrascht, flüchteten auf die Dächer und ertranken dennoch wenig später im eisigen Wasser. Häuser und Stallungen wurden unterspült, brachen ein und versanken in der Flut. Nur für Stunden blieben Mauerreste und die Holzaufständerung stehen, dann stürzten auch diese und versanken in der Flut. Siele zerbarsten unter dem Druck des Wassers und selbst stärkere Bäume wurden entwurzelt und trieben davon. Brüllend vor Angst versuchte das Vieh dem Wasser zu entkommen. Vergeblich! Hunde, Schafe, Ziegen und Pferde sowie Rinder schwammen mit den gurgelnd dahinschießenden Wasserfluten davon und ertranken. Kisten, Balken, Dielen, Möbel und Bauholz – vermischt mit entwurzeltem Buschwerk, Sträuchern und Bäumen – trieben im sturmgepeitschten Wasser. Immer noch drängten die Wassermengen in südöstlicher Richtung, immer noch blies der Orkan mit nicht nachlassender Kraft aus Nordwest.

Die Sturmflutkatastrophe, die später als so genannte „Weihnachtsflut" die Liste der verheerenden Sturmfluten vervollständigen sollte, brachte unermessliches Leid über die Küstenbewohner. Während einige Menschen nach Berichten der damaligen Zeit die Flutkatastrophe auf andere Art für sich ausnutzten, indem sie nach Piratenart raubten und plünderten, versuchten andere noch im Wasser treibende Personen und Hausrat zu bergen oder Verletzten zu helfen.

Die herrschende Obrigkeit musste eine erschreckende Bilanz registrieren. Bereits einige Tage nach der Wasserflut begannen die Aufräumungsarbeiten in den betroffenen Gebieten an der gesamten Nordseeküste. Mühsam wurden die toten Menschen unter den Trümmern oder aus dem Wasser geborgen, wurden Tierkadaver abtransportiert und noch brauchbares Hab und Gut aufgefischt. Baumaterialien wie Bretter und Balken wurden auf einen Haufen geschichtet, um sie später wieder zu verwenden. Überall dort, wo

Originalfassung der Kartenüberschrift:
Geographische Vorstellung der jämerlichen Wasser-Flutt in Nieder-Teutschland, welche den 25. Dec. Anno 1717, in der heiligen Christ-Nacht, mit unzählichen Schaden, und Verlust vieler tausend Menschen, einen großen theil derer Hertzogth. HOLSTEIN und BREMEN, die Grafsch. OLDENBURG, FRISLANDT, GRÖNINGEN und NORT-HOLLAND überschwemet hat. edirt von IOH. BAPT. HOMANN Der Röm. Keis. Mai. Geogr. in Nürnberg.

noch das Salzwasser im Land stand, benutzte man als Transportmittel einfache Kähne und Boote für die Bergungsarbeiten. In allen anderen Fällen mussten noch vorhandene Pferdefuhrwerke oder einfache Gespanne eingesetzt werden. Die von der Flut verschonten, aber um ein Vielfaches dezimierten Küstenbewohner bemühten sich mit letzter Kraft, die Auswirkungen der Wasserflut zu bekämpfen. Besonders schlimm machte sich der Mangel an Trinkwasser und Nahrung bemerkbar. Es musste mühsam in das von der Flut verwüstete Land transportiert werden. Überall in den Ländern waren von der Obrigkeit entsandte Commissionäre eingesetzt worden, die an Ort und Stelle die Wasserschäden bewerteten. Nur in einigen Einzelfällen ist den Flutopfern von der jeweiligen Regentschaft unverzüglich geholfen worden. Eine generelle Hilfeleistung durch andere Länder setzte erst Wochen nach dem Bekanntwerden der Weihnachtsflut ein.

Die Schäden übertrafen alle Befürchtungen, denn fast 500 Gebäude sind in Jever und Oldenburg vernichtet worden. 1275 Menschen ertranken in der Herrschaft Jever, weitere 374 in Kniphausen und 2471 in der gesamten oldenburgischen Grafschaft. Nach Quellenangaben verschiedener Chronisten aus dem 18. Jahrhundert sind an der gesamten Nordseeküste einschließlich der Niederlande und Dänemark fast 12000 Menschen sowie 100000 Stück Vieh ertrunken. 5000 Gebäude wurden zerstört und 6000 Quadratkilometer Land vom Seewasser überflutet. In der norddeutschen Region stand das Seewasser bei 4,60 Meter über Normalnull wie im schleswig-holsteinischen Büsum. Unter dem Stichwort „Weihnachtsflut“ ist im „Wilhelmshavener Heimatlexikon“ folgende Zusammenfassung nachzulesen: „Weihnachtsflut vom 25.12.1717. Sie gehört zu den schwersten Flutkatastrophen der neueren Zeit. Die schnell und unerwartet hereinbrechende See brachte Not und Verderben über die Bewohner der Nordseeküste und richtete schwerste Schäden an. Ein plötzlich einsetzender Nordweststurm trieb fünf Stunden vor der Flutzeit die Wogen gegen die Deiche. Sie durchbrachen diese und ergossen sich mit tobender Gewalt und reißender Schnelligkeit ins ungeschützte Hinterland. Große Teile der tiefliegenden Küstengebiete standen unter Wasser. Auch das Jeverland wurde schwer heimgesucht. Viele Kolke und Braken sind hier entstanden. Ein bei Schillig eingebrochener Kolk war um 82 Meter breit und 7 Meter tief. Das Wasser reichte bis Jever. Das Jeverland verlor 1679 Menschen, 456 Pferde, 3915 Rinder, 1799 Schafe und 1005 Schweine. 448 Häuser vernichtete die Flut. Nach Angaben des Chronisten Funk verloren in Ostfriesland 2734 Menschen ihr Leben, ertranken 2302 Pferde, 9502 Rinder, 2840 Schafe und 1848 Schweine. 909 Häuser wurden völlig zerstört und 1382 beschädigt.“

Nach Angaben von Carl Woebcken ertranken weitere 2471 Menschen in der Grafschaft Oldenburg und 1695 Menschen im Land Hadeln, in Kehdingen, Dithmarschen und Eiderstedt. Der Historiker nennt folgende Ursache der Katastrophe: „Die Deiche hatten sich überall als zu niedrig erwiesen.“

Nicht nur die Deiche, sondern auch hölzerne Siele und bereits bestehende Hafenanlagen waren beschädigt oder zerstört worden. Die beiden Ellenserdammer Siele, der Steinhauser Siel und der Mariensiel wurden ebenfalls „eingerissen“. Durch den von den Fluten weggerissenen Mariensiel drang das Seewasser bis nach Sande, Sanderbusch und zum „Grashaus auf dem Sande“ (Altmarienhausen). Das Haus war von Fräulein Maria

Der durch Winterhochwasser mit Eisgang im Jahre 1994 zerstörte Boots- und Badesteg im Nordseebad Dangast, Landkreis Friesland.

Erinnerungstafel an die Weihnachtsflut des Jahres 1717 in der Kirche zu Tossens in Butjadingen. Im Dorf waren damals in der Christnacht 126 Menschen ertrunken.

zu Jever 1564 errichtet und von 1568 bis 1571 schlossartig erweitert worden. Später wurde das Schloss bis auf den Turm (Marienturm) abgebrochen. Im Turm erinnert eine alte Sandsteintafel an die Weihnachtsflut von 1717. Die Inschrift auf der Tafel lautet: „Anno 1717 den 25. December, hat in der Nacht dies Landt, den Zorn Gottes gefühlet, da eine Flut Siel, Deich, und Heuser weggespület, las zur Erinnerung den Fuß, an diesen Stein, Dir von des Wassers Höhe, ein stetes Zeichen sein."

Eine Tafel in der Kirche von Tossens im Butjadinger Land verkündet ebenfalls von der verheerenden Sturmflut: „Ao 1717, in der Christnacht, morgens umb 3 Uhr, ist das saltze waßer mit einem großen Sturm eingebrochen und an die 12 fuß hoch, über das Land gestanden, in welcher fluth im hiesigen Kirchspiel an häuser zerbrochen und weggetrieben 26 und 36 ruiniert, an menschen ertrunken 126, wo nur auf dem Kirchhoffe 21 begraben, etliche gefundene cörper im felde in die erde verscharret, die übrigen mit der fluth vertrieben. An vieh ist alles verlohren 273 stück. Dieses haben wir Tössener gemeine zum ewigen gedächtniß hiermit aufgezeichnet. Got behüte unsere nachkommen für feuer und wassers noth und allem unfall und beschere uns allen ein sähliges Ende."

Weiter erinnern noch heute mehrere so genannte Sturmflutmarken und Hochwassersteine in Friesland, Wangerland und in Butjadingen an die Hochwasserflut vom 24./25. Dezember des Jahres 1717.

Auf mehreren Seiten beschreibt Pastor Johann Fridrich Jansen aus Neuende im Jeverland in seinem Sturmflutenbuch von 1722 die Weihnachtsflut des Jahres 1717, die mit einem Höchstwasserstand von 4,60 Meter über Normalnull große Verwüstungen und Verheerungen an der Nordseeküste anrichtete. Er berichtet: „Das Elend der Jammer / worin unsere Länder biß über die Ohren saßen / war so groß / daß es mit keiner Zunge zu beschreiben noch mit einer Feder vorzustellen ist. Werffen wir unsere Augen auf den weiten Umgriff der Länder / welche mit dieser Zorn-Ruthe Gottes sind gezüchtigt worden: so war derselbe sehr groß / weil nemlich alles Land / das an die Nord-See belegen mit dem saltzen See-Wasser bedecket worden. Ostfriesland / Grohningerland / Friesland / Nord-Holland / Süd-Holland / Seeland / Flandern / Oberyssel / Jeverland / Oldenburgische / das Herzogthum Bremen / das Land bey der Elbe hinauf nach Hamburg / Glückstadt / Süder- und Norder-Dithmarschen / Eyderstädtsche / Nord-Strandt / Schleswyksche / Jütland: Ja nach Dennemark so gar ist die Gewalt des Wassers gegangen / sintemahl von Copenhagen gemeldet worden / daß den 25. December 1717. durch den Sturm ausm Nord-Westen das Wasser allda so hoch aufgelaufen / als es bey Menschen Gedencken nicht gewesen seyn mag. Und ists höchstens zu bewundern / daß auch so gar das sonst glückselige Engel-Land das seinige empfunden. Denn am Freytage des Abends / als am 24. December das Wasser so niedrig / daß kaum jemand mit einem kleinen Nachen oder Both darüber schiffen konnte; Allein des folgenden Tages ward es / durch einen Nord-West-Wind / so hoch getrieben / daß auch viele Oerter von Wasser überlieffen. Und ist dies daher gekommen / weil / das Wasser durch den Nord-West-Wind / zurück getrieben / und nicht so bald den engen Canal bey Engelland passiren können / deshalben es dann eine Überschwemmung verursachen müssen."

Wasserstandsanzeiger am Deich in Butjadingen. Neben der Kronenhöhe des Deiches ist der Wellenauflauf der Sturmflut von 1976 angegeben. Danach wurden damals 8,11 Meter registriert. Unten der Pegelstand der Sturmflut von 1962 mit 5,25 Metern über NN.

Jansen schildert eine Geschichte, die sich so tatsächlich im Jeverland zugetragen haben soll: „Ein Mann Nyender Kirchspiels im Jeverland / Nahmens iffe Dircks / schwimmet nebst seiner Frau auf dem Giebel seines Hauses und gelanget endlich mit demselben in der so genandten Balge auf einen Apffelbaum. Sie setzen sich beyde auf einen Zweig / da denn das Weib / als sie etwa 3 Stunden hier ausgehalten / ihren Geist aufgegeben. Der Mann der da sorgen wollen / daß nicht sein Weib möge wegtreiben / sondern noch ehrlich begraben werden / löset die aufgebundenen Haare ihres Hauptes auf / und bindet sie um einen Zweig dieses Baumes feste / da sie denn also noch einige Tage bey den Haaren ihres Hauptes gehangen / bis sie abgenommen und begraben worden. Das mag mir ein trauriges Spectacul vor diesem Manne gewesen seyn / der auf diesem Baum bis in den dritten Tag sitzen / und eine solche todte Gefährtinne in so jämmerlicher Gestalt / haben müssen."

Überliefert ist weiterhin eine Geschichte, die an eine Legende erinnert, in der die Weihnachtsflut als Gottesstrafe für unzüchtiges und ausschweifendes Leben der Küstenbevölkerung dargestellt wird. Dort heißt es: „Er hat also am Weynachts-Abend seinen Dienern, den Elementen, befohlen, daß sie seinen Befehl ausrichten und die bösen Menschen strafen möchten. Es ging vorher der Wind aus Süden und trieb die Wasser in die Nord-See. Darauf wurde es Nord-West und trieb die Fluthen nach dem Lande zu. Wir hatten einen grausamen Sturm-Wind, dabey es war, als ob die Erde erschütterte, und dieser wehrete sehr lang. Doch wie man höret, so soll die See in sich selbst auch vom Winde, welcher sie ganz hohl gemacht, sehr wütend worden seyn, wobey es auch geschloßet, welches insgemein das Meer sehr raßend zu machen pfleget. Ja, es haben die Schiffer, so damals gegen dem Lande in der See vor Angker gelegen, wahrgenommen, daß diese feurig geschienen, welches sie pflegen ein Brenning zu nennen, dabey das Meer damals wie ein Topff aufzusieden pfleget, und ist das Meer damals so ungestüm gewesen, daß einige Schiffer bezeugen, sie hätten Lufft und Waßer nicht mehr zu unterschieden gewußt. Sie mögen wol recht feurige Fluthen des brennenden Zornes Gottes gewesen seyn. Und ist sonderlich merkwürdig, daß die Meeres-Fluthen schon hoch über Teich und Dämme herübergestürtzet, da doch das Wasser noch Ebbe gewesen und über 4 Stunden noch zu wachsen gehabt, ehe es hoch Waßer gewesen wäre. So ist dann nach Mitternacht die Überschwemmung des Landes erfolget, welche Tausende von Menschen weggerißen, und viele tausend Stück an Pferden, Kühen, Schafen, Schweinen und dergl. ertödtet, da sind nun viele hundert Häuser von Grund auf mit samt den Menschen fortgerißen worden; die aber noch stehen geblieben, die sind so jämmerlich zerrißen, daß es kaum zu beschreiben. Da hat sich nun auch die Providenz Gottes sehen laßen, denn obschon die kleinen Häuser mehr gelitten als die großen, dennoch so ist manches große Haus von Grund aus weggespielet worden, von welchem man vermuthet hätte, daß es hätte müßen stehen bleiben, und manches kleines Haus ist offt an den gefährlichsten Örtern stehen geblieben, von welchem jedermann hätte meynen sollen, es müßte fortgehen. Die Teiche und Dämme demnach um das gantze Land zerrißen worden, sodaß an vielen Orten 30, 40, 50, 80 bis 100 und mehr Ruthen an einem weggespielet sind, was aber stehen geblieben, jämmerlich zerlöchert worden. Da haben nun gegen des Herrn Fluthen die oben erwehnten Götzen nicht wehren können. Die Häuser sind zerrißen und zerzerret worden, die Fluthen haben die Mauern, wann sie auch noch so vest gewesen, eingestoßen, sind in die Häuser mit größtem Sturm gebrochen und haben die schönen, lackierten Schräncke mit allem Silber, Geld und Golde, Linnen und Zinnen, Kupffer und dergleichen von ihrem Stande weggerißen. Deßgleichen auch die herrlichen Betten und alle Hausgeräthe weggeführet und auf der anderen Seite des Hauses hinaus und mit fortgerißen, Pferde und Kühe, Schafe und Schweine ersäuffet und auch samt den Menschen, die die Fluthen ergriffen, mit fortgerißen. Da ist nun alle Herrlichkeit, worauf das menschliche Hertz vorher so sehr stoltzierte, auf der See daher geschwommen und weit weg an andere Orte geführet oder verweset und verlohren oder von andern gestohlen worden, also, daß mancher, der den vorigen Tag reich gewesen, den anderen Tag ganz nackend gemacht worden und nichts als das bloße Leben davon gebracht hat! Oh, große Unbeständigkeit des irrdischen Weltdrecks! Ach! Daß die Menschen ihr Vertrauen doch auf den lebendigen Gott und auf beständige ewige Güter setzen möchten."

Doch diese „Gottesstrafe" in Form einer katastrophalen Hochwasserflut hat die potenziellen Diebe und Räuber nicht abgeschreckt, vielmehr gingen die Diebstähle und Räubereien weiter. Selbst das Plündern von verlassenen Häusern und das Fleddern von Leichen war zum einträglichen Geschäft nach der Hochwasserflut geworden. Aus den Abschriften amtlicher Berichte folgender ostfriesischer Ämter und Ortschaften – wie Berum, Emden, Esens, Friedeburg, Greetsiel, Leer, Norden, Pewsum und Wittmund – geht

Die Bilder zeigen hoch aufgetürmte und tonnenschwere Eisschollenberge, die für die Küstenschutzbauten eine große Gefahr darstellen.

diese Tatsache eindeutig hervor. So heißt es beispielsweise im Wittmunder Bericht: „Die Kisten und Kasten werden von denen aller natürlichen Gerechtigkeit vergessenden Menschen aufgeschlagen. Die Boßheit der Menschen ist so hoch gestiegen, daß sie das Maß der Ungerechtigkeit durch solche Diebsgriffe, aller göttlichen Straffe ungeachtet, noch mehr häuffen und noch größer machen wollen, welche Verstockung höchstens zu bedauern. Allein solcher boßhafte Ungehorsam, weil es bey Leib und Lebens-Straffe verbothen, ernstlich zu bestraffen ist."

Im Nachfolgenden berichtet Fridrich Arends über die Hochwasserflut des Jahres 1717, die als so genannte Weihnachtsflut in die Geschichte eingegangen ist: „Sie gehört unter die wenigen über die ganze Nordseeküste sich erstreckenden; sie beraubte einer großen Anzahl Menschen des Lebens und richtete in den meisten Gegenden unsäglichen Schaden an, der viele Jahre hernach noch schwer gefühlt ward. Sie macht Epoche in der physischen Geschichte des Küstenlandes; wir werden daher ausführlich ihrer erwähnen müssen."

Arends schreibt weiter: „Mehrere Tage vor Weihnachten wehte es scharf aus Südwesten, dadurch viel Wasser durch den Canal in die Nordsee strömte. Freitag, den 24. Dezember 1717 Nachmittags wandte der Wind sich nach Westen, mit Sonnenuntergang nach Nordwest, und bließ ziemlich stark; eine hohe Flut war daher zu erwarten, nur keine besondere hohe, weil der Sturm nicht sehr heftig war, auch der Mond noch im letzten Viertel stand. Spät Abends nahm zwar der Sturm zu, ward um Mitternacht aber gelinder, weshalb niemand an Gefahr dachte, und alle unbesorgt zu Bette gingen, manche um nie wieder zu erwachen. Unvermutet zwischen 1 und 2 Uhr Nachts erhob sich der Sturm aus Nordwesten mit ungeheurer Wut, und plötzlich schwoll die See auf zu nie gehörter Höhe und lange vor Eintritt der Flut. Erst gegen halb 7 Uhr sollte es in Emden höchste Flutzeit sein, etwas später in Jever und den östlichen Gegenden. Aber schon um 2 Uhr war das Wasser auf einmal so hoch gestiegen, daß es in Emden durch die ganze Stadt strömte. Mit unerhörter Wut stürmten die Wogen auf die Deiche an; wenige Augenblicke und sie erreichten die Höhe derselben, wogten gleich darauf 4, 5, 6 Fuß hoch darüber hin, zerrissen, durchbrachen sie an mehreren Stellen, und ergossen sich mit tobender Gewalt und reißender Schnelligkeit über die Ländereien. In kurzer Zeit waren diese bis zum Urgestade in einen wild aufgeregten See umgewandelt."

Arends geht in seinem Buch auf Einzelheiten der Hochwasserflut von 1717 ein, die von mehreren Chronisten ebenfalls genannt werden. Deshalb sollen an dieser Stelle zunächst einmal die Menschen- und Tierverluste, die zerstörten und beschädigten Häuser erwähnt werden. Wie bereits eingangs erwähnt, ist die Weihnachtsflut mit einem Höchstwasserstand von 4,60 Meter über Normalnull, gemessen im schleswig-holsteinischen Büsum, sehr hoch aufgelaufen. Weil die aus dem 17. Jahrhundert beschädigten Seedeiche immer noch nicht „repariert und instandgesetzet waren", kam es an der Nordseeküste vom niederländischen Flandern bis hinauf nach Dänemark zu gewaltigen Überflutungen mit verheerenden Auswirkungen und Verwüstungen für Land und Leute.

Dazu nennt der Chronist Fridrich Arends anhand verschiedener Listen die Verluste an Menschen und Tieren, zerstörten sowie beschädigten Häusern. Danach sind in den Ämtern Leer, Stickhausen, Emden, Pewsum, Greetsiel, Aurich, Norden, Berum, Esens, Wittmund und Friedeburg mit den Herrlichkeiten Oldersum, Borsum, Up- und Wolthusen, Petkum, Risum, Jennelt, Lütetsburg, Dornum und Gödens insgesamt 2725 Menschen während der Flut ertrunken. Die Tierverluste beziffert der Historiker auf 9700 Stück Hornvieh, 2308 Pferde, 2845 Schafe sowie 1091 Schweine. 930 Häuser wurden zerstört und weitere 1824 beschädigt.

Im Wangerland ertranken 613, in Rüstringen 560, Östringen 102 und in der Herrlichkeit Kniphausen 374 Menschen im übergelaufenen Seewasser. Insgesamt kamen in den oben genannten Ländern 3915 Teile Hornvieh, 556 Pferde, 1799 Schafe und 1005 Schweine ums Leben. Die Wassermassen der weihnachtlichen Hochwasserflut zerstörten in der Region 448 Häuser und spülten die Reste fort.

Im Lande Hadeln sind 309, im Land Kehdingen 388 und im Alten Land 4 Menschen in der Flut ertrunken. Das Land Wursten und das Amt Neuhaus hatten keine Menschenleben zu beklagen. An Tierverlusten werden für alle Regionen genannt: 8780 Stück Hornvieh, 1726 Pferde, 3888 Schafe und 4396 Schweine. In der Flut wurden außerdem 387 Häuser vernichtet, 535 stark beschädigt und dadurch teilweise unbewohnbar gemacht.

Fridrich Arends nennt folgende Zahlen als Gesamtverluste durch die Auswirkungen der Weihnachtsflut des Jahres 1717: Es entfallen auf Friesland 105, auf das Groningerland 2289, auf Ostfriesland 2752, auf Jever 1275, auf die Herrlichkeit Kniphausen 374, auf Oldenburg 2471, auf das Amt Ritzebüttel 312, auf das Land Hadeln 309, auf das Land Kehdingen 388, auf das Alte Land 4, auf Dithmarschen 468 sowie auf Schleswig 81 Wassertote. Die gesamten Tierverluste beliefen sich nach Arends auf 37433 Stück Hornvieh, 7982 Pferde, 31150 Schafe und 15147 Schweine. In den genannten Gebieten sind 4915 Häuser vollständig zerstört und weitere 3375 stark beschädigt worden.

Aufgrund der erheblichen Verluste an Menschen und Vieh gerieten die Überlebenden in große Not, denn nur geringe Vorräte an Brotgetreide und Viehfutter sind vor der Flut gerettet worden. Die meisten Naturalien waren durch das salzige Seewasser ungenießbar gemacht oder sogar gänzlich vernichtet worden.

Anstatt jetzt den Notleidenden zu helfen, entwickelten die von der Hochwasserflut verschonten Geestbauern im Lande „ein widerwärtiges Geschäftsgebaren", wie es in einer alten Überlieferung heißt. Sie „bewucherten" die Notleidenden und verlangten für Trinkwasser und Naturalien horrende Preise. Dazu heißt es in einer alten Notiz: „Der Roggenpreis stieg in wenigen Monaten von 3 Reichsthaler 24 Grote auf 5 Reichsthaler 36 Grote je Tonne." Ständig teurer wurde auch das knappe Trinkwasser, das Vieh wurde mit geschmolzenem Schnee getränkt. Brennmaterialien für Herde und Öfen, in der Regel Holz oder Torf, ist ebenfalls teuer bezahlt worden. So verwundert es bei der damaligen Notlage nicht, dass Diebstähle und Beraubungen an der Tagesordnung waren.

Einer Landplage gleich schwärmten die „Strandgut-Räuber" sowie die „Beutemacher" aus. Lichtscheue Elemente, Diebe und Räuber nutzten die allgemeine Notlage aus, um sich am Elend anderer zu bereichern. Obwohl es von der jeweiligen Regentschaft untersagt und bei Strafe verboten war, plünderten die Diebe, was das Zeug hielt. Sie stah-

Der Nord-Ostsee-Kanal war gerade fertiggestellt, als die Sturmflut vom 5. bis 8. Dezember 1895 mit hohen Wasserständen über sechs Tiden an der Nordseeküste auflief.

Fotografisch zusammengestellte Sturmflutmarken vom Weserdeich in Bremerhaven: 1825 sind in Dangast 5,26 Meter, 1906 in Wilhelmshaven 5,06 Meter, 1936 und 1973 an der Nordseeküste über 4 Meter Fluthöhen über NN gemessen worden.

len angeschwemmtes Mobiliar und andere Habseligkeiten und scheuten sich auch nicht, verlassene Wohnungen und leer stehende Häuser zu plündern und auszurauben. Selbst Leichenfledderei war an der verwüsteten und verheerten Nordseeküste nicht selten, wie es einer alten Notiz zu entnehmen ist. Auch vor mutwilliger Zerstörung der Deiche wurde nicht Halt gemacht: „So vermochte die Androhung der Strafe des Todes durch den Scheiterhaufen nicht, daß Anlieger der Deiche vor ihren Häusern während der Nacht den Deich durchstachen, um auf diese Art und Weise ihr eigenes Haus und die Felder von dem sich davor stauenden Wasser zu befreien."

Hinsichtlich der überlieferten Berichterstattung über die Hochwasserfluten der früheren Zeit nimmt die Weihnachtsflut von 24. und 25. Dezember 1717 eine Sonderstellung ein, denn über diese Orkanflut liegen mehrere Augenzeugenberichte aus archiviertem Schriftgut und der damaligen Literatur vor. Dabei zitieren verschiedene Chronisten die Eindrücke und Erlebnisse des Emder Pastors Outhof, der die Hochwasserkatastrophe beschreibt, wie er sie in der ostfriesischen Seehafenstadt Emden erlebt hat. Der Historiker Carl Woebcken schildert sie in seinem Buch „Deiche und Sturmfluten an der Nordseeküste" in einem kleinen Absatz: „Alle früheren Fluten werden in den Schatten gestellt von der furchtbaren Weihnachtsflut 1717. Durch keine sind die Küstenbewohner mehr überrascht worden, denn der Wind war nicht übermässig und der Mond stand im letzten Viertel. Outhof, der hier Augenzeuge ist, erzählt, der Wind sei aus Südwesten gekommen, habe sich dann am Nachmittag des 24. Dezember nach Westen und mit Sonnenuntergang nach Nordwesten gedreht, um gegen Mitternacht gelinder zu werden. Niemand dachte an eine Gefahr, alle gingen unbesorgt zu Bett. Unvermutet, zwischen 1 und 2 Uhr nachts, wurde der Sturm zum Orkan. Die See schwoll zu nie gekannter Höhe, lange vor Eintritt der Flut. Erst gegen 6 1/2 Uhr sollte in Emden Hochwasser sein, aber um 2 Uhr strömte das Wasser schon durch die ganze Stadt. Outhof, der in der Oststraße wohnte, wurde zur rechten Zeit von seinen Nachbarn geweckt, trat aber schon aus dem Bett ins Wasser. Er stieg mit seiner Frau und der Magd auf den Boden. Eine Viertelstunde später stand das Wasser schon 5 Fuß in der Küche. Ein Stück Außenmauer zerbarst, eine Innenmauer stürzte ein. Outhof geriet bis an den Leib ins Wasser und wäre beinahe mit fortgerissen und in den Keller geschwemmt. Mit Mühe gelang es ihm, sein Studierzimmer zu erreichen, wo sich trockene Kleider vorfanden und Feuer angemacht werden konnte. Einem Nachbarn, der sich ganz durchnäßt auf den Boden geflüchtet hatte, ging es so gut nicht. Er mußte ohne Licht und Feuer bis zum anderen Mittag ausharren. Nur die große Deichstraße und der höchste Teil der Burgstraße blieben trocken, sonst war die ganze Stadt vom Wasser überschwemmt. Noch nach 3 Tagen fuhr man mit Böten durch die Straßen."

Pastor Outhof beschreibt am Schluss den nachhaltigen Eindruck, den die Katastrophe bei ihm hinterließ: „Noch immer glaube ich das Brüllen der Wogen, das Krachen der einstürzenden Häuser, Böden und Dächer zu hören, das herzzerreißende Geschrei und Gejammer der kläglich in den Fluten versinkenden Menschen, das Winseln zarter Weiber und Kinder, die hier unter herabstürzenden Balken zerschmettert wurden, dort auf ihrem Bett im Wasser ersticken oder durch die schäumenden Wogen hin und her geschleudert halb nackend auf den Wellen treiben und zuletzt größtenteils in den Fluten umkommen, während nur wenige nach langem Umhertreiben sicheren Boden erreichen."

Über die Auswirkungen der Weihnachtsflut im Jeverland und Butjadingerland schreibt Woebcken: „Als die Einwohner von Jever am Weihnachtsmorgen zur Schlachte, ihrem Hafen, hinausgingen, sahen sie das ganze Land überschwemmt. Nur Dächer und Bäume schauten heraus aus der wogenden Wasserwüste. Schiffe, vom Sturm verschlagen, liefen unter vollen Segeln vorbei. Eins strandete auf dem Dannhalm, einem kleinen Hügel westlich der Stadt. Leichen, Hausrat und Balken wurden angeschwemmt. Am Nachmittag trieb auf einem Stück Holz ein Mann aus Mederns an, neben sich in einem Eimer sein Kind, das unterwegs vor Kälte erstarrt war. Von ihm vernahm man die erste Kunde, nähere bald hernach durch einen Knecht und eine Magd, die von Altharlingersiel her auf einen Haufen Bohnenstroh landeten. Überall waren die Deiche überströmt, zerrissen, weggespült. Nun wurden Böte ausgerüstet, um zu retten und zu helfen, soweit es möglich war. Ohne das wären die Menschen, die ihre Zuflucht auf Böden und Dächer gesucht hatten, verloren gewesen. Durch Einsturz der Gebäude und vor Kälte kamen ohnehin viele um, während es anderen nicht mehr gelungen war, den Boden zu erreichen, so daß sie in ihren Kammern ertranken. Viele hatten sich auch in die Kirchen gerettet, die alle mit Ausnahme der zu Heppens vom Wasser verschont geblieben. Von den zahlreichen Kolken, die sich gebildet hatten, ist eine bis auf den heutigen Tag zurückgeblieben, die Pekenkuhle bei Sande.

In Butjadingen mußte das Kirchdorf Waddens ausgedeicht werden. Die Kirche in Blexen, die sehr hoch liegt, war die einzige, in der Gottesdienst abgehalten werden konnte. Drei Tage lang wütete der Sturm, und das Wasser fiel während der Zeit nur wenig."

Historisch interessant ist der vom Sander Deichrichter Albert Tjarks am 30. Dezember 1717 geschriebene Brief an die Jeversche Regierung, in dem er die in der Nacht vom 24. auf den 25. Dezember 1717 aufgelaufene Weihnachtsflut und deren Auswirkungen schildert. Dabei stehen die von Tjarks erlebten Gesamteindrücke im Vordergrund der Berichterstattung. Der Brief besteht aus zwei handgeschriebenen Seiten und ist im Original im Niedersächsischen Staatsarchiv Oldenburg archiviert.

In dem Schreiben heißt es: „Daß Euer Hochwohlgeboren bei meiner heutigen Ankunft allhier in Jever mir hochgnädigst beordert, wars mir von dem leider vorgewesenen harten Sturm und daher entstandener Schaden bewußt und theils mit meinen Augen selber in Obacht genommen gehorsamst schriftliche Relation abzulegen. Ich berichte gehorsamst, daß des Nachts zwischen dem 24sten und 25sten Dezember des Morgens ungefähr um 5 Uhr der Deichläufer von Mariensiel bei mir mit einem Pferd angekommen, meldet, daß das Wasser in dem alten Deich wäre, und ein mehreres davon besorgete, darauf ich mich sogleich mit meinem Gehülfen Johann Luiken Behrends zu Pferde gesetzt, um nach Mariensiel zu reiten, selbigen soviel wie möglich zu conservieren.

Wie wir aber am Mitteldeich kamen, wurden wir von den Wellen dermaßen bezingelt, daß mit Leib und Lebensgefahr uns nach der sogenannten Hörne im Krughause reterieren, woselbst wir solange bis zum 28sten abends verharren mußten. Am 29sten erhielten wir ein Boot, womit nach aller Möglichkeit die noch auf den Dächern sitzenden Leute ihr Leben retteten, und von Harm Markens Haus bis auf den Mariensiel ungefähr die 100 Menschen teils gar mit ihren Häusern weggespület, teils mit ihren Häusern den Todt gefunden und jämmerlich umgekommen. Die Deiche anbelangend, so sind solche von Ellenserdamm sowohl neue als auch alte teils gar im Grunde bis Meifeld weggespület, teils zerrissen und in einem miserablen Zustand versetzt worden.

Der Mariensiel ist ganz aus und weggerissen, aufem Siel verschiedene Häuser, auch das Waagehaus mit Zubehör ganz weggerissen, daß davon nicht das geringste zu sehen. Von da habe ich mich auch nach Rüstersiel begeben und die sämtlichen Deiche leider in dem Stand wie jetzt erwähnet vorgefunden, der Rüstringersiel ist sehr entblößet und abgestellet, auch beim Norderflügel ein Kolk eingerissen, Häuser daselbst sind theils weggespület, teils aber sehr beschädigt, aus diesem und dem nächstliegenden Kniphausersiel mangelten bei die 70 Personen, so teils mit ihren Häusern weggerissen und teils todt gefunden worden. In Neuender und Sandumer Kirchspiel hat man leider wenig Menschen und Vieh vorgefunden, weil man durchgehend alle Häuser von Wanden und Mauern derart beschädigt, daß man durchsehen konnte.

Aufem Rüstersiel vernahm man, daß bei der Flut eine Menge todter Körper angekommen. Vom Rüstersiel haben wir uns durch das Kniphausische, Sillenstedsche anhero begeben und nichts als lauter Jammer und Elend. Gott erbarm es: ja unbeschreiblicher Schaden darinnen sehen und wahrgenommen. Sobald nun das Wasser abfallen und ich ein mehreres in Erfahrung bringen werde, ermangele nichts meiner gehorsamen Relation ferner abzulegen: indes ich Euer Gnaden der treuen Obhut des Allmächtigen empfehle und lebenslang verharre. Euer gehorsamster Knecht Albert Tjarks."

Ein weiterer Zeitzeuge schreibt über die Auswirkungen der verheerenden Weihnachtsflut: „Schrecklich war der Anblick des Landes nach dem Abzug des Wassers. Fast überall fand man auf den Feldern Leichen. Hier sah man Mütter, welche noch im Tode das Kind umklammert hielten, dort vor Kälte erstarrte Menschen in den Bäumen hängen, andere in verschlammten Gräben stecken. Hier lagen die Leichen einzeln, dort in Gruppen, unweit vom ostfriesischen Dornum waren bei einem Steg sogar 30 angetrieben. Ueberall sah man auf dem platten Lande Trümmer von Häusern, Brücken, Stroh, Heu, Torf, Haus und Ackergeräth, vermischt mit Tierkadavern. Noch im Sommer darauf, fand man Leichen beim Aufräumen der angeschwemmten Heu- und Strohhaufen im Schlamm oder in Gräben. Fast keine Familie gab es in dem Küstengebiete, welche nicht das Leben eines oder mehrerer Angehörigen betrauerte.

Hinzu kam noch für die Ueberlebenden vielfach Noth an Lebensmitteln und Nahrung für Menschen und Vieh, sowie der Mangel an Feuerung und Trinkwasser, und ausserdem die Sorge und Angst vor neuen Fluten. Denn die Deiche waren fast alle zerrissen. Durch viele in ihnen entstandene Grundbrüche drang täglich das Wasser wieder ein, niedrige Gegenden blieben monatelang ein See. Grosse Kolke waren an vielen Stellen entstanden."

Aus örtlichen Quellen, zum Beispiel Kirchenbüchern, geht hervor, dass am 28. Dezember in Sillenstede 7 Tote begraben wurden „so im Wasser allesamt ertränkt waren, als 3

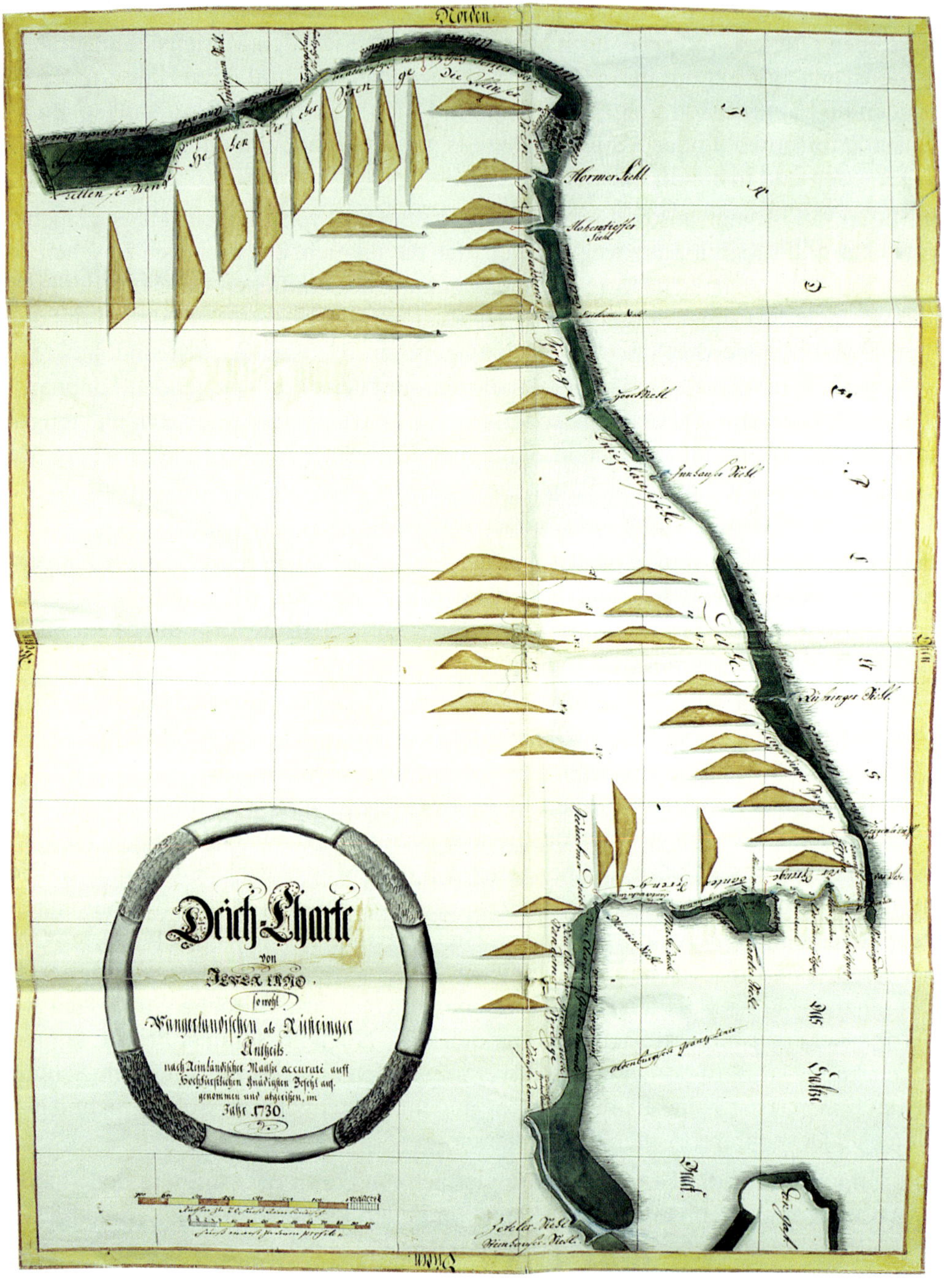

Deichprofilkarte von Jever, dem Wangerland und Rüstringen, gezeichnet von Albert Brahms im Jahre 1730. Brahms ist 1718 zum Deich- und Sielrichter des Sander Bezirks ernannt worden und setzte sich als solcher für die Erhöhung der damaligen Seedeiche ein. Brahms (1692-1785) verfasste das Buch „Anfangsgründe der Deich- und Wasserbaukunst“ 1756. Niedersächsisches Staatsarchiv Oldenburg: Best. 297, Nr. G 1

aus dieser Gemeinde und 4 Fremde, so unbekannt waren, eine alte Frau und 3 Kinder". Am 30. Dezember sind bestattet worden 4 Tote „so im Wasser ertränkte sind, als ein Kind dieser Gemeinde und 3 fremde Mannspersonen". Carl Woebcken berichtet darüber: „Die wenigsten fanden in heimischer Erde ihr Grab. In Sillenstede hatten bei einer Bevölkerung von etwa 700 Einwohnern 24 ihr Leben eingebüßt, in anderen Kirchspielen wie Neuende und Schortens, war der vierte Teil der Einwohner ertrunken."

Im Folgenden wird der Bericht eines Zeitzeugen über die Weihnachtsflut von 1717 zitiert. Die Niederschrift ist Bestandteil einer Landkarte, auf der die vom Seewasser überfluteten Landflächen an der Nordseeküste dargestellt sind: „Es ist nicht nachdrücklich genug vorzustellen der sehr betrübte und erbärmliche Zustand, der den Nördlichen Theil von Teutschlandt den 25, December in der heiligen Christ Nacht des verwichenen 1717ten Jahrs betroffen, da nemlich die See bey einem gar ungestümmen Nord-West Wind die Dämme durchbrochen, viele tausendt Menschen und Vieh ums Leben gebracht, und unzehlich viel Häußer darniedergerissen. Man habe aber die Nachricht, daß sowohl Dittmarschen alß das Eijderstädtische samt einigen Insuln mehrentheils unter Wasser gesetzt worden, und sind im Nordtstrand allein 6308 Menschen, im Eijderstädtischen 2107, im Dittmarschen 1000, zu Hamburg 200, und nochmehr in diesen Gegenden ertruncken. Im Bremischen hat ebenfalls das wasser grossen Schaden gethan, besonders in dem Land Ködingen, im Land Hadeln, im Alten Land, und im Land Wursten, da beij 2000 Menschen und sehr viel Vieh umkommen. Im Oldenburgischen des Pudjadinger Lands, sind auch 721 Menschen ertruncken, In dem Ost Friesischen, Emdischen, um Aurich und Jever, hat es einen unbeschreiblichen Schaden verursachet; in diesen Gegenden sind 5604 Menschen umkommen, nebst allen Vieh, so daß sich die Summa der Ertrunckenen Menschen auf 18140 so wie es wissent ist betrifft. Es haben auch die See-Canten und West Frißland, Grönningen, und Nord-Holland, große Noth gelitten. Hierbeij ist noch um desto mehr zu bejammern daß der Schaden wegen der Hohen Fluthen noch immer mehr anwachse. Zumahl da die Dämme sehr Zerrissen und allen Fluthen offen stehen, gleich wie erst neulich den 25. Febr: das Wasser bei starcken Nord-West Wind in dem Holsteinischen und einigen anderen Gegenden um 5 biß 6 Schue höher gestiegen und weiter in das Land eingebrochen, welche traurige Begebenheiten gegenwärtige Charte gantz spezicial und mit mehrern vor die Augen leget. Wie weit nun das Land unter Wasser bleiben, oder von selbigen wieder befreyt wird, ist zu erwarten; da es sodann auch eigentlich soll angezeiget werden."

Zusammenfassend bleibt festzustellen, dass die Weihnachtsflut des Jahres 1717 die größte plötzlich entstandene Katastrophenflut des 18. Jahrhunderts war. Wegen ihrer räumlichen Ausdehnung und der hohen Flutwasserstände erregte die Wasserflut damals weltweites Aufsehen. Sie blieb von dem Zeitpunkt an die schwerste historische Naturkatastrophe in Europa.

An der gesamten Nordseeküste einschließlich der Niederlande und Dänemark kamen fast 12000 Menschen und 100000 Stück Vieh ums Leben. Über 5000 Gebäude wurden zerstört und 6000 Quadratkilometer Landflächen vom Seewasser überflutet. Dithmarschen wurde stärker betroffen als Nordfriesland. Die Ländereien waren im Durchschnitt

2,10 Meter hoch überschwemmt, dabei glich die offene Marsch einem riesigen See. Die rund 50 Kilometer Elb- und Seedeiche waren teilweise zerstört und weggespült worden. Nach übereinstimmenden Berichten zeitgenössischer Berichterstatter und Chronisten soll es mehrere Jahrzehnte gedauert haben, bis sich die Küstenbevölkerung von der Katastrophe erholte. In den Folgejahren nach der Wasserflut wurden die Seedeiche an der Küste wesentlich erhöht.

Schon wenige Monate nach der Dezemberflut des Jahres 1717 sah sich die Küstenbevölkerung erneut mit einer Sturmflut größeren Ausmaßes konfrontiert, die am 25. Februar 1718 auflief. Die „schwere Eisflut", wie sie auch genannt wurde, vergrößerte die von der vorausgegangenen Weihnachtsflut noch vorhandenen Deichbruchstellen und verursachte durch treibende Eisschollen neue Deicheinbrüche – ein erneuter Anlass für die behördliche Obrigkeit, auf die zwingende Notwendigkeit von Deichbauten an der Küste hinzuweisen, wie folgendes Beispiel verdeutlicht: Aufgrund der Häufung besonders schadensreicher Sturmfluten befahl der dänische König Friedrich IV. allen Bewohnern der Marsch und der Geest sowie den benachbarten Ämtern, sich an den Deicharbeiten nach der von der Deichcommission aufgestellten Generalverordnung tatkräftig zu beteiligen.

Über die Sturmflut vom 28. Februar 1718 übermittelt Fridrich Arends nachfolgenden Bericht, der hier teilweise wiedergegeben wird: „Während mehreren Jahren nach jener großen Flut folgten schwere Stürme mit hohen Fluten, welche von neuem Verderben über die unglücklichen Marschgegenden verbreiteten. Das ganze Jahr zeichnete sich durch häufige Stürme und hohe Fluten aus. Am 25. Februar, nach einigen Tagen starken Sturms, erfolgte eine große Flut, welche überall durch die zerrissenen Deiche sich im Lande verbreitete, Menschen und Vieh tötete, viele durch die letzte Flut beschädigte Häuser vollends vernichtete und überall das wenige, was an den Deichen ausgebessert war, wieder zerstörte. In Ostfriesland stand das Wasser nicht viel niedriger auf dem Lande als während der Weihnachtsflut, so auch in Jever, indeß kamen keine Menschen daselbst um, der Schaden traf, außer den Deichen, hauptsächlich die Wintersaaten, welche durch die Dezemberflut, indem Wasser bald abgelaufen war, nicht viel gelitten hatten, jetzt aber fast alle sämtlich verloren gingen. Eben so ging es Oldenburg und dem Bremenschen. Größere Verheerungen richtete die Flut ostteils der Elbe an. Der Sturm wütete so furchtbar, daß unzählige Häuser umgeweht oder halb zerstört wurden, in Holstein sogar ganze adliche Häuser; viele tausend Bäume wurden ausgerissen, selbst in Tönningen alle Häuser abgedeckt und von einigen der Giebel heruntergeworfen. Auch führte die See viele große und kleine Eisschollen mit sich, die stellenweise das Land ganz bedeckten und die Deiche bedrohten. Überall in Holstein wurde das an den Deichen wieder ausgebesserte wieder zerstört, selbst viele Stellen, welche die vorige Flut verschont, weggerissen, besonders in der Wilster Marsch. In Dithmarschen, wo das Wasser 2 1/2 bis 3, an einigen Stellen 4 Fuß höher stand als in der vorigen Flut, kamen die Kirchspiele Brunsbüttel und Eddelak gleich anfangs unter Wasser, indem die See durch die große Eddelaker Brake mit größtem Ungestüm hereinstürmte. Süderdithmarschen litt besonders, nur 900 Ruten seiner 5 Meilen langen Deiche blieben in gutem Stande; 17 Menschen kamen ums Leben, 574 Pferde und Kühe, 212 Schafe; 204 Häuser trieben weg, wovon einige in großer Entfernung, mit ihren Bewohnern, wieder hingesetzt wurden, 382 waren ruinirt. In Norder Dithmarschen wurden die Deiche ebenfalls übel zugerichtet, 21 Wehlen rissen ein, 92 Häuser und 2 Mühlen gingen zu Grunde. 11 Menschen ertranken, 160 Pferde und Kühe kamen ebenfalls ums Leben."

Die Chronisten registrierten weitere Sturm- und Orkanfluten im gleichen Jahr, die unter anderem die Wiederherstellung der Deiche im gesamten Nordseeküstenbereich behinderten beziehungsweise unmöglich machten. Zwei Sturmfluten im Jahre 1720 werden ebenfalls erwähnt, dabei soll die Flut vom 31. Dezember 1720 die Düne von Helgoland endgültig von der roten Insel abgetrennt haben. Dic bis dahin noch bestehende schmale Landverbindung ist von den Fluten einfach weggespült worden.

In der Folgezeit hielten die Seedeiche, vielfach repariert und notdürftig in Stand gesetzt, zumindest bis zum 7. Oktober 1756, als eine weitere Hochwasserflut an der Nordseeküste beobachtet und aufgezeichnet wurde. Davon wurde die Elbmarsch besonders schlimm getroffen, denn viele Menschen fanden dabei den Wassertod. In Hamburg ist mit 4,80 Meter über Normalnull der bisher höchste Wasserstand gemessen worden. Die Flut von 1756 sollte später als „sehr schwere Wasserflut" in die Geschichte der Naturkatastrophen eingehen, denn sie verursachte tatsächlich „höchste Wasserstände in den betroffenen Regionen", wie es in einer kleinen Abhandlung heißt. Die Wassermassen überschritten die Sturmflutmarken in Hamburg und Tönning von 1717 um 10 bis 20 Zentimeter (4,70 / 4,80 Meter). Viele Deichschäden gab es an der Westküste Schleswig-Holsteins, besonders im nördlichen Dithmarschen. Menschen- und Tierverluste werden in den Chroniken nicht genannt.

Als am 14. November 1775 eine Sturmflut den westlichen Teil der Nordseeküste heimsuchte, litt die niederländische Bevölkerung am meisten. Hier waren Menschen- sowie Tierverluste zu beklagen. In Ostfriesland stand das Salzwasser nach Angaben der Geschichtsschreiber bis an die Deichkappen. Zu nennenswerten Überflutungen soll es aber nicht gekommen sein. Dazu führt der Chronist Fridrich Arends in seiner bereits mehrfach erwähnten Schrift aus: „Eine der fürchterlichsten Fluten war die des 14. und 15. Novembers 1775, welche besonders in den Niederlanden ungeheuren Schaden anrichtete. Sie gehört unter die höchsten, durch einen wütenden Sturm aus Südwesten, der sich darauf nach Nordwesten wandte, herbeigeführt. Seeland und Braband standen am wenigsten aus, nur litten die Deiche stark, noch mehr die Dünen, vorzüglich bei Domburg. Der Westkapellsche Deich ward schwer verletzt und zu Vlissingen strömte das Wasser durch Straßen und Gebäude, zerbrach die Türen des Docks und richtete großen Schaden an Gütern und Hausgerät an. Zu Tholen flutete es durch die Kirch- und die Hohestraße, viele Güter in den Packhäusern und Kellern verderbend. Unberechenbar war der Schade in der Provinz Holland, über alle Beschreibung des Elends daselbst, kaum eine Stadt gab es, die von der Flut unangefochten blieb. Zu Amsterdam erreichte das Wasser eine ungewöhnliche Höhe von 96 Zoll, daher die ganze Außenstadt unterlief, viele Bewohner der Keller mit genauer Not dem Tode entrannen, und außerordentlicher Schaden an Waren angerichtet ward. Bei Harlem und Sparendam liefen alle Felder unter, dort kam vieles Vieh auf dem Lande und in den Ställen um, selbst Harlem mußte empfindlichen Schaden erleiden."

Arends berichtet weiter: „Ein Dreimaster, von Riga kommend, strandete auf der Steinplate bei Gaast und ging in Trümmer, der Capitain nebst zwei Mann wurden durch einige wackere Seeleute von Makkum mit einem Lichterschiff gerettet, die übrigen 8 Mann aber tot im Tauwerk oder auf dem Wrack gefunden. Auch viele Fischerschiffe von den Inseln verunglückten mit ihrer Mannschaft. Die Seeküste von Groningen war mit angetriebenen Wracks, Schiffstrümmern, Gütern und Leichen bedeckt."

Über Ostfriesland schreibt der Chronist: „In Ostfriesland litten besonders die Seedeiche stark. Durchgängig stand das Wasser mit der Kappe der Deiche gleich, zum Glück wandte der Wind noch während des Sturms sich von Nordwest nach Südost und entfernte die Gefahr. Doch bekamen die Deiche an der Oberems mehrere Risse und der Hilkenborger und Veenhuser Siel rissen aus, wodurch der größte Teil des Leerer Amts unter Wasser kam, wobei viel Vieh ertrank. Der rote Siel zu Emden ward so übel zugerichtet, daß er, um dem gänzlichen Verlust vorzukommen, abgedämmt werden mußte. Der in demselbigen Jahr eingedeichte Schulenburger Polder im Amt Norden verlor seinen Deich, nur einige Ruinen verblieben."

Mit der am 21. November 1776 registrierten Sturmflut geriet neben anderen Küstenstädten die Hafenstadt Emden erneut in Bedrängnis. Das auflaufende Seewasser, das an vielen Stellen von den Bürgern mit Angst und Schrecken beobachtet wurde, stieg zwei Fuß höher als im Jahre 1775 und neun Zoll höher als in den Tagen der Weihnachtsflut (4,825 Meter). Die wegen der Hochwasserfluten errichtete Emsmauer wurde fast vollständig von den Wellen zerschlagen, anschließend überflutete das Wasser die Wege sowie die Straßen der Stadt. Als bei Tagesanbruch die Flut in den ländlichen Bereichen erste Deichkappen beschädigte und sich im Deichkörper erste Löcher bildeten, griffen die Land- und Stadtleute zur Selbsthilfe, um sich gegen den „Blanken Hans" zu schützen. Dabei wurden besonders gefährdete Deichstücke mit gefüllten Sandsäcken abgedichtet und Löcher im Damm mit Stroh und Erde verfüllt. Größere eingebrochene Kolke wurden unverzüglich von den Landleuten mit Holzpfählen, Buschwerk und Saatsegeln „dichtgesetzt". Dadurch gelang es den Anwohnern, schwere Deichbrüche zu verhindern.

Fridrich Arends übermittelt über diese Hochwasserflut und ihre mittelbaren Auswirkungen folgende Schilderung, die hier auszugsweise wiedergegeben wird: „Schwerer lastete die ein Jahr später eingetretene Flut auf Ostfriesland und den östlichen Provinzen Niederlands, obgleich auch dessen westliche und südliche Provinzen nicht frei blieben. Nach mehrtägigen scharfen südlichen, dann südwestlichen Winden, welche, wie gewöhnlich, viel Wasser durch den Canal in die Nordsee führten, sprang der Wind am 21. November 1776 früh Morgens nach Nordwest und ward zum Sturm, der eine hohe Flut herbeiführte, wie man noch nie erlebt. Sie stieg in Ostfriesland 2 Fuß höher als im vorigen Jahr (1775) und 9 Zoll höher (4,825 Meter) als 1717, auch in den Niederlanden stieg solche an einigen Stellen höher und drang tiefer im Lande als im vorhergegangenen Jahr; dort wurden jedoch die Gegenden, welche damals am meisten litten, jetzt mehr verschont, andere verschont gebliebene dagegen stärker mitgenommen. Die Flut traf daselbst in der Nacht vom 21. auf den 22. ein. Sie stieg in Seeland nicht so hoch wie ein Jahr vorher; am meisten litten die Deiche des großen Dorfs Kolynsplaat auf Südbeveland, die mit Mühe erhalten wurden. Die Festungswerke von Vrielle wurden stark beschädigt und durch einen Deichbruch hinter dem Pulvermagazin vier Polder unter Wasser gesetzt. Im Land von Heusden ward das Wasser an vielen Stellen mit großer Gewalt über die Deiche getrieben und bedeckte die Binnenlanden von Doveren, Babilionienbroek, Eeten und Meuwen, 2 bis 3 Fuß hoch, doch hielten sich die Deiche, daher man Zeit gewann das Vieh zu sichern. Hooge- und lage Zwaluw unweit Gertuidenberg erfuhren ein ähnliches Schicksal. Zwischen Delftshaven und Schiedam brach der neue Mathenes Deich auf 4 Stellen durch, und die übrigen Deiche von da bis Rotterdam überfluteten, weshalb die Gegend daselbst unter Wasser kam und vielfältigen Schaden litt."

Arends führt weiter aus: „Am schlimmsten ging es den Deichen und Sielen an der Oberems. Der Dieler Siel, auf der südlichen Grenze ward gleich anfangs durch den Andrang des Wassers ausgerissen und ein Kolk an dessen Stelle gegraben. Der Deich von da bis Bingum hatte 8 Löcher, worunter zwei mit dem Maifeld gleich, auch ein großes Loch bei Jemgum. Viel Wasser drang dadurch in das Reiderland, welches mehrere Häuser beschädigte, indeß nach ein paar Tagen wieder ablief. Der im Sommer wieder hergestellte Deich des Heinitzpolders wurde überall durchlöchert, an mehreren Stellen dem Boden gleich gemacht. Der Polder ward wieder zum Heller (Groden / Deichvorland) und blieb 20 Jahr so liegen. Ganz Oberledingerland kam tief unter Wasser, indem der Deich bis zur Leda an 5 Stellen durchbrach, unweit Esclum auf 200 Fuß Breite, 40 Fuß Tiefe. Leer war größenteils mit Wasser angefüllt, wobei ein kranker Mann, den das Wasser im Bett überfiel, umkam. Zu Leerort rissen die Wogen das Schutztor mit dem Fundament heraus und rollten es durch die Festung; hier, wie im Oberledingerland, kamen viele Menschen in große Lebensgefahr, manche mußten bis an den Leib durch das Wasser waten. Im Deich von Leer bis Oldersum, der sich sonst und weiter bis Emden ziemlich gut erhielt, kam ein Loch in der Kappe bis zur halben Höhe des Deiches. Bei Oldersum aber ward solcher an zwei Stellen auf 60 Fuß Breite bis ans Maifeld durchgerissen. Den größten Schaden erlitt die Stadt Emden. Die Emsmauer ward von dem aufgeregten Meer zertrümmert, der Stadtdeich hinter der Kaserne an mehreren Stellen durchbrochen, die Sturmtüren des roten Siels gesprengt. Die durch die vielen Öffnungen entstandene Strömung war so stark, daß sie zehn auf der Straße liegende Mühlensteine mit nahm und in den Binnenkanal schwemmte, die auf ihrer Fahrt zugleich ein kleines Haus umrissen."

Das 18. Jahrhundert klingt aus mit der Sturmflut vom 21. März 1791. Wiederum war es die Westküste von Schleswig-Holstein mit Dithmarschen, die stark in Mitleidenschaft gezogen wurde. Chronisten berichten von „überströmenden und überstürzenden Wogen" über die Deichprofile. Der Grund dafür waren außergewöhnlich hohe Wasserstände, die über fünf Meter lagen. Überliefert wurden Wasserhöchststände von 5,20 Meter über Normalnull. Dadurch waren die Deiche an vielen Stellen bereits stark „auf- und durchgeweicht".

Hochwasser 1880/1881 gegen den alten Deich von Hastedt bis Bremen.
Staatsarchiv Bremen: 10,B - 1880 - 4 (9 x 12 - 544)

Hochwasser bei Vegesack am Hafen, Anfang des 19. Jahrhunderts.
Staatsarchiv Bremen: 10,B - 1870 - 1913 - 4 (6 x 6 - 1976 - 11)

Doch zu weiteren Überflutungen kam es nicht, denn das Wasser stieg nicht weiter an. Dazu schreibt Carl Woebcken in seinem Sturmflutenbuch: „Auf einmal fiel das Wasser auf unerklärliche Weise mit der größten Schnelligkeit um einige Fuß. Die Deiche waren mehrfach schon stark angegriffen, daß man den oberen Teil mit einem Stock durchstechen konnte."

Die teilweise katastrophalen Auswirkungen der Sturm- und Orkanfluten von 1717, 1718, 1720, 1756, 1775 und 1791 veranlassten viele Länder den bis dahin „nach ihrer Meinung vernachlässigten Deichbau" zu überdenken und neu zu organisieren. Viele der bis dahin bestehenden Deichstatuten und Satzungen sind danach gezielt geändert worden. Aus alten Quellen ist bekannt, dass dadurch die Deichverordnungen rigoroser für den Deichpflichtigen umgesetzt wurden. Verletzungen der Deichbauvorschriften in der Praxis sind nunmehr weitaus stärker als bisher verfolgt und bestraft worden.

Beispielhaft für Deicherlasse und Deichverordnungen sei an dieser Stelle ein zeitgenössischer Aufruf an die Untertanen erwähnt, der am 29. Januar 1800 durch den König Christian VII. zu Dänemark bekannt gegeben wurde. In dem Königlichen Erlass heißt es: „Wir Christian der Siebente, von Gottes Gnaden, König zu Dänemark und Norwegen, der Wenden und der Gothen, Herzog zu Schleswig, Holstein, Stormarn und der Dithmarschen, wie auch zu Oldenburg, thun kund hiermit: Die vor einigen Jahren in den Herzogthümern erfolgten mehrmaligen Durchbrüche der Deiche, wodurch der Wohlstand ganzer Communen untergraben worden, geben den Beweiß, welche traurigen Folgen eine vernachlässigte Aufsicht über die Deiche, das eigenmächtige Verfahren in der Wahl der Sicherheit derselben zu treffenen Maaßregeln, und der Mangel an bestimmtem Vorschriften, wie es in Ansehung der Concurrenz zu außerordenlichen Deichkosten, so wie überhaupt in allen und jeden Deichsangelegenheiten verhalten werden soll, nach sich ziehen könne. Auch hat die Erfahrung gezeigt, daß mehrere Deiche nicht nach richtigen hydrotechnischen Grundsätzen angelegt und unterhalten sind, und daß von den Interessenten beträchtliche Summen ganz unnütz und zweckwidrig verwendet worden, welche hätten erspart werden können, wenn man sich des Raths und der Leistung in den mathematischen Wissenschaften des Deich- und Wasserbaus erfahrner Männer, welche als öffentliche Beamte für die von ihn projectirten Anlagen und Werke verantwortlich sind, hätten bedienen können. Wir haben daher, in Anleitung der Uns von der zur Verbesserung des Deichwesens von Uns ernannten aus verschiedenen Mitgliedern Unserer hiesigen Landes Collegien bestehenden Commission geschehenen Vorschläge, das Bedürfnis einer näheren und genaueren Aufsicht auf die Deiche und ihre Unterhaltung äußert dringend gefunden.

Die Deiche in den sämtlichen Marschen Unser deutschen Provinzen werden von jetzt an unter die Aufsicht dreyer dazu von Uns ernannten Deichinspectoren gestellt.

Die Deichinspectoren stehen unter der Aufsicht und Direction Unserer Rentekammer, welche ihnen ihre Instruction erteilt, und sie mit besonderen Aufträgen versieht.

Einem jeden Deichinspector haben Wir vors Erste Einen in der mathematischen Wissenschaften geprüften und in Aufmessungen und Chartirungen geübten Conducteur als

Gehülfen zugeordnet, und behalten es Uns vor, in der Folge, wenn die Arbeiten sich häufen sollen, für jeden noch einen zweiten Conducteur zu benennen.

Da diese Beamte zur Sicherung der Marschen und ihrer Bewohner und lediglich um ihrer willen angestellt werden, so erfordert es die Billigkeit, daß das ihnen beizulegende Gehalt eines jeden der drei Deichinspectoren auf 600 Rthlr., des Deichs-Commissarius auf 400 Rthlr., und eines jeden der 3 Conducteurs auf 300 Rthlr. bestimmt, nicht Unserer Kasse zur Last falle, sondern durch die sämtlichen Marsch-Districte aufgebracht werde.

Wonach sich alle, die es angeht, zu richten. Urkundlich unter Unserm Königlichen Handzeichen und vorgedrucktem Insiegel. Gegeben in Unserer Königlichen Residenzstadt Copenhagen, den 29sten Januar 1800."

CHRISTIAN R.

(Siegel)

Jahrzehnte später sorgte die am 15. November 1824 an der Küste auflaufende Sturmflut erneut für Angst und Schrecken unter der Bevölkerung. Zwar registrierten die Deichgeschworenen in Emden einen höheren Seewasserstand als während der Hochwasserflut des Jahres 1776, doch blieb es bei kleineren Schäden an der gesamten Nordseeküste. Dabei ist in Cuxhaven während der Sturmflut, so die Aussagen verschiedener Chronisten, der höchste Wasserstand aller Zeiten registriert worden. Der Pegel zeigte Höchstwasserstände zwischen 4,90 und 5,19 Meter über Normalnull während der gesamten Flutdauer. Dennoch hielten die mittlerweile wesentlich erhöhten und verstärkten Seedeiche dem herandrängenden Seewasser stand, es wurden keine gravierenden Wasserschäden überliefert.

Die Februarflut vom 3./4. Februar 1825

Nach Auswertung aller vorliegenden Chroniken, Berichte und Meldungen ist es erwiesen, dass die fünf folgenschwersten Naturkatastrophen an der Nordseeküste die Sturm- und Orkanfluten der Jahre 1170, 1277, 1570, 1717 und 1825 waren. Sie alle verursachten große Überflutungen mit Landverlusten, wobei viele Menschen und Tiere ertranken. Die Februarflut von 1825 gilt als Sturmflut mit den höchsten Wasserständen, die überall an der Küste registriert wurden. Gemessen wurden an der niedersächsischen Küste Wasserhöchststände von bis zu 5,60 Meter, im ostfriesischen Jemgum sogar 6,15 Meter über Normalnull.

Nach den Chroniken waren es die Auswirkungen der so genannten Februarflut vom 3. und 4. Februar des Jahres 1825, die der Küstenbevölkerung im Nachhinein deutlich machten, dass die auf den Hochwasserstand der Weihnachtsflut 1717 ausgerichteten neuen Deichhöhen keine Garantie für absolute Sicherheit für die hinter den Deichen lebenden Menschen waren. Nach übereinstimmenden Berichten jener Zeit war die Februarflut 1825 mit „außergewöhnlich hohen Wasserständen an der Nordseeküste" in die Liste der großen Naturkatastrophen eingegangen. Nach den Flutsteinen an der Dangaster Mühle, bei der der Sander Deichbaumeister Albert Brahms nach der Weihnachtsflut auf einem Findling die Höhe der genannten Flut markiert hatte, stieg in Dangast die Weihnachtsflut des Jahres 1717 auf 4,89 Meter, während die Flut des Jahres 1825 mit 5,26 Meter über Normalnull einen neuen Hochwasserrekord darstellte. Dazu fasst Carl Woebcken in seinem Buch „Deiche und Sturmfluten an der deutschen Nordseeküste" zusammen: „Die Februarflut am 3. und 4. Februar 1825 ist die letzte in der Reihe der großen Sturmfluten, die jedes Mal alle ihre Vorgänger übertroffen haben. Die Flut am Mittag des 3. Februar war mäßig hoch gewesen. Am Abend war ein

Flutstein in Dangast am Jadebusen. Er zeigt die Fluthöhe von 1855 auf. In Wilhelmshaven wurden damals 4,08 Meter über NN gemessen.

Gewitter. Nach Eintritt der Ebbe fiel das Wasser nur sehr wenig. Lange schon vor dem Eintritt der Flut fing das Wasser wieder an zu steigen und 3 bis 4 Stunden vor der Zeit, wo diese Flut ihre größte Höhe erreichen mußte, stand es schon mit den Deichen auf gleicher Höhe. Mit ungeheurer Wucht stürmte das Meer auf die Deiche und mit sonst einer nicht erhörten Schnelligkeit wogte es heran. Einen Fuß hoch stieg es eine Zeit lang in jeder Viertelstunde. Zugleich war der Wellenschlag ungeheuer hoch. An den ostfriesischen Inseln sollen die Wellen sich 8 bis 15 Fuß (2,64–4,95 Meter) über dem Wasserspiegel erhoben haben. Allgemein wurde eine große Unruhe des Wassers bemerkt. Es stürmte wie kochend und ungewöhnlich schäumend heran und führte zugleich mehr Schlamm mit sich als gewöhnlich."

Weiter schreibt Woebcken, der sich auf verschiedene Zeugenaussagen beruft: „Als die Flut die Höhe der Deiche erreicht hatte, wogte sie über dieselben hin, stieg aber dann nicht mehr oder doch nur sehr wenig, sondern hielt sich während 3 bis 4 Stunden auf dieser Höhe und fing dann langsam an zu fallen. Die Wellen beschädigten die Außenböschungen der Deiche stark, jedoch nicht stärker als bei sonstigen Stürmen. Die Hauptbeschädigung entstand an der Innenböschung und der Kappe (Deichkamm) der Deiche, als Folge weniger vom Überlaufen des Wassers als vielmehr der überschlagenden Wogen. Indem diese mit großer Gewalt sich über den Deich stürzten, rissen sie die Rasen der Innenböschung auf, die ohnedem bereits überall durch die in ungeheurer Menge darin nistenden Mäuse durchwühlt war. Mit dem Wegsacken der Innenböschung verlor die Kappe des Deiches ihren Halt und stürzte nach. So entstanden die vielen Durchbrüche auf der ganzen Küstenstrecke."

Der Historiker geht weiter auf die Februarflut des Jahres 1825 und auf die Ereignisse in der Jadebusenregion ein: „In dem jeverländischen Kirchort Minsen kam schon nach 10 Uhr abends durch einen Boten die Nachricht, daß der Deich durchgebrochen sei. Die Notglocke tönte schauerlich durch die Nacht und rief die Einwohner zur Hülfe auf, indem sie zugleich mit der Gefahr bekannt machte. Aber untätig mußte man vom hohen Warf (Wurt) herab dem fürchterlichen Schauspiel zusehen. Rundum floß schon Wasser, und kein Boot war da. Wenn der Mond hinter den Wolken hervorkam, erkannte man den Deich am Schaum der Wellen, der wie ein weißer Streifen die ganze Deichlinie bekränzte. Endlich erschien der Morgen und beleuchtete mit seinem Licht die traurige Szene. Ringsum, so weit das Auge reichte, war alles mit Wasser bedeckt. Schon um 10 Uhr strömte das Wasser wieder durch die Deichbrüche, die es am Abend vorher gemacht hatte, und mit jeder Minute wurde der Anblick fürchterlicher. Schäumende Wogen bedeckten fast allenthalben die Kappen des Deiches, und wie Wasserfälle stürzten mächtige Ströme durch die entstandenen Lücken."

Woebcken bemerkt abschließend: „An der ganzen Nordseeküste, die Niederlande mit einbegriffen, sind ertrunken 789 Menschen gegen angeblich 10828 in der Weihnachtsflut 1717. An Vieh ist umgekommen 45000 Stück (1717 die doppelte Anzahl). 2400 Gebäude wurden völlig zerstört (1717 / 4915), beschädigt 8700 (1717 / 3375). In diesen letzten Zahlen spiegelt sich die bessere Bauart der Gebäude. Der Gesamtschaden wurde auf 16 Millionen Taler geschätzt."

Seit Urzeiten gibt es Sturm- und Orkanfluten, deren Naturgewalten die Existenz der Küstenbewohner bedrohten. Mit dem Beginn der Deichbauperiode wurde die Hochwassergefahr an der Nordseeküste geringer.

Weitere Daten und Fakten sind dem „Wilhelmshavener Heimatlexikon" zu entnehmen. Unter dem Stichwort Februarflut steht dort vermerkt: „Februarflut vom 3. und 4.2.1825. Diese Flut war mit einer bei Dangast gemessenen Höhe von Normalnull + 5,26 m die höchste des 19. Jahrhunderts. Die Wassermassen stürmten zur Springflutzeit und durch einen Orkan aus Nord getrieben mit großer Geschwindigkeit in die Nordsee und richteten auf den Nordfriesischen Inseln, in Eiderstedt, Dithmarschen, den Elb- und Wesermarschen, an der Jade und Ostfriesland großen Schaden an. Die Fluten liefen über die Deiche und überschwemmten die niedrig gelegenen Gebiete von Bant und Heppens.

Kappstürzungen beschädigten auch den Neuengrodendeich. Beim Rüstringer Siel wurden beide Deichscharten herausgerissen, und bei Inhausersiel wurde das Deichschart zerstört. Größte Gefahr für das Land bestand bei Hooksiel, wo der Siel wegzureißen drohte. Die Sturmflut warf bei Hooksiel ein Schiff über den Deich, das mit seinem Heck ein Haus zerdrückte. Im Harlingerland musste der Schwerinsgroden ausgedeicht werden. Insgesamt sind an der deutschen Nordseeküste in der Flut etwa 800 Menschen, 1200 Pferde, 21500 Rinder, 22000 Schweine und 20000 Schafe ertrunken. Für die Landwirtschaft waren die Nachwirkungen der Flut sehr schwer. Äcker und Weiden litten noch jahrelang unter der Überschwemmung. Die Deichlast war durch die notwendigen Ausbesserungen unerschwinglich hoch geworden. Ein großer Teil der Bauern geriet damals in den Konkurs."

In seinem Buch „Gemählde der Sturmfluten vom 3. bis 5. Februar 1825", erschienen 1826, geht Fridrich Arends detailliert auf die Auswirkungen dieser Hochwasserflut ein. Danach sind an der Nordseeküste 789 Menschen ums Leben gekommen, über 45000 Stück Vieh ertrunken, 2400 Gebäude zerstört und 8700 weitere beschädigt worden. Arends bezifferte den Gesamtschaden der Flutauswirkungen von Belgien bis nach Jütland auf 16 Millionen Taler. In Oldenburg und im Jeverland ertranken 86 Menschen, 39 Gebäude wurden weggerissen und weitere 326 beschädigt. Der Gesamtschaden ist auf rund 400000 Reichstaler geschätzt worden.

Die Februarflut des Jahres 1825 ist als folgenschwerste Sturmflut des 19. Jahrhunderts in die Geschichte der Naturkatastrophen eingegangen. Von den Wassermassen verheert und verwüstet wurde die Nordseeküste von den Niederlanden bis nach Dänemark. Die Flut zeichnete sich dabei durch besonders hohe Wasserstände aus. So wurden beispielsweise in Emden 3,65 Meter, in Hamburg 3,66 Meter, in Cuxhaven 3,58 Meter, in Tönning 3, 96 Meter und in Husum 4 Meter hohe Scheitelwasserstände (Höhe über mittleres Tidehochwasser) gemessen. Im Durchschnitt sind an der Nordseeküste Höchstwasserstände zwischen 5,10 und 5,26 Meter über Normalnull registriert worden.

Die Neujahrsflut vom 1. Januar 1855

Wie bereits beschrieben, wurde aufgrund der verheerenden Auswirkungen der Sturm- und Orkanfluten des 18. und 19. Jahrhunderts der Deichbau an der gesamten Nordseeküste durch die jeweiligen Regentschaften oder Regierungen neu geregelt. Als Orientierungshilfen bei der Bemessung neuer Deichprofile galten die bei den Hochwasserkatastrophen mit Hilfe einfacher Pegel eingemessenen Höchstwasserstände. Aus alten Dokumenten und Schriften ist zu entnehmen, dass „die von der Küstenbevölkerung aufzubringende Deichlast in Form von Naturalleistungen oder Geld“ oft große Opfer von den häufig ohnehin in Armut lebenden Bewohnern forderte. Mit Naturalleistungen war die Bereitstellung von menschlicher sowie tierischer Arbeitsleistung beim Deichbau sowie bei der Unterhaltung und Reparatur der Deiche gemeint. Deicharbeit beinhaltete aber auch die Bereitstellung von Geräten wie beispielsweise Fuhrwerken, Wüppen, Karren und Spaten. Dieser Einsatz wurde nicht finanziell entlohnt. Selbstverständlich wurde hierbei die soziale Stellung des Deichpflichtigen von der Obrigkeit berücksichtigt, so musste beispielsweise ein Großbauer (Vollerbe) mehr an Deichleistungen aufbringen als ein Landpächter (Köter). Genossenschaftliche Deichbau- und Reparaturarbeiten mussten durch Geldzahlungen der Deichpflichtigen gemeinschaftlich finanziert werden. Dabei wurden zur Verfügung gestellte Hand- und Spanndienste ebenfalls mit Geldmitteln bezahlt.

Nach der Sturmflut des Jahres 1825 sind an der Nordseeküste nur leichte Hochwasserfluten erfasst, jedoch im November 1833, im Oktober 1834, im Januar 1839 und vom 18. bis zum 27. Januar 1840 durch die so genannten Eisfluten wieder schwere Sturmfluten registriert worden. Aber erst die Orkanflut vom 1. Januar 1855 war erneut für die gesamte Nordseeküste mehr als „bedrohlich“, denn die gemessenen Scheitelwasserstände lagen nur etwa 20 bis 50 Zentimeter unter den Marken des Jahres 1825. An den Dangaster Flutsteinen im Jadebusen bei Varel ist nach einem Bericht von Carl Woebcken ein Höchstwasserstand von 3,40 Meter über dem gewöhnlichen Hochwasser gemessen worden. Die Markierung war um nur 18 Zentimeter geringer ausgefallen als der Wasserstand der Februarflut des Jahres 1825. In Wilhelmshaven sind 4,08 Meter über Normalnull registriert worden. Dennoch blieben die Schäden in den Küstenregionen gering, weil die Deiche zwischen dem Ende des 18. Jahrhunderts und mit Beginn des 19. Jahrhundert deutlich erhöht worden waren. Menschen- und Stallviehverluste waren nicht zu beklagen, wie übermittelt wurde.

Durch die Hochwasserflut von 1855 wurden allerdings die letzten Reste des alten Dorfes auf dem westlichen Teil der Insel Wangerooge vernichtet. Nur der Turm (Westturm) widerstand der Hochwasserkatastrophe und blieb stehen. Die durch die Überflutung obdach- und heimatlos gewordenen Insulaner siedelten mit Hilfe der oldenburgischen Regierung nach Hooksiel und Varel über, während ein kleiner Rest der Westwangerooger sich eine neue Existenz im Ostteil der Insel aufbaute. Die nach Varel übersiedelten Flutopfer gründeten in der Nähe des Vareler Hafens die Kolonie Neuwangerooge.

Granitstein im Nordseebad Dangast, der die Auflaufhöhe der Sturmflut des Jahres 1825 anzeigt. Albert Brahms (1692-1785), Dorfrichter im Jeverland, ließ erstmals so genannte Flutsteine setzen.

Ein aus Beton hergestellter Flutstein in Dangast, der mit seinem Standort am Sielbauwerk die Höhe der Orkanflut von 1962 markiert.

Einer dieser Insulaner, Christian Christians, überlieferte folgenden Bericht über die Vernichtung des Westdorfes auf Wangerooge: „Es war im Jahre 1854, da hatten wir einen ganz schlimmen Herbst, lauter Sturmwetter, und das ganz schlimm. Das Wasser kam nicht von den Dünen ab; das konnte nicht zum Fallen kommen wegen des steifen Windes. Der Wind war immer von West-Südwest und das wurde immer schlimmer, und das hielt auch Tage vor Weihnachten an und wurde immer schlimmer. Weihnachten waren wir schon dabei, Häuser abzubrechen. Denn wir sahen das wohl, wenn der Wind dort hinaufraumte und westlicher lief, nach Nordwesten hinein, dann wird es ganz schlimm. Und das tat er zwischen Weihnachten und Neujahr, und Tag für Tag wurde es schlimmer. Da gingen etwa dreizehn, vierzehn Häuser an den Dünen herunter. All der Hausrat, der darin war, den hatten wir dort schon herausgetragen, und zwar in Häuser, die sicher standen. Die waren bis unter die Dachböden voll, und das meiste war in unserem Haus. Der, der dies hier erzählt, der hat es alles mitgemacht. Der ist noch in dem letzten Hause gewesen, um es abzubrechen, und die Möbel herauszuholen, bis daß die Seen schon ganz die Mauern anschlugen. Das Haus, das fing schon an zu krachen, zu den Türen konnten wir nicht mehr hinauskommen: Die See schlug schon gegen die Türen an. Da mußten wir zum Fenster hinaus. Wir waren noch keine 15 Schritt vom Hause, da fiel das ganze Haus von der Seite herunter, von ihm war keine Spur mehr zu sehen. Da gingen wir und schauten nach, da war unser ganzer Kirchhof weg. Die Toten lagen in unseren Gärten, heil und auch stückweise. Heile Särge haben wir auch noch gefunden, und die Hälften und Stücke haben wir beieinander gesucht, und haben wir in den Ostdünen wieder begraben, wo unser Kirchhof jetzt ist. Da kam die Regierung hier nach Wangerooge und wollte uns alle hier von dannen haben, um nach dem Festland überzusiedeln. Wir konnten uns eine Stätte wählen, wo wir hin wollten und sollten Vorschuß haben, 400 und 500 und auch 600 Reichstaler, und sie wollten uns am liebsten nach Varel haben, dieweil sie dort Land zu bebauen hatte.“

Genau 22 Jahre später ereignete sich eine weitere Sturmflut, die an der ostfriesischen Küste schwere Deich- und Flurschäden verursachte. Die Wasserflut vom 30. auf den 31. Januar 1877 setzte die Kreisstadt Leer zu zwei Dritteln unter Wasser, sodass viele Familien aus der Stadt und Leerort sofort auf die Hausböden flüchteten, bis sie geborgen wurden. Zwei Menschen ertranken dennoch nach Berichten aus jener Zeit im eiskalten Wasser.

Am 30. und 31. Januar 1887 ist es im Dollart zu außergewöhnlich hohen Wasserständen gekommen, die teilweise über den Flutmarken von 1825 lagen. Wiederum liefen in Leer viele Häuser voll Wasser. Zu größeren Schäden in der Stadt und an der gesamten ostfriesischen Küste ist es nicht gekommen.

Durchbruch des Maadedeiches bei Wilhelmshaven während der Sturmflut vom 22./23. Dezember 1954. Der so genannte Sommerdeich wurde fast völlig weggespült.

Das beschädigte Sielwärterhaus nach der Sturmflut, umgeben von Trümmerstücken. Das Seewasser stand bis zur Dachtraufe. Gemessen wurden in Wilhelmshaven 4,35 Meter über NN.

Die namenlose Sturmflut vom 13. März 1906

Die Sturmflut vom 13. März 1906 ist aller Wahrscheinlichkeit nach wegen der besonders hohen Wasserstände in die Geschichte eingegangen, denn sie erreichte einen bis dahin nicht festgestellten Höchstwasserstand von 5,33 Meter über Normalnull. Die Naturkatastrophe verursachte im Nordseeküstenbereich an vielen Stellen, auch in der Jadebusenregion, trotz der inzwischen stark erhöhten Seedeiche weit reichende Seewasserüberflutungen.

Dazu schreibt der Heimatforscher Carl Woebcken in seinem Sturmflutenbuch: „Die Flut vom 13. März 1906 darf also mit der Februarflut von 1825, der Weihnachtsflut 1717 und der Allerheiligenflut von 1570 nicht in eine Linie gestellt werden. Sie glich den zahlreichen kleineren Fluten, die nur an einem Abschnitt der Küste hoch auflaufen, an anderen aber kaum bemerkt werden. Mehrere Tage hatte es stramm aus Westen und Südwesten geweht, dann ging der Wind nach Nordwest herum und nahm unter Schnee- und Hagelböen an Stärke zu. Am Morgen des 12. März lief keine Ebbe ab, so daß ein hoher Wasserstand zu erwarten war. Das Wasser erreichte seinen höchsten Stand am Morgen des 13. März. Zugleich aber flaute der Wind ab, das Wasser wurde wieder ruhig, und die Seedeiche erlitten keinerlei nennenswerte Beschädigungen. Nur bei Weener an der Ems hat ein Deichbruch stattgefunden."

Die oben genannte Orkanflut war auch eine Bedrohung für das letzte frei stehende Haus im Jadebusen bei Sehestedt im Butjadingerland. 1850 besaß ein gewisser Johann Schwarting bei Sehestedt noch eine Hochmoorfläche, die ungeschützt im Deichvorland lag. Auf dieser Fläche standen zwei Gebäude, die mit der Moorfläche bei hohen Wasserfluten angehoben wurden. Bei ablaufendem Wasser senkte sich die Fläche wieder. Ein solches Haus auf der Moorenklave wurde 1868 als baufällig abgebrochen, während das andere Haus noch die Jahrhundertwende überdauern sollte. Christian Künnemann beschreibt in seinem Buch „Mensch und Meer am Jadebusen", wie eben in diesem Haus die Bauern- und Fischerfamilie Büsing mit drei Kindern die Schreckensnacht während der Sturmflut überlebte. Büsing hatte das allein stehende Haus im Jahre 1904 vom Besitzer Georg Pundt gepachtet.

In der Geschichte über die Schreckensnacht wird erzählt: „Am 12. März hatte den ganzen Tag über ein starker Sturm aus Nordwesten geweht, der sich am Abend zum Orkan steigerte. Das Wasser lief zur regulären Ebbzeit nicht mehr ab, so daß die Bewohner des Hauses den schützenden Deich, der doch so nahe lag, nicht mehr erreichen konnten. Angekleidet durchwachte man voller Sorgen den langen Abend und die schreckliche Nacht. Das Haus stöhnte und ächzte unter den Sturmstößen. Gegen Mitternacht schlugen die Wellen an das Haus, und das Wasser drang unter den Türen hindurch auf die Diele und Ställe. Der mit den Tücken des Wassers erfahrene Fischer Büsing zog seine langen Fischerstiefel an und brachte die Sau in die Stube, die einige Stufen höher lag. Als er anschließend auch die Schafe hereinholen wollte, war das Wasser schon so weit gestiegen, daß er die Tür nicht mehr öffnen konnte. Das Wasser drückte sie von außen auf. Die Familie war in der Stube gefangen. Der Raum hatte zwei Alkoven. Büsing

Flutstein am Sielbauwerk in Dangast. Damals stieg die Flut hier auf über 5 Meter.

Das letzte Haus im Jadebusen in der Nähe von Sehestedt (Butjadingen). Hier überstand der Fischer Büsing mit seiner Familie die Sturmflut von 1906. Später wurde das alte Fachwerkhaus durch Blitzschlag vernichtet.

brachte nun die beiden Söhne die bei ihm schliefen, und sein Bettzeug in den anderen Alkoven, so daß die Frau mit den Kindern hoch oben auf den Betten sitzen konnte. Das Wasser war inzwischen unter der Tür hindurch in die Stube gedrungen. Büsing packte nun die Sau, die am Boden nicht mehr sicher war, und wollte sie zu seiner Familie ins Bett heben. Dabei stieß das störrische Tier an die Laterne, daß sie herunterfiel und verlöschte. Glücklicherweise gelang es dem Manne, wieder Licht zu machen und die Sau beim zweiten Versuch ins Bett zu heben. Es ist wohl das erste Mal gewesen, daß eine Sau, eine Frau und drei Kinder miteinander das Bett teilten.

Die Familie durchlebte bange Stunden bei dem Brüllen des Meeres, dem Heulen des Orkans und dem Ächzen der Balken im Hause. Plötzlich brach eine vom nahen Deich zurückrollende Woge die Haustür auf. Das Wasser ergoß sich über die Diele, drückte eine Füllung der Stubentür ein und klatschte in das Zimmer. Im gleichen Augenblick brach eine Steinfüllung aus dem Bindewerk unter dem Fenster heraus. Die Wassermassen konnten nun ungehindert durch das offene Haus rollen. Der Schrank fiel um, die Kommode, der Tisch und die Stühle, schwammen im Wasser.

In dieser höchsten Not setzte Büsing seine beiden Söhne auf den Geschirrschrank zwischen den Alkoven. Dann warf er die Sau aus dem Bett ins Wasser. Das Tier schwamm mehrere Runden und machte angestrengte Versuche, wieder aufs Trockene zu gelangen, bis der Fischer sie wieder aus Mitleid in den Alkoven hereinzog. In dieser Lage verbrachte die Familie zitternd vor Angst und Kälte, verschmutzt und durchnäßt, die langen, bangen Stunden in der Nacht, bis das Wasser gegen Morgen langsam wieder abebbte. Als Büsing die Diele wieder betreten konnte, waren die drei Schafe und das Rind ertrunken. Nur die Kuh, die stundenlang schwimmend im kalten Wasser hatte aushalten müssen, lebte noch. Die Wellen hatten sie hin und her geworfen und ihr den Rücken unter dem Balken wundgescheuert."

So weit die Schilderung der Schreckensnacht. Das durch die Orkanflut schwer beschädigte Haus hatte dennoch den Flutwellen standgehalten. Es wurde 1908 durch einen Blitzeinschlag entzündet und brannte völlig aus.

Nach Meinung des Chronisten Carl Woebcken war die am 16. Februar 1916 auflaufende Sturmflut „weitaus gefährlicher für die hinter den Deichen lebende Küstenbevölkerung, als die vorhergehenden Hochwasserfluten des 19. Jahrhunderts". Die Sturmflut zeigte am Willhelmshavener Pegel einen Höchstwasserstand von 4,81 Meter über Normalnull. Woebcken schreibt in einem seiner Bücher: „Sie lief im Westen (Schleswig-Holstein) nicht so hoch auf wie die von 1906, verursachte aber weit mehr Schaden, da der Wind nicht abflaute. Die über den Deich gehenden Spritzer weichten die Innenböschung auf, die an verschiedenen Stellen abrutschte. An der Zuider See hat an verschiedenen Stellen auch die Kappe nachgegeben, und die höchsten Polder sind vollgelaufen. In Deutschland sind keine Winterdeiche gebrochen, aber an mehr als einer Stelle hat nicht viel daran gefehlt. Die Flut lief auf in Wilhelmshaven bis 4,81 Meter, in Husum bis zu 5,01 Meter über Normalnull, nur 5 Zentimeter weniger als 1825."

Die Hollandflut vom 1. Februar 1953 und weitere Sturmfluten des 20. Jahrhunderts

Weniger bekannt wurde die so genannte Mittagsflut, die am 18. Oktober 1936 besonders die Westküste von Schleswig-Holstein heimsuchte. Sie sollte dennoch als schwere Sturmflut einer Springtidezeit in das Katastrophenregister eingehen. Gegen Mittag erreichte der Scheitelwasserstand in Folge der orkanartigen Stürme aus Südwest und West den Höhepunkt von 4,33 Metern in Büsum und in Husum von 4,75 Metern über Normalnull. Glücklicherweise verursachte die Wasserflut keine Menschen- und Tierverluste, lediglich an einigen Stellen in Schleswig-Holstein wurden die Deiche überflutet. Dadurch entstanden kostenträchtige Schäden an den Außenseiten der Seedeiche.

Als eine seltene Naturerscheinung galt die von Fachleuten als erste Niedrigwasser-Orkanflut eingestufte Sturmflut vom 10. Februar 1949. Nach Zeitungsmeldungen erreichte ein räumlich begrenzter, aber heftiger und schneller Sturmwirbel die Nordseeküste kurz vor der astronomischen Hochwasserzeit und staute das Seewasser an den Deichen über 6 Stunden lang mit höchstem Winddruck bis zur astronomischen Niedrigwasserzeit auf 4,0 Meter über dem mittleren Tidehochwasser (Mthw) oder 2,5 Meter über Normalnull an, wie beispielsweise im schleswig-holsteinischen Büsum. Große oder erhebliche Deichschäden wurden nicht gemeldet.

Weitaus dramatischer waren die Sturm- und Flutauswirkungen der so genannten Hollandflut, die am 1. Februar 1953 an der Nordseeküste für Verheerungen und Verwüstungen sorgte. Die Katastrophenflut, die von der Presse als außergewöhnlich hoch bezeichnet wurde, erreichte im Mündungsgebiet von Rhein, Maas und Schelde nie zuvor gekannte hohe Scheitelwasserstände. Dadurch brachen an 67 Stellen in den Niederlanden die Deiche, dabei sind 143000 Hektar Land überflutet worden. Etwa 2100 Menschen kamen ums Leben und rund 47000 Stück Vieh ertranken im Seewasser. Die wirtschaftlichen Schäden wurden von der niederländischen Regierung nach Zeitungsmeldungen auf rund 50 Milliarden Gulden geschätzt.

Wie konnte es zu dieser Hochwasserkatastrophe im 20. Jahrhundert kommen, bei der nach niederländischen Angaben 1835 Menschen, nach deutschen Pressemeldungen 2100 Menschen sowie 200000 Stück Vieh im Meerwasser ertranken?

Ein Blick auf die geologische Geschichte der Nordsee zeigt, dass bei der Entstehung des Nordmeeres zum Ende der letzten Eiszeit vor etwa 10000 Jahren die Küstenländer ständig von überlaufendem Hochwasser bedroht waren. Extrem gefährdet waren die „Niederen Lande“ (Niederlande) in den Deltabereichen von Rhein, Maas und Schelde. Mit der Küstenbesiedelung begann der bis heute andauernde Kampf des Menschen gegen die alles bedrohenden Sturm- und Orkanfluten. Mit kleinen Erdhügeln, den Wurten und Warfen, versuchten die Siedler den Elementen zu trotzen. Nachgewiesen ist, dass die Römer erste Wasserschutzbauten in den Niederlanden errichteten. Als Beispiel sei das Vliet bei Voorburg genannt, das das Schie bei Delft und den Alten Rhein in der Nähe von Leiden verbindet.

Mit einer mehrseitigen Dokumentation erinnerte am 1. März 2003 die in Amsterdam erscheinende Zeitung „De Telegraaf" an die Holland-Sturmflut von 1953, die 2100 Todesopfer forderte

In großer Aufmachung berichteten Tageszeitungen und Magazine über Orkan- und Sturmfluten, die während der Vergangenheit an der Nordseeküste registriert wurden.

Erst mit Beginn des 10. Jahrhunderts begannen die Bewohner der Niederlande mit dem Damm- und Deichbau an den vom Meerwasser bedrohten Küsten. Durchlässe durch die Deiche, so genannte Siele, entwässerten die Niederschlagsgebiete hinter den Deichen. Auch in den Niederlanden bildeten sich an den aus Holz aufgeständerten Sielen bevorzugte Siedlungsgebiete, die als Ausgangspunkte für die bald darauf einsetzende Watten- und Küstenschifffahrt dienten. Die hier wohnenden Menschen lebten von der Jagd, von der Fischerei und vom Ackerbau. Sie alle bauten Deiche, um sich vor den Auswirkungen der gefürchteten Sturm- und Orkanfluten zu schützen. Davon zeugen Chroniken holländischer Klöster, deren Bewohner zusammen mit der Küstenbevölkerung Deiche bauten, um die hoch auflaufenden Wasserfluten abzuhalten.

Nach niederländischen Quellen sind zwischen den Jahren 1000 und 1953 im Westen der Niederlande 111 schwere Überschwemmungen, verursacht durch Sturm- und Orkanfluten, registriert worden. Diese Hochwasserkatastrophen forderten in dem unter dem Meeresspiegel liegenden Land zahlreiche Opfer, ließen große Landflächen im Meer versinken und bestimmten damit die Konturen der heutigen Niederlande auf der Landkarte.

Während der besonders schweren Elisabethflut von 1421, vergleichbar mit der Hollandflut von 1953, waren viele ertrunkene Menschen und große Landverluste zu beklagen. Die Meeresflut verschlang den Polder Grote Waard im Gebiet des heutigen Biesbosch (Süßwasser-Sumpfgebiet bei Dordrecht) und das Hollandsch Diep. Die Allerheiligenflut des Jahres 1570, bei der fast die Hälfte der heutigen Provinz Nordholland im Meer versank, forderte über 5000 Menschenleben. Einige Gewässer- und Flurnamen erinnern noch heute an die vergangenen Fluten, wie beispielsweise das versunkene Land von Saeftinghe (Seeländisch Flandern), das versunkene Land von Reimerswaal (Südbeveland) und das versunkene Südland (Schouwen-Duiveland).

Obwohl die niederländischen Deiche ständig verbessert und erhöht wurden, blieben weitere Schäden durch überlaufende Sturmfluten nicht aus. Die Hochwasserkatastrophen von 1906, 1916 und zuletzt 1953 sprechen eine deutliche Sprache. Allein die Hochwasserflut vom 1. Februar 1953 brach durch 67 Gewässermündungen und mehr als 400 Deichbrüche in weite Teile des Südwestens der Niederlande ein. 200000 Hektar fruchtbares Land mit zahlreichen Dörfern und Städten standen unter Wasser. Es gab viele Tote und 72000 Menschen mussten evakuiert werden, 47000 Gebäude und Häuser wurden vom Hochwasser beschädigt. Entsetzen machte sich breit, die Wiederholung einer solchen Hochwasserkatastrophe sollte um jeden Preis verhindert werden. Eine von der Regierung sofort eingesetzte so genannte Deltakommission legte noch im gleichen Jahr einen Küstenschutzplan vor, der die Verstärkung und Erhöhung der Deiche und eine Verkürzung der Küstenlinie auf 700 Kilometer als Kernstück beinhaltete. Erklärtes Ziel war dabei, dass die Seedeiche künftig Sturmfluten mit Wasserstandshöhen von bis zu 5 Metern über Normalnull standhalten sollten. Bereits 1932 war durch den Bau eines Abschlussdeiches die Zuidersee abgeriegelt und damit die niederländische Küste zur Seeseite hin um 360 Kilometer verkürzt worden.

Das erste Teilprojekt des 1958 erbauten Sturmflutwehres in der Hollandsche Ussel. Es ist 80 Meter breit und besteht aus vier Pfeilern, die 44 Meter über NN aufragen. Bei Hochwassergefahr werden die Stahltore herabgelassen.

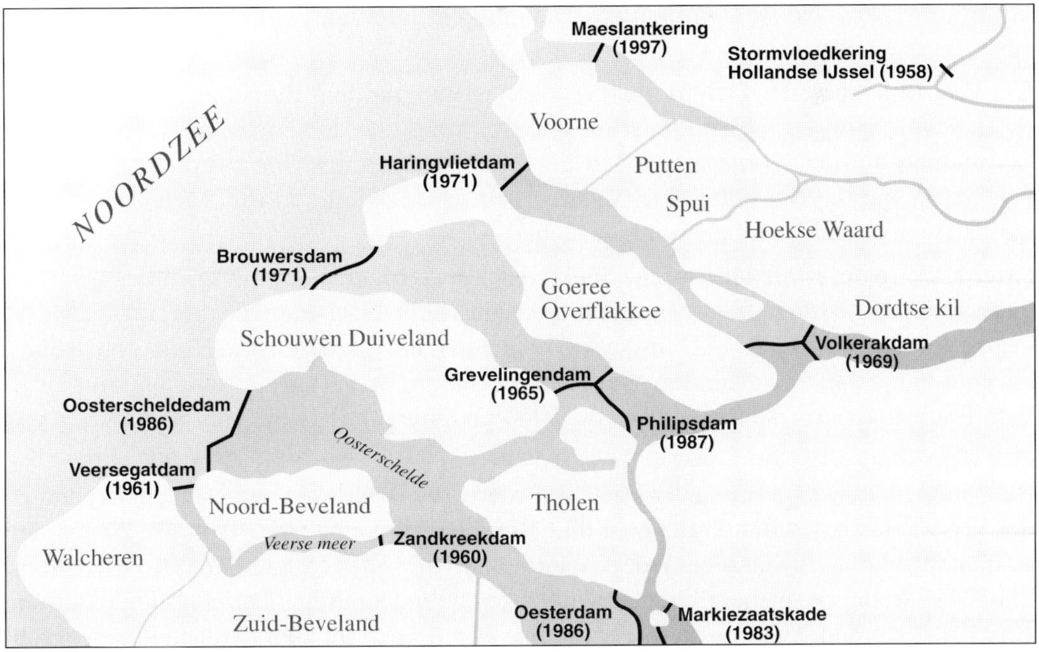

Übersichtskarte von den niederländischen Küstenschutzbauten. Die zahlreichen Dämme und Wehre wurden in jahrelanger Arbeit (1958-1997) fertiggestellt.

Die niederländische Informationsbroschüre „Das Deltaprojekt" vom Ministerium für Verkehr, Wasserwirtschaft und öffentliche Aufgaben, herausgegeben im September 2001, schreibt dazu: „Die Deltakommission schlug vor, die Meeresarme im Delta völlig abzuriegeln und alle Hochwasserschutzanlagen im ganzen Land auf die so genannte Deltahöhe zu bringen. Als Ausgangspunkt galt dabei ein Wasserstand von 5 Meter über Normalnull bei Hoek van Holland. Die Wahrscheinlichkeit einer Überschwemmung würde damit auf 1:4000 pro Jahr für das Deltagebiet und den Norden des Landes und 1:10000 pro Jahr für die Randstad Holland verringert. Der Nieuwe Waterweg und die Westerschelde sollten im Interesse der Schifffahrt von und nach Rotterdam beziehungsweise Antwerpen offen bleiben. Hier sollten lediglich die Deiche auf Deltahöhe gebracht werden."

Nach der Verabschiedung des so genannten Deltagesetzes durch das niederländische Parlament im Jahre 1957 machten sich die Wasserbauingenieure daran, das Projekt zu realisieren. Zuerst sollten vier Meeresarme mit Dämmen abgeschlossen werden. Zu nennen sind hier das Veerse Gat, die Oosterschelde, das Brouwershavense Gat und das Harlingvliet. Auch im Binnenland mussten im Interesse des Hochwasserschutzes Dämme gebaut werden, wie beispielsweise im Volkerak. Zum Schutz der dicht besiedelten Provinz Südholland ist in der Hollandse Ijssel ebenfalls ein Sturmflutwehr gebaut worden. Der Harlingvlietdamm wurde mit großen Entwässerungsschleusen versehen, damit die besonders hohen Wassermengen aus Rhein und Maas in die Nordsee abfließen konnten. Viele Dämme erhielten außerdem Schifffahrtsschleusen zum Passieren von Binnen- und Seeschiffen. Für den niederländischen Wasserbau hatte ein neues Zeitalter begonnen, die Verantwortlichen wollten das Deltaprojekt innerhalb von 20 Jahren endgültig abgeschlossen wissen.

Die Verwirklichung des Deltaprojektes begann 1958 mit dem Bau eines Sturmflutwehres in der Hollandse Ijssel, die über die Nieuwe Maas und den Nieuwen Waterweg eine Verbindung mit der Nordsee hat. Mit der Fertigstellung des Sperrwerkes östlich von Rotterdam war das tief unter dem Meeresspiegel gelegene Land (6,5 Meter unter Normalnull) vor künftigen Überflutungen sicher.

Zwei Jahre später ist in der Provinz Seeland der erste Meeresarm mit Dämmen abgeriegelt worden. Grundlage dafür war der so genannte Drei-Insel-Plan, der bereits 1953 ausgearbeitet worden war. Zwei Dämme sollten die Inseln Walcheren und Nord- sowie Südbeveland miteinander verbinden. Der Zankreekdamm ist 830 Meter lang und mit einer Schiffsschleuse ausgestattet. Er wurde 1960 endgültig mit Hilfe von Senkkästen geschlossen.

Nach niederländischen Presseberichten erforderte der Bau des Dammes in der Mündung des Veerse Gats zwischen Walcheren und Nordbeveland eine neue Technik. Wegen der starken Strömung im Gat – bei jeder Tide fließen 70 Millionen Kubikmeter Wasser hindurch – sind statt der bisher üblichen Senkkästen beim Dammbau Durchlass-Senkkästen verwendet worden. Damit war 1961 der erste Meeresarm im Delta vollständig abgeriegelt. Der dabei entstandene See, das Veerser Meer, wurde brackig (Süß- und Salzwassergemisch) und entwickelte sich nach niederländischen Angaben zu einem der beliebtesten Erholungsgebiete in der Provinz Seeland.

1958 wurde mit der Abdämmung des Grevelingenbeckens zwischen Schouwen-Duiveland und Goeree-Overflakkee begonnen, die sechs Kilometer länger als der Zankreedamm und der Veerse-Gat-Damm werden sollte. Dabei setzten die Wasserbauer auf neue Techniken und Materialien. Zwischen der Sandplatte Oude Tonge entstand ein Sanddammkörper mit zwei Öffnungen. Während die kleinere Öffnung mit herkömmlichen Senkkästen dichtgesetzt wurde, kam bei der größeren Öffnung eine Seilbahn zum Einsatz, von der aus große Betonblöcke abgeworfen wurden. Der so entstandene Grevelingerdamm ist 1965 für den Verkehr freigegeben worden.

Der Volkerakdamm trennt das Hollands Diep und das Haringvliet von den südlichen Deltagewässern. In einer Informationsschrift heißt es: „Mit dem Bau des Dammes und der zugehörigen Kunstbauten wurde schon 1957 begonnen. Der gesamte Komplex besteht aus einem Damm von den Hellegatsplaten nach Goeree-Overflakkee, einem Damm in Volkerak in Richtung Nordbrabant, einer Autobahnbrücke über das Haringvliet zum Hoekse Waard und – in der Mitte – dem Verteiler Hellegatsplein. Im Hellegat wurde mit Sand ein Damm aufgespült und dann befestigt, das Volkerak wurde 1969 mit 12 Durchlass-Senkkästen geschlossen. Der Volkerakdamm liegt auf der wichtigen Schifffahrtsroute Rotterdam-Antwerpen. Er ist deshalb mit drei großen Schleusen und einer gesonderten Schleuse für die Sportschifffahrt versehen."

Die Fertigstellung des über 4 Kilometer langen Haringvlietdammes zwischen Goeree und Voorne, dessen Bau 1957 begonnen wurde, dauerte ganze 14 Jahre. Weil der Deich nicht nur das Hinterland vor Hochwasser schützen sollte, sondern auch als Leitdamm überschüssige Wassermengen aus Rhein und Maas in die Nordsee ableiten sollte, mussten von den Wasserbauern zuerst Teilprojekte verwirklicht werden: So entstanden 17 Entwässerungsschleusen und eine Schleuse für die Schifffahrt. Erst 1971 wurde die Straße über den Damm für den Verkehr freigegeben. Mit dem Harlingvlietdamm war der zweite Meeresarm im Delta geschlossen und das Hinterland sturmflutsicher gemacht worden.

Zwischen Goeree und Schouwen, wo der Meeresarm 6,5 Kilometer breit und bis zu 30 Meter tief ist, sollte nun der Brouwersdamm errichtet werden. Dafür sind auf zwei Sandplatten im Brouwershavense Gat Sanddämme aufgespült worden. Die dabei verbliebene nördliche Öffnung wurde mit Durchlass-Senkkästen dichtgesetzt, während die südliche Öffnung mit der Seilbahntechnik unter Verwendung großer Betonbrocken endgültig geschlossen worden ist. Ende 1971 war der Brouwersdamm fertig. Dabei war ein neuer See, das Grevelinger Meer, entstanden.

Bereits 1967 trafen die Niederländer erste Vorbereitungen, die Oosterschelde mit einem Damm dichtzusetzen, um damit das Hinterland sturmflutsicher zu machen. Die Planung sah vor, einen 9 Kilometer langen Deich zwischen Schouwen und Nordbeveland in einem Seegatt mit einem mittleren Tidenhub von 3 Metern und einer Tiefe bis zu vierzig Metern aufzuschütten. Dafür wurden zuerst die Arbeitsinseln Roggenplaat, Neeltje Jans und Nordholland errichtet. Zwischen den zuletzt genannten Inseln wurde ein Damm ge-

Die Sturmflutabwehr in der Oosterscheldemündung (Niederlande). Hier wurden unter anderem fünf Millionen Steine verbaut, um den Pfeilern eine gute Standfestigkeit zu verleihen. Die Natursteine wurden mit Schiffen aus Deutschland, Finnland, Belgien und Schweden herantransportiert.

Die Sturmflutwehr in der Oosterschelde wird bei hoch auflaufenden Sturm- und Orkanfluten geschlossen. Dann ist die Schelde hermetisch abgeriegelt.

baut. Wäre alles nach Plan verlaufen, hätten die Niederländer 1978 den Oosterscheldedamm als letztes Teilstück des Deltaprojektes einweihen können. Doch es sollte völlig anders kommen!

Nachdem etwa fünf Deichkilometer schon fertig waren, durchlief eine Protestwelle gegen den Bau des Oosterscheldedammes die Niederlande. Der ökologische Wert der Oosterschelde als Salzwasser- und Gezeitengebiet sollte nach dem Willen der Bevölkerung nicht verloren gehen. Schließlich entschied sich die Regierung 1975 unter dem Druck der Öffentlichkeit für den Bau eines Sperrwerks mit Sturmfluttoren anstelle des vorher geplanten Dammes durch die Oosterschelde.

Dafür entwickelten die Wasserbauingenicure ein neues, revolutionäres Baukonzept, denn in der Oosterscheldemündung sollte nun ein gewaltiges, dreiteiliges Sturmflutwehr entstehen. Der Plan beinhaltete die Aufstellung von Betonpfeilern, zwischen denen 62 bewegliche Stahlschütze (bewegliche Platten) aufgehängt wurden. Der geänderte Bauplan für das Mammutprojekt wurde dann 1979 vom niederländischen Parlament in allen Einzelheiten gebilligt.

In einer niederländischen Pressemeldung wird dazu berichtet: „Am 4. Oktober 1986 übergab Königin Beatrix das Sturmflutwehr (Deltawerk) in der Oosterscheldemündung seiner künftigen Bestimmung. Damit ist die 1953 von der Februar-Sturmflut schwer betroffene Provinz Seeland künftig vor Hochwasserkatastrophen sicher und geschützt."

Durch den Bau des Deltawerkes in der Oosterscheldemündung wurde der Wasserdurchfluss volumenmäßig wesentlich verkleinert. Weil die daraus resultierende Tidenhubverringerung eine Dauergefahr für die Groden und Schlickbänke darstellte, wurde das Oosterscheldebecken flächenmäßig verkleinert. So genannte Sekundärdämme mit Schiffsschleusen, im Einzelnen der Oesterdamm und der Philipsdamm, wurden errichtet. Beide Dämme trennen Salz- und Süßwasser und halten außerdem die Schelde-Rhein-Verbindung gezeiten- und damit strömungsfrei.

Der fast 11 Kilometer lange Oesterdamm wurde 1986 zwischen Tholen und Südbeveland angelegt. Einige Jahre vor dem Bau des Oesterdammes war der Damm Markizaatskade aufgeschüttet worden. Er verläuft entlang des versunkenen Landes von Bergen op Zoom, das von Sturmfluten überschwemmt worden war. Durch die Dammanlage entstand ein neuer See, das Markizaatsmeer.

Wie beim vorher genannten Oesterdamm auch wurde 1987 zwischen Sint-Philipsland und dem Grevelinger Damm bei teilweise geschlossenen Toren im Sturmflutwehr der Philipsdamm mit Sand aufgespült. Im gleichen Jahr entstanden der Bather Entwässerungskanal mit Schleusen und die Volkerakschleusen. Die beiden Entwässerungsschleusen regeln den Wasserhaushalt im Delta. Durch die Volkerakschleuse wird überschüssiges Wasser aus dem Hollandsch Diep in das Volkerak und das Zoommeer abgeleitet. Der Bather Entwässerungskanal führt durch den engsten Teil von Südbeveland. Über die Kanalschleusen können bei Niedrigwasser täglich 8,5 Millionen Kubikmeter in die Westerschelde abgewässert werden.

Posterabbildung von der Sturmflutabwehr in Hoek van Holland (Niederlande). Die beweglichen Schwimmtore wurden 1997 fertiggestellt und gelten nach Ansicht von Fachleuten als wasserbautechnische Meisterleistung .

Gewaltige Schwenkarme eines ausgeklügelten Rohrsystems steuern die Schwimmkörper, die den „Niewen Waterweg“ nach Rotterdam bei Sturmflutgefahr abriegeln.

Als die niederländische Königin Beatrix 1986 das Sturmflutwehr in der Oosterschelde seiner Bestimmung übergab, erklärte die Monarchin das Deltaprojekt für vollendet. Weil aber weitere Deichverstärkungen und -erhöhungen eine Protestwelle durch Umweltschutz- und Naturschutzverbände auslösten, ließ die Regierung die Möglichkeiten zum Bau eines Sturmflutsperrwerkes im Nieuwen Waterweg bei Rotterdam prüfen. Bei positiven Erkenntnissen sollten die vorgesehenen Deichverstärkungen und Erhöhungen in der Nähe der Hafenstadt abgebrochen werden.

Bereits 1987 wurde vom zuständigen niederländischen Ministerium für Verkehr, Wasserwirtschaft und öffentliche Aufgaben der Bau eines Sperrwerkes in der Nähe der Hafenstadt Hoek van Holland öffentlich ausgeschrieben. Bedingung war, dass das geplante Sperrwerk die Schifffahrt nicht behindern durfte und es gleichzeitig eine Erhöhung der Deiche bei Rotterdam überflüssig machen musste. Außerdem sollte das Sperrwerk so konstruiert werden, dass es bei Hochwasser wasserdicht geschlossen werden konnte. Ausgewählt wurde schließlich eine Konstruktion aus zwei viertelkreisförmigen, versenkbaren Schützen, die in so genannten Docks beiderseits der Wasserstraße ruhen und bei Hochwassergefahr ausgefahren und auf Drempel (Erhöhungen) in der Gewässersohle aufgesetzt werden können. 1991 ist mit dem Bau des Maeslantsperrwerkes begonnen worden. Beiderseits des Nieuwen Waterweges bei Hoek van Holland beeindruckt die strahlend weiße Stahlrohrkonstruktion den Betrachter. Mit Hilfe der ausfahrbaren Schwenkarme des Wehres kann die dort 360 Meter breite Wasserstraße völlig abgeriegelt werden, wenn Wasserstände über 3 Meter Normalnull bei Rotterdam auflaufen. Nach Probeläufen 1997 endgültig fertiggestellt und seiner Bestimmung übergeben, gehört das computergesteuerte Maeslantsperrwerk bei Hoek van Holland europaweit zu den technisch modernsten Wasserschutzbauten des 20. Jahrhunderts. Nach niederländischen Angaben wird das offene Sperrwerk am Nieuwen Waterweg bei Rotterdam jährlich von mehr als 18000 Schiffen in beiden Fahrtrichtungen passiert.

Letztendlich reichte das Maeslantsperrwerk nicht aus, um das Umland des Nieuwen Waterweges und der Nieuwen Maas vor Hochwasser zu schützen. Zusätzlich wurde deshalb der Europortdamm mit dem Hartelsperrwerk gebaut. Der Deich verläuft von Rozenburg auf der einen Seite bis an die Südseite des Maeslantsperrwerkes und auf der anderen Seite in südöstlicher Richtung bis zum Hartelsperrwerk. Nach niederländischen Presseberichten haben alle drei Wasserbauprojekte zusammen exakt 635 Millionen Euro gekostet, also weitaus weniger als die zuerst vorgesehenen Deichverstärkungen und -erhöhungen bei Rotterdam.

Neuesten wissenschaftlichen Erkenntnissen zufolge muss der Kampf der Niederländer gegen die Elemente Wasser und Sturm auch in Zukunft weitergehen. Nachgewiesen wurde, dass die Niederen Lande (Niederlande) immer weiter absinken. Dazu kommen Bodensetzungen mit Sedimentsverdichtungen als Folge von Entwässerungsmaßnahmen im Land. Außerdem konnten die Geologen aufgrund von computergesteuerten Berechnungen aufzeigen, dass der Meeresspiegel in Zukunft in einem Zeitraum von 100 Jahren im Mittel zwischen 10 und 90 Zentimeter weiter ansteigen wird, sodass Wasserschutzbauten irgendwann wieder erhöht und den neuen Erkenntnissen angepasst werden müssen.

Weitere Sturmfluten

Die Flut vom 23. Dezember 1954 ähnelte der Weihnachtsflut des Jahres 1717, denn bei hohen Wasserständen an der gesamten deutschen Nordseeküste brach der Maadedeich bei Wilhelmshaven. Dabei wurden etwa 120 Meter des Schutzdammes von den Wasserfluten abgetragen. Der Pegel in der Jadestadt zeigte exakt einen Wasserstand von 4,35 Meter über Normalnull. Tagelang stand nach der Sturmflut das Seewasser im Deichvorland.

Ein Zeitzeuge schildert den Maadedeichbruch wie folgt: „Der Deich brach! In unheimlicher Schnelligkeit riß die Sturmflut eine Lücke, ein Loch, eine Kluft, die sich von Minute zu Minute vergrößerte, um bereits nach einer Viertelstunde mehrere Meter Breite zu haben. Da – eine zweite Einbruchstelle! Nun war der ‚blanke Hans' nicht mehr zu halten. Und wenn jetzt Menschenhilfe und Material zur Stelle gewesen wären – es hätte nichts mehr genutzt. Tausende Kubikmeter aufgewühlten Seewassers stürzten in die Maade."

Die Sturmflut vom 22. / 23. Dezember 1954 führte zu hohen Wasserständen an den Küsten Nordwestdeutschlands. An einigen Stellen stand das Wasser sehr nahe der Deichkrone, die Deichstrecken an der ostfriesischen Küste waren von der Gefahr des Bruches oder der Überflutung bedroht; sie konnten nur durch sofortigen Einsatz aller verfügbaren Deichsicherungskräfte gehalten werden.

Die Hochseeinsel Helgoland während einer Sturmflut. Durch die Weihnachtsflut 1717 wurde der Buntsandsteinfelsen von der Sanddüne getrennt. Bis dahin waren Insel und Düne eine Einheit.

Die Hamburgflut vom 16. / 17. Februar 1962

Ein Sturmtief bei Island, von vielen Meteorologen bereits am 15. Februar 1962 in seiner Gefährlichkeit für die Nordseeküste erkannt, war die Ausgangsbasis für die am 16. und 17. Februar 1962 hoch auflaufende Orkanflut. Für die Nordseeküste und Hamburg sowie weite Teile der Weser und Elbe sollte es die größte Naturkatastrophe des 20. Jahrhunderts werden, denn die Wasserfluten zerstörten laut Zeitungsmeldungen 1255 Häuser sowie andere Gebäude, wodurch über 40000 Menschen obdachlos wurden. Durch die Auswirkungen der Hamburgflut kamen 329 Menschen ums Leben.

Nach Berichten und Meldungen aus nordwestdeutschen Tageszeitungen und Magazinen sind an der Nordseeküste folgende Wasserstände gemessen worden: Emden 5,18 Meter, Wilhelmshaven 5,22 Meter, Bremerhaven 5,35 Meter, Cuxhaven 4,98 Meter, Büsum 4,94 Meter, Tönning 5,21 Meter, Husum 5,21 und Hamburg-Altona 5,78 Meter über Normalnull.

Der aus nordwestlicher Richtung „brüllende Orkan", der mit gigantischer Kraft die Wassermassen vor sich her auf die Küste zutrieb, bewirkte einen ungewöhnlich hohen Wasserstau in der Deutschen Bucht. Auch für die Menschen in der Jadebusenregion wuchs die Bedrohung durch das ständig steigende Salzwasser vor den Deichen. In Sehestedt (Butjadingen) ist dabei ein Höchstwasserstand von 5,52 Meter über Normalnull registriert worden. Am Jadebusen direkt am Wapeler Siel bei Varel (Deichhöhe 6,60 Meter)

Sturmflut Hamburg 1962: Gebrochener Deich im Stadtteil Neuenfelde (Harburg).

Sturmflut Hamburg 1962: Retter bringen eine junge Frau in Sicherheit.

Sturmflut Hamburg 1962:
Auf einem Dach wartet ein Überlebender der Flutkatastrophe auf seine Rettung.

63 Deichbrüche und 1255 zerstörte Häuser registrierten die Katastrophenstäbe während der Hamburgflut 1962. Der Stadtteil Wilhelmsburg wurde vollkommen überflutet.

Mit einem Schlauchboot bergen Helfer im Stadtteil Wilhelmsburg vom Hochwasser betroffene Bürger. Dennoch sind durch die Auswirkungen der Sturmflut in Hamburg 329 Menschen umgekommen.

stieg das Seewasser auf 6 Meter, der Pegelstand zeigte 5,45 Meter über Normalnull, am Schweiburger Siel stand der Pegel bei 5,50 Meter über Normalnull. Hier sind nach Augenzeugenberichten etwa acht Meter hohe Wellen über den 6,65 Meter hohen Seedeich gelaufen. Teile des am Dangaster Kurhaus mit Steinen gemauerten Schutzdammes brachen durch das herandrängende Seewasser aus, Strandanlagen sowie Zufahrtswege wurden einfach weggespült. Das direkt am Strand stehende „Teehaus" wurde schwer beschädigt, Einrichtungsgegenstände dieses kleinen Restaurants wurden später an der Dangaster Straße in der Nähe des Campingplatzes wiedergefunden. In Varel beobachtete der Schleusenmeister und Sielwärter Carl Schütte mit Sorge die tobende Flut. Längst waren die eisernen Sieltore geschlossen, alle erdenklichen Sicherheitsmaßnahmen getroffen worden. Einsatzkräfte der Polizei, der freiwilligen Feuerwehr und des Technischen Hilfswerks standen bereits entlang der vom Hochwasser bedrohten Küste im Einsatz, später wurden auch Einheiten der Bundeswehr in die Katastrophengebiete geschickt. Schnell alarmierte Krisen- und Einsatzstäbe versuchten das Ausmaß der Flutkatastrophe zu erfassen, die Einsätze wirkungsvoll zu koordinieren und zu leiten.

Carl Schütte registrierte am geschlossenen Sieltor in Varel eine fast bis an den Rand des Tores reichende Hochwasserlinie, die ebenso hoch am Deich stand. Weitaus gefährlicher jedoch war die Situation im südöstlichen Teil des Jadebusens, denn überall in Butjadingen und der Wesermarsch hatten die Wassermassen Löcher und größere Einbrüche in die Deiche gerissen. Gewaltige Erdmassen wurden weggeschwemmt und an vielen Stellen jagte der Orkan das Seewasser durch die Einbrüche, das sich mit Sturzbächen in das Hinterland ergoss. Fieberhaft wurde hier gearbeitet, tausende von Sandsäcken füllten nur notdürftig die von der Sturmflut geschlagenen Braken. Hilflos mussten die Einsatzkräfte miterleben, wie das Seewasser unaufhaltsam durch die Einbruchstellen gelangte, dabei die Löcher noch breiter und tiefer ausspülte. Häuser wurden umgerissen,

Sturmflut Hamburg 1962: Überschwemmtes Gebiet im Hamburger Stadtteil Neuenfelde. Im Vordergrund ein Friedhof.

Das Lotsenhaus an der Weser in Bremerhaven während der Sturmflut des Jahres 1962. Damals wurden in Bremerhaven Höchstwasserstände von 5,35 Meter über NN gemessen.

Bäume und Strauchwerk entwurzelt, Versorgungsleitungen zerstört und landwirtschaftliche Nutzflächen überflutet.

Besonders eindrucksvoll, dabei äußerst detailliert berichtet das Magazin „Der Spiegel" vom 28. Februar 1962 über die Hochwasserkatastrophe, die als Jahrhundertflut in die Annalen der Geschichte eingegangen ist. Der mehrseitige Artikel wird an dieser Stelle wegen seiner Authentizität auszugsweise wiedergegeben: „Die Flut war salzig, eklig, braun. Sie ertränkte einige hundert Quadratkilometer Deutschland und über 300 Deutsche. Es war, wie Moses im Alten Testament beschrieb: ‚Da ging alles Fleisch unter, das auf Erden kriecht ... Also ward vertilgt alles, was auf dem Erdboden war, vom Menschen an bis auf das Vieh und auf das Gewürm.'

Am 16. Februar 1962 ertrank im Nachthochwasser der Nordsee der Glaube an die Sekurität, die sich als wasserlöslich erwies. Nicht weil die Deiche an 63 Stellen brachen und etliche, die nicht brachen, glatt überspült wurden, sondern weil ein Spuk über Land kroch, den man zwar noch in Hinterindien, nicht aber an der Elbe vermutet hatte: Eine moderne Weltstadt, 750 Quadratkilometer groß und musterhaft organisiert, eine Festung aus Menschen, Beton und Energie zeigte sich gegen ein 100 Kilometer entferntes Randmeer des Ozeans so anfällig wie ein Pfahldorf der Primitiven.

Drei Tage war das Pfahldorf der Zivilisierten mit seinen fast zwei Millionen Insassen paralysiert. Ohne Strom, Gas und Telephon wurde Hamburg dunkel und schlapp. Die Sintflut, seit Anbeginn Schreckensvision der Menschen, schien angebrochen.

Während die sturmerfahrenen Küstendeutschen aus ihren Kögen und Marschniederungen programmgemäß aufs höhere Land kletterten, lief ein Fünftel des hamburgischen Staatsgebiets voll Wasser, schossen 40 Millionen Kubikmeter Flut – eine Menge, die 730000 Kesselwaggons füllen würde – in die von zwei Elbarmen umschlossene Hamburger Teilstadt Wilhelmsburg. Nahezu 300 Hamburger kamen um, zumeist im Bett. Mitten in der Großstadt wurden 60000 Menschen vom Wasser zerniert und blieben tagelang abgeschnitten, wehrlos einem Naturereignis ausgeliefert, dessen Phasen – eine einzige ausgenommen – zutreffend vorausgesehen und zutreffend berechnet worden waren.

Trotz eines mit deutscher Gründlichkeit ausgeklügelten Warnsystems und eines daran gekoppelten Katastrophenplans, der erst vom Dezember 1961 datiert, versank ein Teil Hamburgs wie einst die stolze Stadt Vineta in den Fluten. Tatsächlich war das Wasser in Hamburg niemals zuvor auch nur annähernd so hoch gestiegen wie am Sonnabend vorletzter Woche. Im Jahre 1825, bei der höchsten bislang gemessenen Sturmflut, erreichte das Wasser eine Höhe von 3,57 Meter über dem mittleren Hochwasserstand (MH), der seinerseits 1,67 Meter über Normalnull (NN) liegt. 1855 zeigte der Hamburger Pegel 3,44 Meter über NN an. Seitdem wurde in Hamburg kein Hochwasser von mehr als 2,97 MH (im Jahre 1936) gemessen. Am 17. Februar 1962 aber stieg das Wasser bis zur Rekordmarke von 4,03 Meter über MH, also 5,70 Meter über Normalnull.

Die Katastrophen 1825 und 1855 nehmen sich im Vergleich zu dem Unglück, das 1962 über Hamburg hereinbrach, denn auch harmlos aus. 1855 ertranken zwei Kinder, deren Eltern nicht daheim waren, und ein Seemann, der voreilig an Bord seines Schiffes zurückkehren wollte. Die Deiche von Wilhelmsburg waren zwar an neun Stellen gebrochen, doch der Schaden blieb gering: die Flut zerstörte zwei Häuser.

Die Hamburger sahen keinen Anlass zur Sorge. Wie üblich liefen von der Flut bedrohte Keller voll Wasser, und einige extrem tief liegende Straßen am Hafen wurden überschwemmt. Unterdes bliesen die Sturmböen immer stärker, und der Orkan kam mit Hagel, Blitz und Finsternis.

Der heranfauchende Orkan drückte das Wasser zunächst von Westen über den Reiherstiegdeich und von Nordwesten über die Ernst-August-Schleuse auf die große Elbinsel. Dann brach der Reiherstiegdeich oberhalb der Klappbrücke Neuhöfer Straße. Bald drang das Wasser im Norden über den Spreehafen und den Müggenburger Zollhafen ein. Gegen drei Uhr barst der Deich am Spreehafen. Die Flut faßte zuerst die Bewohner der zahlreichen Behelfsheime und Schreberbuden in den tiefgelegenen Gartenkolonien.

Im Westen Wilhelmsburgs lief das Wasser sacht gurgelnd in die Wohnungen und füllte sie. Von Norden dagegen schlug die Flutwelle mit Wucht zwischen die Behausungen, sprengte Fenster, Türen und Wände und wirbelte die Gartenhäuschen wie Apfelsinenkisten davon. Die nahe der Deichbruchstelle am Spreehafen gelegene Siedlung „Alte Landesgrenze e. V.“ wurde auf diese Weise zermalmt. Überlebende hockten noch bis in die Morgenstunden auf schaukelnden Trümmern, schrien um Hilfe und gaben Blinkzeichen. Andere erblickten das Licht des neuen Tages nicht mehr, starben vor Erschöpfung oder ertranken. An der Bruchstelle zerfetzte die Welle die Hälfte eines mas-

Gedenkstätte in Hamburg-Wilhelmsburg. Im Vordergrund eine Reliefplatte der Wilhelmsburger Deiche, dahinter der Granitfindling mit der Jahreszahl 1333, der ersten Wilhelmsburger Eindeichung

Mahn- und Gedenktafel in Hamburg an die Sturmflut des Jahres 1962, die 329 Menschenleben forderte. Nachzulesen sind dort die Worte: „Den Toten zur Ehre, den Lebenden zur Mahnung“.

siven Hauses, knüllte die schweren Torpedonetze der Hafenumzäunung wie Papier zusammen und schoß dann in die Keller der Wohnblocks hinter den tiefgelegenen Gartenparzellen.

Viele Bewohner flacher Gebäude wurden bei dem Versuch, sich noch auf die Straße zu retten, von der Flutwelle in den eigenen Keller gestoßen und dort ertränkt. Das schäumende Wasser riß metertiefe Krater in Straßen und Vorgärten. Es spülte Barackenteile, Fernsehgeräte, Kühlschränke, Quadersteine, Mülltonnen und Automobile mit sich. Die Menschen krallten sich an Dächern und Schornsteinen fest, andere vermochten auf Bäume sich zu retten. Für manchen war es nur eine Galgenfrist: Am Vogelhüttendeich – südlich der Deichbruchstelle Spreehafen – erstiegen drei Mann einen Baum und ertranken im Geäst.

Die schwer angeschlagene Versorgung der Millionenstadt mit Strom, Wasser und Gas kam nur langsam wieder in Gang. Die meisten der Werke der Versorgungsbetriebe liegen an der Elbe und hatten unter der Flut gelitten. Der Telefonverkehr war auch nach fünf Tagen noch gestört. Erst nach sechs Tagen konnte die Verbindung mit Wilhelmsburg über die Elbbrücken, ohne die Hamburg eine Falle ist, wieder hergestellt werden."

Auch die Tageszeitungen schilderten die Orkanflutauswirkungen in allen Einzelheiten, dazu seien hier einige Notizen aus der Jade/Weserregion genannt: In Brake an der Unterweser brach auf 40 Meter Länge der Deich bei Käseburg ein, auf der Strecke Bergmannsfeld bis Norderesche gab es Deichabbrüche, Risse und Unterspülungen, Deiche sind auf fünf Kilometer Länge abgerutscht. In Blexen entstanden am Schokumer Deich Unterspülungen auf einen Kilometer Länge und in Tossens wurde der Deich auf 20 Meter unterspült, die Strandhalle von Tossens wurde weggerissen. Bei Burhave sind ebenfalls Deichunterspülungen vorgekommen, überall ist Stallvieh ertrunken. In Nordenham blieb es bei Überflutungen, verschiedene Werke und Bahngleise standen unter Wasser. In Huntebrück kam es ebenfalls zu Deichschäden mit Häuserräumungen, in Warsfleth zu starken Schäden am Weserdeich, viele Häuser standen unter Wasser, Bewohner wurden evakuiert. Die Straße zwischen Weserdeich und Lemwerder wurde gesperrt.

Auf der Insel Wangerooge brach der südliche Dorfgrodendeich auf 400 Meter Länge, dadurch wurden Straßen und Kanalisation stark beschädigt, die untere und obere Strandpromenade wurde zerstört. Auf Juist und Baltrum wurde die Strandmauer auf 40 Meter eingerissen, der Großteil der Dünen weggeschwemmt, ein Dorf stand unter Wasser. 4000 Sandsäcke sollten Deichbrüche abdichten, Anleger und Bahnhof waren völlig vom Wasser überflutet. Der Juister Deich auf der Westseite war schwer beschädigt. Die Insel Spiekeroog stand zum größten Teil unter Wasser, der Fernsprechverkehr war unterbrochen. Auf Langeoog brach das Wasser durch die Dünen in das Dorf. Bewohner mehrerer Häuser wurden im letzten Augenblick vor der Flut gerettet.

Von der Insel Norderney wurden ebenfalls schwere Flutschäden gemeldet, dabei riss der Deich zwischen Kaiserstraße, West- sowie Nordstrand ein, zwei Pensionen und mehrere Hotels wurden vom Wasser unterspült, viele Gebäude waren einsturzgefährdet und wurden anschließend geräumt. Der Schaden wurde auf zwei Millionen Mark geschätzt.

Nach der Sturmflut des Jahres 1962: Die Insel Wangerooge in der Nordsee.
Sie ist teilweise vom Seewasser verwüstet.

Häuser standen unter Wasser, stürzten ein oder waren für lange Zeit unbewohnbar.

Auf der Insel Borkum kam es zu starken Verwüstungen im Schutzhafen, viele Gebäude wurden unterspült und schwer beschädigt, die Dünen teilweise weggerissen.

In Oldenburg stand das gesamte Bahnhofsgelände bis zum Stau unter Wasser, die Wasserschutzpolizei am Stau war vom Wasser eingeschlossen. Im Landkreis Oldenburg waren in Hasbergen die Ochtumdeiche stellenweise überflutet, die Ortschaften Schonhasbergen und Iprump überschwemmt, über 100 Schweine und anderes Vieh sind ertrunken, mehrere Familien wurden mit Schlauchbooten evakuiert. Drei Domänen mussten in Elsfleth an der Weser geräumt werden, die Menschen wurden von der Wasserschutzpolizei geborgen, das Vieh ist zum größten Teil ertrunken. Der Deich wurde an mehreren Stellen überspült, die Deichstraße aufgerissen, viele Häuser standen unter Wasser, längere Zeit herrschte Stromausfall, die Kläranlagen waren nicht in Betrieb.

In Carolinensiel wurde der Deich überflutet, dadurch wurden mehrere Häuser beschädigt, die geräumt wurden. Ein Hofgebäude in Holtgast wurde vom Sturm eingerissen, 20 Rinder wurden unter den Trümmern begraben und getötet. In Neuharlingersiel wurde der Seedeich stark unterspült, jedoch nicht durchbrochen. Im Landkreis Leer waren die meisten Deiche durch die Wasserflut beschädigt worden, sie hielten aber stand. In Völlen dagegen brach der Wehrdeich an der Seeschleuse bei Papenburg, die Ortschaft war dadurch vom Wasser eingeschlossen, die Bewohner mussten evakuiert werden. Hubschrauber der Bundeswehr waren bei der Bergung im Einsatz. Ein Pioniersoldat aus Lingen stürzte aus einem Schlauchboot und wurde später nur noch tot geborgen. In Pogum, Ditzum, Terborg, Lüthermoor, Hohegaste, Driewer und Grotegaste wurden die Deiche so schwer beschädigt, dass sie nach Meinung von Fachleuten eine zweite Sturmflut nicht mehr ausgehalten hätten.

Die Hochwasserkatastrophe vom 16. / 17. Februar 1962 ging als bis dahin höchste Sturmflut in die Annalen der Naturgeschichte ein. Sie wurde durch ein mehrere Tage lang aus dem Nordatlantik heranziehendes Sturmtief verursacht, das in der Deutschen Bucht bei Windstärken 10 bis 11 das Wasser in der Ems, Weser und Elbe sowie im Jadebusen besonders hoch aufstaute. Gemessen wurden in Hamburg-Altona 5,78 Meter, in Sehestedt (Butjadingen) 5,48 Meter, in Bremerhaven 5,35 Meter, in Wilhelmshaven 5,22 Meter und in Husum (Schleswig-Holstein) 5,21 Meter über Normalnull. Für die gesamte deutsche Nordseeküste war Katastrophenalarm ausgelöst worden. Alle verfügbaren Einsatzkräfte (Polizei, Bundeswehr, Katastrophenschutz und andere Hilfsdienste) waren auf den Beinen, um das Schlimmste zu verhindern. In Hamburg brachen an 63 Stellen, in Niedersachsen an 61 Stellen und in Schleswig-Holstein an 7 Stellen die Deiche. Dabei überflutete das Seewasser viele Ländereien, große Stadtteile von Hamburg sowie Marschengebiete an Elbe und Weser. Die Uferschutzwerke der Ostfriesischen Inseln wurden stark beschädigt, die Fluss- und Seedeiche an der gesamten Nordseeküste, an Weser und Elbe ebenfalls in Mitleidenschaft gezogen. Etwa 750 Quadratkilometer Landflächen sind in der Hamburg-Sturmflut vom Wasser überlaufen worden. Es gab 329 Menschenleben zu beklagen, 1255 Häuser wurden zerstört und zahlreiche weitere Wohnungen von der Flut beschädigt, sodass über 40000 Obdachlose gezählt wurden.

Die Januarflut vom 3. Januar 1976

Fünf Jahre nach der katastrophalen Hamburgflut von 1962 registrierten die Behörden an der Küste Norddeutschlands erneut eine Sturmflut, die am 23. Februar 1967 durch besonders hohe Windstärken verursacht wurde. Die von Fachleuten getaufte „2. Niedrigwasser-Orkanflut" entsprang einem engen, sehr schnellen Tiefdruckwirbel. Dabei wurden Windstärken gemessen, die nach der zwölfteiligen Beaufortskala bei 12 und darüber hinaus bis 14 von Meteorologen eingeschätzt wurden. Die höchste Windstauwirkung ist im schleswig-holsteinischen Büsum mit 5,20 Metern über Normalnull gemessen worden. Weil aber der Orkanhöhepunkt zurzeit des astronomischen Tideniedrigwassers eintrat, sind an der Nordseeküste im Durchschnitt nur Höchstwasserstände um 4 Meter über Normalnull festgestellt worden.

Später ist die Hochwasserflut nach dem dabei untergegangenen Seenotkreuzer mit dem Namen „Adolf Bermpohl" der „Deutschen Gesellschaft zur Rettung Schiffbrüchiger" (DGzRS) benannt worden. Die Sturmflut mit der Bezeichnung „Adolf-Bermpohl-Orkan" erinnert heute noch an die Hochwasserkatastrophe und das Schiffsunglück in der Deutschen Bucht.

Obwohl fünf weitere Wasserfluten im Jahre 1973 erfasst wurden, blieb es bei geringen Sachschäden an der Küste. Die von Meteorologen als „Sturmflutserie" bezeichneten Hochwasserfluten vom 13., 16. und 19. November sowie vom 6. und 14. Dezember 1973 bewirkten zeitweise außergewöhnliche Wasserhöchststände an der Nordseeküste. Sie lagen nach Pressemeldungen zwischen 4,03 Meter und 4,37 Meter über Normalnull, ohne aber die Seedeiche an der Küste zu gefährden. Dazu heißt es in einem zusammengefassten Kurzbericht von Presseagenturen: „November / Dezember 1973: Bei der schwersten Sturmflutserie dieses Jahrhunderts – zwischen Borkum und Cuxhaven wurden z. B. 12 bzw. 24 Sturmtiden in einem Zeitraum von 35 bis 42 Tagen aufgezeichnet – wurden von Stränden und Dünen der Ostfriesischen Inseln, die mehr als 30mal starker Brandung ausgesetzt waren, große Sandmassen abgetragen, weil anfängliche Schäden durch die nachfolgenden Sturmtiden erheblich vergrößert wurden. Vor Westerland auf Sylt wurden seewärtige Wellenhöhen von 7,20 Meter am Riff gemessen. Auf dem Festland entstanden nur größere Ausschläge an noch nicht verfestigten Deichneubauten."

Über die Sturmfluten vom 3. Januar 1976 erschienen in vielen Tageszeitungen Meldungen der Presseagenturen mit der Überschrift „40 Tote und Milliardenschäden durch Orkan". Dazu heißt es in der Ostfriesen-Zeitung vom 5. Januar 1976: „Der schwere Orkan über Nordwesteuropa hat am Wochenende rund 40 Menschenleben gefordert, Schäden in Milliardenhöhe angerichtet und der deutschen Nordseeküste die gefährlichste Sturmflut seit der Katastrophe von 1962 gebracht. Die Wucht des Orkans traf am stärksten Großbritannien, wo 22 Menschen starben. In der Bundesrepublik ereigneten sich 16 Todesfälle. Mehrere der Opfer starben bei Verkehrsunfällen, die sich im Sturm ereigneten. An der Küste der Bundesrepublik und im besonders getroffenen Elbe-Raum vor den Toren Hamburgs liefen am Sonntag die Aufräumungsarbeiten und die Bergung der vom

Hochwasser eingeschlossenen Menschen auf Hochtouren. Am schwersten betroffen wurde die Haseldorfer Marsch im Kreis Pinneberg, wo die seit 1962 an der Elbe errichteten Deichbauwerke noch nicht vollendet sind. Die Elbe überflutete hier eine Fläche von 40 Quadratkilometern. Fachleute drückten unterdessen ihre Besorgnis über den zum Teil beängstigenden Zustand der Deiche aus. Sie würden an vielen Stellen einer neuen schweren Sturmflut kaum standhalten können.

Mit Windgeschwindigkeiten bis zu 150 Stundenkilometer hatte der schwere Orkan die Wassermassen zunächst aus Südwest in die Deutsche Bucht gedrückt. Als der Sturm immer mehr Wasser in die Elbmündung schob und von Südwest auf Nordwest umsprang, schien mit dem Auflaufen der zweiten Flut am frühen Sonntag eine Katastrophe möglich zu sein, wenn der Sturm das Ablaufen des Abendhochwassers weiter verhindert hätte. Doch der Orkan legte sich überraschend.

Nördlich der holländischen Insel Schiermonnikoog ist am Sonnabend gegen 18 Uhr der mit 616 Bruttoregistertonnen vermessene DDR-Frachter ‚Capella' aus Rostock gesunken. Von der elfköpfigen Besatzung fehlte bis gestern abend jede Spur."

Die Januarflut vom 3. Januar 1976 sollte als „Jahrhunderflut" in die Geschichte der Naturkatastrophen eingehen. Der auslösende Orkan war nach Angaben aus verschiedenen Tageszeitungen einer der fünf stärksten der letzten vergangenen 30 Jahre gewesen. Mit Windgeschwindigkeiten bis zu 150 Kilometer in der Stunde trieb der aus West und Südwest tobende Orkan die Wassermassen in Richtung Osten in die Deutsche Bucht und an die Küste von Schleswig-Holstein. Über fünf Stunden staute der Orkan das Wasser mit Höchstständen. Dabei entfielen auf Hamburg 6,45 Meter, auf Cuxhaven 5,10 Meter, auf Büsum 5,16 Meter, auf Husum 5,66 Meter und auf Dagebüll 4,62 Meter über Normalnull. Die Hauptdeiche wurden zwar an vielen Stellen beschädigt, hielten aber fast überall dem herandrängenden Wasser stand. Presseagenturen meldeten Deichbrüche im Christianskoog in Dithmarschen, im Kehdingerland und in der Haseldorfer Marsch.

Die Januarflut vom 21. Januar 1976

Über die Januarflut vom 21. Januar 1976 konnten die Tageszeitungen keine besonders dramatischen Ereignisse von der deutschen Nordseeküste berichten. In der Regel blieb es bei kleineren Sachschäden. Nach Aussagen von Wetterexperten entstanden aus einem Tief mit starken Luftdruckgegensätzen gewaltige Sturmböen, die an der Nordseeküste eine heftige Flut verursachten. Der daraus resultierende, lang anhaltende Winddruck mit Stärken von 8 bis 9 ließ teilweise hohe Wasserstände aufkommen. Im Mittel lagen dabei die gemessenen Höchstwerte nach Pressemeldungen bei 4,50 Meter über Normalnull. Daher blieb es bei geringen Flutschäden an der gesamten Nordseeküste. Nur vereinzelt wurden noch nicht fertig gestellte Deiche, die von der Flut am 3. Januar beschädigt worden waren, erneut in Mitleidenschaft gezogen.

Dazu meldet die Emder Zeitung vom 21. Januar 1976: „Die zweite schwere Sturmflut in diesem Monat hat in der Nacht zum Mittwoch in Norddeutschland und in Dänemark bei weitem nicht das Ausmaß an Schäden verursacht wie die Katastrophe am 3. Januar. Entgegen den Befürchtungen hielten diesmal fast alle Deiche.

Lediglich bei Dornbusch im Kehdinger Land (Kreis Stade) riß die Flut auf einer Breite von zehn Metern die oberste Reihe der Sandsäcke aus einer notdürftig gesicherten früheren Einbruchstelle. Etwa 500 Hektar Äcker und Weiden sowie über 130 Häuser stehen seither erneut unter Wasser. Überschwemmungen gab es auch im Hamburger Hafen, doch waren hier ebenfalls die Schäden im Vergleich zur Katastrophe vor drei Wochen gering.

Fachleute führen die positive Bilanz nicht zuletzt darauf zurück, daß die Krisenstäbe an der Küste und der Unterelbe diesmal frühzeitig gewarnt und besser ausgerüstet waren. Außerdem stieg das Hochwasser entgegen den Prognosen des Deutschen Hydrographischen Instituts lediglich 3,78 Meter über Mittelhochwasser; die befürchteten 4,50 Meter hätten vermutlich zu einem Chaos geführt.

Die schweren Stürme, die am Mittwoch nachließen, haben in Großbritannien insgesamt mindestens fünf Todesopfer gefordert; in Dänemark wurde ein 63jähriger von einer Sturmbö vor ein Auto geschleudert und tödlich verletzt. Im Laufe des Tages kam es in weiten Teilen der Bundesrepublik zu Verkehrsbehinderungen durch Sturm, Schnee und Glatteis."

Bei den genannten Fluten wurden an verschiedenen Pegeln die höchsten Wasserstände der Neuzeit gemessen. Das Wasser erreichte in Wilhelmshaven 4,78 Meter, in Husum 5,66 Meter und in Hamburg sogar 6,45 Meter über Normalnull. Nach Zeugenaussagen sind auf der offenen See neun Meter hohe Wellenberge und vor den Deichen drei Meter hohe Wellen beobachtet worden. Auf den Halligen an der Westküste Schleswig-Holsteins wurden zwei Drittel aller Häuser zerstört oder erheblich beschädigt.

Auf Sylt wurden Abbrüche des Kliffs und der Randdünen bis zu 20 Meter, auf Amrum sogar 30 Meter registriert. In Hamburg verursachten Überflutungen im Hafengebiet größere Schäden an Anlagen und Gütern in den Lagerhäusern. An der Westküste von

Schleswig-Holstein brachen die Deiche an zwei Stellen, insgesamt 39 Kilometer Deichlänge erlitten Schäden. Im Raum Stade brachen Deiche, auf 14000 Hektar überschwemmter Fläche ertrank zahlreiches Vieh. Schäden gab es außerdem an den Deichen entlang der Ems sowie zwischen Dornumersiel und Wilhelmshaven, am Jadebusen, in Butjadingen und an der Weser. Zumeist waren Neubauten noch nicht fertig gestellter Deiche betroffen. Die vom Seewasser verursachten Schäden nahmen von der Ems in Richtung Elbe zu.

Deichschäden am südöstlichen Jadebusen in Reitlanderzoll-Hobenbrake, Butjadingen, während der Sturmflut 1962. Gewaltige Kleimassen wurden binnen- und außendeichs abgewaschen.

Einheiten der Bundeswehr bei Deichreparaturen. Mit Sandsäcken werden vom Salzwasser ausgewaschene Beschädigungen am Deichkörper abgedichtet.

Die Novemberflut vom 24. November 1981

Die Sturmflut vom 24. November 1981 verursachte mittelschwere Schäden an der deutschen und dänischen Nordseeküste. Die „Nordfrieslandflut", wie die Wasserflut auch genannt wurde, entstand durch einen langsamen, aber heftigen Orkanwirbel mit östlicher Zugrichtung. Meteorologen haben Windgeschwindigkeiten bis 10 Beaufort, in Spitzenböen bis 12 Beaufort an der gesamten Nordseeküste gemessen.

Presseberichten über diese Flut ist zu entnehmen, dass die so ausgelöste sehr schwere Sturmflut im nördlichen Gebiet Nordfrieslands (Schleswig-Holstein) die bisher höchsten jemals gemessenen Scheitelwasserstände erreichte. Die Tageszeitungen meldeten für List 4,07 Meter, für Dagebüll 4,71 Meter sowie für Büsum 4,73 Meter über Normalnull. Trotz der genannten Wasserstandshöhen wurden Seedeiche nicht beschädigt. Geringe Schäden gab es lediglich an Steil- und Dünenküsten infolge Sandabspülungen.

Die Emder Zeitung berichtet von Dünenabbrüchen auf Norderney und Borkum. In dem Bericht über die Flut, die von einem Orkan mit Windstärke 10 eingeleitet wurde, heißt es: „Schwerer Sturm mit Orkanböen bis Stärke zehn hat gestern an der Nordseeküste zu einer Sturmflut geführt. An der ostfriesischen Küste und in Emden stieg das Wasser bis auf drei Meter über dem mittleren Hochwasser. Größere Schäden hat es im Küstenbereich nicht gegeben. Der Schiffs- und Flugverkehr zu den Ostfriesischen Inseln ruhte bis auf den Betrieb des Emder Flughafens.

Entgegen anfänglichen Befürchtungen blieb der Hochwasserstand an der niedersächsischen Küste und in der Wesermündung nach Angaben der Wasser- und Schiffahrtsdirektion Nordwest unter der Flut vom 3. Februar 1976. Im Emder Hafen war der Schiffsverkehr eingestellt. Der Außenhafen stand unter Wasser, und der Borkumanleger war bis zum Deich überflutet. Von der AG Ems hat kein Schiff den Hafen verlassen.

Auf Borkum erreichte das Hochwasser am Vormittag eine Höhe von 2,30 Meter über dem mittleren Hochwasser. Am Nordstrand der Insel gab es im unbefestigten Bereich Dünenabbrüche. Eine akute Gefahr hat nach Angaben der Stadtverwaltung nicht bestanden. Auf Norderney stieg die Flut bis auf 30 Zentimeter unter der Marke von 1976 an. 2,71 Meter über dem mittleren Hochwasser zeigte der Pegel an. Auf der Nordseite der Insel sind im Bereich der Kugelbake erhebliche Sandmengen von der Randdünenkette auf einer Länge von einem Kilometer abgetragen worden. Die Substanz der Insel war, wie die EZ auf Anfrage bei der Stadtverwaltung erfuhr, jedoch gestern nicht gefährdet. Der neue Westdeich habe sich bewährt. Ohne seinen Schutz wäre das Wasser wie 1976 vermutlich über den Flugplatz in das Innere der Insel eingedrungen.

Bei der Deichacht Krummhörn war der Vorstand in Alarmbereitschaft. Die Einsatzstellen für den Katastrophenfall wurden jedoch nicht besetzt. Der vor Borkum stationierte Seenotrettungskreuzer „Georg Breusing" meldete, daß mehrere Schiffe den Schutz des Borkumer Hafens gesucht haben. Ein Schiff hat vor Borkum seine Holzdeckslast verloren. Auf dem Flugplatz in Norddeich ruhte der gesamte Flugverkehr, da die Flugzeuge wegen des starken Seitenwindes auf der Landebahn weder starten noch landen konnten.

Anbrandende Sturmflut 1962 im Badeort Dangast, Landkreis Friesland.
Das am Strand stehende „Teehaus“ und die Anlagen wurden völlig verwüstet.

Die Sturmflut von 1976 richtete erhebliche Schäden an.
Das Bild dokumentiert Zerstörungen auf der Insel Wangerooge.

Der Flugplatz Emden meldete einen fast normalen Flugbetrieb. Kleinere Flugzeuge konnten nicht starten, aber mit den zweimotorigen Flugzeugen wurde der Flugverkehr, hauptsächlich nach Borkum, aufrechterhalten."

Ähnliches berichteten auch andere Tageszeitungen über die Novemberflut. Als Beispiel sei der Artikel der Deutschen Presseagentur (DPA) erwähnt, der von der Ostfriesen-Zeitung veröffentlicht wurde. Dort heißt es über die Auswirkungen der Sturmflut: „Die deutsche und dänische Nordseeküste sind gestern von einer der größten Sturmfluten dieses Jahrhunderts heimgesucht worden. Mit Spitzengeschwindigkeiten von bis zu 150 km/h peitschte ein orkanartiger Sturm die Wassermassen an die Küste. Auf Sylt und den kleinen dänischen Inseln Rømø und Manø brachen Deiche.

Die Schäden waren zum Teil schwerer als bei der letzten großen Sturmflut 1976, blieben insgesamt aber dank des erheblich verbesserten Küstenschutzes hinter dem Ausmaß von 1976 zurück. Menschen kamen in der Bundesrepublik Deutschland nicht zu Schaden. Die bedrohten Gebiete mußten von der Bevölkerung verlassen werden. In den Kreisen Nordfriesland und Dithmarschen wurde Katastrophenalarm ausgelöst. Die Fähren zu den Ost- und Westfriesischen Inseln wurden ebenso eingestellt wie die Fährlinien in Dänemark zu den Inseln und den skandinavischen Ländern. Auf Elbe und Weser ruhte der Fährbetrieb zeitweise.

An der oldenburgisch-ostfriesischen Küste haben die in den vergangenen 20 Jahren zum großen Teil verstärkten Deiche der Sturmflut getrotzt. Das Hochwasser, das 2,50 Meter bis 2,60 Meter über Mittleres Tidehochwasser stieg, überschwemmte dabei kleine Küstenhäfen und deren Anleger. Umfangreiche Sandabbrüche meldeten die Inseln Wangerooge und Helgoland-Düne."

Vom 26. bis 28. Februar des Jahres 1990 kam es zu einer so genannten „Orkankette", die eine Aufeinanderfolge schwerer Hochwasserfluten an der Nordseeküste bewirkte. Wetterexperten unterschieden dabei Sturmfluten (2), Orkanfluten (2) und eine Windflut. Dafür verantwortlich gemacht wurden Tiefdruck-Zyklone mit Windgeschwindigkeiten von 160 Kilometern je Stunde. Dabei wurden in der Nacht vom 26. auf den 27. Februar in Brunsbüttel 4,74 Meter, in Büsum 4,66 Meter, in Husum 4,89 Meter und in Dagebüll 4,23 Meter hohe Wasserstände über Normalnull festgestellt. Größere Schäden entlang der Nordseeküste sind von der Presse nicht gemeldet worden. Es blieb bei Landverlusten am Westrand der Insel Sylt sowie Schäden am Seedeich von Dagebüll.

Die Entstehung des Jadebusens

Nach Auswertung aller vorhandenen und überlieferten Berichte über die Sturm- und Orkanfluten des Mittelalters (Arends, Hamelmann, Rüthning, Sello, Winkelmann, Woebcken) scheint erwiesen, dass der erste Wassereinbruch am „Friesischen Meer" (Nordsee) durch die „Julianenflut" im Jahre 1164 erfolgte. Damit wurde die Grundlage für die spätere Entstehung des Jadebusens geschaffen. Diese Entwicklung ist auch in dem im 20. Jahrhundert (1902) von Georg Sello gezeichneten Kartenmaterial über die Jadebusenentstehung dargestellt. Danach haben die Hochwasserfluten der damaligen Zeit den ersten Wassereinbruch in das Festland zwischen Minsen und Mellum mit südlichem Richtungsverlauf verursacht. Das tidenabhängige Meerwasser floss weiter in einem kleinen Bogen durch eine ausgespülte Wattrinne in südwestlicher Richtung bis fast an die Maade, in südöstlicher Richtung am Kirchspiel Hummens, in südlicher Richtung am Kirchspiel Oldensum (Aldessen) vorbei. Dabei hat der Wasserverlauf den Schlicker Siel gekreuzt, der nördlich von Arngast für die Entwässerung des Banter Kirchspiels errichtet worden war. Viele Hochmoorflächen des damaligen Festlandes sind während der Tiden (Ebbe und Flut) von den ein- und ausströmenden Wassern unterspült, dabei losgerissen und weggeschwemmt worden.

Weitere Wassereinbrüche in das von Moor- und einigen Geesterhebungen durchzogene Festland verursachte einige Jahre später die „Marcellusflut" von 1219 in westlichen, südwestlichen, südlichen und südöstlichen Richtungsverläufen. Während Minsen an der nördlichen Festlandspitze zunächst erhalten blieb, versanken die Flächen der Geesterhebung Mellum fast vollständig im Meer. Nach Hamelmann (Oldenburger Chronik 1599) ist die auf Mellum stehende Burg noch im Jahre 1187 befestigt, also ausgebaut worden. Weiter gelangte das Salzwasser in die südwestlich entstandene Maadebucht bis nach Neuende (Niende oder Insmerhave), während zwei andere Wasserläufe im Watt (Priele) bis nach Ahm und Oldebrügge und der größte Wasserlauf bis nach Alt-Gödens (Old Gödense) flossen. In südlicher Richtung durchzog das Wasser die Landflächen bis an die Wapelniederung hinter der Herrschaft Varel, in südlicher Ausdehnung bildete sich aus einem Zulauf die Walling-Heete und die östlich weiter fließende Ahne. Verzweigt in die Atenser Heete, Ahne und West-Ahne waren die drei von der Jade bei Aldessen kommenden Wasserläufe mit der Weser verbunden.

Aus Überlieferungen (Hamelmann, Winkelmann) ist weiterhin bekannt, dass es um 1300 im Jadebereich zwei Länder mit dem Namen Rüstringen gab, die aber, bedingt durch die von Fluten vollzogene Trennung, eigenständige Gaue bildeten. Sie besaßen jeweils eigene Obrigkeiten, eine eigene Gerichtsbarkeit (16 Richter) sowie jeweils für den Gau geltende unterschiedliche Deichrechtsatzungen. Während in älteren Schriften noch zwischen Außen-Rüstringen (Ut-Riustri) und Ober-Rüstringen (Up-Riustri) unterschieden wird, nannten verschiedene Berichterstatter nach dem Einbruch des Jadebusens die Länder Butjadingen (Boith-Jatha) und Bovenjadingen (Bova-Jatha). Der Gau Rüstringen war in vier Unterbezirke (Quadrantes oder Viertel) mit den Sendkirchen Varel (Farle), Langwarden (Longoworthe), Blexen (Blakeson) und Aldessen (Aldeson oder Oldensum) unterteilt.

Weitere nach 1219 aufgetretene Sturm- und Orkanfluten an der Nordseeküste – zu benennen sind in diesem Zusammenhang die „Luciaflut" 1287, die „Clemensflut" 1334, die zweite „Marcellusflut" 1362, die „Dionysiusfluten 1373 und 1377, die „Elisabethflut" 1421, die „Cosmas- und Damianflut" 1509 und die „Antoni- und Eisflut" des Jahres 1511 – veränderten und vergrößerten mit ihren verheerenden Auswirkungen den Maade- und Jadeeinbruch um ein Vielfaches der Wasserfläche. Dabei sind große Hochmoorflächen des Festlandes abgetragen und ins Meer gespült worden. So wurde aus dem verzweigten Priel- und Rinnensystem des 12. Jahrhunderts durch die Einwirkungen der Sturm- und Orkanfluten mit großen Landverlusten in einem Zeitraum von mehr als 300 Jahren eine große Meeresbucht. Die Ausläufer dieser Bucht, später Jadebusen genannt, reichten im westlichen Teil bis an die Herrschaft Friedeburg mit Etzel und Horsten, im südlichen Teil bis hinter die Herrlichkeit Varel an das Kirchdorf Jade und im östlichen Teil bis in die Weser.

Vom nördlichen Minsen blieb eine kleine Sandbank. Östlich der Maadebucht war eine Insel mit den Kirchspielen Bant und Neuende entstanden. Ebenfalls als Insel übrig geblieben ist ein Festlandsrest mit den Kirchspielen Seediek und Sande, der südwestlich der Banter Insel von Sello eingezeichnet ist. Weiter südlich davon bildeten sich die Inseln Arngast und Dangast. Im westlichen Teil lag das „Schwarze Brack". Durchsetzt mit vielen Festlandsresten in Form von kleinen Inseln, zeigte die Bucht flächenmäßig große Ausmaße, die von zeitgenössischen Zeichnern aber immer wieder „überzogen sowie verzerrt" wiedergegeben wurden.

Im östlichen Teil des Jadebusen bewirkten die Hochwasserfluten einen größeren Wassereinbruch über das bisherige Prielsystem. In südlicher Richtung war das so genannte Lockfleth entstanden. Es lief bis Ovelgönne und strömte dann mit einem östlich verlaufenden Knick direkt in die Weser. Butjadingen und Stadland bildeten jetzt eine in sich geschlossene Insel. Später wurden durch eine weitere von Hochwassern verursachte Spaltung Butjadingen und Stadland als Inseln voneinander getrennt. Südlich des im Wasser versunkenen Kirchspiels Aldessen sind aus Resten des dort untergegangenen Festlandes die Oberahneschen Felder entstanden.

Sello und Woebcken gehen in ihren Schriften davon aus, dass durch die von Hochwasserfluten verursachten Einwirkungen wie Landverlusten, Zerstörungen von Deichen und Sielen sowie Ansiedlungen auch der Schlicker Siel zerstört wurde, dessen Holztore mit Kupferblechen beschlagen gewesen waren. Der Siel diente zur binnenländischen Entwässerung des Viertels Bant und war bei Großscheidens, einer kleinen Insel bei Arngast, aufgeständert worden. Dazu schreibt Woebcken in seinem Buch über die Sturmfluten: „Als er aufgegeben wurde, entstand das Schwarze Brack, auch das Gödenser Brack genannt, das dem Viertel Bant unendlichen Schaden zufügte." Der Chronist geht also davon aus, dass der Siel während einer Sturmflut (Marcellusflut 1362) beschädigt, nicht wieder in Stand gesetzt und später von der Banter Bevölkerung aufgegeben wurde.

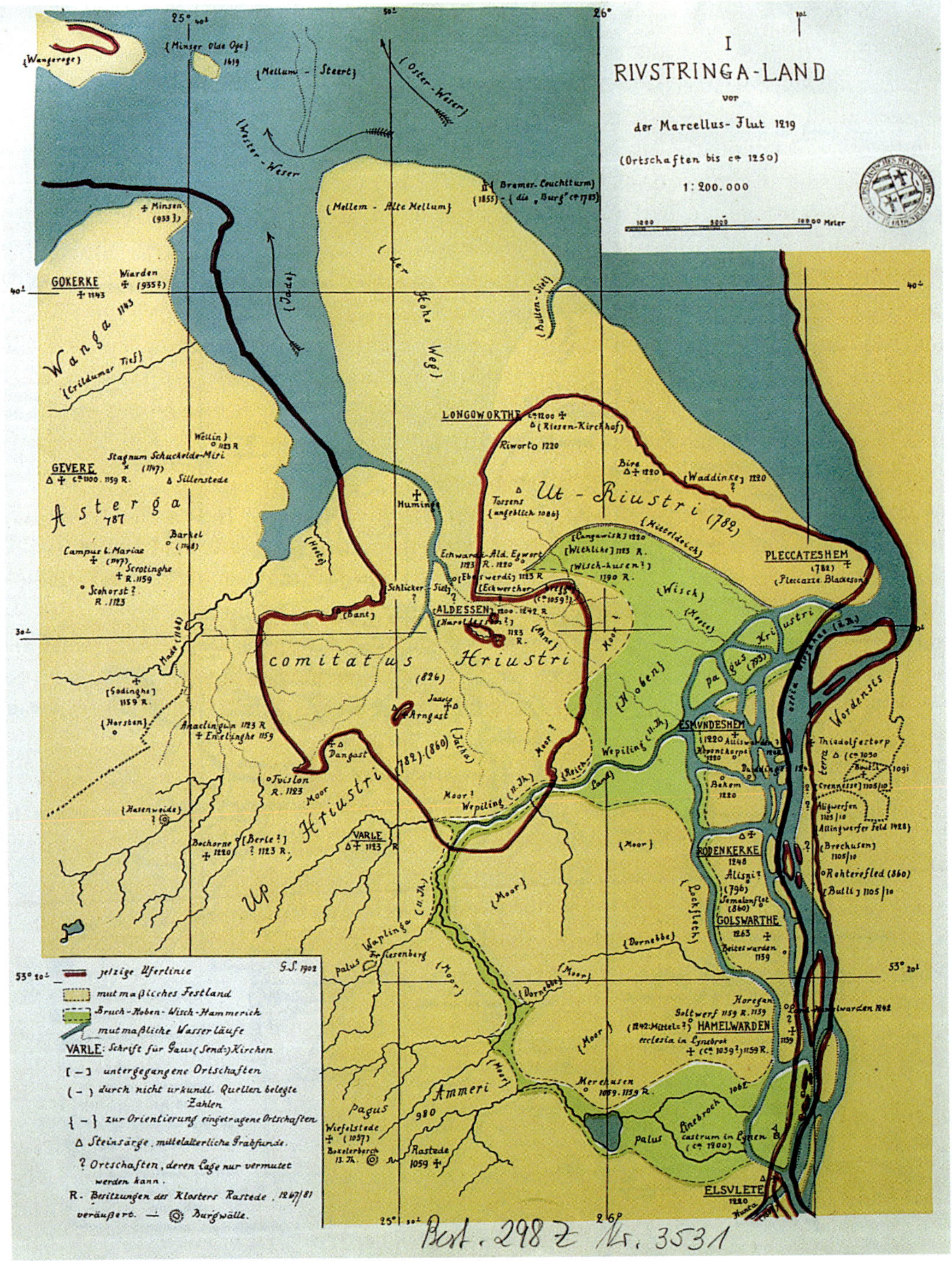

Das Rüstringer-Land vor der Marcellusflut 1219 mit den Ortschaften bis etwa 1250.
Rot eingezeichnet die heutige Form des Jadebusens und der Weser.
Niedersächsisches Staatsarchiv Oldenburg: Best. 298 Z Nr. 3531

Nach authentischen Quellen wie dem Schriften- und Kartenmaterial von Sello und Woebcken ereignete sich der entscheidende Wassereinbruch im westlichen Jadebusenbereich, Gödenser Brack genannt, während der „Marcellusflut" des Jahres 1362. Das tidenabhängige Salzwasser gelangte bis Alt-Gödens und vereinigte sich dort mit dem Friedeburger Tief, das in die Maade entwässerte. Die sich anschließende Maadebucht bildete die Grenze zwischen den Ländern Rüstringen und Östringen, die von Gödens bis an den Ort Rüstersiel verlief. Die nördliche Begrenzung der Maadebucht bestand aus einem Deich, der sich von Altgödens über Marienburg, Gödens, Dykhausen, Silland, Roffhausen, Langewerth und Fedderwarden bis nach Voslapp erstreckte. Die südliche Begrenzung der Maadebucht war in etwa die Linie von Neustadtgödens (Lehmbalje) über Sanderahm, Sande, Altenhof, Mariensiel, Ebkeriege, Schaar und Neuende bis nach Heppens.

Für die binnenländische Entwässerung waren insgesamt 13 Siele errichtet worden, die alle in die Maadebucht entwässerten. Auf der einen Seite waren es die Deichsiele bei Gödens, Kniphausen, Ihnhausen, Accum, Loppelt, Tichelboe und Schortens. Weitere sechs Sielbauten gab es auf der anderen Seite der Maade, nämlich die Entwässerungsmöglichkeiten bei Sanderahm, Neustadtgödens, Seediek, Bordum und Schaar mit zwei kleineren Sielen. Erst nach der endgültigen Verlandung und Bedeichung des oberen Maadegebietes lief das Wasser des Friedeburger Tiefs in das „Gödenser Brack", das bald das „Schwarze Brack" genannt wurde, weil Moorbestandteile das Wasser dunkelbraun einfärbten. Später entwässerte die gesamte ostfriesische Region über die Maade durch den Kniphauser Siel in die Jade. Weil aber immer wieder landwirtschaftliche Nutzflächen vom Salzwasser überschwemmt und dadurch unbrauchbar wurden, griffen die Bauern zur Selbsthilfe. In einer Gemeinschaftsarbeit verlegten die Schortenser und Sillander Landwirte den bei Schortens liegenden Siel direkt an den Maadebogen. Nach der Fertigstellung konnte das Wasser aus den Überschwemmungsgebieten nunmehr über das so genannte Stinktief in die Maade zur Maadebrücke und weiter in Richtung der tiefer gelegenen Lehmbalje zum neu gegrabenen Gödenser Siel bei Neustadtgödens abfließen. Weil erhebliche Wassermengen aus den Niederschlagsgebieten um Upjever, Schoost, Schortens, Ostiem, Schleppens, Silland und Loppelt hinzuflossen, sorgten sie zwangsläufig für gute Strömungsverhältnisse im Neustädter Tief am „Schwarzen Brack". Die Anwohner nutzten die Gelegenheit und legten hier den Grundstein für die bald darauf in Neustadtgödens beginnende Watten- und Küstenschifffahrt. Die Schiffe kreuzten im Jade- und Weserraum und segelten sogar in das benachbarte Ausland. Im Sielhafen sind Schiffsbewegungen größerer Frachtensegler mit Kapazitäten von 50 Lasten (ca. 100 Tonnen) ein vertrautes Bild gewesen, die am Brack Ladung an Bord nahmen oder Ladung löschten.

Die Blütezeit der Küsten- und Seeschifffahrt, die von Friedeburg, Horsten, Gödens sowie Neustadtgödens ausging, fand mit der Fertigstellung des Ellenser Dammes im Jahre 1615 für immer ihr Ende. Mit der Durchdeichung des „Schwarzen Bracks" wurde den am Brack liegenden Sielhafenorten im wahrsten Sinne des Wortes das Wasser abgegraben. Nach der endgültigen Schließung des Ellenser Dammes entstand in Ellenserdammersiel am Zusammenfluss des Norder- und Südersiels hinter dem Deich am Zollhaus ein tidenabhängiger Außenhafen. Hier konnte sich aufgrund der freien Wasserwege in der Jade auch eine Gewinn bringende Watten- und Küstenschifffahrt entwickeln, die bis in das 20. Jahrhundert dauerte. Nach dem Bau des Petershörner Siels im Jahre 1925, der die Siele bei Ellenserdamm (Ellenserdammer Siel, Zeteler Siel und Steinhauser Siel) ersetzte, kam auch in Ellenserdammersiel die Schifffahrt völlig zum Erliegen.

Weil die mittelalterlichen Sturm- und Orkanfluten mit dem im 12. Jahrhundert noch vorhandenen Moorkomplex im Festland gewaltig aufgeräumt hatten, waren breite Meeresbalgen in westlicher, östlicher und südlicher Richtung eingerissen. Die im Süden entstandene „Friesische Balge“ konnte sich im Verlauf von Jahrhunderten bis an die Line, einem auf Rasteder Gebiet entspringenden Nebenfluss der Weser, ausdehnen. Um den Zufluss von Salzwasser aus dem inzwischen entstandenen Jadebusen in der Line zu verhindern, dämmten die Anwohner den engen Durchgang der Line durch das Hochmoor etwa um 1500 durch den Salzendeich ab und zwangen dadurch den Quellfluss der Line, die Rasteder Bäke, zum Abfluss in die „Friesische Balge“ und weiter in den Jadebusen. Die nachfolgenden Sturmfluten, die in dem „langen Schlauch der Balge“ das Wasser aufstauten, kamen vor dem Salzendeich zum Stillstand und lagerten an den beidseitigen Moorrändern den mitgeführten Schlick ab, sodass der Südzipfel der Balge bald verlandete und die „Friesische Balge“ zu einem kleinen Fluss, dem späteren „Jadefluss“ zusammenschrumpfte. Das neu aufgewachsene Marschland war als Weide- und Heuland sehr begehrt. Der Oldenburger Graf Anton Günther unterhielt hier Jahre später eines seiner zehn Gestüte. Mit Beginn des 15. Jahrhunderts setzte die Deichbauphase auch im Vareler Raum ein. 1523 entstand zwischen dem Jader Moor und der Vareler Geest ein etwa 7000 Meter langer Deich. Für diese Zeit lässt sich bereits am Va-

Der 1910 fertiggestellte Leuchtturm Arngast im Jadebusen: Der rotweißrote Feuerturm steht an etwa der Stelle, an der das im Mittelalter versunkene Kirchspiel Arngast lag.

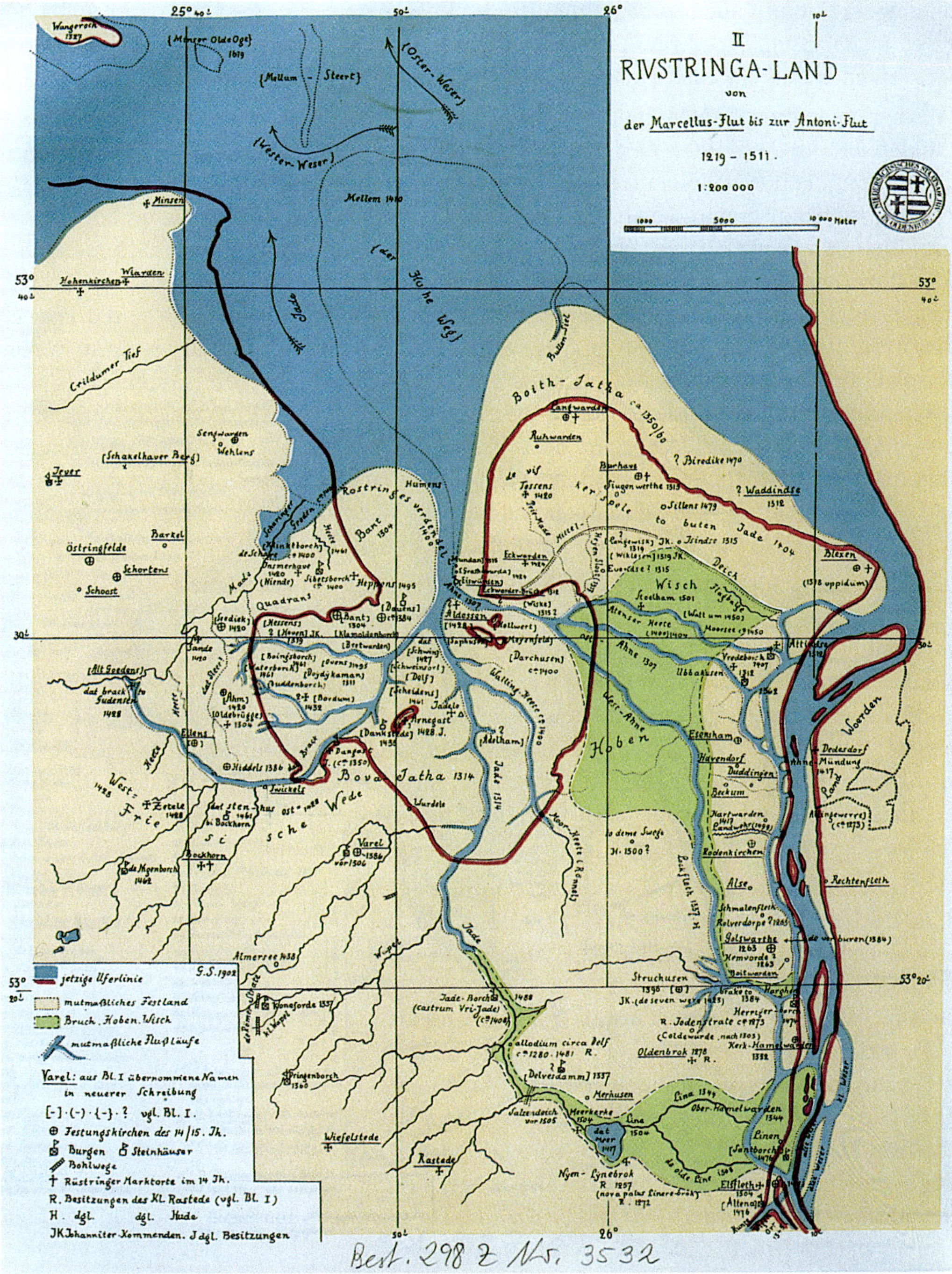

Das Rüstringer-Land von der Marcellusflut bis zur Antoniusflut 1219-1511.
Rot eingezeichnet die heutige Form des Jadebusens und der Weser.
Niedersächsisches Staatsarchiv Oldenburg: Best. 298 Z Nr. 3532

reler Siel, einem gemeinsamen Ausfluss der Lekenbucht mit der Nord- und Südender Leke in Richtung Nordosten, eine Schiffsanlegestelle belegen. Dafür spricht die in Chroniken enthaltene und häufig genannte Bezeichnung „Schipstäte" oder „Schipstä".

Werden die politischen Verhältnisse in den von Sturm- und Orkanfluten verwüsteten Ländereien der damaligen Zeit näher betrachtet, wird offenkundig, dass die Oldenburger Grafen nach den verheerenden Hochwasserkatastrophen häufiger auftretende Eroberungsgelüste zeigten. Nach Aussagen entsprechender Chroniken waren bewaffnete Einfälle in das vom Wasser verwüstete Rüstringer Land nicht selten. Danach hatten die Rüstringer sich nicht nur mit den immer wieder vorkommenden kriegerischen Fehden auseinander zu setzen. Um der ständigen Bedrohung zu entgehen, suchten die Friesen verzweifelt einen Ausweg aus der Zwangslage. Nach vielen Versammlungen entschlossen sich die Friesen, statt der jährlich wechselnden 16 Richter einen Häuptling als politisches Oberhaupt zu wählen. Um 1440 ist Edo Wiemken der Ältere von den Versammlungsteilnehmern gewählt worden. Der Historiker Carl Woebcken zitiert in diesem Zusammenhang schriftlich festgehaltene Messbuchinhalte von Bant und Hoven: „Die gesamte Allgemeinheit von Rüstringen wählte Edo Wiemken gegen die Grafen von Oldenburg und setzte ihn auf die befestigte Kirche in dem Bant."

Chroniken berichten, dass der Vater von Edo Wiemken verschiedene Ländereien (Güter) in Driefel, Ellens und Hiddels, also im Viertel Bant besaß. Weil Edo Wiemken zur Zeit seiner Wahl aber in Dangast wohnte, erfolgte seine Übersiedelung in das Banter Viertel. Danach ließ der demokratisch gewählte Hovetling (Häuptling) 1383 in der Nähe von Bant eine Burg errichten, die er nach seinem Enkel mit Namen Sibet die Sibetsburg nannte. Woebcken bezweifelt in seinen Schriften, dass Edo Wiemken in Dangast bei Varel als Häuptling residierte. Weil die Vareler Wehrkirche bereits 1386 für den Oldenburger Grafen geöffnet gewesen ist, folgert der Chronist in seinen Ausführungen, dass Varel damals offensichtlich eigene politische Wege gegangen ist.

Woebcken schreibt über die Eroberungsgelüste der Oldenburger Grafen in seinem Buch „Die Entstehung des Jadebusens": „Das Bestreben der Grafen ging aber nicht nur dahin, ihre alten Rechte in Rüstringen zu erneuern, sie suchten es gänzlich der Grafschaft Oldenburg anzugliedern und haben dieses Ziel schließlich auch erreicht. Der erste Punkt, wo sie festen Fuß faßten war Varel. Dangast teilte das Schicksal von Varel. Statt der Wapel wurde die Brunne-Bäke die Grenze. Zu statten kam den Oldenburgern, daß jetzt nicht nur Varel von Butjadingen getrennt war, sondern daß auch das Viertel Bant in zwei Teile zerrissen war. Edo Wiemken d. Ä. hat das Viertel Bant jedoch noch in seinem vollen Umfang behauptet. Er hat nichts preisgegeben. Aber sein Enkel Sibet sah ein, daß der Teil, der südlich vom Schwarzen Brack lag, auf die Dauer nicht zu halten sei. Er trat ihn 1428 an Oldenburg ab. So wurde die Grenze nochmals verrückt. Sie war nunmehr am Schwarzen Brack."

Tatsächlich trat Sibet von Rüstringen seine Rechte an den Oldenburgischen Grafen Dietrich ab. Chroniken beweisen, dass einige Güter des Kirchspiels Zetel mit in die Abtretungserklärung aufgenommen waren. 1436 dagegen erfolgte die völlige Unterwerfung gegenüber dem Oldenburger Grafen. Jetzt musste jeder Einwohner jährlich acht Grote

Knechtegeld an Oldenburg abgeben. Wer einen Pflug hatte, musste am Michaelistag an die Burg Conneforde eine Tonne Roggen und eine Tonne Hafer liefern. Wer nur eine kleine Landstelle bewirtschaftete, brauchte nur die Hälfte der vorstehend genannten Menge Naturalien zu liefern. Weiter hatte eine allein stehende Witwe ohne weiteren Anhang für die Abgabe von vier Grote Schutzgeld Anspruch auf Schutz und Hilfe erworben. Das Gericht sowie das Recht auf Renten (Steuern) und Brüche (Strafgelder) gehörten nun ebenfalls dem Grafen.

Aufgrund der Abtretung konnten aus der „Friesischen Wehde“ das Kirchspiel Zetel mit Schweinebrück und Driefel im Jahre 1486 an Ostfriesland verpfändet werden. Der Grund dafür war, dass während eines bewaffneten Einfalls in das Lengener Land Alf, der Grafensohn, von ostfriesischen Soldaten gestellt und in Gefangenschaft genommen worden war. Er wurde von 1483 bis 1486 in der Berumer Burg festgehalten. Außerdem hatte Graf Gerd von Oldenburg für die Freilassung seines Sohnes 3500 Gulden Lösegeld und 200 Gulden Weinkauf (Pachtwechselgeld) zu zahlen. Herzog Heinrich und Graf Johann IV. von Oldenburg sowie Graf Edzard von Ostfriesland unterschrieben im Jahre 1517 einen Friedensvertrag, der die so genannte „Sächsische Fehde“ beendete. Bereits ein Jahr später konnten das Kirchspiel Zetel mit Schweinebrück und Driefel von Oldenburg gegen die Zahlung einer nicht bekannten Pfandsumme ausgelöst werden. Die Oldenburger waren wieder Besitzer der „Friesischen Wehde“.

Nach den mit erheblichen Landverlusten verbundenen Sturm- und Orkanfluten im 16. Jahrhundert setzte im gleichen Zeitraum eine sich stetig verstärkende Deichbauperiode im Bereich des Jadebusens ein, nachdem nach Angaben aus Chroniken fast alle Feindseligkeiten und Fehden zwischen den Ländern Rüstringen, Ostfriesland und Oldenburg beigelegt waren. Nach dem Niedergang der so genannten Häuptlingsherrschaften ist unter der Regie der Oldenburger Grafen das bisherige Deichbauwesen reorganisiert worden, um das von Hochwasserfluten überschwemmte und teilweise verwüstete Land wieder der Nordsee abzuringen. War die Zuschlagung der Heete im Ostteil des Jadebusens noch das Werk der „freien Friesen“, durchdeichte Graf Johann von Oldenburg bereits 1514 bei Ovelgönne das Lockfleth. Zuvor konnte er mit tatkräftiger Hilfe und Unterstützung der Herzöge von Braunschweig Stadland und Butjadingen erobern. Durch Eindeichungen verwuchsen bald darauf Stadland und Butjadingen mit dem Oldenburger Land. Weitere Deichbauten folgten in den Jahren 1518, 1525, 1531, 1573, 1590 und 1643, immer mehr Land wurde den vorgerückten Fluten wieder „entrissen“, wie eine alte Schrift es formulierte.

Die „Friesische Balge“ im südlichen Teil des Jadebusens wurde 1523 durch den Jader Altendeich „dichtgesetzt“, dann 1594 durch einen weiteren Deichbau in nördlicher Richtung erneut „zugeschlagen“. Die Wapel ist 1634 durchdeicht, der Wapeler Siel 1733 mit einem neuen Deich verlegt worden. Weitere Eindeichungsmaßnahmen mit Landgewinnung meldeten zeitgenössische Berichterstatter aus dem Bereich des Kirchspiels Varel. Hier wurden die Lekenbucht, überflutete Gebiete bei Rallenbüschen und Wehgast eingedeicht. Deichbauten bei Dangastermoor und Dangast, Winkelsheide sowie Jeringhave vervollständigten den Deichbaukatalog der gräflichen Allianz gegen den „Blanken

Eisenbahn-Deichschart kurz vor dem endgültigen Verfall in Ellenserdammersiel, Landkreis Friesland, in den 50-er Jahren. Die Deichdurchlässe wurden bei Sturmflutgefahr geschlossen.

Deichschart für Pferdegespanne und Kraftfahrzeuge in Ellenserdammersiel. Das Bild ist 1952 entstanden. Heute sind die Überreste längst verschwunden.

Hans". Der dabei von den Deicharbeitern (Kojern) in den Wattengebieten und Vorländereien praktizierte Schlengen- und Lahnungsbau förderte die Aufschlickung und die Verlandung neuer Marschflächen. Die Landgewinnung machte in allen Bereichen große Fortschritte.

Darüber hinaus reiften im Oldenburger Grafenhaus weitere Deichbaupläne. Jetzt wollte der Oldenburger Graf im westlichen Teil des Jadebusens das dort gelegene „Swarte Brack" (Schwarze Brack) von Süden nach Nordwesten durchdeichen. Dazu sagt der Chronist Woebcken später, der erste Schritt zur Bezwingung des „Schwarzen Bracks" sei von dem Häuptling Hicco von Gödens ausgegangen, denn er habe 1544 den Siel bei Hohemey gelegt und damit erste Gebiete am Brack eingedeicht. Der durch Hicco von Gödens errichtete Deich lehnte sich im Süden an die Horster Geest, auf der anderen Seite an die bei Sande gebauten Deiche. An der Deichstrecke zwischen Hohemey und Oberahm entstand die Mennonitensiedlung Neustadtgödens, die Jahre später ein bedeutender Sielhafenort mit einer regen Watten- und Küstenschifffahrt wurde.

Andere Quellen nennen übereinstimmend Graf Johann von Oldenburg als Urheber der Brackeindeichung. Als im Jahre 1575 das Jeverland, das danach in Chroniken als Erbherrschaft Jever bezeichnet wird, an Oldenburg fiel, brachten die Jeverländer dem Oldenburger Grafenhaus wenig Sympathien entgegen. Auch die Ostfriesen machten Front gegen die neue Oldenburger Landesherrschaft. Für Oldenburgs Deichbaumeister war dies das Startsignal, von Ellens aus mit der Durchdeichung des „Schwarzen Bracks" zu beginnen. Graf Johann von Oldenburg beantragte dazu ein Genehmigungsverfahren, ein förmliches Patent „wegen Wiedergewinnung des früher zum Jeverland gehörigen Landes, Bant, Ahme, Seediek, Oldebrügge und andere Kirchspiele", an das Oldenburger Grafenhaus zu vergeben. Das gesiegelte Papier ist dem Grafen im April des Jahres 1596 erteilt worden. Als Unterzeichner wird in Chroniken Cardinal-Erzherzog Albrecht von Österreich genannt, der als Erbstatthalter der Niederburgundischen Lande auch Lehnsherr der Erbherrschaft Jever war. Als die Ostfriesen von den Durchdeichungsplänen des Oldenburger Grafen hörten, reagierten sie mit Protesten. Wenig später reichten die Ostfriesen beim Reichskammergericht in Speyer Klage ein, die sich gegen die vom Oldenburger Grafen geplante Durchdeichung des „Schwarzen Bracks" richtete.

Dazu schreibt Herman Hamelmann in der Oldenburger Chronik von 1599: „Im Monat Aprili 1597 ließ Graf Johann auff der Seiten nach Jeverlandt vom Ahme / und auff der Oldenburgischen Seiten von Ellens ab / etzliche hundert Ruten lang nach dem schwarzen Brack (welches nach der Neustadt hinaufgehet) Pfäle schlagen / und einen Tam schliessen / der tröstlichen zuversicht / durch Gottes gnedige hülfe und segen in kurzen Jahren noch daselbst hinüber zuteichen / und also die Graffschaft Oldenburg an die Herrschaft Jever durch eine Landstrasse zuhenkken."

Unter Nichtbeachtung der ostfriesischen Proteste gegen den Deichbau hatte Graf Johann bereits Jahre vorher erste vorbereitende Schlengen- und Lahnungsbauten anfangen lassen. Dadurch sind zwischen dem Festland und den aus dem Watt aufragenden Sandinseln Ellens, Hiddels und Ahm im Südteil sowie der Insel Oberahm im Nordwestteil des „Schwarzen Bracks" bereits kleinere Deichwerke entstanden. Im gleichen Zeitraum

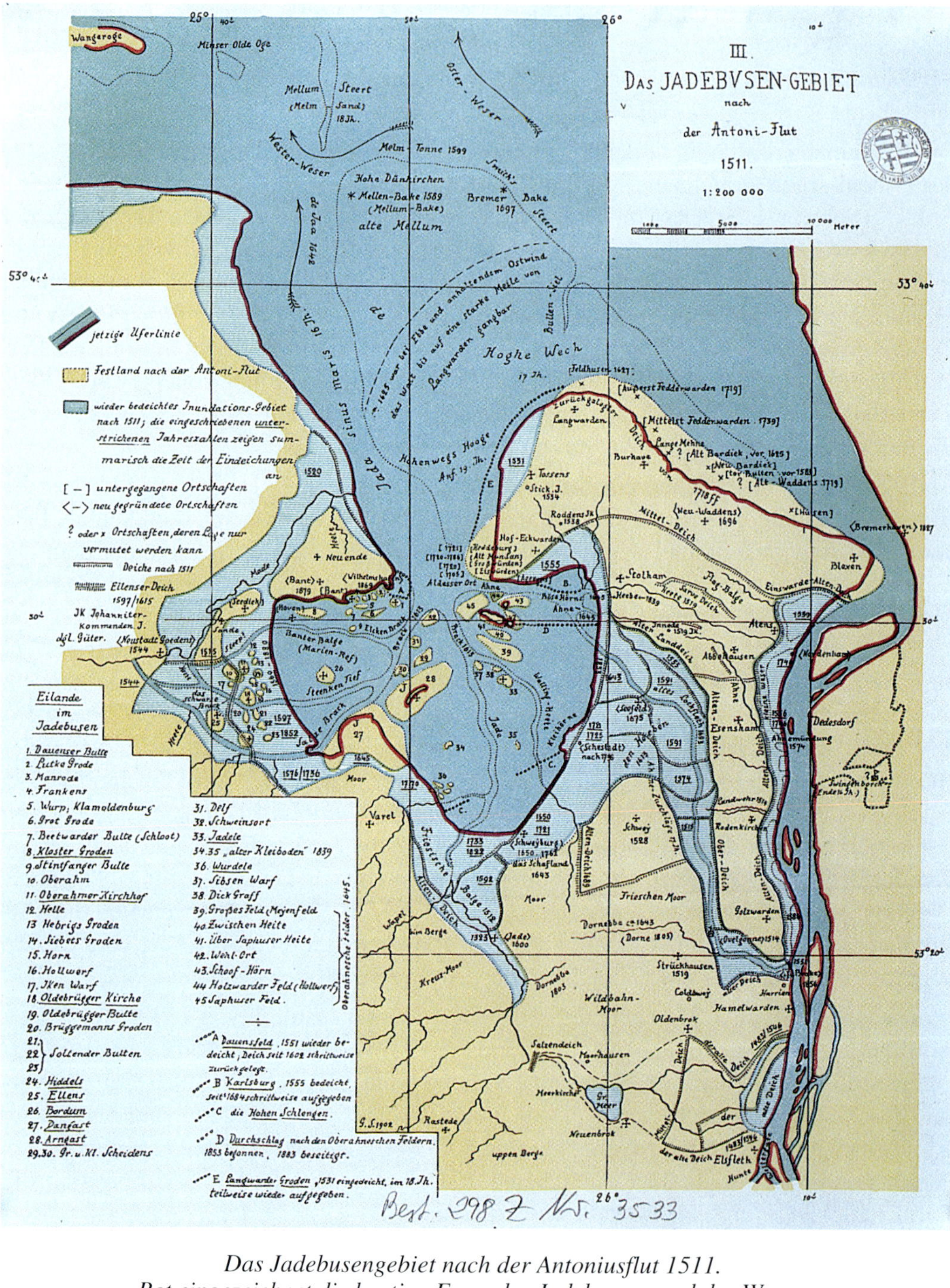

Das Jadebusengebiet nach der Antoniusflut 1511.
Rot eingezeichnet die heutige Form des Jadebusens und der Weser.
Niedersächsisches Staatsarchiv Oldenburg: Best. 298 Z Nr. 3533

schlugen die oldenburgischen Kojer (Deicharbeiter), die wie alle Kojer der damaligen Zeit in ärmlichen und kargen Verhältnissen bei Wind und Wetter in der Nähe der Deichbaustellen lebten, einen 3700 Meter langen Deich vom Steinhauser Siel über Hiddels nach Ellens, während die jeverländischen Kojer aus der Nähe des Mariensiels (1570 aufgeständert) einen 1100 Meter langen Deich bis nach Oberahm errichteten.

Schließlich ließ Graf Johann von Oldenburg mit seinen insgesamt 1000 Arbeitern 1596 den Bau des Ellenser Dammes in Angriff nehmen, wobei die Arbeiter der Jeverschen Vogteien von Norden (Oberahm) in Richtung Süden und die Arbeiter der Oldenburgischen Grafenherrschaft von Süden (Ellens) mit nordwestlicher Richtung die Schlengenbauten durch Wattengebiete und Vorländereien des „Schwarzen Bracks" trieben. Dabei mussten nach Angaben aus Chroniken tiefe Priele (Wattenrinnen) und Kolke (vom Wasser ausgespülte Löcher) überwunden werden. Der inzwischen 62-jährige Oldenburger Graf, der fast immer mit seinem Pferd an irgendeiner Deichbaustelle im Watt anzutreffen war, holte sich dabei eine schwere Erkältung. Statt auf den Rat seines Leibarztes zu hören, der ihm Bettruhe verordnet hatte, entließ Graf Johann seinen Medicus. Im November des Jahres 1603 verstarb der Oldenburger an den Folgen einer Lungenentzündung, berichten übereinstimmend die Chroniken. Beim Abfassen seines Testaments diktierte der Regent seinem Schreiber folgende bis heute überlieferte Nachricht: „Ich habe ganz gewaltige Plätze mit unsäglicher Mühe, Geldaufwand und Hintansetzung meiner Gesundheit, wie ich jetzt am besten Fühle, ja mit Leib- und Lebensgefahr der Salzen See und den Strömen aus dem Rachen gezogen und eingedeicht."

Nach dem Tode des Grafen Johann von Oldenburg übernahm Graf Anton Günther von Oldenburg (1583–1667) als legitimer Erbnachfolger das Herrscherhaus. Damit übernahm er auch die Verpflichtung, den begonnenen Bau des Ellenser Dammes weiterzuführen. Graf Anton Günther hatte sich ebenso wie sein Vater mit der von Ostfriesland gegen Oldenburg angestrengten Klage zu befassen. Obwohl der Einspruch Ostfrieslands gegen die beabsichtigte Durchdeichung des Bracks bereits 1596 „gerichtlich beurkundet" wurde, war das Verfahren erst 1599 vor dem zuständigen Reichskammergericht Speyer anhängig. Graf Enno von Ostfriesland forderte vor Gericht „die Inhibirung und Demolirung" aller zwischenzeitlich von den Oldenburgern und Jeverländern errichteten Deiche, weil dadurch der Handel und die Schifffahrt sowie Fischerei den ostfriesischen Untertanen unmöglich gemacht, die Entwässerung aus dem Kirchspiel Friedeburg beeinträchtigt und der Zoll auf der Hohemeine (Hohemey) bei Gödens geschädigt werde. Die Oldenburger sagten vor der Kammer aus, dass es sich um die Wiedergewinnung alten oldenburgischen und jeverschen Landes handele. Aufgrund eines damals ergangenen ersten Urteils in der Sache verpflichtete sich Graf Anton Günther im Jahre 1604, alle begonnenen Deicharbeiten vorerst wieder einzustellen. Erst als der Oldenburger anlässlich eines Anhörungstermins im Jahre 1612 dafür bürgte, im Falle eines gegen ihn gerichteten Urteils die Deichwerke wieder zu zerstören und die alten Zustände wieder herzustellen, durfte er unter weiteren gerichtlichen Auflagen am Ellenser Damm die Arbeiten fortsetzen. Dabei mussten neue Entwässerungssiele gegraben und neue hölzerne Sieltore gezimmert werden.

Deichrest in Ellenserdammersiel, Landkreis Friesland. Hier erkennt man, wie niedrig früher die Deiche waren. Heute sind sie über 8 Meter hoch.

Deichschart für Pferdegespanne und Kraftfahrzeuge in Mariensiel bei Wilhelmshaven in den 50-er Jahren. Das Bauwerk ist längst verfallen.

Das Reichskammergericht hatte die Entscheidung nicht willkürlich getroffen, denn noch heute zeugen zahlreiche Gerichtsprotokolle, Skizzen und Zeichnungen über „die Inaugenscheinnahme der Richter“ vom damals getriebenen Aufwand. Viele Zeugen sind dabei angehört, viele Aussagen protokolliert worden. In den Niedersächsischen Staatsarchiven Aurich und Oldenburg werden zahlreiche Dokumente, Skizzen und Zeichnungen des damaligen Prozesses aufbewahrt.

In der Zwischenzeit waren die Kojer unter der Aufsicht ihrer Rottmeister nicht untätig geblieben. Trotz wiederholter Rückschläge schoben sich die von beiden Seiten entstehenden Deichkörper auf der vorher abgesteckten Bautrasse immer weiter aufeinander zu. Schließlich blieb nur eine Lücke von fast vierzig Metern zwischen den Teilstücken zu schließen. Zweimal am Tag strömten das Ebb- und Flutwasser durch die Öffnung, spülten die eingeworfenen Sand- und Kleimengen wieder fort und rissen große Senkstücke aus Buschwerk immer wieder aus ihren Verankerungen. Es gab mehrere Versuche von verschiedenen Wasserbaumeistern, diese Lücke zu schließen und „dichtzusetzen“, ohne Erfolg. Der durch das ein- und ausströmende Wasser eingerissene Kolk wurde immer größer und tiefer. Ließ sich die Lücke im Ellenser Damm noch schließen? Es ist Arend Stindt, einem Vogt aus Zwischenahn, zu verdanken, dass die Deichlücke doch noch geschlossen und der Ellenser Damm fertig gestellt werden konnte. Stindt hatte vorher als Aufsichtsperson für die Hand- und Spanndienste am Deichwerk mitgearbeitet und übernahm jetzt ohne amtliche Legitimation des Oldenburger Grafen die Oberaufsicht im Deichbau. Er ließ Säcke mit Erdreich füllen, baute unzäh-

Bronzetafel am 1958 erbauten Dangaster Sielbauwerk. Sie erinnert an den Zwischenahner Vogt Arend Stindt, der am 31. Juli 1615 mit etwa tausend Leuten die letzte Lücke im Ellenser Damm schloss.

lige Senkstücke aus Buschwerk und rammte Pfähle in den Untergrund an beiden Deichendstücken. Zur tiefsten Ebbzeit konnte Stindt mit seinen Männern eine Brücke hinüberschlagen, um von dort aus Sandsäcke, Erdreich und fetten Kleiboden einzubringen. Die ganze Nacht arbeiteten die Kojer im Schein von aufgestellten Schienfatts (Öllaternen) und Fackeln weiter, bis am frühen Morgen der Ellenser Damm geschlossen war. Obwohl bis zur nächsten Flut noch weitere Dichtungsarbeiten nötig waren, brach unter den Arbeitern und Aufsichtspersonen ein unbeschreiblicher Jubel aus. Brennende Teertonnen und Gewehrsalven verkündeten optisch und akustisch die Nachricht von der endgültigen Durchdeichung des Bracks. 180 Boote und andere Wasserfahrzeuge (Flöße, Prähme), über 50 Wagen und Gespanne und mehr als tausend Deicharbeiter hatten das ehrgeizige Deichprojekt des Grafen Anton Günther Wirklichkeit werden lassen. Aus Chroniken (Jeverscher Deichband, O. Tenge, 1884; Oldenburgische Chronik, H. Hamelmann, 1599) geht hervor, dass 230000 Bund Busch, 100000 Zaunpfähle, 400 Sieben-Meter-Stämme, 200 Baumsparren, 120 Mastbäume zwischen 10 und 17 Meter lang, 24 mit Erde gefüllte Fässer, Tauwerk, Anker, Bolzen, Nägel und nicht vorstellbare Mengen Erdreich sowie Kleiboden verbraucht wurden. Die Gesamtkosten für das Deichwerk werden in Chroniken mit rund 700000 Talern angegeben. Mit der Brackeindeichung wurden im westlichen Jadebusenbereich 1600 Hektar Land gewonnen. Als Hauptmann von Rüdigheim als berittener Bote dem in Prag weilenden Grafen die frohe Kunde von der Schließung des Dammes überbrachte, belohnte ihn der Herrscher mit Geld. Arend Stindt, der immerhin den Ellenser Deich geschlossen hatte, ging leer aus. Noch heute erinnert eine bronzene Gedenktafel an dem 1958 erbauten Dangaster Siel an den Vogt von Zwischenahn. Auf der Tafel steht geschrieben: „Arend Stindt to Ehr un Dank. An 31.7.1615 slot he mit sin dusend Mann den ersten Diek dört Swarte Brack, den Ellenser Damm.“

Nach der erfolgten Durchdeichung des im Westen gelegenen „Schwarzen Bracks“ im Jahre 1615, die sich fast über zwei Jahrzehnte hinzog, erfolgten weitere Landgewinnungsmaßnahmen durch Eindeichung im Jadebusenbereich bis in das 20. Jahrhundert hinein. Beispiele dafür sind der bei Sande entstandene „Salzengroden“ im Jahre 1643, der „Jeversche Groden“ von 1733, der „Tannesche Groden“ von 1774, der „Katharinen Groden“ von 1822 und der „Cäciliengroden“ von 1844. Im westlichen und südlichen Teil der ehemaligen Bucht entstanden von Bockhorn und Zetel aus der „Blauhander Groden“ im Jahre 1659, der „Kötteritzer Groden“ von 1667, der „Ellenserdammer Groden“ von 1732, der „Friedrich-August-Groden“ von 1780, der „Adelheidsgroden“ von 1819, der „Petersgroden“ von 1852 und der „Idagroden“ von 1880. Hinzu kamen weitere Landgewinnungsflächen nördlich des Geestrandes bei Jeringhave bis Dangast. Genannt werden der alte „Jeringhavener Deich“ von 1627 und der neue „Jeringhavener Deich“ von 1627 sowie der „Twickelser Deich“ von 1736. Der „Meedengroden“ und der „Dangaster Groden“ sind relativ spät, nämlich erst im 20. Jahrhundert dem Meer abgerungen worden.

Nach der Fertigstellung des Ellenserdammer Deichwerkes lagen der Gödenser Siel (Neustadtgödens), der Friedeburger Siel (Hohemey), der Horster Siel, der alte Zeteler

Die alte Sielschleuse in Varel, Landkreis Friesland, war in den Hauptdeich eingebettet. Der Schiffs- und Entwässerungsdurchlass war von 1847 bis 1977 in Betrieb. Bei hoch auflaufenden Sturmfluten wurden die eisernen Fluttore geschlossen.

Die neue Vareler Schleuse ist 1977 fertiggestellt und in Betrieb genommen worden. Sie ist für den Durchlass von Europa-Schiffen konzipiert und wurde ebenfalls in den Hauptdeich eingebettet.

Siel und der alte Steinhauser Siel in der ersten, das „Schwarze Brack“ umschließenden Deichlinie. Deshalb waren neue Sielbauten notwendig, um die Entwässerung des Hinterlandes mit den dortigen Niederschlagsgebieten weiterhin zu gewährleisten. So entstand in dem 1597 fertiggestellten südlichen Teilstück des Ellenser Dammes etwa 1500 Meter nördlich des alten Steinhauser Siels der neue Steinhauser Siel und weiter nordwestlich davon der neue Zeteler Siel. Letzterer ist 1754 neu errichtet, dann aber während einer Sturmflut im Jahre 1825 „herausgerissen und demoliert“ worden. Er wurde 200 Meter weiter südöstlich erneut aufgeständert und blieb bis 1924 in Betrieb. Im nördlichen Teilstück des 1615 unter Graf Anton Günther gebauten Ellenser Dammes ist auf der Oldenburger Seite 1604 ein Siel und auf der jeverschen Seite 1608 ein Siel errichtet worden. Letzterer erwies sich später aber als nicht nutzbar. Er wurde abgebrochen und in der Nähe des erstgenannten Sieles wieder aufgebaut. Die beiden beschriebenen Siele, durch die über das Gödenser Sieltief (Neustädter Tief) und das Friedeburger Sieltief der nördliche Teil des „Schwarzen Bracks“ einschließlich des ostfriesischen Hinterlandes entwässerte, lagen an etwa der Stelle, an der 1615 der Deichschluss erfolgt war, innerhalb der so genannten „Ellenserdammer Schanze“.

Als 1614 die Planungen für die Bedeichung des „Ellenserdammer Grodens“ anliefen, sind die beiden alten Ellenserdammer Siele 3000 Meter weiter südöstlich beim Zeteler Tief geplant und später als Ellenserdammer Norder- und Südersiel „aufgeständert und gezimmert“ worden. Während der Weihnachtsflut des Jahres 1717 wurden beide Sielbauten stark beschädigt. Weil aber in der damaligen Zeit die Auswirkungen der Hochwasserflut nicht sofort beseitigt werden konnten, sind die immer baufälliger werdenden Holzsiele erst nach der Wiederherstellung der Deichvorländereien (Groden) 1732 repariert worden. Sie blieben über einen Zeitraum von fast 200 Jahren voll funktionsfähig. Im 20. Jahrhundert (1924/1925) wurde anstelle der alten Ellenserdammer Siele (Norder- und Südersiel), des Zeteler Siels und des Steinhauser Siels etwa 1000 Meter östlich davon der aus Ziegelsteinen gemauerte Petershörner Siel mit dem Vorfluter des Ellenserdammer Tiefs gebaut. Damit ging die vom Hafen Ellenserdammersiel aus verkehrende Watten- und Küstenschifffahrt zu Ende.

Weil der Petershörner Siel den wasserbaulichen Anforderungen nach der Inbetriebnahme nicht gerecht wurde, entstand im Jahre 1956 das Dangaster Sielbauwerk mit einem großen Speicherpolder. In diesen entwässert mit Hilfe modernster Schaufelradpumpen das Petershörner Schöpfwerk, das 1962 anstelle des Petershörner Siels fertiggestellt wurde, bei Bedarf das Oberflächenwasser aus einem 32000 Hektar großen Entwässerungsgebiet, welches auch als Niederschlagsgebiet bezeichnet wird. Das aufgestaute Wasser im Vorfluter kann in der Regel bei Ebbe über das Dangaster Siel in den Jadebusen entwässert werden.

Übersicht der bekanntesten historischen und neuzeitlichen Sturm- und Orkanfluten

1. Sturmflut (ohne Namen) vom 26. Dezember 838
2. Julianenflut vom 17. Februar 1164,
   weitere Hochwasserfluten 1170, 1174, 1181, 1187 und 1218
3. Marcellusflut vom 16. Januar 1219,
   weitere Wasserfluten 1230, 1248, 1262 und 1277
4. Luciaflut vom 14. Dezember 1287
5. Clemensflut vom 23. November 1334
6. Marcellusflut vom 16. Januar 1362 (1. grode Mandränke)
7. Dionysiusflut vom 9. Oktober 1374
8. Dionysiusflut vom 16. November 1377
9. Elisabethflut vom 18. November 1421
10. Sturmflut (ohne Namen) vom 4. Oktober 1428
11. Allerheiligenflut vom 1. November 1436
12. Cosmas- und Damianflut vom 26. September 1509
13. Antoni- oder Eisflut vom 17. Januar 1511, weitere namenlose Sturmflut 1530
14. Allerheiligenflut vom 1. November 1532
15. Allerheiligenflut vom 1. November 1570,
    weitere Wasserfluten 1578, 1593, 1602, 1610 und 1615
16. Fastnachtsflut vom 26. Februar 1625
17. Burchardiflut vom 11. Oktober 1634 und eine weitere Flut 1643
18. Petriflut vom 22. Februar 1651
19. Martinsflut vom 13. November 1686
20. Weihnachtsflut vom 24./25. Dezember 1717,
    weitere Hochwasserfluten 1718, 1756, 1775, 1776, 1791 und 1824
21. Februarflut vom 3./4. Februar 1825
22. Neujahrsflut vom 1. Januar 1855 und eine Flut 1858
23. Sturmflut (ohne Namen) vom 13. März 1906,
    eine weitere Wasserflut im Jahre 1916
24. Hollandflut vom 1. Februar 1953
25. Sturmflut (ohne Namen) vom 22./23. Dezember 1954
26. Hamburgflut vom 16./17. Februar 1962
27. Januarflut vom 3. Januar 1976
28. Januarflut vom 21. Januar 1976
29. Novemberflut vom 21. November 1981

Flandern bis Seeland nach Lucas Janszoon Waghenaer 1589 (Spiegel der Seefahrt)

Nordholland bis Westfriesland nach Lucas Janszoon Waghenaer 1589 (Spiegel der Seefahrt)

Westfriesland bis Ostfriesland nach Lucas Janszoon Waghenaer 1589 (Spiegel der Seefahrt)

Ostfriesland bis Nordfriesland nach Lucas Janszoon Waghenaer 1589 (Spiegel der Seefahrt)

Nordfriesland bis Jütland nach Lucas Janszoon Waghenaer 1589 (Spiegel der Seefahrt)

Verzeichnis der im Buch veröffentlichten Bilder, Karten, Skizzen und Zeichnungen

Amsel, Peter
Brinkmann, Dirk
ccv concept center verlag gmbh
Dagen, Jens
Dierks, Magnus
Egidius, Hans
Faß-Dorsch, Lisa
Haschen, Friedrich
Heimatverein Varel
Kröger, Heinz
Kurverwaltung Dangast, Archiv
Meisel, Wolfram
Meyer, Bernhard
Niedersächsisches Staatsarchiv Aurich
Niedersächsisches Staatsarchiv Oldenburg
Niederländisches Ministerium für Verkehr, Wasserwirtschaft und öffentliche Aufgaben
Nordsee-Zeitung Bremerhaven
Oetken, Walter
Schwarting, Carl
Staatsarchiv Bremen
ullstein bild - C.T. Fotostudio
ullstein bild - Günther Krüger
Wenzel, Herbert
Wittau, Hanna

Quellen- und Literaturverzeichnis

Allmers, H.:	Die Unfreiheit der Friesen zwischen Weser und Jade, Oldenburg 1896
Arends, F.:	Gemählde der Sturmfluten vom 3. bis 5. Februar 1825, Bremen 1826
Arends, F.:	Physische Geschichte der Nordsee-Küste und deren Veränderungen durch die Sturmfluten, Emden 1833
Egidius, H.:	Sturmfluten und versunkene Kirchspiele, Varel 1983
Egidius, H.:	Das Schwarze Brack, eine Region behauptet sich gegen Naturgewalten, Varel 1999
Egidius, H.:	Das Nordseebad Dangast, Geschichte – Entwicklung – Gegenwart, Varel 2000
Eilker, G.:	Die Sturmfluten in der Nordsee, Emden 1877
Eilker, G.:	Die Nordseesturmflut vom 30./31. Januar 1877, Weener (Ems) 1985
Gierke, O.:	Geschichte des Deutschen Deichrechts, Breslau 1901
Hamelmann, H.:	Oldenburgische Chronik, Oldenburg 1599
Hollmann, B.:	Sturmfluten des Jahres 1825, Jever 1825
Homeier, H.:	Die Allerheiligenflut 1570 in Ostfriesland, Leuwarden 1970
Jansen, F.:	Historisch-theologisch Denckmal der wundervollen Wegen Gottes in den grossen Wassern, welche sich Anno 1717 den 25. December zu vieler Länder Verderben so erschröcklich ergossen. Zeitgenössischer Bericht, Buchdruck 1722
Kramer, J.:	Sturmflut 1962, Norden 1962
Krause, W.:	Sturmflutkatastrophe Februar 1962, Stade-Buxtehude 1963
Krüger, W.:	Tafeln über die Wasserstandsbewegungen am Pegel zu Wilhelmshaven 1854–1907, Wilhelmshaven 1907
Künnemann, C.:	Meer und Mensch am Jadebusen, Oldenburg 1954
Panten, A.:	Die schwersten Sturmfluten an der deutschen Nordseeküste, Hamburg 2000
Reinhardt, W.:	Küstenentwicklung und Deichbau während des Mittelalters zwischen Maade, Jade und Jadebusen, Aurich 1979
Sello, G.:	Der Jadebusen, Varel 1903
Sello, G.:	Östringen und Rüstringen, Oldenburg 1928
Tenge, O.:	Der Jeversche Deichband, Oldenburg 1898

Wagner, M.: Einfeltige kutze wahrhafftige schreckliche unerhörte Historiä von denen drey Wasserfluten in Phrißland 1511, 1570, und 1577 Zeitgenössischer Bericht, Buchdruck 1580

Weiske, K.: Die Weihnachtsflut 1717, Emden 1925

Woebcken, C.: Deiche und Sturmfluten an der deutschen Nordseeküste, Bremen-Wilhelmshaven 1924

Woebcken, C.: Entstehung des Jadebusens, Aurich 1934

Zeitschriften/Zeitungen/Magazine:

Emder Zeitung, Emden

Jeversches Wochenblatt, Jever

Nordwest-Zeitung, Oldenburg

Ostfriesen-Zeitung, Leer

Wilhelmshavener Rundschau, Wilhelmshaven

Wilhelmshavener Zeitung, Wilhelmshaven

Ostfriesland Magazin, Norden

Der Spiegel, Hamburg

Stern, Hamburg

Archive/Bibliotheken/Museen:

Stadtbüchereien Varel und Wilhelmshaven

Stadtarchiv Wilhelmshaven

Schlossmuseum Jever

Institut für historische Küstenforschung Wilhelmshaven

Niedersächsisches Staatsarchiv Aurich

Niedersächsisches Staatsarchiv Oldenburg

Staatsarchiv Bremen

Niederländisches Ministerium für Verkehr, Wasserwirtschaft und öffentliche Aufgaben, Den Haag

Nachstehend aufgeführte Institutionen und Unternehmen förderten mit finanziellen Zuwendungen den Buchautor hinsichtlich der Bilder-, Karten- und Materialbeschaffung sowie weiterer Manuskriptkosten:

Oldenburgisch-Ostfriesischer Wasserverband (OOWV), Brake

Papier- und Kartonfabrik GmbH & Co. KG, Varel

Jade-Wirtschaftsraum RegionalStiftung, Jever